U0943409

应星 李猛 编

社会理论：现代性与本土化

——苏国勋教授七十华诞暨叶启政教授荣休论文集

生活·讀書·新知 三联书店

图书在版编目（CIP）数据

社会理论：现代性与本土化：苏国勋教授七十华诞暨叶启政教授荣休论文集 / 应星，李猛编. — 北京：生活 · 读书 · 新知三联书店，2012.1

ISBN 978-7-108-03918-7

Ⅰ. ①社… Ⅱ. ①应… ②李… Ⅲ. ①社会科学－文集 Ⅳ. ①C53

中国版本图书馆CIP数据核字(2011)第228801号

责任编辑 曾　诚
封扉设计 蔡立国
责任印制 张雅丽
出版发行 生活 · 读书 · 新知 三联书店
(北京市东城区美术馆东街22号)
邮　　编 100010
图　　字 01－2010－7042
经　　销 新华书店
印　　刷 北京隆昌伟业印刷有限公司
版　　次 2012年1月北京第1版
2012年1月北京第1次印刷
开　　本 635毫米×965毫米 1/16 印张 33.75
字　　数 300千字
印　　数 0,001－5,000册
定　　价 49.50元

编前语

毫无疑问，传统无论是对一个社会还是对一个学科来说都是极其重要的。美国著名社会学家爱德华·希尔斯（1991：32）曾经说过："传统远不止是相继的几代人之间的相似的信仰、惯例、制度和作品在统计学上频繁的重现。重现是规范性效果——有时则是规范性意图——的后果，是人们表现和接受规范性传统的后果。正是这种规范性的延传，将过去的一代与现在的一代联结在社会的根本结构之中。"然而，当我们作为社会学界的学者，若要问起"中国社会学自己的传统何在"这个问题时，却发现自己不免会陷入尴尬之境。到底什么是中国社会学的传统，似乎在我们这个很年轻的学科中还没有取得共识。

在中国社会学重建已经三十多年后，一个新的传统已经诞生了吗？三十年对一个学科来说似乎还过于稚嫩，特别是种种宏文的作者们都还和我们生活在一起，他们的想象似乎还没有经历历史的沉淀，他们的洞察似乎还没有经历时间的筛选，他们似乎还没有资格进入传统的神圣行列。特别是对于某些眼光只盯住所谓"国际前沿"的人来说，他们心中所向往的只是"与国际接轨"，而常常不屑于把本土学者的当代著述列入参考文献中，以免自贬身价。

那么，在留学热持续了近三十年后，那些在海外训练有素、学业有成、名望日隆的华人社会学家拥有中国社会学的传统吗？

他们的确拥有社会学的传统，只不过他们所拥有的似乎并不是中国社会学的传统。尽管他们中许多人研究的是中国问题，但其基本预设、问题意识和研究方法却属于西方特别是美国当代社会学的传统。

因此，在社会学传入中国一百多年后，在中国社会学重建三十年后，我们还不得不问自己：中国社会学的传统究竟在哪里？之所以值得追问这样的问题，是因为，对中国社会学界来说，如果不探本求源，不强调传承，而只是一味地嫁接、拼凑、移植和复制西方的成品，被西方的学术时尚牵着鼻子走，就不会获得自身的自主意识，也就没有能力发现和深化自己的问题。西方社会学今天的成熟，恰恰是以不断回溯传统、解释传统和继承传统为前提的。而我们的社会学研究目前却很少自觉地去培植和呵护自己的独特知识传统，还没有走出亦步亦趋的格局。现在已经到了必须认真思考如何培植中国社会学自己传统的关口了。当然，当我们说要努力建构具有中国味道的社会学时，绝不是说我们只要抱持着民粹的情怀到田野中去，进入中国的村庄、工厂和社区就可以了。建构中国自己的学术传统恰恰需要对于整个西方现代性的一个完整的、长时段的理解。或者说，在中国社会学的传统建构中，对西方社会理论的整体发展脉络的把握恰恰是极其重要的环节。

正是在这样的背景下，催生了一次特殊的会议：2010 年 6 月 18—19 日，由中国政法大学社会学院为苏国勋教授七十华诞暨叶启政教授荣休举办了一次专门的学术研讨会。本文集就是以这次会议的论文为基础编订而成，其宗旨即在于促进社会学界尊重并自觉地继承自己的社会学传统。

苏老师是中国大陆改革开放后自己培养出来的第一代社会理论家。他是中国社会科学院自 1978 年后第一位专门从事社会理论研究的硕士生、博士生，并参加了 1980 年由费孝通先生主办的社会学第一期讲习班，后来正式调到社会学所工作，一直担任社会学所理论室主任，见证并参与了中国大陆社会学重建的全部过程，是大陆社会理论领域的领军人物。他于二十多年前完成的《理性化及其限制》一书可谓是中国社会学重建后的韦伯研究的最早开创者，至今仍具有学术典范的意义。

叶老师是台湾1970年代就到美国留学并毅然从美国返回台湾任教的社会理论家，在台湾大学社会学系担任教授长达近三十年，并曾担任台湾社会学会理事长，是台湾社会理论领域的领军人物，著述等身高，桃李满天下。叶老师曾多次到北大授课，本文集的许多作者都是叶老师当年在北大授课时的学生。

苏老师和叶老师——我们弟子私下称其为“老苏”和“老叶”——一个是地道的北京人，另一个是正宗的台湾本地人；一个是本土自己培养的学者，另一个是老牌的海归学者；一个在北京的最高研究机构里工作，另一个在台湾的最高学府里执教。应该说，无论是他们个人成长的背景，还是工作的环境，都有相当的差异。然而，我们在他们身上却读到了许多共同的风格。

从学问形态来说，作为大陆和台湾社会理论领域的代表人物，他们最初受的都是西学教育，他们毕生都对西方社会理论有着精深而典范的研究；然而，他们又心仪中国文化，对西学有着非常自觉而强烈的反省意识，他们都是带着本土问题契入西学的最深处，而后又都倾力于重返本土经验，让社会理论在本土社会生根发芽。而从为人风格来说，他们既认真又洒脱，既深邃又简单，他们都堪称韦伯意义上“以学术为志业”的典范，在其身上洋溢着“理智的正直诚实”之美德。如果用中国文化的概念来说的话，他们都是气象大、境界高、修养深的人。

本文集的作者绝大多数都直接受业于两位先生门下。二位师长不仅仅在学问形态上培育和启发了我们，更重要的是，他们的人格修养熏染了我们——我们平生别无多求，唯愿我们自身像二位师长那样做一个真学者，我们更发愿要像二位师长当年关爱我们一般去关爱我们自己的学生。

近年，苏老师和叶老师分别从中国社会科学院和台湾大学荣休。又正值苏老师在本书出版时荣开七秩。我们以文敬师，来表示对两位师长的诚挚感激之情，更希望两位师长所开拓的社会理论新传统能得以发扬光大。

除了本文集的作者外，我们还要感谢杨善华、谢立中、方文、张旅平、李康、吴飞、王楠、白中林和赵晓晴在这次会上所分别承担的主持、评议、发言和录音整理等工作。本文集部分论文发表于《社会学研究》、《北京大学教育评论》、《中国农业大学学报》（社会科学版），我们对这些刊物一同表示感谢。

编　者

二〇一一年元月

参考文献

希尔斯，1991，《论传统》，傅铿等译，上海：上海人民出版社

目录

作者简介

苏国勋　　中国社会科学院社会学研究所
叶启政　　台湾大学社会学系　世新大学社会心理系

熊春文　　中国农业大学社会学系
李　猛　　北京大学哲学系　北京大学外国哲学研究所
赵立玮　　中国社会科学院社会学研究所
何　蓉　　中国社会科学院社会学研究所
肖　瑛　　上海大学社会学系
张文杰　　北京大学社会学系
王俊敏　　苏州大学社会学院
黄厚铭　　台湾政治大学社会学系
徐　冰　　中国社会科学院社会学研究所
渠敬东　　中国社会科学院社会发展研究所
应　星　　中国政法大学社会学院
周飞舟　　北京大学社会学系

见证中国社会学重建三十年

——苏国勋先生访谈录*

熊春文

〔访者赘语〕1979—1980年之交，费孝通先生受命成立中国社会科学院社会学所，标志着中国社会学的研究和教学工作在停滞近三十年后破土重生。苏国勋于1978年考入中国社科院哲学所，成为社科院的第一期硕士生，攻读期间选取社会学理论为学术方向，因此见证、参与了中国社会学重建的全过程。苏先生在这三十年间，从硕博期间梳理苏俄社会学发展、开创大陆韦伯研究，完成哲学到社会学理论的学术转型；继而参加社会学第一、二期讲习班，正式调入社会学所工作；长期担任社会学所理论室主任，主持《国外社会学》二十余载；承担中国社科院研究生院社会学系"社会学理论"研究生课程的教学工作，培养社会学理论方向博士生；任《文化：中国与世界》副主编，《社会理论》主编，《社会理论译丛》（上海人民出版社）主编，《社会学名著译丛》（商务印书馆）主编，《三联·哈佛燕京学术丛书》学术委员等等；近年来主张从文化进路（尤其是儒释道合流的角度）重新检审韦伯研究在中国语境的相关问题，以此推进

---

* 本次访谈主要完成于2009年七八月间，从初稿到成稿经苏国勋先生多次修改。该访谈稿曾发表于《中国农业大学学报》（社会科学版）2010年第2期，特别感谢中国人民大学的胡鸿保教授，他在认真阅读访谈稿后通过我的同事孙庆忠教授告诉了我一些史实出入，使得我有机会再次更正一些讹误。——熊春文

中国社会理论的发展。

苏国勋先生是改革开放后我国自己培养出来的第一代社会学者，他受的是西学教育，但与中国问题相始终，心仪中国文化，关注中国经验，学问出入于中西学之间。先生的学术历程可以作为中国社会学理论成长、发展及其独特品格的最好见证。

一　从外国哲学到社会理论

熊春文（以下简称“熊”）：苏老师，您开始是哲学专业出身，给我介绍一下您是如何从哲学所到社会学所，完成社会哲学到社会理论的转换的？

苏国勋（以下简称“苏”）：我是1978年社科院的第一期硕士，指导老师是贾泽林先生，招生的时候指导老师还有杜任之先生，但实际的业务工作是由贾老师指导的。贾老师曾留学苏联莫斯科大学哲学系，专攻苏联东欧哲学，为人勤奋、诚恳，是我的开蒙老师。杜先生是哲学所现代外国哲学研究室第一任主任，他早年曾在德国留学，回国后在山西从事地下工作，解放后曾任第一任山西省商业厅厅长，但他不愿意做官，坚持到社科院做研究员。1978年开学之后，导师与我和另外一位研究生谈论文方向。最初与我们商量的论文方向是辩证法和认识论，我们觉得这种论文题目太陈旧写不出新意，希望能以一些新的知识领域为题，后来改为人的问题和社会（学）理论问题，最后我选了社会学理论做研究方向。当时给我的任务是让我比较详细地考察作为一门学科的社会学及其思想的发生发展过程，就是从孔德开始直至现在的社会学理论的衍变沿革，其中必然涉及社会主义体制的前苏联和中国取消社会学的这段历史问题。最后决定我的论文方向是考察社会学在苏俄的经历以及其中所涉及的社会理论问题，目的是从中吸取一些经验教训。1981 年硕士毕业后被留在哲学所现代外国哲学室工作，1983 年社科院开始招收第一届博士生，我又考取了陈元晖先生的博士生。陈先生为人正直谦和，做学问兼收并蓄，常用王国维所说——实证主义可信而不可爱，人文主义可爱而不可信——的思想启迪学生，强调做学问博采众家之长与做人从善如流二者之间的统一，并身体力行，这一点对我影响至深，可说终生铭记，受益匪浅。先生本意希望我以社会心理为攻读方向，后见我志不在此，遂同意以社会理论为研究方向，这样我就于 1987 年底以韦伯的哲学—社会学思想为题通过论文答辩后一直留在社会学所工作。

我虽然是在哲学所接受的研究生教育，但两次论文都不是纯哲学题目，可又都与哲学直接相关，前次与马克思主义哲学的历史唯物主义有关，后次韦伯的思想属于新康德主义，两者都处于社会学思想史领地，亦都属于社会理论，从学科分类来看，显然都属于社会学的组成部分。这表明改革开放伊始，社科院还是以学术研究为导向的，尤其哲学所，学术门类齐全，人才济济，实力雄厚，而且在学术见解上也颇具前瞻性眼光。

熊：这里面可能涉及社会哲学与社会理论以及社会学理论的关系问题，您是怎样理解它们之间关系的？

苏：我个人更钟意于社会理论的概念。在我看来，社会学作为一门研究社会的经验科学，首先，它的理论、范畴和概念必须来源于经验事实并要经受经验事实的检验。其次，既然是科学，就必须要对对象作出因果性说明。社会理论以此两点与社会哲学区分开来。可是社会现象是由人们行动造成的结果，他除了具有自然现象的表层实体结构之外，还具有自然现象不具备的深层意义结构，换言之，人们的行动是由不同动机驱使做出的，因此要对人的行动做出因果说明，必须首先对人们赋予行动的动机—意义做出诠释性的理解方能奏效。社会理论据此与主张完全模仿自然科学经验方法的实证主义进路区别开来，“二战”前后美国版本的社会学理论对工具论的实证主义进路推广不遗余力。这一点既是美国社会学的成就，也是它的缺陷。此外，说句题外的话，套用吉登斯的说法（我忘记具体出处了），“社会学理论（sociological theory）”本身就是个蹩脚的英文词，既然“理论”（theory）何必“逻各斯”（logos），画蛇无须添足。在我看来，社会学研究是一架由**因果性说明**和**诠释性理解**双轮驱动的车子，两个轮子犹如人的两条腿，其中任何一个不可或缺。用费先生的话说，就是要从“生态研究”进入到“心态研究”，二者缺一不可。社会哲学从语义上和社会学理论在具体做法上都只褒扬一个方面而贬抑另一方面，社会哲学则只关注社会现象的形而上方面，排斥其经验属性；美式的社会学理论则追随实证主义把社会现象完全归结为经验事实，完全排斥宏观理论并贬低社会研究必然包含的预设层面中的形而上问题。在这一点上，我同意亚历山大的说法，社会学研究始终是穿梭于经验环境与形而上环境之间双向往复的运动。比较平实贴切的概念，应该是基于后实证主义或后经验主义的社会理论，它是古典的从宏观结构和历史变迁上研究社会的科学与现代从微观行为动机和后果上研究人的科学的综合。基于此，社会学所的建制里一直用“社会理论研究室”而不用人们习惯使用的“社会学理论研究室”，一字之差表明在社会认识上意欲摆脱实证主义羁绊的初衷。

其实中国本土的社会研究传统，历来是二者并举的，只是在社会学传入以后，因为经验研究的方法、技术、程序方面的匮乏，为了成为一门“真正的科学”而接受了实证主义的一些做法。这样说来并不意味着我们的理论研究本来就很好、就很有成效，不是这个意思。传统的社会研究由于受伦理本位或者政治挂帅的影响对社会现象的因果性说明迄今一直是我们的软肋，但不能因此就矫枉过正地一头又扎进实证主义的怀抱。

熊：请谈谈您硕士论文所触及的问题。

苏：我的硕士论文是专门考察苏联社会学的。简单地从过程上说，它涉及1936年斯大林为《联共（布）党史教程》写的“历史唯物主义”一文后，导致以历史唯物主义完全等同马克思主义社会学的后果；以1956年参加世界社会学大会为标志，苏联重返国际学术界并承认社会学的学科地位，出于冷战时期意识形态斗争的需要为反驳西方的恶意攻击，遂声称“历史唯物主义就是马克思主义的社会学”；1968年在苏联科学院体制内成立了具体社会学研究所，1972年改名为社会学研究所，这标志着社会主义体制接纳了作为一门学科的社会学；1970年代后期，借鉴西方社会学中的合理因素提出“中层理论”作为一般理论的历史唯物主义与具体社会学研究之间的衔接，至此三级结构的“苏联版本的马克思主义社会学”构架确立。这些事件随着苏联的解体现在早已成为过眼烟云而无人问津了，但其中涉及的某些问题还是会以不同形式表现出来。譬如历史唯物主义到底与社会学什么关系？应该如何理解“马克思主义社会学”的概念？

熊：这些问题对于社会学理论以及中国社会学很重要啊。请您具体介绍一下这方面的情况。

苏：简单地说一下我的看法。唯物史观既是马克思主义哲学的重要组成部分，也是马克思观点的“社会学”的一般理论。唯物史观的确立几乎与孔德命名社会学发生在同时，马克思的目的在于把唯心主义从社会历史领域这个最后避难所驱除出去，他非常反感孔德的《实证哲学教程》中的三阶段发展模式的唯理智论—唯心论性质和以“秩序/进步”为目标的政治上的保守主义—改良主义立场，因此他从不在自己的著作中使用“社会学”这一概念并拒绝把他的任何思想与“社会学”相联系。与此同时还应看到，在整个19世纪里，当社会学还被广泛定义为“关于社会及其发展规律的一般学说”时，唯物史观所重点阐发的基础/上层建筑、生产力/生产关系之间的辩证的矛盾运动揭示了人类社会生活的基本结构和历史过程发生发展的根本动力，以及《资本论》从商品这个现代社会最简单、也是最复杂包含了其全部矛盾的始初范畴出发，层层剥笋般地分析了它与劳动之间的辩证的矛盾运动，从而指明了资本主义社会的发生发展及其必然灭亡的前景，为无产阶级革命提供了理论基础。正是在这个意义上列宁说，唯物史观“是科学的社会学”，“把社会学置于科学的基础之上”、“第一次使科学的社会学出现成为可能”；被列宁评价为“党的最可贵和最大的理论家”的布哈林也为其1921年撰写的《历史唯物主义理论》冠以“马克思主义社会学教材”的副标题，称历史唯物主义“是无产阶级的社会学”。此后，这种提法不胫而走一直延续下来，持如是说法迄今不绝如缕，仔细揣摩并非没有道理。另外还必须看到，现代社会学包括对象和研究方法、技术和手段已远不是孔德时代或者布哈林时代的社会学可比了，它已经发生性质上的变化，成为一门通过社会行动研究社会运行状况及其结构和变迁规律的一门经验性的社会科学。必须以发展的眼光看待社会学的学科性质。“历史唯物主义是马克思主义的社会学”这个提法的长处在于它从意识形态立场指明了历史唯物主义属于马克思观点的社会学性质，缺点在于既然承认其社会学属性就需在一般理论之下补充它必须具备的部门（中层）理论和经验研究（包括方法、手段、程序），而不应把历史唯物主义当成全部社会学。这个提法的优缺点也是社会学这门学科在近两百年发展过程内在矛盾的外部显现，在今天它所遇到的最大阻力并非是它历史地还带有从其哲学母体中分化过程的浓厚痕迹，而是因为现实的它在我们的知识体系中侵占了“科学社会主义”的地盘。换言之，迄今我们的马克思主义科学体系里尚无社会学的合法地位，尽管这门学科在科研和教学上已经恢复了三十年，这也是在面对国际学术界纵论古典社会理论“三个伟大传统”而首推马克思的唯物史观时，我们却环顾左右而言他、备感尴尬的原因。“新故相悖，前后相谬”何至于斯。

二　社会学重建与社会学讲习班

熊：您博士毕业后就到社会学所工作了？

苏：是。我虽然是1988年初才正式到社会学所工作的，但很早就参加了社会学界的活动，譬如参加武汉、呼和浩特、伊春会议，参与筹备大连国外社会学理论研讨会，参加第一、二届讲习班以及社会学所内的一些学术活动。

熊：您给说说社会学重建和社会学建所的情况。

苏：社会学重建的情况大致是这样的，1979年3月邓小平在《坚持四项基本原则》的讲话中，讲到“政治学、法学、社会学以及世界政治的研究，我们过去多年忽视了，现在也需要赶快补课”。当时的社科院院长胡乔木根据这个精神找费孝通谈话，要恢复社会学，要建社会学研究所。具体实施是在1979年底1980年初，在社科院成立了社会学研究所，这标志着社会学被取缔近三十年之后在中国大地上又破土复出了。当时正值“文革”结束后不久，国家经济形势还有许多困难，社会科学界更是百废待兴，研究所建立伊始面临的首要任务就是培养建立科研队伍。这也是建所之初为什么连续两年举办讲习班采取“请进来”的办法让外国教授为我们培训科研人员的背景。这在今天看来完全是不得已而为之勉为其难的变通举措，可在当时，讲习班结束后不久还是在社科院引起了一些非议。

熊：当时社会学所重建的时候，社会学所除了费老，还有些什么人啊？

苏：费先生找了一些原来学社会学后改做其他事情的人，具体事务是由王康负责。社会学所成立后费老任第一届所长，王康任副所长，后又陆续调来张仙桥、潘乃谷等人，他们大多是费先生在原清华社会学系的学生或老一代社会学家的后人。说到社会学恢复重建一事，我想还应提到杜任之先生的名字。1970 年代末，杜任之先生曾多次在全国政协会议和其他场合呼吁恢复社会学研究，并积极支持费先生主持建立国家级的研究所和全国性的学会。杜老对刚刚复出的社会学的支持不仅表现在口头呼吁和表态上，而且还落实在具体的学术研究中。记得 1981 年我刚刚进入现代外国哲学研究室工作的第一天，杜老作为研究室主任就给我分派了任务，要我在一周之内提交一篇介绍现代西方社会学理论流派的文章，以填补研究室集体撰写的《当代西方著名哲学家述评（续集）》中“社会（学）哲学”栏目的空白，并嘱咐我续集付梓在即，一定要抓紧时间增开栏目和加写文章，以示兄弟学科对恢复社会学的声援。这就是在当年出版的、由杜老领衔主编的该述评中的“塔尔科特·帕森斯”一文的出笼经过，尽管现在看来文章很肤浅很幼稚，但毕竟是国内较早在正式出版物上对西方社会学理论的评介，我个人更看重的是这件事显示出杜老为人为学的品位。更难能可贵的是杜老作为一个哲学研究者不顾年事已高身体有病，1980 年代初他身体力行多次亲自参与社会调查，我当时作为学生有幸陪同杜老多次到北京清河社会福利院、东升人民公社等地做实地调查。这一时期杜老的对社会现实的经验研究集中体现在他提倡开展社会老年学研究以及呼吁建立老年公寓的文章中。

熊：请您给讲讲1980年那个讲习班。

苏：社会学第一期讲习班是在1980年暑期，是在国务院第一招待所。这个讲习班是以费先生为班主任，有来自全国各高校和科研机构约四十名学员参加，主讲教师是来自美国匹兹堡大学的社会学教授以及香港中文大学社会学系的教授。为什么请匹兹堡大学的教授呢？是因为杨庆堃在匹兹堡大学任教，他是当时最著名的华裔教授之一。中美建交后费先生到美国去访问，接上了原来社会学界的很多关系。杨先生在国外与费先生相呼应，经过多方努力，获得美国岭南基金会的资助，利用这笔钱在1980年夏开办了第一期讲习班。当时请来的美国教授有德裔霍尔兹纳，捷克裔涅尼瓦萨以及华裔杨庆堃先生，另外还有香港中文大学的社会学系以李沛良为首的几名华人教授，基本都是匹兹堡大学毕业的。这样的话，这期讲习班就以匹兹堡大学社会学系的教授为班底，再加上香港中文大学以及国内一些学术上有专攻的老一代学者，如邬沧萍、张之毅等都来讲过课。讲习班采取白天讲课，晚上读书讨论，历时近两个月，内容新颖，形式生动，学员们学习积极性很高，收效很大。

熊：学员都有哪些人？当时为什么把您也招过去了呢？

苏：当时我是哲学所的研究生，既然选定以社会学作为论文题目，就需要全面了解和学习社会学的学科内容。为此我不仅参加了这个讲习班，还专门到高校听过统计学的课。当时既然有这样一个学习机会，当然不会放过，于是就通过杜老到当时的社会学所筹备处联系报名，就参加了这期的讲习班学习。参加讲习班学习的许多人当时都是高校的教师，后来都成为社会学教学和研究的骨干，如我们研究所的李银河，南开大学的杨心恒，复旦大学的刘豪兴，上海大学的沈关宝、仇立平，中山大学的邱士杰，吉林大学的宋宝安，北京大学的夏学銮等人，武汉大学的周运清，以及原贵州省社会学研究所所长、后任国家宗教局局长叶小文，原陕西社科院的牟君发，辽宁社科院院长赵子祥，四川省社科院的赵喜顺等等，都曾参加这期讲习班。第二期讲习班1981年春在日坛公园对面的国务院第二招待所举办，美国的林南教授，还有彼特·布劳等人都来讲课了，听课的学员比第一届人数更多了。此后，一些国外知名的社会学家如刘易斯·科塞、达伦道夫、施路赫特、亚历山大等都陆续来所访问，从恢复之时起，社会学与国际学界的交流就很密切。

熊：那南开讲习班是什么时候才有的？

苏：南开讲习班是在第一期讲习班之后，当时费老要编一本"社会学概论"教材，决定要在那儿办一期讲习班。所以，第一本社会学概论是在南开编写和出版的。我因临近毕业，撰写论文时间紧迫没参加南开的讲习班。这个讲习班和南开社会学系也为我国社会学培养了不少人才，如孙立平、王思斌、宋林飞、黄平、折小叶、王颖、王春光他们，还有很多后来去国外继续学习的，比如周雪光、边燕杰等人，都是南开的毕业生，现都已成为中国社会学的主导力量了。

三　社会理论研究室与《国外社会学》

熊：您博士毕业后到社会学所，就直接进入的理论室？

苏：我是在1987年底至1988年初博士论文答辩后接到院里通知，要我到社会学所报到，我就进入了社会学所。进所时，陆学艺所长要我进社会心理学研究室，因为我的导师陈元晖老师是主攻社会心理学的。我当时考虑从1978年以来我一直在做外国社会理论方面的研读，更适合在国外社会学研究室工作，就选择进入这个室。但是工作了不到一个月时间我觉得这个室完全是个杂志编辑部，目的就是为了出版一本《国外社会学》杂志，缺少研究性的活动，与我当初设想相差太远。于是就进入理论研究室，并把这个杂志一同带了过来，国外室的业务也被并入理论室成为理论研究的一部分。我任研究室主任直到2007年退休。

熊：请您介绍一下《国外社会学》杂志的办刊情形。

苏：《国外社会学》是一本反映社会学在国外的发展状况、评介当代社会学思潮和流派的专业性杂志，它与《社会学研究》是这个研究所主办的两种主要杂志。社科院的每个研究所都有两个所办的主要刊物，一是“研究”，另一是“译丛”。《国外社会学》从社会学筹备到建所初期的《社会学参考资料》转变而来，每期6万字，双月刊，主要刊载译文，从所里订阅的各主要国家的社会学杂志上选材，主要是英、法、俄、日几种文字。译稿主要来自研究室成员亲自动手，外来投稿采用较少，因为需要核对原文，当时又没有使用电脑文件，往来需要邮寄，非常麻烦，不如自己动手方便。这个杂志是为了科研和教学一线提供一些信息和资料，一直是内部发行，中间有几次可改为公开刊物的机会都放弃了，由于研究室人员编制固定，每人都有科研任务，一旦公开发行付排、出版都有固定时间限制，既要完成科研任务，又要当编辑，无形中增加了工作量和出版压力，大家都不愿公开出版。那时办刊物不用考虑经济问题，我们只管编辑出版，所行政办公室管发行，赔赚于己无关，反正是所里出钱为大家服务，办刊者“只管耕耘，不问收获”。随着改革的不断深入，到了新世纪初，所里为了减少开支要求改版公开发行，遂于2003年改名为《社会理论》不定期出刊，内容也由译文为主，改为论文译文兼顾，现已出刊五期。《国外社会学》的每次变化都是一次自我提升，体现并见证了中国社会学的方兴未艾发展之势。

熊：1988、1989 年的所长是谁？当时理论室的成员有哪些呢？

苏：那时陆学艺刚刚接替何建章任所长。理论室那时候有田森（老干部）、杨雅彬、司马云杰、魏章玲、叶念先几个老人（1990 年代均已退休），以及沈原、张旅平、覃方明、姜晓星几个青年同志，1990 年代以后不断有新生代人才的涌进，如渠敬东、应星、徐冰、霍桂桓等，世纪交替后又有新毕业的何蓉、赵立玮等人进入。多年来研究室成员不断有所变化，但科研力量仍保持稳定状态。整个 1990 年代社会学所都是陆学艺当政。应该说，这个研究所真正走上正轨是在 1990 年代。1980 年代建制不够健全，学科（在中国）也不成熟，连个统一的办公地点也没有，一些人一度曾在一个小学里头办公。

熊：社会学所在一个小学里面办公？

苏：社会学所刚成立时，院部还没盖办公大楼，办公地方很紧张，当时社会学所主要人员在鼓楼西大街《中国社会科学》杂志社院子里的一座楼里办公，还有部分人员在朝阳门内租借的小学里办公。1980 年代，社会学刚刚恢复，面临的是百废待兴的局面，对学科的性质和研究对象的认识要有一个过程，科研队伍的组织和培训也需要一定时日。人们对这门在中国曾有过一段发展历史、后遭取缔、今又复出的学科的认识，很难在短时间内达到一致。陆学艺任所长后紧紧抓着“百县市调查”这个项目不放，在全国不同省区选择有代表性的 100 个县和市，利用当时有限的人力物力条件领导全所进行了基本国情调查研究。有些问题即使一时认识不统一他也不引导争论，而是在实际的基本国情调查中慢慢加深对学科性质和对象的认识，并在这一过程中锻炼和培养学术队伍。老陆是个本土派实干家，他的学术背景是调干生哲学专业出身，在哲学所从事中国哲学史研究多年，“文革”期间他远离两派争斗曾只身一人走南闯北地做过农村调查。“文革”后调任农村经济研究所副所长，1980年代后期到社会学所工作，他赶上了1990年代社会学事业大发展以及学科优势愈益凸显的时机，遂使研究所工作日益步入正轨，社会学看问题的视角在人们的意识里普遍地传播开来。可以说，老陆在社会学所工作如鱼得水，这既有个人趋向方面的主观原因，也有天时地利人和客观因素的配合。

熊：“社会学理论室”什么时候改成“社会理论室”的？

苏：社会学所以前一直沿用“理论研究室”的名称，以示与其他各室以某个具体领域社会现象为对象如家庭婚姻、青少年、社会心理研究室的区别，从来没有正式使用过“社会学理论室”的牌子。新世纪开头的两年，所里对研究室做了部分调整，并重新给各室挂上名牌，就开始用“社会理论室”的名称了。名称上的一字之差在所里并没有引起过什么争议或质疑，但你要问我这样做的原因，我可以简单地回答说：1. 从学理上，突破实证主义社会认识上的局限。我们办教育学习科学知识主要有两个目的，一是使知识更好地为人类的现实服务；二是为了更好地积累和传承知识，促进人类理智和文明的进步。而知识的积累和传承主要依赖于概念、范畴、命题、理论的发展和世代相传，因而它们是知识传播的主要载体，而在这个过程中概念和理论所赖以得出的经验材料和研究过程、步骤却逐渐地被人遗忘，存留下来的仍然是经过发展了的概念和理论。2. 研究任何社会现象，不能离开构成这一现象主体的人的行动脉络。美国版本的社会学理论在对社会现象作因果性说明上着力颇多，但其根基是建立在经验主义之上的，它使这门学科摆脱历史主义和整体论的思辨从宏观叙事转向微观行动分析，以及对量化研究的技术手段和程序设计做出了很多贡献，但它过度依赖经验观察和归纳推理的直观性也极大地简化了对社会现象复杂性、多维性的理解，这样就把理论完全化约成可检验的假设层次，造成排斥宏观理论甚至认为只有像交换论、冲突论和理性选择等理论这类只在“中层”领域可证伪（=可检验）的假设才是社会学理论的后果。举例来说，从中国文化角度看来，格拉诺维特的经济现象融入在社会现象之中的嵌入说（embeddedness）本是老生常谈，或者根本就是“经济”一词的应有之意，在国人眼里两者互不相关倒是匪夷所思的事情。如果社会学理论都是在类似求职与“强关系”或“弱关系”（strong tie or weak tie）相关假设上兜圈子，那么它至多是一种重复常识的碎片化的经验命题，恐怕很难说这就是“理论”，哪怕是“中层理论”。从这个意义上可以认识到费先生晚年在谈到社会学的边界时强调要从生态研究进入到心态研究的必要性。

熊：但有一个问题，像中国社会学的发展，本身它的学科化程度还不够。而社会理论似乎是要超越社会学的学科边界，甚至是解构社会学的一个产物。

苏：这个问题提得很好，确实有这个意思。它主要是解构实证主义取向的社会学理论所代表的狭隘的囿于传统学科界限的理论诠释形式。

熊：我的意思是社会理论超越甚至解构社会学理论的学科建制，它可能是西方社会学发展非常成熟之后的一个产物，但是中国的情况是比较复杂的，它是双重的，是交叉的两个任务，一方面社会学本身的学科化程度不够，尤其对于高校来说，因为教学培养的任务，进一步的学科化还是一个任务。当这个任务还没完成，就开始谈超越学科化，或者打破边界甚至解构它，这可能会造成一定的问题。

苏：你所说的“学科化程度不够”是指专业化程度不够，

我更认同另外的一种理解，是指学科意识不强，即用社会学的学科观点和方法看待社会生活以及应具有强烈的社会关怀的情愫或意识不够，这需要在社会研究的实践中和学习中不断加强这方面的修养。如果学科化程度不够是指这门学科知识的专业化、形式化、常规化不够高以及与其他学科还没有那么壁垒森严的界限，那么美国社会学的“麦当劳化”也是一个例证，它的学科化程度可说是出类拔萃，然而却成为包括美国在内的各国学界批评的众矢之的。我是这样思考这个问题的：既要考虑社会学当代发展的情况，这主要涉及这门学科在世界范围的发展趋势，更要结合本国的文化传统。中国文化传统看待社会，从来不是学科化的，不是社会学理论的视角，而是从广义的社会生活（即人的生命）视角来看待社会的。如果说社会学研究的中心自转移到美国后表现出行为科学化和工具—实证主义的特征，这在20世纪早期时兴的莫列诺的社会测量学、社会工程学和后来的结构功能主义，以及再后来反对它的冲突论、交换论等流派里表现得淋漓尽致；那么它在欧陆具有深厚文化传统的主要国家（英、法、德等）则表现的是社会科学化（主要是社会人类学化）、政治哲学化、神学化的特征。关于这个问题，我建议你读一下北大李康老师最近翻译的那本《当代欧洲社会理论指南》就可以一目了然。反观我们自己，拜“市场万能论的变种——GDP万能论”所赐，在急功近利的市场需求导向的“教改”下，社会学正在日益“社会工作化”。我这里没有丝毫轻视或贬低社会工作的意思，只是在如实地讲述现实状况。这就是我们谈论“社会学学科化”的现实情境或所置身的脉络，社会学的发展当然离不开具体情境或说社会的精神气质（the ethos）。而且，社会学被其他学科所“化”并非是坏事，学科对象和研究方法互相融合相互借鉴也是当代科学发展的大势所趋，作为一种客观现象，中西各国概莫能外，各学科大抵如此。真正堪忧的是这种“社工化”是在什么力量驱动下出现的以及可能带来什么后果。社会科学研究能告诉人们的是，在一定条件下人们会怎样行动以及这样行动会引出什么样的后果，而不在于教会人们对现象做出价值判断，价值判断是从个人所持立场得出的，而不是直接从科学研究中得到的。

熊：“社会学的社工化”确实是目前中国社会学发展过程中的一个显著现象。您是怎样看这一现象的？

苏：在我看来，“社会学的社工化”是社会学刚刚恢复的1980年代初关于学科对象讨论时提出的“社会学是调查研究的学科化”的变种，其本质是使社会学至多成为社会认识的方便工具，从而抽掉了这门学科的灵魂——泯灭了作为行动主体的人的伦理责任。有人会说，能成为社会认识的有用工具已经很不错了很不容易了。但我们这里是在理念上谈论一门学科的使命或任务，有用工具至多只是费先生所说的生态研究，还没进入心态研究领域。此外，应该说社会工作并不等于调查研究，它要涉及政策、理念、伦理等方面的复杂内容，也并不只限于调查技术、方式方法。但它毕竟并不或者甚少涉及社会现象生成的根本原因(Why?)，更多是面对给定的现象时怎样处理的方式方法(How?)，它缺少能为处理经验现象提供本体性构筑基石的理论阐释，因而属于类似MBA一样的应用性的分支学科。毫无疑问，在改革不断深入发展的今天，社会公平正义和社会保障日益凸显成为公众关心的热点问题，相应地社会对社会工作专业的毕业生表现需求旺盛，这就刺激了这些专业在社会学原有的领地里急速地疯长起来，现实的紧迫需要为这一领域的发展提供了充足的合理性。遑论当我们的教改提出以“教育市场化”为追求时，按照市场经济的效益最大化原则，教育资源聚集于投资回报率高的部类则是符合市场逻辑的行为，这不是由哪个人好恶决定的，市场规律使然。但也须承认，长此以往科学知识的基础研究部类必然会受到严重冲击，导致科学知识结构的各部类比例失衡，掣肘整个民族的文明进程，这就需要国家宏观政策加以调节。这里有一个问题值得深思，为什么与其他国家社会学融合的都是比其抽象程度更高或起码与其同等并列的学科，而我们的案例却相反，显示出与人类理智进化的路向完全相悖的趋势？除却其他因素不论，不能不说与我们当下的急功近利或者功利主义的社会心态有关。

熊：我理解您对于“社会学的社工化”的担忧是一个总体的关怀，是从学术研究来看的。从教学或知识传承上来看还有一个问题，很多人会认为，从学科化训练的角度来看，“社会学理论”比“社会理论”可能会更有效一点。因为学科发展和人才培养讲究的是越规范越好，越明确越好，越程序化越好，不是上来就能有超越学科边界的大境界或者大气象，尤其对于高校的社会学教学来说，似乎是一个问题。

苏：应该辩证地看待这个问题。越规范对提高效率越好，这是没错的。规范就是一切按规矩办事，就是常规化（routinization）。它的另一面是一切唯规矩是从，墨守成规，缺乏创新动力，扼杀创造的冲动，沿袭已久就成了传统主义。社会学从一诞生就存在与其他学科的界限问题，譬如，我们今天把社会学看成知识分类中社会科学下的一门具体科学，但在刚诞生时孔德把它看成是“总体科学”，这种看法影响久远，以至于现在我们的图书分类中还把它分在“社会科学总论”中，意思是说社会学是研究社会和人的科学，故它是一切社会科学的“总论”。由此也引出了它与经济学关于谁是社会科学中的“帝国主义”的攻讦。所以在初期的发展中，社会学总是竭力地划清它与其他学科的界限，以证明自己是一门独立存在的社会科学的资格。美国社会学一直以自然科学为摹本向着计量化精确化的科学方向前进，拒斥哲学、形而上学、意识形态甚至宏观理论的影响，达到无以复加的地步。但经过近二百年的发展，这些当初在学科独立过程中曾起过进步作用的观念反而被当代科学理论所证伪，那种自诩为科学并能越俎代庖、包揽一切地独自研究社会式的自负，已成为过去时代的遗风、遭人诟病的口实。现在，似乎只有美国的“行为科学化”的社会学还在不合时宜地炫耀它与其他学科泾渭分明的界限。

熊：如果是在社科院社会学所可能没问题，但是如果全国的社会学教学研究室都变成社会理论室，社会学理论课程变成社会理论课程，就可能会有问题。

苏：关键不在叫什么，而在于做什么。恰恰是在我们这种学术背景下会有一种倾向，一讲社会理论，好像就是更多侧重在人文心态方面，而缺乏规范化、定量化的训练。其实我们用社会理论的本意固然有改变这一倾向的想法，但更重要的是想表明社会现象的复杂性和多维性，对象的性质决定了社会现象的研究的多元性和综合性。因此，任何一门学科的研究都是一维的认识，都是在一门学科规范内的真理性认识，但又不能自诩为穷尽了对社会现象的真理认识。社会理论强调多学科多视角的相互借鉴和融合，社会学的发展历史本身体现出这种分与合的张力，这个张力是无时不在的，在不同的问题上会以不同的形式表现出来。社会理论主张的这种尊重多元性的观点不会强求在术语概念使用上的一致，因此不必强求都用社会理论的名称。

熊：其实这是社会理论学科发展的两个步骤或者说两个元素？

苏：因此在这个意义上，我们随便举几个社会研究的例子，比如说史学中布罗代尔的研究。你看他讲理论不像我们坐而论道似的、目空一切地说。他讲的非常细致，非常具体，要比一般的史学还要细致得多，可是他恰恰强调的是总体的维度。我们再看埃利亚斯，埃利亚斯描述宫廷贵族的生活细节非常地细致，可是他也是讲一个最总体的东西——文明的进程。他一定是建立在经验描述与理论抽象结合的基础上。

熊：这又出来一个问题，非常有意思，就是纯粹的社会学理论或者社会理论就很难写了，因为埃利亚斯的那种写法才是真正的社会理论。它符合这么一个标准，即它既是建立在经验基础之上跟形而上学不一样，但它又是讲理论的。但是一般的理论作品，比如说社会学理论教材，它就是直接讲理论，讲理论的概念、范畴、结构、脉络、流派等等。这个怎么办呢？

苏：不要一提理论就一定或单义地与概论、理论教材联系在一起，其实任何经验研究都贯穿着理论观点，而有些概论、教材之类的东西反倒把理论讲歪了，也非鲜见。也不是说只有谁人的那种写法才算真正的社会理论，或者社会理论必须符合什么标准，有什么固定的写作模式。不是的。成功的社会学研究一定是既有鲜活生动又具代表性的经验材料，又能透过娓娓动人的叙述或启迪心智的阐释揭示出某种理论洞见。至于你问社会学理论教材怎么办，犹如文章做法自古无定式，“概论”式的教材主要把表征不同社会生活现象的概念、范畴按照一定的逻辑顺序串联起来，形成一个特定的框架或结构，最终给学生一个完整社会及其性质的认识。虽然材料大致区别不多，但如何阐释概念以及如何将这些概念按照特定逻辑顺序连接起来以表达作者的思路，就成为评价作者立场和作品优劣的凭据。举例来说，有的概论开门见山在开篇第一节就推出“什么是社会?”接续的几个章节讲政治、经济等社会生活的不同领域，从静态制度转到动态过程，这种安排的好处是直截了当、简单明了，直观性强，问题在于如何能在一节篇幅中把“什么是社会”讲清楚，果真讲清楚了余后各章节岂不多余？因为“社会学概论”的目的无非使人了解“什么是社会”。这种整体论或实在论的视角有对社会的复杂性、多维性认识简单化的倾向。另一种写法是从“行动”开篇，接下来的是合作、竞争等行动不同类型，从动态过程转到静态制度，最后达到对整体社会的认识。这种社会唯名论或方法论个体主义的写法，长处是有如层层剥笋，逻辑性强，符合“从抽象上升到具体”的辩证叙述方法，认识深刻，短处是过于抽象，不容易被理解。不同的写作方法实际上表明了作者的立脚点，代表了个人的理论趋向，加上对概念、命题的解释，既有理论观点的渗透，又有经验资料的选择和使用，都需要这两方面的融会贯通。当然教材的编写有许多别的路径和方式，这里只是举个例子说明而已。

熊：您说帕森斯这样的社会理论家，他为什么说自己是个无可救药的理论家，他会不会走着走着就走到形而上的领域，而不再是社会理论了，不再能照顾到经验事实了。

苏：帕森斯可说是美国社会学界的异类。他的意志论的行动理论在这个具有深厚的经验主义和实用主义文化传统的国度里可谓“空谷足音”，对现代社会学从欧陆时期主要侧重宏观叙事转入微观行动分析起了重要的推动作用，仅此一点使他有资格成为在学术史上与马克思、韦伯、涂尔干齐名的现代社会学家。同时也表明他深受韦伯和德国思辨的观念论哲学的影响，尽管他一生从意志论的立场批判社会学的经验主义不遗余力，但仔细分析就可看出他的理论出发点仍未脱盎格鲁—撒克逊民族根深蒂固的经验主义窠臼。帕森斯理论中的经验主义问题与其受德国意志论哲学影响直接相关，或用亚历山大的话说，在他的理论中有一个形式意志论与实质意志论的分际问题，详细情况当容另文讨论。但社会现象中有许多吊诡的事，正如国人常说的一句话：“成也萧何，败也萧何”，成就帕森斯学术盛名的理论也是他招致批判的原因，他的理论在美国被视为无法加以经验检验的“巨型理论”、“抽象的经验主义”。1970年代批判高潮时，帕森斯几乎成了美国社会学界中的黑格尔式的“死狗”。这与“二战”后初期言必称结构功能主义的红极一时相比，真是两重世界两重天！他自称是个“无可救药的理论家”与其说是自嘲，毋宁说是明志，表明对自己理论矢志不渝的心迹。倒是从局外人看来，这确是一个以学术为志业的人在现代的命运，颇有些尴尬和无奈。

熊：所以可能有一个“中国社会学理论”的提法，就是说基于中国经验真正出来的一个东西，可以概括为中国社会学理论。

苏：对。比如说费先生特别推崇位育论，他的老师潘光旦的理论。

熊：这个东西很中国，包括他自己的“差序格局”。

苏：无论形式还是内容都是中国的。位，就是你所在的位置，你的角色；育，就是在秩序中行动；当你要做具体分析时，就必须有定量化的考察；总括起来说，它又是理论形态的。中国社会建立起来的格局与西方社会迥然不同，美国当代社会学家G. 汉密尔顿评论说，能把中西之间的差异表达清楚的当属费先生的《乡土中国》，从中又可看出潘先生的传承。但这是非常中国化、中国气派的概念，恰恰能把经验和理论两个方面沟通起来，同时又可与西方的角色、角色扮演、受规约的行动概念勾连起来。中国人从来不是在纯粹抽象的认识论上谈问题，不是形而上的。中国传统文化中，基本的概念范畴都是在实践意义层次上讲的，西方的概念是在理论理性上设定的。

熊：所以中国人的思维其实很社会学。

苏：从人的行动脉络中讲相互关系，从知识论的意义上，中国人的思维确实是很社会学的。

熊：好！您再讲讲《国外社会学》的情况，所里成立理论室之后那个“国外社会学研究室”还在吗？

苏：理论室自打社会学所成立之日就有了，不是后来才有的。我离开国外社会学研究室，所里要求把杂志带过来，原来的成员根据个人的业务专长分散在各个研究室里，国外室无形中就取消了。

熊：《国外社会学》当时是全国各地发行吗？销量好吗？

苏：全国订阅，内部发行。销量还行吧。我们那时是只管耕耘不管收获，发行由所里安排办公室负责。当时有几个专题做的还是不错的，比如历史社会学、知识社会学等等。

熊：是，这些专题都是您特别花心思的地方吧。

苏：因为你得找合适的文章和译者。早期所里有自己的图书馆和阅览室，订阅了各种外文期刊，可以跟踪世界社会学的前沿，相对方便一些。一个专题，英文、法文、日文、俄文，基本都能跟踪上。后来，图书馆合并到院里成立了文献中心，看外文杂志要到文献中心去找，就不方便多了，再加上研究室的事情也越来越多，就有些忙不过来了。你可不知道，每期杂志，从选题、组稿、译稿，到看稿，不行退回还得改，花费很多时间。哲学所是专门一个编辑部负责这个杂志，我们只是兼管，还得完成所里的科研任务，还有其他的事，所以有些辛苦。

熊：所以很难得，因为当时对于国外社会学的介绍没有啊。

苏：当时全国就那么一个介绍外边情况的渠道，所以大家都是勉为其难地硬撑着把事情做下来，回想起来也不容易。

熊：所以这个杂志对于中国社会学的发展非常重要。

苏：这个杂志不仅社会学界关心，其他学界一些搞理论的、文论的也比较关注。他们很注意外国社会学的进展，各学科之间一些交叉和相互融合的领域的动态，譬如我们最早翻译界介绍了爱丁堡学派的科学知识社会学（SSK）、强纲领、索卡尔事件等有关资料，引起相关学科的重视和跟进。严格讲起来，一个研究所有一个译介本学科国外进展的译丛杂志是必不可少的。早期社科院的各个所都有两个杂志，一个研究，一个译丛，这一建制是有道理的。这是一个学科成熟的基本标志，有中国特色与吸收世界先进文明的成果应该并行不悖。

熊：后来您和刘小枫在上海三联和华东师大出版社出版的那个四卷本《二十世纪西方社会理论文选》，算是一个总结吧？

苏：那是从《国外社会学》和其他一些杂志上选编的与社会理论有关文章的汇总，作为对这一领域研究的参考资料。现在社会的风气是无人愿做那些“为别人做嫁衣裳”的服务性工作，但是这些工作又是不可缺少的。

四　韦伯研究及其他

熊：下面我们进入到下一个问题，就是关于您的韦伯研究。首先您那部著作的书名好像就有一个故事，开始被人取名为《现代化的先知》，是吗？

苏：是，当时确实有这么一个副标题。是这样。编委会拿走书稿时很匆忙，当时我刚刚答辩完还有许多手续要办，特别是随后就要转到社会学所上班，所以来不及细看。另外，那个年代出一本学术著作是很庄重的事，认为编辑看过稿子后是否同意出版、即使同意出版也总得有一个退稿修改的反复过程。这些表明当时自己并未对自己的书稿期许过高，所以当初在“后记”中说是在“朋友们的鼓励下”拿去出版云云，绝非自谦，确是实情。当上海人民出版社给我电话说，书要发排了，你是不是要看一看。我自己才慌忙赶到上海去看稿子。我到那儿一看题目就不同意。出版社说这是你们编辑部统一搞的标题。比如杜小真那本研究萨特的书，叫《一个绝望者的希望：萨特思想研究》，两个并列的概念。给我的书取了一个“现代化的先知”的名称，我说我反对的就是这个意思，这是帕森斯对韦伯的理解。我说书中也谈到了，要还原韦伯，要去帕森斯化，就是讲的这个思想。帕森斯把韦伯打扮成“现代化的先知”，你要用这个当书名，就表示你已经认同了他的这套现代化理论。韦伯本身不是这样，你要单义地理解韦伯，就把韦伯看成是单向度的一维的了。《新教伦理与资本主义精神》虽然讴歌了资本主义精神和理性化，但另一方面韦伯又要抵御官僚制，抵御那种把现代人的灵魂进行分割、切割销售的官僚制，也就是现代化。韦伯思想的这个维度恰恰是留恋旧时代怀旧的反现代化的，表现了他思想的矛盾性。我的基本思想是要表达韦伯思想的这种张力。假如说我这本书还有点价值的话，就是这样把一个德国思想家的思想张力凸显出来，只有在这种张力下，才能全面地认识思想家韦伯。我在行文中在不同的场合多次强调过这个问题。我说只有在这个张力中，我们才能真正理解韦伯。

熊：那您的那个《理性化及其限制》是想了很久，还是一直都打算用这个题目。

苏：这个想法早就成形的，所以一见原来的题目立即就觉得不妥，决定改题目，稍微思考了一下有没有不严密的地方，就当下决定用《理性化及其限制：韦伯思想引论》这个书名。

熊：当时有没有想过其他的题目？

苏：没有，非常明确。理性化是讴歌现代资本主义体制，然后用“限制”表现他对现代社会发展前景的担忧。当时很少用“限制”这个词，用“局限”的倒有。因为我想，理性化是个动名词，“限制”也是以动作名状行为，所以就用了“理性化及其限制”，以呼应他“以行动化解紧张”的人格特征。

熊：包括您的著作在内的那套书很有名啊。

苏：都是当时三十多岁的年轻人合伙搞出来的，时代使然。那本书上海人民（出版社）几次来信要再版，我要求对一些不准确的地方修改再出，可是总也找不出时间坐下来修订。

熊：那您还扩展吗？

苏：不扩了，把错别字改一改。引文倒是问题不大，有人给我查了一遍。倒是几处原有的、后因当时手工打印不便而删掉的注释补上就行了。

熊：您是从德文引，还是从英文？

苏：从英文。当时所有参考书籍都是复印的，至今还保存完好。只有两卷本的《经济与社会》是我后来在香港买的，这本书我当时就有，也是从社会学所复印的，我当时主要用社会学所的资料做的论文。

熊：那个时候是文化热的时候，您出完这本书之后跟别人一起在北大做过一个讲座？

苏：是有过一次在北大的礼堂搞的讲座。当时是 1980 年代末，思想界特别活跃，尤其是引进西方人文社科思想。那时候，改革开放，方兴未艾。换句话说，那个时候是个造势的阶段，各个大学都在办讲座，讲的也不是一个人或某个流派。我记得不仅在北大讲过，在政法大学、师大，都去讲过。但北大那次场面最大，礼堂都坐满了人，记得是《读书》杂志刚开过一次韦伯的研讨会，紧接着就举办了这次讲座。当时大家都如饥似渴地想了解西方的社会人文思想，所以反响比较热烈。不过，最近我对 20 世纪 80 年代的文化热有过一些思考。我认为 80 年代“文化热”中的反传统现象是“文革”后的一种较为普遍的社会思潮，应该从两方面认识它：首先它是一种痛定思痛的理性比较后的反思；其次它又带有很重的情感性、非理性因素，是一种把传统当作某种权威或既定秩序来反对的情绪宣泄。倘若长时间地停留在这种“反传统”的认识水平上，确实可怜复可悲。但我也不同意有人完全把它归咎为“文化热”的“浮躁”之风，以一种“众人皆醉我独醒”似的口吻做“马后炮”式的评论，难以令人信服，至多不过涉及一个非常浅显的原因。这种说法显然忽略了80年代的社会运动与整个社会结构的社会学分析，就会陷入了文化决定论的窠臼。须知，经历了十年“文革”浩劫，紧接着出现的“反传统”社会思潮绝非仅由文化就能“热”起来、“躁动”起来的，它还有着诸多社会结构上更深刻、更复杂诱因的交互作用。倘若深入一点解说1980年代的反传统现象，不妨套用一下黑格尔哲学的说法。这种反传统，究其本质是一种形式的、抽象的思维，虽然它是一种强大的精神力量，即它是一种分析的、批判的、否定的力量，但它还不属于具体的、辩证的思维，因而还不是能把对立的方面连接起来、综合起来的肯定力量；靠这种简单的否定只能加剧相互矛盾着的力量、趋势、因素之间的斗争，还不能肯定地解决面临的问题。换言之，这种反传统只是启蒙思想家所说的能对事物起简单否定作用的一般**知性**，还不是真正意义上的**理性**，它在辩证发展过程中只是暂时起作用的要素；辩证发展是能对这种一般知性施行否定之否定的肯定力量，即更高级上的论断——扬弃，因而具有更高意义上的合理性。在我看来，五四运动前后的反传统现象似亦应作如是观。

熊：你们成立《文化：中国与世界》编委会就是那时候开始的？

苏：在此之前就开始了。这套书的编委会有三十多人，主要是以北大和社科院为主。名称叫“文化：中国与世界”，就是以文化作为沟通中国与世界的中介和桥梁。这套书影响最大的是“现代西方学术文库”，包括尼采、海德格尔、韦伯的翻译著作，都在这个文库里。还有“新知文库”，那是袖珍本的图书，譬如马丁·布伯的《我与你》、加缪的《西西弗的神话》等等。第三套书就是上海人民出版社出的，叫做“文化：中国与世界”丛书，这是一套学术研究丛书。还有一本杂志，就叫《文化：中国与世界》杂志。那个时候，80年代，在我没进社会学所之前，我那时论文写作很紧张，本来就没有时间，还得天天忙编委会的一些事务，很辛苦，很累，但也很有意义，感觉生活很充实。

熊：好，回到韦伯，关于韦伯研究，译著引介是很重要的一部分，新近从台湾引进的那套书，您怎么看？比如说，大陆自己来译的话还有必要吗？

苏：我认为从节省人力资源来讲，没有必要都译同一本书。如果要做的话，一定要比对方做得更好，否则没必要再重复劳动。台湾远流出版公司一直在做韦伯的译著，现在与内地一家出版社合作在大陆出简体字版是好事。远流那套书都是与韦伯研究相关的人员来翻译的，如韦伯的《社会学基本概念》是顾忠华译的，顾留学德国多年，是韦伯研究方面的专家。其他多由康乐和简惠美两人合译，他们夫妇两人都是学历史出身。他们的译本，除了自己加一些中文注释外，还参照不同版本，如英文本、德文本、日文本的注释，这就使得这套书的资料性和可参考性更强。从节省资源计，不如多译一些尚无中文译本的著作或者一些有重要参考价值的二手著作，譬如施路赫特等著名学者对韦伯的诠释，再如《韦伯与其同时代人》这种对了解当时德国学界背景和精神氛围有所帮助的参考著作。

熊：我记得您讲过三联那个《新教伦理》译本已经很不错了。

苏：译作，尤其是韦伯这样一位百科全书式学者的著作的翻译，很难说哪个译本没有一点毛病，包括台湾最近出版的康乐和简惠美合译的全译本，不可能没有任何毛病，因为内容太庞杂了，超出了任何一门学科的专业范围，涉及基督教各种教会教派的不同教义、仪轨、习惯以及欧洲几种主要文字和欧洲社会史、经济史、宗教史，更不用说同一文本不同译者在理解上的见仁见智所造成的歧义了。譬如，《新教伦理》一书最初的英文译本是帕森斯于1930年出版的，所有的中文译本几乎无例外地都是以这个版本为底本翻译的，至多最后再用德文原版复校一遍。2002年美国又出版了卡尔伯格的另一个英译本，两位译者都是韦伯研究的专家，可是对照译文仍有一些概念术语的译法不同，说明即使行家里手对原文的理解也存在差异。但有些问题通过讨论可以校正、修订、不断完善加以解决，给一个译本挑出些毛病是很正常的事，当然不能出现常识性的错误。翻译著作以“信、达、雅”为最高完美境界，对于学术著作而言，最根本的是信，没有信，达、雅就没有意义。三联这个版本是最早的全译本，注释几乎和正文一样长，翻译难度比正文还要大，涉及多种文字。在此之前的译本都是没有注释只有正文的节译本，故其学术价值要打折扣。相对其他几个译本来说，三联的那个译本已经很不错了，但仍有许多值得改进的余地。

熊：三联那个本子也是根据帕森斯的英译本吧？

苏：对，是根据帕森斯从德文译成英文的译本，帕森斯以“德国近期文献中的‘资本主义’：桑巴特与韦伯”的论文获博士学位后返回美国，1930年就将《新教伦理》译成英文出版，以前两岸所有中文译本都是以这个英文译本为底本翻译的。现在我们又根据一个新的英文译本（卡尔伯格的英译本）翻译了一个新的中文译本，准备由社科文献出版社出版。这个英文本针对的是更一般的读者，帕森斯的那个译本针对的主要是研究者和专业学生，这个英译本估计今年下半年就将问世。

熊：您在台湾引进的那个版本中写的序言基本意思是不是说，要检讨帕森斯化的韦伯？

苏：有这个意思。那是人家请你作序，两岸通过出版界的互通有无进行学术交流，是好事，请你给写个序，责无旁贷。开始讲讲韦伯思想传入中国的一个经过，为什么传入中国，开始基本是“拿来”主义，现在进行一些消化研究。后边提到了对韦伯的理解历来是存在着制度论和文化论两个方向，我认为这两方面都有理，但都不能以偏赅全，就是不能以文化论否定制度论，或者以制度论否定文化论。严格意义上来讲，制度论是典型的社会研究的进路，这是社会学的看家本领。但是，韦伯恰恰不同于一般的社会研究，他还要对西方制度的研究赋予文化上的解释。这正是理解社会学的特质所在：为什么这样行动？后面有动机的问题，它是来源于一种宗教动机的支撑，在这个意义下才能理解现代资本主义为什么会首先发生在西方，这就说明了韦伯的方法里面有制度分析和文化理解两个进路。只有从二者的互动中，才能全面地理解、把握韦伯。如果二者有张力的话，恰恰是在张力中才能更深入地把握韦伯的思想。所以在这个意义上讲，帕森斯单纯从讴歌现代性—理性化角度把韦伯视为现代化先知的看法，这是盎格鲁—撒克逊人的线性进步史观的产物。在韦伯看来，现代资本主义所取得的高度物质成就对清教徒来说就像一件随时可以脱去的披肩，但现代性却把这个披肩变成一具“铁壳”（旧译“铁笼”），使人痛不欲生而又欲罢不能。韦伯完全是以忧郁的眼神看待现代世界的客观进程，两相对照，大相径庭。从这个意义上看，福山的“历史终结论”则不仅带有先知预言的命定论色彩，而且有福音传遍世界的终极乐观意涵：人类社会的演进将以现代资本主义而告终。设想的何等美妙而天真！由此不禁使人联想到，当年韦伯用尼采的以为发现了世界最后真理而欢呼的“末人”（the last man，意与“超人”相对）来讽刺这些人浅薄而廉价的乐观心绪，真是辛辣而又入木三分。

熊：您觉得韦伯研究在中国，像您开始的那一本书是1980年代，距今二十多年了，现在韦伯译著也出版了很多，您觉得接下来中国来做韦伯研究的话，它可能的领域和方向是什么？

苏：在我看来，原来我们还处在一个引入、消化阶段。那么现在应该重新检视韦伯的论述，用中国的历史、中国的发展来检视韦伯的一些结论，尤其他对中国文化和社会的一些论述，有哪些属于真知洞见，有哪些地方有偏差，在这个基础上做一些有创见的研究。在这个意义上，我主要认为韦伯对于中国文化的看法，还有一些隔靴搔痒和不精到的地方。

熊：比如您的那篇长文《马克斯·韦伯：基于中国语境的再研究》就讲到这些。

苏：那篇文章只是一个开头，我想接着还要继续做下去。在那篇文章中我批评了韦伯的“欧洲中心论”思想，我承认在比较文化研究中批评他者中心时难免会落入“我族中心论”陷阱，但比较视角的相对性也赋予了中国文化主体同样的论辩权利，这是跨文化研究的方法论问题，我会对此有所申明。我认为韦伯对中国文化和历史的总体性质的判断上表现出极高的睿智和深刻的洞见，但在某些细节的认识上也存在许多重大失误，如果不徇情回护的话，那它的这些重大失误与其根深蒂固的欧洲正统意识直接相关。简单地概括以下几点：1. 对道家文化认识远远落后于当时欧洲汉学界所达到的水准，突出表现在他对三教合流这一重大文化现象熟视无睹，说明他对中国文化和历史的隔膜；2. 他对中国文化的性质特别是道教的特质判断为“传统主义”，并在社会历史变迁中采用“传统/现代”这一非此即彼的二分法，但对西方文化的论述上却肯定清教的“过去”对新教的“现在”的重要传承关系，流露出比较文化研究中最为人诟病的“双重标准”；3. 对世界主要文明的走向上过度褒奖西方“分取进路”的合理性，而极力贬抑东方“合取进路”的“非理性”、“神秘主义”，完全无视他一向对合理性与非理性认识的辩证的、相对主义的视角，无疑会极大地破坏其比较—历史研究的威望。

熊：这是不是跟他的整个研究框架，跟他的立场有关联？

苏：当然是与他的整体研究框架有关，与其立场直接有关。有人总以“东方主义”、“后殖民主义”来说事，但这是没办法的事。别人著书立说一百多年了，现在有人刚想说话你却用“我族中心”堵他的嘴，不能事先事后都是你的理。在我看来，韦伯对道教的理解比对儒教的认识存有更多的偏见和认识盲区，这既和儒家学说长期居于统治地位道家长期在野有关，也和他本人掌握资料不全以及认识落后于欧洲汉学界对道教的研究成果有关。看不到道教的“万物负阴而抱阳，冲气以为和”主张，是把阴阳相互依存、对偶互动达至整体平衡当作认识自然和社会的出发点，这种“合取进路”为中国文化总体发展奠定了认识论基础，并为历代思想家、政治家在社会认识上奉为圭臬。随着近年来绿色环保主义和环境风险研究的兴起，中国传统文化中道家学说引起更多人的关注，发现其中有许多宝贵资源值得借鉴和挖掘。道教重生，贵德，主张清净无为、简约朴素，崇尚自然，慈俭不争，利命保生，要人按照“道”的性质对待自然、社会、人生：任万物自然生长，完全按照事物本性去成就它——“泛爱万物，天地一体”。循着老子“道法自然”的思路，还可以在道教中找到许多有关以保全生物物种多寡为标志的富足观念和“知止不殆，知足不辱”的自我约束的主张，说明道教历来主张人类要自我节制，反对贪得无厌、竭泽而渔式地对待自然环境和资源。这些都说明了道家文化主张三者之间和谐共生的理念对于现代生命伦理贡献良多，更重要的是，它超越了今日西方环保主义者或风险社会理论所主张的要不自然主义中心说要不人类中心说的二元对立和零和博弈，更像是对韦伯所津津乐道的西方文化的本质在于"理性地征服世界"论断的有力批判。

熊：这可是一篇大文章，现在做到什么程度了？

苏：正在思考着，做些准备工作。这几天在看康乐写的一篇关于佛教和素食的关系问题。他主要说和南朝的梁武帝有关系，我更重视把握其中事实的关联，这几天正在读。大乘佛教和素食的关系问题与佛教的传播本身有关，而韦伯是在论述印度宗教时讲到印度佛教的传播时提到中国的"三教一体"，讲得很浅。我感觉西方思想家对于中国文化特质的不理解最突出表现在对于道教的误判，韦伯把它归结为"异端"，一切罪责都源于它的"传统主义"、"神秘主义"和"非理性"。实际上，道家虽然主张"得道成仙"，但也不排斥世俗，老子《道德经》的内容多讲自然、社会、人生的道理，对待现世（the World）并非逃避出世态度，只是由于老子的行文有一种"大道无形，道隐无名"风格，显得过于抽象，再加上"正言若反"的叙述方式，往往造成正言合道而反俗（如美丑善恶相反）的效果，这里确有一个形式与实质的分际问题。韦伯对道教看待现世的态度的判断与中国人相反，国人认为道教太世俗了，一言以蔽之曰"俗"。中国道教确实是俗，可是在这个世界上谁又能免俗？恰恰是这个"俗"演绎出大千世界纷繁复杂的众生相。怎一个"俗"字了得！

熊：对，他道教讲的很弱，而且认为它是个异端。

苏：很弱。韦伯认为它是巫术。它的一些符咒，类似 sign 或 symbol 的东西，他用的是 magic garden 这个词，就是"巫术的花园"。因为西方人对于道教的符咒不理解，就认为是中国人认识世界的路线图，就像美国人使用的解决中东问题的路线图，就是未来世界构成和走向的路线图。此外，他把道教定位为中国宗教的“异端”，把儒教视为“正统”，这种划分也缺乏学理上的论证，根据是什么以及为什么要做这一划分，在韦伯书中都语焉不详。显然，这完全是削足适履，套用西方逻辑解释中国宗教现象。众所周知，在西方宗教史上关于正统和异端的争论可说伴随基督教产生、发展的始终，它与犹太教、伊斯兰教的关系迄今仍诉讼纷纭、莫衷一是，这从基督教的称谓上就可见分明，罗马大公教会、东方正教会、新教（抗议宗或抗罗宗？Protestantism）。虽然韦伯使用的正统和异端并无价值上的褒贬色彩，只表明它们之间在社会结构中所扮演角色的主次地位及其对立关系，但其中确也表现出他是以西方基督教不同宗派的冲突比附儒道关系，却不承想中国还有一个儒释道三教合流的局面，对于西方中心论来说这完全是一个意识盲区，令人匪夷所思。中国文化内核中的某些神秘的关节点，譬如道家所主张的不贪欲（“无欲”）、不妄为（“无为”）的思想，与崇尚工具理性以征服外在世界为目的的西方文化完全南辕北辙，构成了韦伯一类理性主义者的认识盲区或称意识阈限（the threshold of consciousness），因此从中国文化角度来看，他的某些中国见解总有不到位或隔靴搔痒之感。

熊：韦伯讲《中国宗教》主要是讲儒教，是跟基督教相比较，能否开出资本主义的问题？

苏：主要讲儒教，他认为中国儒教是理性主义的，但是还没有达到工具理性也就是目的—手段的理性，还是价值理性。他透过中西宗教的比较研究后认为，从思想观念上，西方宗教讲求超越性，而中国人相信现世，思想观念缺乏一个人格化的、超越性的神，这就造成了中国人在社会制度上毫无批判地肯定现世。西方基督教引导人们关注彼岸世界，人生的真正意义和目标在于灵魂在彼岸世界得到拯救，所谓“在世界而不为世界”。这样，现世就有一个彼世的制度做对照，现世与彼世之间就会形成紧张，引导人们去变革现存制度。儒家虽然强调入世具有理性主义性格，但由于没有现世与超越界之间的紧张，就会满足于既定秩序而缺乏变革创新的动力。而道教主张得道成仙属于出世思想，几乎不言现世不言新事，思想倾向于神秘主义和非理性，势必一切都以传统为依归，故对中国社会的发展起到阻碍作用。

熊：他的重点是讲中国儒家没有上帝和世俗之间的张力，因此……

苏：对，在儒家文化中没有人与神、现世与彼世之间的这种紧张，因此就没有促使改进和发展的动力，所以人会容易满足自己的现状。中国人根本没有外在超越的思想。但儒家认为中国人有内在超越的思想。英文里的“超越”（transcendency）一定是指向外物，通过超越掌握世界、控制世界。中国人恰恰不是，而是要指向内心，是内在的超越。所以，中国是个伦理本位，是道德本位。比如战争，中国人讲“不战而屈人之兵”，是战胜内心。西方人一定是指向外物，靠武力征服，完全是两种不同的方式。

熊：他们对西方文化自身没有一个思想上的反思吗？

苏：当然有，但是这种反思，譬如反思现代性、多元现代性、后现代/后殖民主义等对西方中心主义的批判只是在枝节上，至多认为这只是西方文化的所固有的一种反思性自觉的表现，因为西方文化历来主张一切价值都具有相对性，以此来为自己的不光彩行为开脱，而在根本的问题上即西方中心论本身就是欧美人的一种霸权主义的设计，则采取回避暧昧态度。

熊：这决定了他们很难从根本上认同中国文化？

苏：很难。文化认同通常是指人与人之间由于共享内在价值和意义世界而共同归属某一群体，在现代社会最常见的表现形式是族群认同和政治认同。由于文化认同涉及精神世界和价值领域的同一问题，所以要比有形的制度、功能、方式、方法方面的认同复杂得多，困难得多。西方文化一方面鼓吹自己文化的优越性、合理性、独一无二性，另一方面又宣扬自己文化属于普世价值，值得各国仿效。这就为跨文化传播制造了人为的阻力。

临别前的告白*

叶启政

人生的旅途中，有着许多的偶然，有的偶然是纯粹的机遇，一过，就云消雾散，消失无踪，人们也遗忘掉了。然而，有的偶然却是一种机缘，留住，甚至影响着人们一辈子。三十年前到这个学系任职，就是这样的偶然机缘促成的。这既不是我原先规划的，更不是我以高度的意志努力争取来的，纯然是在因缘际会的安排下顺着情势进来，况且，当时几乎已决定远赴新加坡大学任教了。

除了在政治大学民族社会学系任教过两年之外，这个学系可以说是我整个人生生涯的唯一托身处。三十年的缘分牵引着，若说没有一丝情感的投入、或某个程度的期待，那是矫情，不实在。然而，我倒也深深体认到，再多的情感牵挂、期待、甚至怀着强烈的使命感来投入，并不是就会因此黏沾不去。岁月总是像洗净力强劲的清洁剂一般，一泼上，再是浓稠的黏沾都会立刻去除得干干净净。说真的，再过十几、二十年后再回首一看，年轻一代的，还有谁记得你与我。人生原本就是既有“来”，就得有“去”；时光总是留不住，也抓不着的。只不过，蓦然回首，还是不免惊讶：没想到，该去的时候竟然已经到了！为这，纵然不愿承认是有着遗憾、眷念或难舍，但是，感慨总是难免的。

理智地来看，到了这个年纪，岁月总是让我学习到，必须懂

---

* 此为叶启政先生 2007 年夏天在台湾大学社会学系荣退仪式上的讲话。

得接受命运的安排，过去纵非平静到来，如今却得是平静离去。一切耀目、绚烂、煦丽的过去，假若有的话，也得借着今天大家为我安排的这样一个具惜别象征意义的盛会，把它恭送走，让原先的空无留白归位。

在历史洪流里，不论就时间与空间来说，我只不过是沧海一粟，或说是一颗小水珠而已。这绝不是矫情或谦虚之词，因为，就现实几率来说，我相信，在座诸位中的绝大多数也像我一样，都只是一颗小水珠。只是，对我自己，我不修饰地说出了这样一个既成的事实，而对着各位，则是不得体地指陈着一项极可能体现“残酷”的几率事实，虽然发生的时间是在未来。

我这颗小水珠，或许，在过去，在太阳照射下，曾经显得有点晶莹，也放射出一点光彩，但是，总是不够剔透，既光耀不了整条河川，甚至，纵然只是一个小小的水域，也无以荧炙，更别说有着创造历史的壮举或鸿志了。然而，或许，正因为是一颗轻轻附着在岸边草丛中的小水珠，它不用担心被整个时代的洪流吞噬。微小与安身的位置，让时代的洪流遗忘掉它的存在，这倒令它随时可以保护住自己，安然度过三十载。

摆在学术领域来说，这样的自我表白，毋宁是对韦伯所说之“学术作为志业”说法的一种另类诠释，也是另类的对话。在我所理解的架构里，学术作为志业的说法，乃是企图让大学教授对其生涯的期待走出无奈且流俗地向体制无条件屈服之“职业”角色所设定的惯性，而有着更深厚根植之文化性的自我期许与肯定。按照韦伯的意思，这是一种伦理性的说法，有着恢弘的心志意图与心理期待的，然而，却剔透出一种谦虚的态度，因为他并不强调大学教授一向自许之作为知识分子的强烈“使命感”，甚至对它还是质疑着。依我个人的见解，以去除“使命感”、或谓以对“使命感”质疑的态度来确立学术伦理观，基本上是强调具自我反思与自我节制的戒慎修养态度，是一种美学的转折表现，于是乎，伦理与美学产生了交集。在今天这样一个如麦金太尔在其著作《德行之后》中所意图指出的伦理被个体化的时代里，这样的交集无疑地有着更为特殊的意义。对我个人而言，三十年来，这样企图在伦理与美学之间谋求某种的统一，更是一再实验、也是尝试证成的生命目标。

这也就是说，三十年来，我一直对自己所扮演的职业角色调整着自我期许的方向。已经有一段相当的时间，在态度上，我相当坚定地认为，不能以学术作为一种企图创造历史与改变社会之“使命感”职志的恢弘期待来看待自己在大学教书、写作的工作。没错，承担创造与改变时代的使命感，一向既是知识分子宣扬、也是肯定自己之社会角色的重要自我期许。然而，我总认为，处在这样一个一切价值被悬搁而个体性高度膨胀的所谓“后现代”的历史场景里，这样的期许，当然依旧令人感到伟大，也应当给予尊敬，但是，我总觉得太过沉重，尤其，它有着一不小心就会造孽的风险，自认难以担当。

对我个人来说，作为大学教授，尤其，处理有关人文与社会现象的教授，过多的知识分子的自我期许，就像韦伯在“学术作为一种志业”一文中对当时德国学者利用讲堂来宣扬特定的思想主义所意图表达的，纵然其意图是深具良意，但是，在知识的传递过程中，对纯洁白净的下一代，容易产生危险的潜在影响。基本上，这容易冒失地扞格到“严守分际而不具煽动蛊惑作用”的基本伦理要求。三十年来，我一直以此引以为戒，期盼自己能够克尽良知地把自己所知的知识忠实地传递给下一代，而不至于误导。当然，我没有把握我自己是否真正做到了，不过，却是小心翼翼地努力过。

再说，作为一个教员，尤其是在大学任教的教员，我更是把这份工作当成是进行着一项艺术创作与表演来经营。我一直认为，一个教员就是一个演员，一上了讲台就像一个演员上了舞台一样，要尽可能地把这出戏演好。对演员来说，重要的是透过戏码、演技等等把自己的人生经验表现出来，让观众能够分享着感受、开展着想象与酝酿着思想，或者，至少让他们感动一下，以至对生命有着进一步的憧憬、启发与感应。在演戏的过程中，以带着浓郁而厚重的使命感企图影响、乃至左右着观众（甚至其一生），尤其是成就社会的改革，当然是一项伟大的革命事业；只有自称正统的左派知识分子才做这样的打算，尽管这或许是西方近代知识传统最重要、也是最值得尊敬的一个历史成分。然而，这绝非一个强调美感的演员所必然期望的唯一作为，况且，在绝大部分的现实状况里，他也是做不到的。一句话：作为一个演员般的教员，我的自我期许不多、也不大。在我的眼中，戏剧原是属于美学的，好看，就好了，看了，回味个两三天，可以；多了，反而不美，带来了过多的负担，甚至是一种道德性的罪过。

接着，我要利用这个机会来表达的是，能够以在大学教书与写作作为一种职业，对我，毋宁是上苍恩赐的幸运机缘安排，更是让我得以有机会细细而安心领略生命脉动的特殊际遇，也有了条件经营一种自己属意的特殊生命态度与生活方式。在以平民作为历史主体的时代里，让自己能够享受过去贵族才有的悠闲生活，当然是一种殊遇。我不避讳地说，选择这样的一种自认较为安适的生活方式来安顿自己的生命，正是我所以选择教书生涯最重要的工具理性考虑因素。我求的只是有着可以对日常生活从事一种“闲人”形态之艺术经营的机会。这样说，或许，亵渎了大学教授这样一种职业角色的神圣意涵，更有着知识分子不应当有之自私心的余虑，但是，长期以来，这却是我自己真实的感觉，更是对生命确立意义的一种自我定位。对此，我得感谢台湾大学、也感谢整个社会的体制，给了我这样奢侈的机会，使得我能够做了三十年的闲人，尤其，做了一些与治国济世无关的闲事。

话说回来，在即将退休之际，我还是得针对自己作为大学教授的志业伦理，有深切的反省与交代：简单说，这三十多年来有没有辜负了自己的职责，是否误了人家的子弟？这个自我提问，反省起来，太大了，恐怕还是留给在座诸位来评断，比较适当，在此，我就不再自我坦白、检讨与批判了。但是，在此临别的时刻，至少对台湾大学社会学系历届的学生来说，有一件事我倒是不能不自我坦白、自我检讨，这是关于论文指导的事。

在座诸位当中，不少是我曾经教过的学生，有的更是所谓“跟我写论文的”（特别是博士论文），而让我也因此成为所谓的“指导教授”。对此，三十年下来，我总是一直耿耿于怀，今天，藉此机会，做个表白吧！首先，我要说的是，很坦白地说，三十年下来，我所谓“指导”过的论文，几乎没有一篇（也许只有挂名指导教授以后的第一篇论文，也就是陈素樱的论文是例外）是我真正用上了自己已修得的功力来“指导”的，因为我没有这个能力，论文的内容总是超出我自己自认能够有信心掌握的知识所及的范围。在这样的情况下，我所扮演的角色，基本上只是负责改改词句与学生不小心写下的错别字，顶多，提供一点不痛不痒的小意见而已。若说这是放牛吃草，让学生自行摸索，应当是不为过的。我甚明白，这样的作为是相当不负责，乃有违背学术伦理之虞，但是，三十年来，我总是一再地被学生的兴趣牵着走，丝毫没有改善与自我纠正的实际作为。对此，我不只深以为遗憾，而且，也甚感愧疚。说真的，我不是不想改善，更不是没有自我检讨过，只是，现实的情况，特别是所谓具“结构”性的客观条件，总是教我不得不如此地因循下去。这个“结构”性的基本条件是什么？今天，我想借这个机会，做点说明，但绝不是自我脱罪。

或许，今天的台湾不能再自称是一个边陲社会了，特别就经济的角度来看；但是，就学术发展而言，我始终认为，我们还是一直让自己处于边陲的地带，几乎丝毫没有力图突破的迹象。大批学生留洋念学位，自不用细说，留在国内念书的，所修习、熟悉、关心、感兴趣的，也几乎完全是西方的，不管它是来自美国、英国，或者欧陆。这样的情形，三十年下来，基本上，并没有明显的改变，事实上，也没有改变的有利条件。我们的学生与老师们谈的与想的，依旧是一面倒地向着西方社会学的学术风潮倾斜、移转，只是，由结构功能论相继地变成韦伯研究、马克思主义、世界体系论、批判理论、年鉴学派、结构主义、后结构主义、文化研究，而至后现代主义与后殖民主义等等。或者，由统计量化的实证研究而至形形色色的所谓“质化”研究、网络分析、制度分析等等。林林总总的改变之中，却有一样是不变的，那就是一切紧跟着西方流行的主流学风走。话说回来，对边陲社会的学者来说，能够紧跟着西方的潮流走，还算是上进、跟上“潮流”的“前进”作为的，不是吗？

不过，再怎么说，在这样的学术潮流的推动下，我们的学术研究成果既无法有效累积，自然更没有蔚成传统的可能。显而易见的，一旦一个学术体本身所经营出来的知识既无累积、且丝毫没有形塑传统之迹象的话，它自然说不上有何吸引人需要特别予以注意的道理。情形沦落至此，说来，都是几十年下来之所有为师者的责任，错不在于学生的。相反的，在此情况下，西方具庞大、悠远、细致之传统，且不时有所自我批判与创新的优势知识体系，对我们的学生（尤其，好学敏思的学生），自然有着无比的吸引力，他们选择与西方学者的思想或研究议题对话，自然也就可以理解与预期了。

总而言之，在我所经历的岁月里，三十多年来，台湾社会学的研究基本上没有明显之具有蔚成独特知识传统的累积成果，始终是处于“开创”期的阶段。在我的观念里，对一个处于“开创”阶段的学术领域，作为老师的，只是扮演着“过河卒子”的角色，基本任务乃在于鼓励学生有着多元的领域发展、深厚扎实的学术底蕴，尤其是对居优势之西方学术传统有着一定深度与广度的认识。就在这样的认知基础上，三十年下来，对学生的论文写作，我也就一直是扮演着签字“背书”的角色。说真的，我并不喜欢这样的角色，也深以这样的作为而惴惴乎，然而，现实上，我却一直就这么被牵引着。不过，话说回来，有一点我却是相当受用的，那就是：从你们学生身上，我学了许多，这还得感谢在座诸位。除此之外，我还要特别提醒：经过三十多年来的发展，特别是自我反省，台湾的社会学界已慢慢有条件可以走出与西方学术亦步亦趋的格局，而有着自己的路子，在此，我以此勉励在座诸位。这是我作为社会学者一辈子的心愿，期盼在座年轻一代的诸位能够代我完成。

在过去的岁月里，特别是透过台湾大学社会学系这样一个场域所赐予的缘分，我与在座诸位中的绝大多数，在生命旅程中有着交集，让我们分享着一些共同记忆，也经营出一些令人感动的情愫。尽管，这样的情愫未必是如涂尔干所说那在嘉年华会时人们所分享的“亢奋”样态，也未必让我们凝聚成为某种的特殊集体意识，然而，这样既亲近又遥远，既暧昧、含糊、却又仿佛实在的情愫，无疑是让我们大家今天聚在一起的基础，至少是进行今天这样一个颇具仪式意味之集体行为的基础。当然，我明白，在今天这样一个时代里，渴求大家有着强烈的感应情愫，形塑着部落心理，是远离时代的氛围的，我个人不敢奢求，也不认为是需要的。但是，能够看到大家齐聚一堂，有的甚至是远从外地专程而来，其中，某种的情感激素发酵着，应当是至为关键的因素。说来，这令我个人深深感动的深层心理构造，绝对不是资本主义体制所开展出来的社会理路。毋宁的，它是莫斯所强调人类在生命历程中体现人与人互动过程之最原始、纯真、不经修饰的情愫，特别值得珍惜。借用齐美尔的说法，就是所谓之“社交性”的具体表现。不过，我宁愿使用莫斯的概念，说这是大家赐给我的一份珍贵而神圣的“礼物”。对大家的这份情谊，我万分感谢，我会尝试慢慢、细细而认真地去体会，在我往后的人生余年中，它将会一直保留在我的感情记忆里头，是我生命旅程中最值得珍惜而弥贵的一个部分。

话说到此，让我引用一些前人的诗句，来表达我此刻的心境与处境。18 世纪的德国诗人席勒曾经写过的一句话。他说：青年人扬起千帆航行在大海之上；老年人则乘着破船驶回海港。是的，从此，我将把这艘破船驶回港口，改搭车回家，因为这该是休息的时候了。印度的泰戈尔在《颂歌集》中也曾写下这样的诗句：白日已尽，鸟儿不再歌唱，风已疲于飘扬，拉下那黑暗的厚幕，覆盖在我的身上，就像在薄暮时用睡眠的柔衾裹住了大地，轻轻阖上那垂莲的花瓣。……在这疲惫的夜里，不须挣扎，把自己交给睡眠吧！也将自己的信赖寄托在上帝的身上。

是的，任何人都抗拒不了大自然的韵律：人老了，没有令人兴奋、憧憬的希望和期待，有的，顶多只有对过去的种种作为来个总盘点，并且画上休止符，如此而已。最后，让我引用阿根廷的诗人博尔赫斯（Jorge Lius Borges）的诗《云团》中的片段来充当为自己在台湾大学任教三十年的总结。诗文是这么写着的：

> 没有什么东西不是过眼的烟云，
> 就连大教堂也逃脱不了这样的命运，
> 巨大的石头和玻璃窗上的《圣经》故事，
> 到头来都将被时光消磨殆尽。
> 《奥德赛》也如不停变幻的大海，
> 每次翻开都会发现某些不同。
> 你的容颜在镜子里已经变了样，
> 时光好似一座谜团密布的迷宫。
> 我们全都不过是匆匆的过客，

在西天消散的浓密云团，
就是我们最为真切的写照。
玫瑰不停地变为另一枝玫瑰，
你却一直只是云彩、大海与忘却，
始终只是自己已失去的那一部分。

一句话：在人生的旅途里，我永远只是过客，来去都不需留下痕迹，况且，也未必留得下。对这个大时代的改变，我顶多只是曾经充当过历史发展进程中的一个过河卒子，是一颗微不足道的踏脚石，期待的不多，只是让后人踏着走过去，留得了痕迹与否，实非我个人能够掌握，而事实上，也不应在意。明镜本无尘，人生也终究是要走完的；再多的，带不走，得丢；更少的，留不住，也不值得留。一切总是南柯一梦，有来，就有去；空来，更是空去。“我”终究也不会是我，当然，更不是你或他，一切只有随缘，缘来缘去，一念之间，不好执著，甚至也不好拿捏。或许，这是人世间唯一可以肯定的普遍社会定律，不是吗？

马克斯·韦伯：基于中国语境的再研究

苏国勋

一　韦伯思想东渐：一种知识社会学的简略考察

作为社会学经典理论三大奠基人之一的马克斯·韦伯（Max Weber，1864—1920），其思想为中国学术界所熟悉要远比马克思和涂尔干晚许多。马克思的思想随着俄国十月革命（1917）的炮声即已传到中国，20 世纪 50 年代以后由于意识形态方面的原因，马克思和恩格斯的著作并列以全集的形式由官方的中央编译局翻译出版，作为国家的信仰体系，其影响可谓家喻户晓。涂尔干的著作则是由留学法国的许德珩先生（《社会学方法论》，1929）和王了一（王力）先生（《社会分工论》，1935）的译介在 1930 年代出版的。这两部著作中文译本的出版，不仅使涂尔干以及以他为首的法国年鉴派社会学在学术界闻名遐迩，而且也使他所大力倡导的功能主义在中国社会学深深植根。那时人们更多地把涂尔干视为整体论—功能论者，强调他的方法论所主张的要像研究“物”（thing）一样来研究社会的经验主义观点，即侧重他的社会实在论维度，而缺乏深入地将其社会学思想理解为古典经验论与先验论之间的张力表现，譬如他主张的存在于人们的意识之外并对人们的行动具有某种强制性的“社会”或“社会性”是一种由道德、"集体意识"或"集体表象"(collective representation)构成的观念实在，显然这里更多地属于涂尔干称之为"社会学理性主义"的观点，而不是或主要不是经验论观点。由于中国社会学舶来自英、法的实证主义思想，在传入的早期，孔德、斯宾塞的化约论—社会有机体论和涂尔干的整体论—功能论传播甚广，几乎脍炙人口，相比之下，德国人韦伯侧重从主观意图、个人行动去探讨社会的理解（versthen)、诠释的进路（interpretative approach）则少为人知。加之，韦伯的思想大多是后来经过美国人的移译辗转从英文传播开来，虽然他与涂尔干同属一代人，但在德国以外成名则要比涂尔干晚了许多。或许这就是中国早期社会学文献鲜有提及韦伯名字的原因。

新中国成立后，马克思主义被确立为国家指导思想的理论基础，出于意识形态的原因，马克思主义主张的阶级斗争和社会革命思想与孔德以来西方社会学以秩序和进步为标的的政治保守主义和改良主义存在着严重抵牾，于是在建国初期的 1952 年高等学校院系调整中取消了社会学的教学和研究。这一举措意味着自清末西学东渐高潮中、也是中华民族面临亡国灭种的危急时刻从西方传入的社会学[1]，经过半个世纪有声有色的发展后在外力因素的干预下不幸夭折了，加之此后较长一段时间内与国际学术界隔绝，致使中国的社会科学知识体系在一个时期内一直处于相对不完整和封闭状态。1980 年在改革开放的热潮中以中国社会科学院建立社会学研究所为契机，随后在一系列高等院校陆续地设置了社会学系，这标志着中国大陆的社会学冲破重重阻力在新形势下终于又破土复出了。韦伯的思想是随着社会学的恢复开始

---

〔1〕最初，严复借鉴先秦荀子"人不能无群"的思想率先将英人斯宾塞的 *Study of Sociology* 一书译为《群学肄言》（1896），可见社会学最初被称为"群学"，后章太炎译日人岸本能武太的《社会学》（1902）一书，此后，在中国这门学科才开始使用"社会学"的名称。

在中国学术界传播开来的。1987 年由于晓、陈维纲等人合译的《新教伦理与资本主义精神》在北京由三联书店出版问世，韦伯的学术思想才开始为中国读者所了解。尽管此前台湾学界早在 20 世纪 60 年代就已出版了该书的张汉裕先生的节译本以及后来由钱永祥先生编译的《学术与政治：韦伯选集(1)》(1985)，但由于当时两岸信息隔绝的情况，这样的图书很难送达学者手中。此外还应提及的是，中国学者此前也曾零星出版过韦伯的一些著作译本，譬如，姚曾廙译的《世界经济通史》(1981)、黄晓京等人节译的《新教伦理与资本主义精神》(1986)，但由于前者是以经济类图书刊发的，显然其社会学意义在一定程度上会受到遮蔽，后者是一个删除了全部注释重要内容的节译本，难以从中窥视韦伯思想全貌，无疑也会减损其学术价值。

中国学术界在 20 世纪 80 年代中后期引介韦伯思想固然与当时社会学刚刚复出这一契机有关，除此之外还有其重要的现实社会背景和深刻的学术原因。众所周知，20 世纪 80 年代是中国社会经济改革开放方兴未艾的年代，经济改革由农村向城市逐步深入，社会生产力得到很快发展，但社会转型必然会伴随着制度创新的阵痛和风险，改革旧有体制的弊端涉及众多部门的切身利益，需要人们按照市场经济模式转变思维方式和行为方式，重新安排和协调人际关系。加之，由于中国幅员广袤，南北方自然条件和东西部开发程度存有殊多差异，在改革过程中也可能产生新的不平等，以及随着收入差距的拉大社会分层开始显露，公职人员贪污腐化不正之风蔓延开来为虐日烈，这些都会导致社会问题丛生，致使社会矛盾渐趋激烈。这些都表明中国的改革开放政策带来的社会经济发展遇到了新的瓶颈，针对这些新现象、新问题要求社会科学界做出自己的判断和回答。

撇开其他因素暂且不论，单从民族国家长远利益上考量，当时中国思想界可以从韦伯论述 19 世纪末德意志民族国家的著作中受到许多启发。当时的德国容克地主专制，主张走农业资本主义道路，成为德国工业发展的严重障碍；而德国中产阶级是经济上的日益上升力量，但是领导和治理国家又缺乏政治上的成熟。韦伯基于审慎的观察和思考做出了自己的选择：出于对德意志民族国家的使命感和对历史的责任感，他自称在国家利益上是“经济上的民族主义者”，而在国家政治生活中自我期许“以政治为志业”。联想到韦伯有时将自己认同于古代以色列先知耶利米，并把它视为政治上的民众领袖，亦即政治宣传—鼓动家，他在街头闹市泪眼面对民众或批判国家内外政策，或揭露当局特权阶层的腐化堕落，只是出于将神意（启示）传达给民众的使命感，而非由于对政治本身的倾心。然而韦伯内心又清醒地认识到，现代性是一个理智化、理性化和“脱魅”（disenchantment）的时代，其间已没有任何宗教先知立足的余地，作为一个已经选择了政治为职业的人，只能依照责任伦理去行动。这意味着一个现代人要忠实于自己，按照自己既定的价值立场去决定自己的行动取向，本着对后果负责的态度果敢地行动，以履行“天职”的责任心去应承日常生活的当下要求。或许，韦伯这一特立独行的见解以及他对作为一种合乎理性的劳动组织的现代资本主义的论述，与中国当时的改革开放的形势有某种契合，对知识分子的思考有某种启迪，因而促使人们将目光转向这位早已作古的德国社会学家。

此外，“二战”结束以来，国际学术界以及周边国家兴起的“韦伯热”也对中国学界关注韦伯思想起到触媒作用。韦伯的出名首先在美国，这与后来创立了结构功能学派的帕森斯有关。帕氏早年留学德国攻读社会学，1927 年他以德国学术界（韦伯和桑巴特）关于资本主义精神的争论为题获得博士学位，返美后旋即将韦伯的《新教伦理与资本主义精神》一书译成英文于 1930 年出版，并在其成名作《社会行动的结构》中系统地论述了韦伯在广泛领域中对社会学做出的理论贡献，遂使韦伯此后在英语世界声名鹊起并在国际学界闻名遐迩。上个世纪 50 年代以后韦伯著作很多被翻译成不同文字在世界各地出版，研究、诠释韦伯的二手著作也如雨后春笋般地涌现。60 年代联邦德国（西德）兴起的“韦伯复兴”运动，其起因是“二战”后仿效美国做法发展起来的德国经验主义社会学（科隆学派），与战后陆续从美国返回德国的法兰克福学派的批判理论从理论旨趣到方法论立场发生了严重抵牾，从而导致了一场长达十年之久的德国社会学关于实证主义的论战。由于参加争论的两派领军人物都是当时的学界泰斗，加之论战中的几个论题——社会科学的逻辑问题（卡尔·波普尔与阿多诺对阵）、社会学的“价值中立”问题（帕森斯对马尔库塞）、晚期资本主义问题（达伦多夫和硕依西对阿多诺）——直接或间接都源于对韦伯思想的理解，对这些重大问题展开深入研讨和论辩，其意义和影响远远超越社会学一门学科的范围，对当代整个社会科学界都有重要参考借鉴价值（参见 Adorno，T. W.，1976）。作为这场论战的结果，一方面促使韦伯思想研究在国际学术界的升温；另一方面也对美国社会学界长期以来以帕森斯为代表的对韦伯思想的经验主义解读——“帕森斯化的韦伯”——做了正本清源、去伪存真式的梳理。譬如，在帕森斯式的解读里，韦伯丰富而深刻的社会多元发展模式之比较的历史社会学思想，被扭曲地比附成线性发展史观之现代化理论的例证或图示。因此，在论战中从方法论上揭示韦伯思想的丰富内涵，还韦伯思想之本来面目，以及“去帕森斯化”，这正是“韦伯复兴”运动的题中应有之意。

随着东亚“四小龙”的经济腾飞，韦伯研究热潮开始东渐。“二战”结束后不久日本经济很快得到复苏，特别是 60 年代以后东亚传统上受儒家文化影响的韩国、新加坡、台湾、香港成为当时世界上经济发展的黑马，如何解释这一现象以及它与韦伯关于儒教的论述是什么关系就成为国际学术界共同关心的课题。美国汉学家曾就“儒家传统与现代化”的关系于60年代先后在日本和韩国召开了两次国际学术研讨会。80年代初香港也举行了“中国文化与现代化”的国际学术会议，其中的中心议题就是探讨儒家伦理与东亚经济起飞的关系。许多学者都试图用韦伯的宗教观念影响经济行为的思想去解释东亚经济崛起和现代化问题。有将“宗教伦理”视为“文化价值”者；也有将“儒家文化”当作“新教伦理”替代物者，在解释东亚经济崛起和现代化时把儒家传统对“四小龙”的关系类比为基督教对欧美、佛教对东亚的关系；还有人将韦伯论述肇源于西欧启蒙运动的理性主义精神推展至西方以外，譬如日本，等等。所有这一切，无论赞成者抑或反对者，都使传统上受儒家文化影响的地区围绕东亚经济腾飞而展开的文化讨论，与韦伯关于现代资本主义起源和中国文化的论述发生了密切关系，客观上推动了韦伯著作及其思想在中国的出版和传播。

二　新儒学与韦伯的对话（上）：以牟宗三为例

韦伯关于亚洲宗教的论述，集中在《中国的宗教：儒教与道教》和《印度的宗教：印度教与佛教》两书，其中的“儒教与清教”和“亚洲宗教的一般性格”两章分别作为两书的结论更是本文考察的重点，至于他对《古犹太教》的论述，虽然地缘上属于西亚，但其影响主要在亚洲以外的欧美基督教世界，故不在亚洲宗教论列。在韦伯看来，倘从亚洲文化上考察，中国文化在其中扮演了类似法兰西在近代欧洲的角色，而印度哲学则可媲美于古代的希腊（韦伯，2005b：460）。意思是说，在亚洲，中国文化关注世俗生活，长于对人情世故的洞察和处理，是一种入世文化；印度文化擅长于超越的形而上的哲学思辨，属于一种出世文化。韦伯的比较文化研究之参照标准是欧洲文化或说欧洲文化的统一性，他对中国宗教和其他东方宗教的论述，犹如上面这个譬喻一样，只是为了凸显西方文明的特色而用来作为反衬，因而难于超脱他那时代西方殖民者所固有的“欧洲中心”（Euro-centric）的视角。从这个意义上说，韦伯关于中国的论述包含有许多真知洞见，同时也存在着偏见谬误。大体说来，国人在接受韦伯的早期（1970—1980年代），适逢改革开放政策推行伊始，社会科学界刚刚与国际学术界接触，当务之急在于更多地了解外边世界的情况，奉行的是“拿来主义”做法，当时关注作为中国文化的异在他者（Otherness）——西方文化——对中国文化的看法、论述、挑战，按照中国人“兼听则明”的古训，以期通过学习别人长处弥补自己之不足，从中汲取自我发展的参考借鉴。如果说那时是对韦伯思想的学习、接受阶段，那么三十年后的今日，则处于一种消化和反思的时期，更多地表现出中国人在对外文化交往中的文化自觉（cultural awareness）。

韦伯在为其《宗教社会学论文集》所作的绪论中开宗明义地指出其比较文化研究的宗旨，在于找出导致现代资本主义在欧洲产生的原因。他在详细考察了东西方世界在宗教、文化、科学技术、法律、行政、事业经营诸领域中的不同特征后，认为西方文化具有一种其他文化所没有的、“具有普遍意义和价值之方向”、独特形态的“理性主义”，这种社会生活的理性化在法律、政治、经济领域的表现就是“形式合理性”（formal rationality）占主导地位以及在科学领域中“理论合理性”（theoretical rationality）占支配，再加上其他一些社会结构和制度因素的配合，终导致现代资本主义在欧洲得以产生。因此，这篇绪论的主旨可以归结为“资本主义精神与理性化”。尽管韦伯在《中国的宗教：儒教与道教》中从相对主义出发认为以儒教为代表的中国文化也属于理性主义，但儒教的这种理性主义与以清教（Puritanism）为代表的西方文化的理性主义具有重要差别："儒教的理性主义意指理性地适应世界，清教的理性主义意指理性地支配世界。"（韦伯，2004a：332）在韦伯的解释中，清教徒本来出于一种宗教伦理动机——拒斥现世诱惑而专注灵魂拯救，但中间经过"预定论"和"天职观"教义的转折，却导致教徒热心世俗经济行为，这本是一种"在现世而不为现世"的、"无心插柳柳成荫"式的非预期行为，显示了基督教"从内向外"的超越性。"真正的基督徒，出世而又入世的禁欲者，希望自己什么也不是，而只是上帝的一件工具；在其中，他寻得了他的尊严，既然这是他所期望的，那么他就成为理性地转化与支配这个世界的有用工具。"（同上：333）在韦伯看来，儒教缺乏这一"将世界加以理性化的转化的工作"（同上：325）。换言之，一心引导人们正心、诚意、格物、致知的"内圣"功夫，怎么就能转化成修身、齐家、治国、平天下的"外王"抱负和事功业绩，其间缺少类似清教徒的"预定论"、"天职观"那种中介式的转化，再加上其他一些因素的配合（如家产官僚制社会结构等），导致儒家专注内在道德修养和个人人格自我完善，而忽视外在事功，终使科学认知和民主政治无法得到长足发展。换言之，儒学在政治经济领域缺乏形式合理性而科学认知领域缺乏理论合理性，终导致中西文化的不同走向。韦伯的这一结论性的判断，不仅对西方的中国学研究具有重要启示，而且在当代中国有关传统文化复兴的讨论中也不时地被提及并以不同形式发生着直接或间接的影响。

当代新儒学的代表人物牟宗三在自己的著述中曾涉及与此相关的问题，可视为新儒家面对西方文化的挑战做出的正面回应。牟宗三在《历史哲学》一书中用"综合的尽理之精神"界说中国文化的本质，用"分解的尽理之精神"解释西方文化的本质（牟宗三，1978：164）。之后，他又提出"理性之运用表现与理性之架构表现”两个概念。所谓运用表现（functional presentation），发自德性，即禅宗所说“作用见性”之意，宋明儒学的“即用见体”,《周易》所说的“于变易中见不易”；这种运用表现中的“理性”显然指康德意义上的实践理性，是说人格中的德性，而其运用表现就是此德性之感召，或德行之智慧妙用，显然属于德性层面亦即内圣功夫。架构表现（constructive presentation，frame-presentation）中之“理性”，是就失去人格中德性即实践理性之意义而转化为非道德意义的理论理性，因此也是知性层面上的（牟宗三，1992：155）。牟氏认为，西方文化系统是智的“知性形态”，其背后精神是“分解的尽理之精神”，其外在表现就是概念的心灵（conceptual mentality），故在西方文化中形成了国家制度、法律体系、民主政治、逻辑、数学、科学等。而中国文化是仁智合一的文化，以仁统智的文化。因此，如何由“综合的尽理之精神”转化出“分解的尽理之精神”，由“理性之运用表现”转化出“理性之架构表现”，从儒学的内圣中开出科学民主的新外王，这是儒学复兴必须解决的三个相互联系的问题。牟宗三在《理性的运用表现和架构表现》一文中，试图用“道德理性自我坎陷”来解决中国文化的现代转化问题。他认为从内圣、道德理性的运用表现中直接推不出民主与科学来，必须经过一个“曲折”。换言之，道德理性只有通过自我坎陷、自我否定的“曲通”办法才能成为观解理性（理论理性），从而才能成就民主与科学。道德理性的自我坎陷就是使仁让开一步，使智在仁智合一的文化模型中暂时脱离仁，成为“纯粹的知性”，开出智之独立系统：

> 从内圣到外王，在曲通之下，其中有一种转折上的突变，而不是直接推理。这即表示，从理性之运用表现直接推不出架构表现来。然则，从运用表现转架构表现亦必不是直

> 转，而是曲转。这曲转即表示一种转折上的突变。（牟宗三，1992：166）

牟氏的“道德理性自我坎陷说”，从积极意义上说，它承认中国文化确有不足，即所谓“有道统而无学统与政统”。为此他主张否定那些阻碍在中国产生、形成科学与民主的不利因素，解决儒学中如何从内圣开出新外王的难题。从消极意义上说，它有如梁漱溟的“中国文化是理性的早熟”说法一样，带有为中国文化伦理本位压抑认知不能长足发展辩护的意味：

> 论境界，作用表现高于架构表现。但若缺了架构表现，则不能有建筑物。是以中国文化一方面有很高的境界，智慧与气象，而一方面又是空荡荡的，令近人列举的头脑发生太惨的感觉。……所以中国不出现科学与民主，不能近代化，乃是超过的不能，不是不及的不能。中国文化只向运用表现方面发展，而没用开出架构表现。光用运用表现在现在已显不够。理性之架构表现与运用表现都需要，都要出来。只要明白理性表现精神发展的全部义蕴及其关节，则早熟的说法便显得不恰当，亦可不必要。（同上：161）

乍看起来，牟氏“中国文化是超过的不能，不是不及的不能”与梁漱溟的“中国文化早熟”说法，虽然都带有为儒学辩白的意味，但牟氏把分解的尽理之精神/综合的尽理之精神、架构表现/作用表现、理论（观解）理性/实践理性、智之知性形态/仁智合一形态、伦理中立性（ethical neutrality）/伦理关联性（ethical relevance）、宗教型/礼乐型、方以智/圆而神（二者同为《易经》语）、并列关系（co-ordination，牟氏称为“对列之局”）/隶属关系（sub-ordination）等一系列对应概念分别对举，用以表征中西方文化的不同特征，其中确有比梁氏说法更深刻、更值得深思的内容：它从学理上深刻地揭示了作为理性之作用表现的中国文化的内在超越性质，以及它与作为理性之架构表现的西方文化所具有的外在超越性质的区别及其互补关系——“相辅助以尽其美，相制衡以去其蔽”。韦伯批评中国文化缺少超验的制度与世俗的制度之间的紧张和对立，从牟氏的“辩证思维”观点看来，其正确之处在于指出了中国文化缺少了科学与民主这一种中间架构的东西，这既是作为一种“综合的尽理之精神”的中国文化之缺憾，但也是它与西方文化相比较而言所具有的长处；同理，这既是作为一种“分解的尽理之精神”的西方文化之长处，也是它与中国文化相比较而言所具有的短处。中国文化是“综合的尽理之精神”。所谓“综合”，是指“上下通彻，内外贯通”；“尽理”，即尽心、尽性、尽伦、尽制。尽心尽性是从仁义内在一面说的，是指礼乐的礼制意义上的；尽伦尽制则是从社会礼制一面说的，也就是尽了仁义内在之心性。所尽之理均属道德政治之事，不是自然外物的；是实践的，不是认知的或观解的；是属于价值、“应然世界”的事，而不属于自然、“实然世界”的事。

> 中国（文化）首先把握生命，西方文化生命的源泉之一的希腊，则首先把握“自然”。他们之运用其心灵，表现其心灵之光，是在观解“自然”上。……中国人之运用其心灵是内向的，由内而向上翻；而西方则是外向的，由外而向上翻。即就观解自然说，其由外而向上翻，即在把握自然宇宙所以形成之理。其所观解的是自然，而能观解方面的“心灵之光”就是“智”。所以西方文化，我们可以叫他是“智的系统”，智的一面特别凸出。（牟宗三，1978：169）

西方文化所见长的智属于“知性之智”，固然可以彰显“知性主体”，突出“概念之心灵”，因而也能产生科学与民主；而中国文化生命无论道儒释，其用心端在超知性的“直觉之智”，西方文化认为这种超知性之智只属于上帝神心，中国圣哲则认为在人心中即可转出。牟氏把这种“直觉之智”称之为“圆智或神智”，并认为“人心之超知性一层，则彼（西方文化）不能通透，是固其文化生命中本源处之憾事也”（牟宗三，1978：179）。据此，牟氏得出结论说：“西方的文化生命虽是分解的尽理之精神，却未尝不可再从根上消融一下，融化出综合的尽理之精神。而中国的文化生命虽是综合的尽理之精神亦未尝不可从其本源处，转折一下，开辟出分解的尽理之精神”（同上：174）。这就是说，中西文化，两相比较，各有所长，各有所短；从未来远景看，中学未必不如西学，西学并不注定就优于中学；从现实上看，也只是功能各有所司，目的各有侧重罢了。未来理想的文化，必然是扬弃二者之短、兼具二者之长的统一形态的文化。显然这与韦伯那种从二元分立对决、零和博弈上比较中西文化的视角迥然有别，牟氏全然是从互补、汇通的和合视角看待中西文化之间的差异。这就使中国文化的“致中和”思想将为中西文化汇通、迈向自然谐一的愿景开辟道路，在当前全球化时代更具建设性意义。

这就是牟氏所说的“理性表现精神发展的全部义蕴及其关节”。明乎此，才能理解儒学思想家是在内心世界的维度消除了韦伯式的张力和对立，从而获致人格上的圆成。换言之，韦伯批评儒学没有超验地诠释这种对立自有其道理，但他并不理解儒家在内心世界里消除这种对立以及外向超越与内向超越这二者之间具有的根本性区别之重要意义。就是说，外在地克服超验与世俗之紧张和对立是西方文化的特点，确保知性得到长足发展并在事功上结出民主、科学的丰硕成果，这确是西方文化的一大长处；而在内心里消除超验与世俗的紧张和对立是中国文化的特色，内向超越专注仁义之心性，却阻塞了知性发展的道路，为此就必须经过自我坎陷（自我否定）的转折，为知性发展让开道路，务使内圣开出科学、民主的新外王。韦伯以西方文化之长比中国文化之短，却又不屑于正视别人的长处，以庇护自家之短，这正是其意识中的“欧洲中心论”在作祟。这里征引美国社会学家罗伯特·贝拉（R. Bellah）在《基督教与儒教中的父与子》一文的分析，阐明内向超越与外向超越的区别及其意义。贝拉通过对明朝天启年间（1621—1627）御史大夫左光斗因反宦官魏忠贤被诬陷下狱、受尽酷刑弥留之际所写家书的考察，对比中西文化对父与子关系的立场（亲亲孝道与俄狄浦斯〔弑父〕情结的差别）后写道：

> 这种态度（指儒家倡导的“威武不能屈、富贵不能淫”一类的修养——引者）体现了一种真正的英雄式的忠诚，即使在这样（临危）的时刻也不为所动。一个伟大文明的力量与绵延的根就展现在这些字句中。但是与此同时，儒教对于父与子关系的论述却阻断了俄狄浦斯情结产生任何结果，除了孝顺——在最后的分析中孝顺不是针对某个人的，而是针对一种个人关系的模式，人们持有这种模式是为了拥有终极的合法性。……在西方，从摩西启示时代开始，社会关系的每一特殊模式原则上都是从终极性（ultimacy）中派生出来的。在中国，孝与忠却成了绝对（absolutes）。（Bellah, Robert N.，1970：96）

从外向超越的观点看，这个终极性的所在不是自然的有机社会秩序，而是转向一个超验的参照点，即超验的绝对实在：自然的一切只具有相对价值，而上帝才是绝对。譬如在犹太—基督教传统中，知性的理性化赋予了上帝“造物主”的地位，并且认为它是绝对不变、全能、全知、也就是绝对地超越现实的。而内向超越的中国文化则正好相反，用牟氏话说，儒学的正心诚意、格物致知的内圣功夫，乃用心立言，一切自“仁”发，自始即把握着“生命”这一根本，对待浑噩质朴之现实生活而由以“人”为本，“内而调护自己之生命，外而安顿万民之生命”，故其与人间之关系乃人之自然的有机关系（仁），这一关系的联结要比一切从“智”出发的西方文化更为契合而亲切。故而，中国文化“以其生活之智慧渗透上天好生之德，亲切地证实了那个超越的绝对实体乃是一‘普遍的道德实体’”（牟宗三，1978：66）。职是之故，在中国文化里，没有什么事物能超出这一普遍的道德实体——仁义之心性——而能被证明具有正当性。这就是中国文化就道德而言的内在超越性。

从这个意义上讲，新儒学讲“内在性”（immanence）意指“人的本性”，即人之所以为人者的内在精神，如“仁”、“神明”等；所谓“超越性”（transcendence）指宇宙存在的根据或宇宙本体，即“天道”、“天理”、“太极”等。诚如当代另一位持儒学观点的学者汤一介先生所说，“儒家哲学的‘超越性’和‘内在性’是统一的，这样就形成了‘内在超越性’或‘超越的内在性’的问题——就成为儒家哲学‘天人合一’的思想基础，是儒家所追求的一理想境界，也是儒家之所以为儒家的精神所在”。这样，汤一介就把“内在性”、“超越性”分别与孔子所说的“性命”、“天道”对应起来（参见汤一介，1991：2—3）。对比起来看，西方文化所讲的“超越性”指的是外在性（out-worldliness），或者，是与此一世界（this-worldliness）相对的彼一世界（other-worldliness），即意欲向外的、超于己身之外的卓越、超绝；哲学引申义指超越经验即超验的独立存在、先在，如柏拉图的“绝对理念”、萨特人本主义所说的“自我”（所谓“自我的超越性”)；神学义是指基督教将摩西启示时代（犹太教）的“终极实在”与古希腊哲学的“绝对理念”结合在一起而成为“绝对存在”，即上帝。简言之，基督教讲的“超越性”是一种本体论的承诺（ontological commitment），它为西方文化中“神人隔绝”确立了根据；新儒家主张“超越性”和“内在性”的统一是在比附“超越性”意义上使用“内在超越”的，它构成了中国文化中“天人合一”的基础。前者是以“弑父（俄狄浦斯）情结”为表征的“分”、“二”的理路，意在隔断传统，除旧布新；后者是以“亲亲孝道”为体现的“合”、“一”的理路，意在慎终追远，薪火承续。其间的差别，洞若观火，由此导致中西文化不同的发展路向。

三　新儒家与韦伯的对话（下）：以西学内部分歧为例

上述观点也可视为传统儒学在道德与科学关系上一贯的、有根据的立场选择，即当学者内在于科学本身，完全不考虑其与道德的关系，这时科学可说具有“伦理中立性”；但当外在于科学作反省时，尤其从人性活动和人的文化理想上看，则科学不能与道德截然分开，这时可说科学具有“伦理关联性”，二者相辅相成。这里的外在与内在是指认知主体对科学的关系或立场而言的，中国文化相对科学而言显然倾向外在立场。这一立场非常接近当代科学哲学关于科学知识增长的宏观解释策略中强调社会因果性（social causation）的“强纲领”（strong programme）见解，譬如以巴恩斯和布鲁尔（B. Barnes，D. Bloor）等人为代表的英国爱丁堡学派（Edinburgh School）的科学知识社会学（Scientific Sociology of Knowledge）以及 H. Collins 等人的巴思学派（Bath

School）主张的科学的社会研究（Social Studies of Science）观点就认为，利益、信仰、道德、价值等外在于科学理性的社会性因素，不仅通过科学政策、科学组织、科学共同体的评价标准、科学发展水平和方向等对科学认知活动外在地发生影响，而且对科学认知的内容也内在地施加影响。科学史家把这种观点称为“科学合理性的社会学转向”（the sociological turn of scientific rationality），认为这是受库恩（Kuhn，Thomas）《科学革命的结构》一书影响的科学哲学中出现的一种社会—历史学派的见解（Brown，James Robert，ed.，1984）。这一见解强调人类认知中的“相对性”或“实用性”立场。科学哲学家劳丹（Larry Laudan）则把它称为外理性（arationality）观点，相反的见解则被称为合理性（rationality）观点（L. Laudan，1977）。这说明，即使在西方文化的核心部位——科学哲学中也已出现了类似中国文化提法的异质性因素。可见，外理性的说法不仅存在于中国文化，而且在西方文化中也是其来有自，并非空穴来风。

其次，牟氏的观点虽然与韦伯的社会科学方法论之“价值中立性与价值关联性”（value neutrality & value relevance）概念在表述形式上相似，但实质上内容上却有殊多不同。第一，韦伯的概念指涉的是社会学一类的社会科学；而牟宗三是就科学作为一个全称概念而言说的，他是从康德哲学的理论理性与实践理性上（即在认识论上）论述科学与道德的关系，进一步阐明中西方文化的特征及其互补关系。第二，韦伯的用意是在社会科学方法论层面阐明，何以社会研究只探究现象之间的因果关系难以奏效，还必须辅之以对隐蔽于现象背后的主观意义即行动动机的“理解”（verstehen），因为意义—价值之于社会行动犹如时间—空间之于自然现象，它们都参与了对象—事实的构成，故属于构成性原则（constitutive principle）。在这种脉络下，“价值关联性”是社会科学具有“价值判断”（value judgment）的理据，属于应然断言

(ought)；而“价值中立性”则具有事实描述（fact descriptions）的性质，属于实然陈述（is）。在表层意义上，它提醒科学研究者应恪守职业伦理并严格自律，不能因为社会现象有价值介入就放纵主观偏好，做到“学术上的禁欲”。在这个脉络下“价值中立性”是个调适性原则（regulatory principle）。但在深一层意义上，这是韦伯的“理解的社会学”内在张力的表现：他用“价值关联性”拒斥19世纪后期欧洲社会学中主张社会科学只关注事实而不涉及价值的实证主义思潮，而用“价值中立性”反对德国经济学中的历史学派抹杀社会科学客观性的主观主义偏颇。而在更深层面上，这是韦伯作为一名新康德主义者区分现象（phenomena）与物自体（noumena）、解决科学与道德之间关系的一个进路。在这个意义上，价值中立性与责任伦理（the ethic of responsibility）相关，价值关联性与信念伦理（the ethic of conviction）相连（参见施路赫特，1986）。

但是，韦伯的做法遭到了列奥·施特劳斯（Leo Strauss）的批评。在施特劳斯看来，正是现代性迫使人们接受典型的现代二元论而使历史主义风行。启蒙运动以降，随着自然科学的长足发展，机械论的宇宙观开始风行开来，前现代的目的论的宇宙观已逐渐被非目的论的（如机械论的）宇宙观所取代，这导致西方学术界两种截然相反的思潮风行。一种属于唯理论，因为非目的论的宇宙观要求一种非目的论的人生观才能与之相匹配，这就意味着必须从机械论等“自然的”观点及理性的观点看待社会生活，换言之，只能用欲望、冲动即本能去解释人生及其意义，这就是孔德的“社会物理学”等实证主义社会学的进路。这导致在社会认识中将理性绝对化，由此引出黑格尔自然哲学式的一元论（naturalistic monism）、规则学知识（nomological knowledge）以及机械论史观的线性进步观念流行。用这种办法研究人的行动及其属人意义，表现出方法与对象性质之间的不匹配，显然无法令人满意。于是，一种折中的办法应运而生：即自然领域中的非目的论宇宙观和社会领域中的目的论宇宙观互不相扰，各行其是。其典型做法就是韦伯对事实与价值的区分以及价值中立与价值相关的不同对待办法。这种立场以历史和事实与价值分野的名义来否定自然的正当性（natural right），表示着与前科学、前理论观点的决裂，并导致社会理论上相对主义和虚无主义泛滥。（列奥·施特劳斯，2006：8）

作为一个社会科学家，韦伯把他的全部论述限定在经验领域之内，任何社会现象都是人们行动造成的结果，因而需从导致人们行动的各种制度上去寻找原因，为此就必须理解行动的动机即主观意义。因此，在韦伯的思想中，“终极价值之间的冲突是人类理性无法消解的”观点是其理论的前提和归宿，因为“终极价值”属于超验的信仰领域。这一冲突中最根本性的乃是理性与价值之间的冲突，从西方的文化背景来说就是理性与权威亦即科学与启示之间的冲突：理性无法解决其他价值的冲突，因为这些价值最终不过是“雅典与耶路撒冷”，亦即希腊哲学的理性精神与希伯来宗教的信仰意识这一西方文化中最普遍、根本、而又“永恒”问题的表现形式。总之，经验领域的问题是相对的，这是科学家能力所及的领域，超验领域的问题是绝对的，是哲学家和神学家的用武之地，科学家力所不逮并不能越俎代庖的。列奥·施特劳斯这里并没有从有神论立场指责韦伯，因为在这一终极价值上再诉诸信仰理由就近乎一种独断了，而是批评韦伯：1. 没有回到前科学、前哲学的日常经验的世界或对世界的“自然”理解的可能性；主张对哲学史作非历史主义的研究，目的在于揭示与人类思想相生相伴的根本问题，以及有关解决这些问题的根本抉择的“不变框架”，就像亚里士多德的《形而上学》一样。按照这一观点，人们不应从对事物的“科学”理解出发，而应从对事物的“自然”亦即前理论的理解出发。在前科学时期人们简单地把“好的”与“祖传的”等同起来，“古老的”和“自己的”就意味着“祖传的”，因而相信“自然正当性”，而在科学时期人们往往以历史名义或以事实与价值分野的名义排斥“自然正当”，并用“自然权利”（natural right，亦即“天赋权利”）取代“自然正当”。然而，按照施特劳斯的说法，“自然正当”是“诸善为本”（virtues-based）的，而自然（天赋）权利是“权利为本”（rights-based）的，二者是无法共量的（incommensurable）。对自然正当的拒绝必然导致相对主义和虚无主义。2. 韦伯用建构诸如责任伦理与信念伦理之类的理想类型去取代这种分析，在施特劳斯看来，那种人为的建构并不在意要与社会实在的内在关联相一致，故其作用也不甚了了。（参见列奥·施特劳斯，2006：29、34）

在笔者看来，这是对韦伯观点的曲解。韦伯作为一名新康德主义者是从“精神科学”与“自然科学”之分来论述“社会科学方法论”的，他的“理解的社会学”旨在通过对行动背后主观意义的“诠释性理解”达到对行动的“因果性说明”，分别解决“物自体”和“现象”的不同问题。换言之，社会科学在形而上学与经验的分界上比自然科学更邻近形而上学，它游离于形而上环境和经验环境之间做双向的循环往复运动，所以才有“价值关联”和“价值中立”的双重属性。韦伯既反对社会科学家把社会与有机体做简单类比得出的进化论和历史学家所持机械论的线性进步史观的单义因果性观念，也不满意哲学家固执地追寻现象背后的“终极原因”和神学家用先验的“启示”解释终极原因的神秘主义；对韦伯来说，一方是基于宗教，一方是基于经验科学，在这两者之上形成的人生观便处在对立的两极。两者都试图以自己的方式取代对立的方式，宗教要求靠启示来理解世界，而科学则要求靠理智来理解世界而对世界采取一种终极性的态度。他始终认为，冷静地从经验看待这一事态，就会只能承认

"多神论"这一形而上学的立场。因为支配这些诸多价值神祇及其斗争的是命运，而不是科学。并且，韦伯反对把这一观点说成是"相对主义"的，认为这是一种"粗糙的误解"。在他看来，具体理想的绝对性靠自我证明是没有说服力的，但他相信这种绝对性的存在并以要求他本人去实现这一理想来证明这种绝对性。人们对道德义务性质的判断可能会言人人殊，但对韦伯来说，只有对理想、任务、义务做出选择和认识才会赋予人的存在以意义和尊严，其内在确定性是无可置疑的（Marianne，1975：324）。显然，列奥·施特劳斯试图以超验的形而上学或神学的规范原则在经验界取代科学的实证原则，用前现代的、集真善美于一身的启示或曰总体性（totality）的形而上学预设来代替对科学知识发展的经验分析，反而认为韦伯是以相对性否定绝对性，而完全无视近代理性实验科学从黑格尔式的包罗万象的自然哲学中陆续独立出来、分化成为经验科学这一历史进程的合理性，否认这是科学知识内在逻辑发展的必然结果。这完全是对韦伯思想的有意误读。即使从施特劳斯所主张的神学观点上看相对与绝对的关系，这种否定相对性并将绝对价值视为实在的终极意义的观点，也被基督教历史学家 E. 特洛尔奇视为一种"同一性的神秘主义"（Mystik der Identitut）：认为事物的此在是不可理解的奇迹，只能用创立法则的上帝意志来解释，这是源于犹太教独断信仰的一元论。其实，将绝对真理和绝对价值的世界与争斗着的被造世界分离开来，也就是在上帝与世界、造物主与被造物、绝对者与相对者之间二分，这是源于基督教信仰、原则上仍然是一种理性的形而上学的二元论。特洛尔奇从基督教神学和历史的角度分析了"一"和"多"、绝对与相对相互的关系，指出把一切实在都证成源于同一是一种违反自然科学规律思想的形而上的世界观。

"一元论的主题一方面是理性主义，像以往的爱利亚学派一样，将一切可理解的现实归结于同一性命题，将同一解释为一种理性要求，否认非理性的众多和运动的任何生存的可能。另一方面，自然科学充分阐发的规律思想至少将联系着一切众多的规律之同一性看成是形而上的世界公式。”

“在现代思想中，既有理性主义的主题，同样也有非理性主义的主题，而且，随处可见的法则概念大都带有神话式假设的倾向。如果认为事物只有在其可理性化的条件下才可以承认是真实的，完全是极端的偏见，这已经为今天和以往的生活所否定；如果说理性化必定归结于同一性命题之根，便是一种粗暴而片面的逻辑。”（特洛尔奇，1998：325—327）

与特洛尔奇关于基督教应该正视现代性以及自然科学提出的种种挑战相比，施特劳斯思想带有浓厚的犹太教神学的前现代特征和保守性质就至为明显了。诚然，施特劳斯对现代思想的流行会带来虚无主义的批评，确实也击中了现代性本身的要害，但他试图用前现代办法解决现代性问题无疑是开历史的倒车。韦伯也曾警告过度理性化的扩展可能会引起目的—手段（工具）理性的盛行和价值理性的式微，其社会后果就是随着物财货的丰裕可能会导致人们精神世界的下滑和道德的平庸。涉及如何克服这一现代性的两难抉择问题，韦伯主张现代人应秉承责任伦理以目的—手段合理性的行动去应承日常生活提出的挑战，总之是在社会实践中去解决，而不应像以色列人企盼弥赛亚降临那样消极地等待或逃避，更不能企图回到前现代去。

回到我们所讨论的正题。牟宗三的概念虽然学理上也源于康德哲学，但其根本目的在于“本中国内圣之学解决外王问题”。在这个意义上，他指出西方的科学与民主政治是理性的架构表现之成果，而中国文化中较为发达的是理性之运用表现，亦即仁智合一、道德统领认知的文化。为弥补自身文化之不足，解决过去将外王视为内圣的直接延续、造成历代儒者—官员外王总无成（讲实用者总无用，讲事功者总无功）、内圣亦有憾这一中国历史文化的尴尬局面，必须先令道德理性通过自我坎陷（自我否定）转出分解的尽理之精神与事功精神，如是方能使外王与内圣不对立而相适应，从而完成从内圣向外王的转化。而且不止于此，在牟氏看来，中国文化尽管在表现形态上有其不圆满、亏欠，但在“本原形态”上并没有什么陷。以儒学为大传统的中国文化是以德为本的文化，尽管儒学内部也存在着“尊德性”与“道问学”孰先孰后的争议，但通常认为二者是不可分的。诚如陆象山所言：“既不知尊德性，焉有所谓道问学？”另据郑玄《周礼》注：“德行，内行之称。在心为德，施之为行。”可见德性，广义指美德，狭义指人的内在人格品质；德行，则指人的行为的道德的特性。如“孝”本来是德行，但在作为人之能孝的内在品质，就是德性。中国文化早期价值理性的建立，首先是通过夏商周三代政治对政治道德的强调而开始实现的。这种敬德的政治思想从三代交替的“以德代暴”的历史经验中很容易得到解释，并造就了中国前轴心时代文化的价值取向（陈来，1996）。中国文化在“本原形态”上作为“仁且智精神实体”，属于“圆智或神智”，类似黑格尔之“绝对精神”，在客观历史行程中，“必须要披露所戴于个人以外之社会及天地万物而充实自己、彰显着其自己。即，必须要客观化其自己，且绝对化其自己。客观化其自己，即须披露国家政治及法律。依此，国家政治及法律即是精神之客观化，而为客观精神也”。与此同时，精神还必须绝对化自己，即精神主体向上升，由此而见体立极，当下即通于绝对，证实“绝对实在”亦为精神的，因而亦即证实绝对精神（牟宗三，1978：116—118）。这其中所包含的必然性，是一种类似黑格尔之绝对精神外化为客观精神的内在发展的必然性。即所谓的“辩证的必然性”。据此，牟氏得出结论说：

儒家与现代化并不冲突，儒家亦不只是消极地去“适应”、“凑合”现代化，它更要在此中积极地尽它的责任。我们说儒家这个学问能在现代化的过程中积极地负起它的责任，即是表明从儒家内部的生命中积极地要求这个东西，而且能促进、实现这个东西，亦即从儒家的“内在目的”就要发出这个东西、要求这个东西。所以儒家之于现代化，不能看成“适应”的问题，而应看成“实现”的问题。（牟宗三，1992：4）

牟宗三这里不仅直接反驳了韦伯关于“儒教的理性主义意指理性地适应世界”的论断，而且表现出这位新儒家的学者，作为中国文化复兴的担纲者，意欲在文化上返本开新，继往开来（肯定道统、开出学统、继续政统），重建道德理想主义的使命感、责任感和价值关切。

四　终极价值的抵牾：“天人合一”vs.“位格形而上学”

韦伯对中国历史—文化的理解可说瑕瑜互见，既有许多真知灼见和发人深省之处，同时也存在着许多曲解和误读。譬如他对中国文化的总体性质判断为“理性地适应世界”，而把西方文化的性质界定为“理性地支配世界”（韦伯，2004a：332），就是在长时段中对中西文化的整体特征做画龙点睛式的概括，表现出极高的睿智和深刻的洞见。但无庸讳言，他对中国文化某些细节的认识上也存在许多重大缺失，这里摘引几条：

一般而言，在中国，古来的种种经验知识与技术的理性化，都朝向一个巫术的世界图像发展。……的确是有一种巫术性的“理性”科学的上层结构，涵盖了早期简单的经验知识（其踪迹到处可见），并且在技术上有着不小的才华，正如各种“发明”所可证实的。这个上层结构是由时测法、时占术、堪舆术、占候术、史书编年、伦理学、医药学，以及在占卜术制约下的古典治国术所共同构成。(276—277)

中国这种“天人合一的”哲学和宇宙创成说，将世界转变成一个巫术的乐园。每一个中国的神话故事都透露出非理性的巫术是多么地受欢迎。粗野而不谈动机的神祇从天而降、穿梭于世界无所不能；只有对路的咒术才奈何得了它们。准此，解答奇迹的伦理理性是绝对没有的。(277)

在异端教说（道教）的巫术乐园里，具有近代西方特色的那种理性经济与工技，根本是不可能的。因为一切自然科学知识的付之阙如，是由于以下这些根本的力量（部分是因，部分是果）所造成的：占日师、地理师、水占师与占候师的势力，以及对于世界的一种粗略的、深奥的天人合一观。(310)

就其作用而言，道教在本质上甚至比正统的儒教更加传统主义。观其倾向巫术的救赎技巧、或其巫师，即可知别无其他可以期望的。为了整个经济上的打算，使得这些巫师将关注点放在维持传统，尤其是传布鬼神论的思想上。因此，“切莫有所变革”这个明白且原则性的公式，归于道教所有，是一点也不令人惊讶的。无论如何，道教与理性（不论入世的还是出世的）生活方法论之间，不仅无路可通，而且道教的巫术还必然成为此种发展趋向的最严重障碍。(283)

道教已然是绝对非理性的，坦白地说，已变成低下的巫术长生法、治疗术和解厄术。道教应允可以为人祈免夭折——被认为是罪恶的惩罚，我们对道教的（与“市民的伦理”关系）这一方面并没有兴趣，在意的是道教的间接的、负面的影响。(273)

在韦伯看来，无论是正统的儒教抑或是异端的道教，都体现出中国文化的突出弊端：其一是传统主义，另一是迷信巫术或带有巫术的性质；这两个特征恰好与他界定的宗教理性化的两个标准正相悖逆[1]。由此可见中国文化在韦伯的心目中理性化程度甚低。但问题是他所列举的与古代天文、历法、地理、编年史、堪舆、占卜等有关的知识或技术是否都统统属于巫术或者如他一言以蔽之的“绝对非理性”？他的这些见解只是一家之言，无论在当时或现在学术界也并非定论，还需要作具体分析。韦伯指摘中国传统学术笼统、混沌、驳杂、包罗万象、菁芜混杂、尚处在前现代的未分化阶段，这确实是事实，但能否据此就断言中国文化是“绝对非理性”，恐怕没有那么简单。他所说的非理性主要指巫术和神秘主义。按照韦伯的解释，巫术是在日常生活里起到“从一种直接操作的（自然）力量转化为一种象征的行为”的中介（韦伯，2005a：7）。他举例说明在人类早期，由于对死后尸体的直接畏惧，多采取屈肢葬、火葬等处理方式。及至灵魂观念出现以后，取而代之的观念是勿使亡灵有害于生人，为此尸体必须封藏于墓穴之中，以免死者妒忌生者享有他生前的所有物。此后这一观念逐渐淡化为要求死者之物至少在一定期限内生者不可动用，以免引起死者的妒忌。“中国人的服丧规定仍充分保留了此一观念，结果是不论经济上或政治上皆带来不合理的现象。例如规定官员在服丧期间不得执行其职务，因为其官职、职禄也是一项财产，因此必须回避”（同上）。按照韦伯的解释，人们只能透过“丧葬”和“服丧”这种“巫术”的象征和意义的媒介才能接近“灵魂、鬼怪及神祇这些背后世界之存在的性质”。“丧

[1] 韦伯曾在《中国的宗教》中写道：“要判断一个宗教的理性化水平，我们可以运用两个在很多方面都相关的主要判准。其一是这个宗教对巫术之斥逐的程度；其二是他将上帝与世界之间的关系及以此它本身对应世界的伦理关系，有系统地统一起来的程度。”（2005a：309）

葬”和“服丧”之所以属于“巫术”，是由于从西方一神论救赎宗教的反“偶像崇拜”和反“祖先崇拜”视角来解释的。但中国人更多地是从文化人类学家格尔茨（C. Geertz）所说的“在地性知识”（local knowledge），包含以民间谚语、行为准则、风俗习惯为载体的认知性的常识所崇尚的“孝道”，来看待丧葬和服丧的，即把丧葬纯粹视为一种仪式行为，从昭示今人“慎终追远”并垂范后人以使“民德归厚”的“象征”意义上加以认知的，可见同一种行为在不同文化脉络和背景中也会得出完全不同的解释。譬如韦伯就认为：“纯粹的仪式行为，与其对生活态度的影响这点上，与巫术并无不同，并且有时甚至落于巫术之后。因为，当巫术宗教在某些情况下发展出关于再生的一种明确而有效的方法论时，仪式主义（虽然经常但）并非总是能做到。救赎宗教（指西方基督宗教——引者注）则能将一个个纯粹形式的仪式行为体系化到一种所谓‘皈依’的特殊心态里去；在这种皈依下，仪式被当作象征神圣的事来执行。如此一来，此种心态便正是活生生的救赎拥有。”（2005a：191）这种对一个人信仰了某种宗教对其生命来说不啻“新生”（Vita Nova/new birth，re-generation）的说法，从中国人的思想方式上看完全是一种譬喻、象征，一种神话，或者是西方基督宗教神学对人的信仰与其生命关系的一种建构，在其他宗教里并非都是如此。譬如中国传统文化就主张不依赖灵魂不朽而积极肯定现世人生，儒家提倡的立功、立德、立言的“三不朽”思想遂成为中国人世代传承的“永生”信仰，并不把这种不朽、永生观念作为判准强加于人。韦伯事事、处处将西方基督教判准视为普遍标准，忽视了在跨文化比较研究中每一种文明都有其行动主体的资格和论辩权利的宣称，亦即忽略了“主体间性”（intersubjectivity）问题，这正是他那一时代西方列强把持文化话语权的表现。再者，韦伯本人也承认，真正算得上是根本的、严格的“一神教”的，只有犹太教和伊斯兰教，基督教只是“准一神教”（2005a：24、29），“对‘超自然’力量的概念演进到具体化为神祇，即使是单独一个超越性的神，也决不会就自然而然地铲除掉古老的巫术概念，即使在基督教也一样”，按照他的这一说法，基督教也并非没有非理性的成分，故而他的“神秘主义”、“禁欲主义”、“信念伦理”、“责任伦理”等理想类型之界定和理解似应有更中立和更宽泛的余地。同样，按照基督教史学家E. 特洛尔奇的研究，“（基督教）神学究其本质看，始终还是科学与神话的结合”。“既然神学无法再以古老的方式使‘超自然的’启示认知与‘自然的’认知并行不悖，它便必须采取新的方式，即除了承认精密科学的经验认识方式之外，神学还必须确认那种导向终极宗教真理的实践—象征的认识方式。”（特洛尔奇，1998：233）

这另外一种认识方式，便是信仰的认识方式。

“这种认识只能以神话、诗化、象征的形式表达出来，尽管这种形式在极大程度上经受了科学的洗礼，达到了高度的升华，（但）依旧是神话，决不会成为从一般概念得出的认识。”（同上：236）它是“通过心理学和认识论实现的，而后者始终包含着形而上学因素”。总之，在特洛尔奇看来，现代基督教神学的信仰，就其观念成分而言，终归是一种艺术性和象征性的认识；就其内核而言，仍旧是信仰和神话，亦即“理性的形而上学”（同上）。而韦伯所描述的道教的巫术乐园里无处不在的、起作用的各种根本性力量，如用文化人类学家格尔茨的“在地性知识”概念来检视，可分为“认知性常识”（时测法、时占术等）和“身体性技术”（长生术、符咒如叫魂术等）两项内容。其实，中国的谶纬之学也把巫术分为“降神仪式”和“咒语”两项内容，并认为巫术是指试图借助超自然的神秘力量对人或事施加影响或施行控制的方术。这些巫术、方术性的“神话”所包含的杂芜内容在中国文化中散乱地记载于被称为“纬书”的典籍中，与儒学经典“经书”相对应，成为儒学正统的“配经”，在中国传统学术史上被统称“谶纬之学”。这部分由于属于“子不语：怪力乱神”范围，故为历代正统儒家所排斥、甚至不屑一顾，有时竟被贬称为“淫祀”。韦伯追随正统儒学的门户之见，无视道教学说和实践中的科学因素，专拿这些巫术、方术来说事，表明他对儒道两家的认识还处在欧洲学界启蒙运动早期评价的影响之下，而落后19—20世纪之交欧洲学界的认识发展水平。

能说明这一点的，是韦伯着力指摘中国文化的巫术和神秘的“天人合一”（unio mystica）思想，认为它为儒道两教所共同具有，并构成中国文化的核心，凝聚着中国哲学和宇宙创成论的要义，成为高居各门“理性”科学或经验知识之上并造成在中国一切自然科学知识付之阙如的“上层建筑”（即意识形态）。韦伯认为，亚洲宗教这种追求“神秘的合一”的“得道”或“至善”的最高救赎状态，是道教神秘主义追求的一种受心理、生理制约的神宠状态的方式。它与西方禁欲主义宗教须从积极的行动中来证成恩宠状态全然不同。就道教的创始者老子而言，“道”指的是宇宙秩序和那万事万物的内在根源，是一切存在的永恒原型总体的理念，是些不可变更的要素，也就是绝对的价值。简言之，道就是神圣的总体和唯一。一个人只有透过神秘的冥思，完全摆脱世俗关系的羁绊以及一切欲望，直至脱离一切行动（无为）时才能及于道。“道”就是中国文化中的“形而上学”，犹如希腊哲学中的“逻各斯”。在韦伯看来，中国文化的“巫术”之主要目标在于达到一种与道“神秘合一”的恩宠状态，它表现出这样几个与西方禁欲主义宗教相对立的特征：一、“冥思性的逃离现世”，至少把一切理性的目的性行动作为危险的世俗化形式采取消极的回避、否定态度，这与西方宗教的“禁欲的拒斥现世”对世界保持一种积极的战斗（否定）关系正相反对；

二、冥思是对任何“现世”念头的绝对空无化，不思想，不行动（无、不思、无为），它是达到拥有神并享有与神神秘合一内在状态的方式，而禁欲主义者肯定自己在现世秩序内的理性行动是救赎确证的手段，他以现世内的职业理性行动来执行神的意志，世界的意义是被造物的人难以理解的，只能交付神来处理；三、禁欲者是神的工具；神秘主义者是神的容器，换言之，人是神附体的承载物（载体）。（参见韦伯，2004a：245—270）

在韦伯的类型学里，包括儒释道在内的中国宗教由于都有“神秘的合一”的倾向而被归入“神秘主义”类型，它与属于“禁欲主义”类型的西方宗教正相对立。在对神秘主义的解释中，则强调它的巫术、冥思、致力于神秘的人神合一、倾向于逃避世界的特征，这些特征显然都是针对或对应“禁欲主义”特征而设定的，虽然满足了类型分类上的需要，却与现实情况相冲突。首先，来看看禁欲主义的西方宗教与神秘主义是否也有关联。特洛尔奇的《基督教会的社会思想》一书被学术界视为基督教历史研究的名著，也受到韦伯的首肯并被多次提及和引用。书中把基督教思想的发展分为大教会（the Church）、小教派（the sect）和神秘主义（mysticism）三种形态，可见基督教也有其神秘主义的成分。这里，我们不关心所谓大教会信仰重圣礼和救恩，小教派重权威和律法，以及神秘主义强调信仰是一种内在体验，因而重属灵和虔敬等这样一些纯属教义和教理方面的问题，我们感兴趣的是基督教所具有的神秘主义的这样几个特征：“神秘主义与科学的自主性具有亲和性，因而成为有文化阶级的宗教生活的避难所”；“神秘主义意味着把已固定在形式的崇拜和教义中的观念，改变成纯粹个人的和内在的经验”（E. Troeltsch，1981：993—995）。从中可以看出，在基督教内，也有一股神秘主义潜流，它与东方的“天人合一”具有相近之处，即，作为一种知识阶层的宗教信仰方式，它把信仰视为个人的纯粹内心体验，以及强调信仰的最终目标是为了达成“人与神的结合”（the union of the soul with God，亦即“人神合一”）。要说两者的区别，中国文化的“天人合一”（the unity of Heaven and man）所凸显的是“天地与我同根，万物与我一体”（庄子）式的“人中心论”（anthropocentrism），人神在本体上是合一的；而基督教神秘主义的“人与神合一”中的人是神的工具，故而属于“神中心论”（theocentrism），神在另外一个世界，可望而不可即，其实质上仍是主客分离的。

其次，韦伯所指摘的儒道两教都倾心于面壁冥思，这一笼统的说法无法区别儒教的达人（贤人）宗教性格与道教的俗人（大众）宗教性格之间的分别。儒生确有重视思考如“三思而后行”、“行成于思毁于随”、“学而不思则罔，思而不学则殆”的说法，道家也有漠视世俗、提倡冥思、回避行动的倾向（2004：262），但儒道两家关于知行关系的论述，并非如韦伯所说仅是提倡冥思而否定行动那样简单。例如，老子有言“为”（行动），如说“圣人之道，为而不争”；或单言“无为”，如说“圣人无为，故无败”；或兼言“为无为”，如“为无为则无不治”。儒家确有为了行动而提倡思考的一面，但儒家主张的“格物、致知”的思考必须纳入“正心、诚意和修身、齐家、治国、平天下”的行动脉络里才能得出正确理解的儒家知行观。总之，韦伯无视儒家追求人格圆满（内圣外王）的入世性格与释道的成佛成仙出世倾向的根本差别，将儒道统统纳入“神秘主义”而相提并论，使人殊难理解。如果说佛教还有“跳出三界外，不在五行中”的出家愿望，道家还有“羽化成仙”的出世追求，而儒家的立功、立德、立言完全是主张入世追求的“三不朽”信仰，使人得到“永生”的保证，何来有逃避世界一说？韦伯本人在单独论述儒教时也判定儒教有“入世理性主义”性格，但在与西方宗教作比较时出于类型学的需要就把它归入“神秘主义”

类型，于是就出现了名实不副的现象。

与“天人合一”思想直接相关的儒释道“三教合流”是中国思想史上一桩重要的文化事件，是凸显中国文化合取进路本质特征的一个在世界文化史上也极为罕见的现象，从比较文化研究上更具典型意义。令人不解的是，韦伯对此却表现出极端的冷漠、匪夷所思的熟视无睹，甚至不屑一顾的鄙夷轻蔑态度。揆诸韦伯全部论述中国和印度宗教—文化的著作，仅在谈到佛教的传播时用一句话轻描淡写地一带而过：

> 部分而言，中国的佛教试图以接纳其他两个学派之伟大圣者的方式来创造一个统一的宗教（三教一体)。16世纪的碑铭当中已可看到佛陀、孔子和老子并肩而立的图像，类似的情形应该可以确定是早几个世纪以前就有的。(2005b：376)

这里，韦伯完全像“古罗马的官僚贵族看待东方‘迷信’一样”来看待中国宗教—文化史上这个具有重要意义的事件[1]。他的《印度宗教》一书论述“亚洲宗教的一般特征”的最

---

〔1〕 拙著《理性化及其限制》曾在“发生学因果分析”一章将韦伯对佛教的论述放在印度宗教研究一节中处理，主要基于发生学考量：佛教发源于印度，其性质属于印度文明。虽然佛教传入中国以后，中土佛教与在印度流传的佛教发生质的变化并对中国文化和社会起到殊多影响，但韦伯还是将佛教纳入印度宗教（从佛教的传播）来考察，这是与韦伯论述东方（中国和印度）宗教的构思和脉络相吻合的。但同时笔者也指出南北朝以降，儒、释、道三家并立为“三教”，开始出现合流趋势，并对韦伯“在论述宗教对中国知识分子性格和文官阶层心态的影响时，却不提佛教禅宗与中国文人的思想关系，适足见其对中国文化见解的浅陋”(71页)，表达了批评性的见解。这也是今天笔者批评他对“三教合流”这一充分表达中国文化内在特质的重大文化事件抱鄙视心态的诱因。尽管这是两个不同的问题（前者与其社会科学方法论有关，后者与其对“三教合流”的性质判断相关，属中国文化—社会思想史范畴)，但在韦伯的行文脉络中是首尾贯通的。

后一章，突出表现了他用一神论救赎宗教的神学理念来看待世界其他地域的宗教，认为亚洲宗教仅凭其浓厚的泛神性质就可证明是巫术，凸显了他那时代西方学者视欧洲的地方性为普世性的立场。

“在这个咒术遍在的、极端反理性的世界（指亚洲——引者）里，经济的日常生活亦是其中的一环，因而由此世界中不可能开展出一条道路通往现世内的、理性的生活态度……在这样一个将世界之内所有的生活都笼罩在里头的咒术花园里，不会产生出一种理性的实践伦理和生活方法论来。当然，此中仍有神圣与‘俗世’的对立，而此种对立，在西方，决定了生活态度之统一的体系化之建构，并且在历史上通常是以伦理的‘位格’（ethische Persönlichkeit/ethical personality）表现出来。只是，在亚洲此种对立从来就不是西方的这种情况，换言之，在西方的情况是，伦理性的神对立于一种‘原罪’的力量、一种根本的恶的势力——可以通过生活上的积极行动来加以克服。而亚洲的情形毋宁是：1. 以狂迷的手段获得恍惚的附神状态而对立于日常生活，同时，在日常生活里，神性却又并不被感受为活生生的力量。换言之，非理性的力量昂扬高涨，正好阻碍了现世生活态度的理性化。或者，2. 灵知的不动心—忘我的入神状态对立于日常生活，在此，日常生活被视为无常且无意义的活动场所。换言之，同样是一种非日常性的、特别是消极状态——若从现世内的伦理的立场看，由于其为神秘的，所以是非理性状态——舍弃俗世里的理性行动。”（韦伯，2005b：469—470）

“道教的无为，印度教的解脱，以及儒教的‘不逾矩’（远离鬼神和对不实在问题执着地保持距离），所有这些就内容而言都是在同一线上的。西方那种积极行动的理想，因此，也就是根植于某种中心的‘位格性’（不管是放眼彼岸的宗教的中心，还是现世内取向的中心），在所有亚洲最高度发展的知识人的救世论看来，而遭到拒斥。在亚洲，要不是见诸儒教那种传统的文雅举止，就是隐于俗世背后的、从无常里获得解脱的国度。”（韦伯，2005b：472）

“通过应付‘日常要求’的朴素行为，以赢得与真实世界的那种关系——此乃西方特有的‘位格’（Persönlichkeit）意义之基础，这样的思想对于亚洲知识人文化而言，和以下这种想法一样遥远：凭借发现世界固有的、非个人性的法则而实际地支配世界的那种西方的、纯粹切事的理性主义。”（同上：476）

这里，笔者把原来译文中的“伦理的人格”改用汉语神学界通常使用的“伦理的位格”译法，以突显韦伯立意从基督教神学的立场论证亚洲宗教的非理性和巫术性特征。所谓“位格”，按照特洛尔奇的说法，是新教将基督教所独有的、以基于重生（regeneration）经验的认识方式为手段，它弘扬《圣经》的基本启示，用以对抗启蒙运动以降现代科学的发展，并将其限制在科学自身范围以内，以阻挡其进入宗教信仰领域的一种推断。“它把‘原罪’和‘救赎’这些古老的基督教的基本理念，变成靠上帝赢得更高的个体生命（Persönenleben），由此解救和解放个体人格（Persönlichkeit）。”在基督教神学里，把耶稣复活解释为“道成肉身”（The Word became Flesh），其实质是把“对体现在基督身上的上帝的信仰与体现在世界上的逻各斯的信仰互相融为一体”（特洛尔奇，1998：345）。简言之，把表征绝对理念的逻各斯（道）、圣言（the Word）与神（上帝）、救世主（基督）视为一体，神话与理性视为一致。在这个意义上，汉语（基督教）神学界有时把这一脉络里的人格（Persönlichkeit/personality）译作“位格”，表达所信仰中的三种神圣“身位”原本是一体之意。按照特洛尔奇的说法，位格形而上学反对两种倾向：其一是纯心理学的意识分析所代表的**绝对主义**，它使一切绝对的、具有永恒价值的事物成为变动不居要素组合的相对持久的产物；其二是与此相对应的泛神论的相对主义，它认为一切事物，只要不放弃世界统一的观念，就都只是唯一变化着的实体的变化状态（特洛尔奇，1998：344）。换言之，基督教以其“三位一体”的位格观念既与犹太教、伊斯兰教的一神论绝对主义迥然有别，也与一切形式的多神信仰、泛神论的相对主义划清界限。韦伯正是以欧洲文化的这种统一性的理念来看待中国文化中的“天人合一”、“三教合流”的，换言之，他把西方宗教中的属于部族的、地方性的神话作为普世性的理性（逻各斯）向世界推广开来，因为“在位格形而上学看来，对于逻辑上必然的（Logisch-Notwendiges）和价值上应然的（Werthaft-seinsollendes）意识构成了事物的终极理由”（同上）。这种以“位格”为关键特征的“伦理预言宗教”，“由崇拜基督而产生的特殊形而上学与紧张”，亦即关于被造世界的罪性与造物主拯救世界之爱、个人存在于此世与超越此世的命定的悲观论神话及其张力，“发展出一个范围广泛、具约束性、体系合理化的理论性教义，涉及了宇宙论的事项，救赎神话（基督神学）以及祭祀的全能（秘迹）”，表现出了“对纯粹知识主义的敌视（这点与亚洲宗教的立场对立）”。（韦伯，2005a：94—95）这些内容构成了特洛尔奇“位格形而上学”概念的内涵和外延，也是韦伯从文化论视角分析中西社会不同发展路向，但却绝口不谈或不正面论述“三教合流”的一个重要理据。因为在他眼里，“天人合一”以及“三教合流”之类的东方理念，缺乏理论的统一性和首尾一贯的系统性，只是使人保持灵魂多元论信仰的泛灵论观念，使人不去企及超越现世的一切，必然丧失抗衡俗世罪恶的反制力从而保持一种消极性的特质，因此无须过多论及。

在韦伯看来，位格形而上学从神学上折射出，西方文化的理性主义凸显一种凭借发现世界固有的、非个人性的法则而实际地支配世界的那种纯粹的切事性。所谓“切事的/切事性”（sachlich/sachlichkeit）指就事论事的、以事物为中心的客观性、因果性，与之对立的则是中国文化把对事物的关系变成以个人的血缘关系而分别亲疏对待的差序性，其典型就是儒家的“亲亲”原则。在人对世界的关系上，儒家是一种重视纯粹的个人关系的生物性，尊重社会性尊卑关系并将其神圣化为一种恭顺义务，表现为对世界的无条件肯定和适应的伦理，是一种被造物的崇拜。新教中的清教（教派）认为必须对这种自然的生物性关系在伦理上加以控制，务使其不致背离与上帝关系的第一要务。由此，导致了儒教和清教基于上述伦理观念而分别持适应现世与支配现世的心态，亦即韦伯所说的，“同时也折射出两者在转折形态上的理性主义和后果上的‘功利主义’”，两种宗教同属理性主义而且后果上同属功利主义，区别在于儒教的社会行动是基于生物自然性的个人性关系、而清教徒是基于事物客观法则的切事性关系（亦即事物的因果性〔causality〕）来追求利益的。他以中国古代发明专注艺术之用而不做经济考量为例论述道：“实验，在西方是从艺术里生发出来的，许多‘发明’，也包括在亚洲很重要的战争技术和神疗术目的的发明，原先都属于艺术。然而，艺术被‘理性化’，并且实验在此基础上走向科学，这些对西方而言都是关键性的。在东方，我们所谓的朝向专业合理性的‘进步’（the so-colled ‘progress’ to professional rationality）之所以受阻，并不是由于‘非个人性’（Unpersonlichkeit/impersonality），而是由于‘非切事性’（Unsachlichkeit/lack of causality）。”（韦伯，2005b：476）

过去，笔者很长时间以来对韦伯回避不谈“三教合流”问题百思不得其解，作为比较中西文化—历史研究的大家和始作俑者，韦伯面对中国文化史上的这一独特现象总是环顾左右而言他，几乎未置一词，是颇耐人寻味的。经过反复研读他行文中的“人格”与“位格”的不同脉络含义的差异，似从中悟出他的一些内在理路。从中人们可以看出，以“天人合一”为表征的中国文化看待世界的观点与西方基督教的主客二元对立的差别：

"天人合一"是一种存在论的"自然谐一"关系，人与环境是浑然天成的、无分主客的一体或者互为主体（inter-subjective）关系，它既不是人类中心也不是自然中心，而是人类—自然互为中心，或者如马丁·布伯（Martin Buber）所说，是一种超越了"我—它"的"我—你"相互性关系，即**"我"与宇宙中其他在者的关系**。这种关系涵括了精神性、自然性和人格性关系的各个层面（参见马丁·布伯，1986）。倘加以解释，中国文化主张的"天人合一"是"和而不同"与"理一分殊"的对立统一，前者的逻辑重心在"不同"、差别、变易，后者的重心则在"理一"、同一、一致方面，正所谓："一之理，施于四海"而皆准，故近于"道"；"理"极为简单所以是"一"，"理"的根据是逻辑，所以要"一以贯之"。"不同"与"理一"二者统一的基础是变易。这就是中国传统文化的一元论的认识论根基。

它与西方犹太—基督教文化的二元论确实是难于化解的。韦伯一方面说价值观上的冲突无法最终消解，据此逻辑，他与中学之间的任何论辩就只能是"我族中心"式的各执一词，如欲寻求交往就需要哈贝马斯所说的"沟通理性"，就需解决与"主体间性"有关的问题。但另一方面在具体问题上，韦伯又给己方所认同的价值上的主观性披上逻辑上合理性和必然性的外衣，并进而由此生吞活剥地演绎中国事物。这或者表明他内心深处德意志精神贵族式的"西方中心论"的僭妄，显示他对中国文化的意义或意涵缺乏他所主张的具体脉络中的"同情的理解"；或者说明他的文化相对主义主张抑或社会科学方法论上遇到了有力的诘难，否则无法解释其中的悖谬。不带偏见地看待西方宗教，无论犹太教的哈西德神秘团体，还是基督教的埃克哈特等人的神秘主义，也无论在理论上抑或在实践上，其神秘主义色彩都远比中国宗教更为系统和深刻。韦伯研究中国宗教的著述距今已近百年，其时正是西方列强支配世界历史的、"风雨如磐黯故园"的年代，特殊的历史背景和条件使得中国学界对此无力也无能做出适时的反应，但并不意味着默认了这一结论的许多不实之词。韦伯的许多著作包括《新教伦理》在内受到西方学界的质疑并非自今日始，相信随着中国学术的进一步发展，对韦伯关于中国的论述中许多细节，包括正面或负面的史实和问题，可能会提出更多的讨论或质疑，这决不是什么“匪夷所思”之事，反倒是中国学术界在吸收世界文明成果方面正在深入发展的正常之举。

五　道家思想在欧洲被认受：韦伯中国观质疑

在笔者看来，中国文化的“三教合流”和西方宗教的一神信仰，表明了在中西社会结构之间以及宗教与政治的关系之间存在着巨大差别，导致两个社会“同归而殊途，一致而百虑”。过去，人们看待西方社会中宗教与政治之间关系，犹如西谚“上帝的归上帝，恺撒的归恺撒”所说，似乎是一种互不隶属、平行并列的“政教分离”关系，其实这都是一种误读。欧洲在宗教改革前很长时间是政教合一的神权政体，按照韦伯的说法，这句谚语的真正含义，“毋宁是表明一种（宗教）对所有世俗事物绝对的疏离的态度”（韦伯，2005a：275）。韦伯认为，“西方宗教一直对世俗抱着憎恨的态度，只是到了中世纪以后二者才出现了弥合的可能”。神权势力大于王权，这是中世纪前在欧洲频繁爆发宗教战争的原因。反观中国，自秦始皇建立起中央集权的统一大帝国后，历代王朝都把神权牢固地置于王权的掌控之下，使之为论证君权神授的思想服务，从而使中国与孔德所说的人类理智“三阶段论”中的神学知识相匹配的神权政体形式迄今尚付阙如，尽管也有不同宗教势力之间的争斗，但由于王权的掌控不使任何一教势力做大，也就使得大规模的宗教战争无法在中国发生。然而，韦伯对此却持另外一番解读：

> 原则上，亚洲过去是、现在仍是各种宗教自由竞争之地，类似西方古代晚期那种宗教的“宽容”，换言之，是在国家理由限制下的宽容——可别忘了，这同样也是我们现今一切宗教宽容的界限，只不过作用方向有所不同。一旦此种政治利害（按：国家理由）出了不管怎样的问题，即使在亚洲，最大规模的宗教迫害也是少不了的。最激烈的是在中国，日本和印度部分也有。和苏格拉底的雅典一样，亚洲也一直有基于迷信而被强迫牺牲的情形，结果，宗教间和武装僧团间的宗教战争，直到19世纪都还不断上演着。（2005b：461，着重号为引者所加）

韦伯的这一观点在学术界可说是力排众议、振聋发聩。既然在中国也如中世纪欧洲一样，宗教战争和宗教迫害古已有之，于今为烈，甚至到了他所生活的19—20世纪之交，“还在不断激烈地上演着宗教间和武装僧团间的宗教战争”，那么就来检视一下他所引证的史实吧。在《中国的宗教》第七章第12节“中国的教派和异端迫害”中，韦伯承认重视祖先崇拜和入世孝道的儒教国家对宗教向来采取宽容政策，因纯粹的宗教原因而遭受迫害的情形极为鲜见，除非是基于巫术理由或者政治的原因，全面的异端迫害只发生在借助异端邪教（Haresie）的名义秘密结社组织叛乱动摇世俗政权，如明末迄清以来的弥勒教、白莲教、上帝教以及太平天国等“邪教”组织的叛乱。真正属于因宗教见解而遭迫害的，他只提到了唐武宗会昌五年（845）的“灭佛”事件：“到了九世纪，佛教教会遭遇到再也无法复原的打击。部分的佛教和道教寺院被保留下来，其经费甚至可列为国家预算中……据推测，风水是其中的一个关键因素，因为一旦迁动以前被准许礼拜的地方，就必然会有招致鬼神惊动的危险。本质上，这是正统的祭典站在国家理由的立场上，大致还宽容异端的原因。此种宽容决不是正面的宽容而是瞧不起的‘容忍’，这是任何一个世俗的官僚体系通常对宗教所采取的态度。”（韦伯，2004：297）如果这就是韦伯所谓的“不断激烈上演的宗教战争”、“异端迫害”，那么，相比欧洲中世纪的宗教裁判所的酷刑（例如对布鲁诺）、十字军东征屠戮异教徒而言，中国的情形真可谓“小巫见大巫”了。譬如，他对中国教派的描述中也谈到了宗教迫害，除了“不具历史的重要性”而被“略去不谈”的喇嘛教和伊斯兰教之外，他专门谈到了与欧洲信仰有关的宗教：“犹太教在中国也呈现一种奇特的萎缩状态，不像在世界其他地方那样具有强烈的特征……基督教在中国官方的称呼是‘泰西的天主崇拜’，它之遭受迫害我们无须多加解释，此处也略去不谈。尽管传教士再有技巧，这种迫害也会发生。**只有在军事武力所导致的条约上的宽容下，基督教的传道精神才被承认**。”（同上：299，着重号为引者所加）这里不仅有事实的认定问题，还有如何评价问题。欧洲诸国历史上长期以来排犹主义盛行已为世界所公认，犹太教在欧洲的发展包括由此所受到的迫害确实远比在中国的“萎缩状态”为甚，并且也没有在欧洲譬如在德国“那样具有强烈特征”，但这究竟能说明什么呢？是否就可以一笔勾销两千年来欧洲不光彩的排犹历史？就基督教传教而言，韦伯首先确认传教士在华“遭受迫害”的性质，然后却对具体史实“略去不谈”，并且“无须多加解释”事情的原委。传教士（被当作天文学者）的科技水准再高明、知识再渊博，“迫害也会发生”，因为排斥文明的使者是野蛮人愚昧落后的表现。但人们只要对中国历史上明清几个著名“教案”稍作了解，就不难透过这些“宗教迫害”的史实理解背后所蕴含的政治、文化和历史的原因。究竟站在何种立场上评价这些事件，确实与研究者的价值立场脱不了干系。譬如，上引最后一句话，在中国读者看来已经不像是出自文明国度的学者的学术语言，更像是当年带领八国联军攻占北京后德国统帅瓦德西所表露的心迹，当年西方列强的黩武、强权的政治思维心态跃然纸上，不过却也道出了那时的西方传道精神是以蛮横的炮舰政策为后盾的实情。看看这些表述，再想想韦伯的社会科学方法论对“价值中立性”原则的论述，使人感到这一概念在遭遇“生物自然性”因素作用时是多么的苍白无力和尴尬。如果这就是西方文化所标榜的自我否定、自我反思、自我超越精神，那么笔者更多想到的是一种霸权的设计。

从文化传播角度看，“三教合流”有力地诠释了中国文化历来的“和而不同”与“理一分殊”并行不悖的主张，对外来文化的吸纳和改造成为本土文化的构成要素的开放包容心态，是促进文明发展和开展比较文化研究的必由之路。站在纯然的西方宗教立场，显然不可能理解中国文化内核中的某些神秘的关节点，譬如道家所主张的不贪欲（“无欲”）、不妄为（“无为”）的思想，与崇尚工具理性以征服外在世界为目的的西方文化完全南辕北辙，构成了韦伯一类理性主义者的认识盲区或称意识阈限（the threshold of consciousness），因此从中国文化角度来看，他的某些中国见解总有不到位或隔靴搔痒之感。譬如，他看到中国文化有重视传统的一面，就认为必定会窒息创新，说明他不懂《易经》的“变通”与“守成”的传统之间的深奥关系。在笔者看来，中和—权宜—变通，这三者首尾贯通的循环进路与西方的线性进步史观是两种迥然有别的变迁路向，与西方模式的简单刻板，图解历史相比，中国进路呈现出“云行雨施，品物流形”，可谓千变万化，错综复杂，乃至眼花缭乱。所以，儒家经典《大学》中说：“《诗》曰：‘周虽旧邦，其命惟新。’是故君子无所不用其极。”历来对这段话的注疏都侧重从前代经典上诠释“旧邦”、“惟新”的语义，笔者倒更在意于“君子无所不用其极”

上，亦即中国文化的实践中怎样将这种新与旧的转换和衔接的辩证关系发挥到淋漓尽致的程度。从这里也可看到中西文化之间的不同特征：西方思想传统侧重在哲学，中国思想传统倾心于智慧；哲学的统一性在于系统化，智慧的统一性在于变化；哲学的逻辑倾向于俯览全貌，智慧的逻辑在于巡游四方（参见弗朗索瓦·于连，2004）。韦伯对世界主要文明的走向上过度褒奖西方“分取进路”的合理性，而极力贬抑东方“合取进路”的非理性，既是西方话语的一种成见，而且也违背了他一向对合理性与非理性认识的辩证的、相对主义的视角，无疑会极大地破坏其比较—历史研究的效度。须知，旨在将整体局部化、解析化的趋向难脱化约论的窠臼，对于研究枝节问题尚属精当，而一旦涉及长时段的中国历史走向以及不同于西方线性进步的社会变迁模式等宏观整体性问题，那种缺乏历史哲学深度的分解方法，除了能将历史过程碎片化以外，恐怕就难以奏效了。这些都表明韦伯对中国历史的某些细节的理解还有疏漏，导致他对中国文化的复杂性、吊诡性或说“博大精深”认识不足。这些重大失误与其“欧洲中心论”正统意识是直接相关的，并突出表现在他对道教的偏见中。

众所周知，在西方宗教史上关于正统和异端的争论可说伴随基督教产生、发展的始终，并导致连绵多年的以残酷屠戮“异教徒”为目的的宗教战争，它与犹太教、伊斯兰教的关系迄今仍聚讼纷纭、莫衷一是，这从基督教的称谓上就可见分明，罗马大公教会、东方正教会、新教（Protestantism，抗议宗或抗罗宗）。虽然按照韦伯的方法论使用的正统和异端并无价值上的褒贬色彩，只表明它们之间在社会结构中所扮演角色的主次地位及其对立关系，但其中确也表现出他是以西方基督教不同宗派的冲突比附儒道关系和看待中国文化的，却不承想中国还有一个儒释道“三教合流”的局面，对于一切以西方的一神论救赎宗教为判准的“西方中心论”来说这完全是一个意识盲区，而对这种“和而不同”的诠释里又突显出“理一分殊”全局观照的恢弘气象，令人匪夷所思。按照韦伯的“终极价值之间的冲突是人类理性无法消解的”逻辑，比较宗教—文化研究最终无非就是基于不同的预设亦即不同的“启示”所主张的终极价值之上各说各话、人言言殊。既然承认跨文化研究的必要性，就起码要有“主体间性”相互理解的意识，就要有“同情理解”的雅量。而一旦真正这样做时，就要承认人类经验的无限多样性，就会自然地出现一种全然个体性新形态的观念。这种多样性、比较和联系的习惯，以及这种精致的个人性观念，就会与一种无限的相对的概念联系在一起。这种相对主义把历史经验的每一种形态都视为受具体环境制约的人性的特殊个体形式，而不是超时空的、普适的、绝对的理念或真理。（参见特洛尔奇，1998：22）这种多元性——个人主义——相对主义的成长，就是欧洲宗教改革时期表现为超自然启示的绝对性和教会权威性的式微，启蒙运动的勃兴，亦即理性化和世俗化过程，必然会对中世纪以来的欧洲文化的统一性和优越性的话语霸权设计构成严重的威胁。韦伯本人同意并且也曾表达过同样的思想。这种从分化看文化的发展和多样性的思想为什么只能用于西方，而不能用同样的眼光看待东方文化？或者说，“神人相分”与“天人合一”都是看待客观世界的不同的多样性视角，“分”而“二”的二元论分取进路与“合”而“一”的一元论合取进路各有其不同的合理性，不能以自己为标准指责对方是非理性。中国文化历来既讲“和而不同”，同时也讲“理一分殊”，既讲相对也讲绝对，从不把两者视为非此即彼、零和博弈、不共戴天的排中关系，任何单义地解释这种分与合的关系，都会导致对中国文化的曲解和误读。

鉴于韦伯对中国文化的认识偏差尤其是对道教的贬低，笔者无意引用类似今人李约瑟所著《中国科技史》一类著作对中国古代特别是道教中的科学思想和技术实践的论述，对韦伯认为道教只是巫术、没有科学思想，故而是“纯粹非理性”，做逐条辩驳，只想借助西方学者的某些论述检视一下欧洲学界对道教的认识和接受的历史和过程看看事情的另外一面。

据现任德国特利尔大学汉学系卜松山教授介绍，在韦伯写作《中国的宗教》的年代（1915 年出版，1920 年修订再版），欧洲在认受中国思想方面出现了与启蒙运动时代第一个认受时期相类似的局面：“那时，西方思想在经受了三十年战争的创伤后认为，有道德秩序并崇尚和平的中国比西方的野蛮制度更为优秀。于是，第一次世界大战后又再一次萌现出了对‘东方光明’的向往。特别是那些有和平主义倾向的思想家将追求平衡、宣扬‘无为’的道家真谛奉为典范。这一时期，‘道家热’席卷德国。1911 和 1912 年卫理贤翻译的《老子》和《庄子》以及马丁·布伯选编的《庄子》（1910）为德国的‘道家热’揭开了序幕。1919 年诗人克拉邦德（Klabund）在一篇题为《听着，德国人》的文章中号召德国人按照‘神圣的道家精神’去生活，要‘争做欧洲的中国人’。”（卜松山，2007：256）欧洲学术界的汉学研究首推法兰西学院，早在 1814 年就荣登该学院欧洲第一位汉学教授席位的阿贝尔－雷慕沙（J. P. Abel-Remusat）节译《道德经》后才引起对“道”的关注。他评论说“道”的概念最为难译并建议最多只能用“逻各斯”作为替代，并包含三层意思：绝对存在、理念、言词。由此开启欧洲学界移译道家经典的先河。道家吸引欧洲关注的第一个特点是其文化和文明批判的指向。第一次世界大战期间，西方世界自我毁灭的疯狂致使当时的知识分子对帝国主义时代视为当然的欧洲文明的优越性产生了疑问，这种质疑进而导致了现代西方世界最大的精神危机，也成为道家认受史上一个新的转捩点。19 世纪末，由尼采代表的文化悲观主义发展势头与日俱增，其巅峰便是预感到“西方的没落”（施本格勒，1919）。告别太平盛世是那个时代精神的伤感特征，近年来对工业文明的批判转变为生态运动的观点，欧洲人追溯卢梭“回归自然”的口号进一步认识到道家的“天地一体”、“道法自然”观念的外表深邃莫测与内里淳朴自然之间的吊诡、生活智慧与简单真理的混合，开始被人认识。在此之前，作曲家古斯塔夫·马勒1908年所作的《大地之歌》可谓其在艺术上登峰造极之表现，其歌词便是以深受道家和禅宗影响的中国诗人李白、王维、孟浩然等人的诗作为蓝本。当时的荣格、维特根斯坦，以及后来的海德格尔、德里达、查尔斯·泰勒等人分别从心理学、哲学和自然科学论及道家思想。[1]卜松山还特别提到赫尔曼·凯泽林伯爵这位当时在德国享有盛名的学者，他于1911—1912年周游世界后撰写的《哲学家旅行日记》用“通往自我的捷径”作为该书题记，以纵览各国文化的视野高度赞美儒家伦理并高度评价道家思想：“无法否认的是，道家经典中蕴含着也许是人类所拥有的最为深刻的人生智慧。而这正是着眼于我们的理想（创造性的精神自足的理想）而得出的结论。”（卜松山，2007）文章还提到韦伯的以“世界诸宗教的经济伦理”为题的系统研究，指出他的“世界除魅”和“目的—手段合理性”概念已成为主宰我们时代的特征：“西方脉承之宗教与传统结构的维系太紧，它的象征，他的人格化的神以及对信仰的强调，在教育开化并崇尚实际的世界里似乎难以推广。于是，为生活意义的疑问寻找宗教答案的努力便很快转向世界上其他地区和其他宗教。哈维·科克斯（Harey Cox）对此作了精辟的论断：如果这里上帝死了，也许东方将开始对西方精神产生魅力。”（卜松山，2007：264）据统计，老子的《道德经》不仅是被翻译得最多的中国作品，而且也是除了《圣经》以外用不同语言流行

〔1〕参见［德］夏瑞春编《德国思想家论中国》，陈爱政等译，江苏人民出版社，1989年。特别是马丁·布伯“道教”、雅斯贝尔斯“老子”两文。

得最为广泛的典籍。

由此可见，韦伯在撰写《中国的宗教》时，儒道经典已经译介到了德国和欧洲并且已有了许多相关论述，他对中国文化的认识带有强烈的主观色彩，并没有认真借鉴和参考其他同行的见解，或者说，韦伯对道家经典的解读与当时欧洲主流学界对道家思想的认受存在着相当大的落差，无论从当时欧洲主流学界的评价抑或从当代科学的实践检验都可表明，韦伯的认识明显地未达到当时欧洲学术界的水准。尽管韦伯在他的《宗教社会学论文集·绪论》的末尾坦承他的亚洲研究还有许多民族志资料方面的缺陷，具有暂时的性质，将来会被“超越”，但其对包括道教在内的中国文化刻板印象和负面影响还是相当深远的。

笔者认为，造成这一情况的原因，既与韦伯本人所秉持的学术理念直接相关，也与他内心深处的宗教信仰、价值观念不无联系。说到底，以古希腊哲学中的理性精神和中古希伯来宗教中的信仰意识为根基的欧洲文化的统一性，形塑了韦伯内心世界观中神话和理性二元对立统一的架构。他的学术思想突出了理性这一维度，可以“价值中立”概念为表征，集中表达在1919年他对“自由德意志青年”团体的那篇“以学术为志业”的脍炙人口的演讲辞中。韦伯所说的学术，是既包括自然科学、又包括社会科学和人文学科的统一范畴，是使信仰的虔诚、艺术的感染、生活的情趣完全从中消退的“专业化的学科”；既剔除了形而上学的预设，也祛除了神话的魔幻；它只与专门领域的具体事实（is）打交道，而不是“当为”（ought）的价值判断。在他心目中的学术进步过程，意即自然科学精密化所沿循的方向：从古希腊哲学关于洞穴的譬喻中所发现的概念，到文艺复兴时期基于经验观察而产生的理性的实验，再经过经验主义的传播推广并吸取欧陆各种精密科学的方法论所经历的理性化过程，在在表现了肇源于欧洲学术的认识路向具有普遍适用的意义。在这个领域内，技术的进步，不断朝着预测的客观可能性趋近。至于欧洲之外的其他未开化或已僵化停滞了的民族以各不相同的巫术、神秘的认识世界的方式，只能作为人类理智发展过程中前科学的残存遗迹而保留下来。这种把理性化视为精密科学单义线性发展的进步观，已把理性和科学神圣化、绝对化，隔绝于人间烟火，即使从知识社会学角度上看也有许多不能自圆其说之处，譬如他批评由于追求真正的艺术而导致文艺复兴时期的理性实验科学的发展（2005b：476 中对 Percival Lowell 的批评）以及由神学所导致的物理学探讨而促使精密科学的产生，虽然都为后来的科学社会学所确认，但他过于纯粹的科学、理性见解无法说明科学史上的许多现象，例如哥白尼的日心说在其孕育过程中充满了各种神秘和非理性的因素、牛顿沉湎于神学和炼金术的神秘主义和非理性因素如何成为其科学发现的媒介。（参见默顿，2003；上山安敏，1992：14）这就难怪追随韦伯多年并成为韦伯文化圈子重要一员的哲学家雅斯贝尔斯，也把韦伯这种对待科学和理性的立场视为他的一大局限："韦伯对于精神科学中的实证主义认识不够透彻，虽然他想由认知'什么是事实'的正确意向引出'其意义为何'的结果，但是实证主义对历史与人文学科中的'事实'仍缺乏逻辑的穿透的能力。"（雅斯贝尔斯，1992：112）韦伯的思想中刻意追求的首尾一贯性、"因果性"以及神往"预测"的"客观可能性"，使他的思想有与孔德的实证主义相通的一面。恰如一个人因为洁癖而给他的人际交往带来了紧张，从而招致了"过洁世同嫌"式的评论。

这里还涉及韦伯的类型学的比较研究方法论，他的理性类型有把社会变迁视为某种理性化过程的宿命倾向，有时为了满足其类型学的要求，他不得不扭曲事实以便削足适履。譬如，为了说明儒家伦理所强调的"亲亲"原则，韦伯写道："一直到今天，在中国还没有对'切事的'共同体负有义务的想法，不管这共同体是政治性的、或者其他任何性质的。”（韦伯，2004a：287—288）再譬如，他说中国的社会和经济组织“全部缺乏理性的实事求是、缺乏抽象的、超越个人的、目的团体的性格：从缺乏真正的‘共同体’，尤其在城市里，一直到缺乏全然客观地以目的为取向的、那种经济结合关系与经营等种种类型”（同上：326）。这话明显地讲过了头，充满绝对的意味。同样为了说明中国社会关系的重“身份”性质而非重“功能”性质，它远没有费孝通先生所说的“差序格局”来得中肯和贴切。近年来关于儒学文明圈内家族企业的许多争论盖源于此。韦伯类型学的僵硬边界难于准确刻画中国社会以人际互动的身段为表征的柔软“关系”性质，所以在下了这个断言之后，他旋即花费了近一页半的冗长篇幅对一个叫 Wu Chang 的人所写的关于“中国民间社团”的博士论文发表见解，意在修补自己类型学的不严密。这是一个以经济上相互帮助为主的民间互助会性质的社团，在历数其组织功能、结构、人际关系之后，韦伯定位这一中国民间社团“就其功能而言，显然类似德国……的信用贷款制。”这一定位已背离了稍前所说中国民间组织的“非切事性”、“缺乏目的取向的经济结合关系和经营”的断言，于是他不得不返回到 1920 年出版的多卷本的《宗教社会学论文集》的长篇序言“新教教派与资本主义精神”中对“教派”（sects）的界定，试图对中国的民间组织即信用社团与其类型学的不一致有所弥补：“除了形式以外，中国的信用社团还有下列特点：1. 具体的经济目标是主要的，甚或是唯一的；2. 由于缺乏教派的资格测试，个人是否够资格成为一个可能的信用承受者，纯粹取决于个人关系的基础。”其实，稍微熟悉一点中国近代史的人都不难理解，清季末叶以宗教（教派）为名义的秘密结社（民间社团），譬如太平天国、义和团等层出不穷，但经济未必是其唯一的目标，政治诉求有时倒可能是首要的（义和团的社会动员口号从初期的“反清灭洋”到后期的“扶清灭洋”，直接诉诸政治目标）；其成员入教资格固然不排除个人关系的基础，恐怕也不能没有功能效率方面的考量（太平天国的教阶等级制中最高级别是有不同分工的诸“天王”，他们秘密结社的起事初期通常是以个人关系为线索的扎根串联，稍后次一级征战大江南北的专责事功的诸王的入教恐怕不能没有个人事功能力方面的考量）。

在笔者看来，韦伯对道教的理解比对儒教的认识存有更多的偏见和认识盲区，这既和儒家学说在中国文化中长期居于统治地位道家长期在野有关，也和他本人掌握资料不全以及认识落后于欧洲汉学界对道教的研究成果有关。看不到道教的“万物负阴而抱阳，冲气以为和”主张，是把阴阳相互依存、对偶互动达至整体平衡当作认识自然和社会的出发点，这种“合取进路”为中国文化总体发展奠定了认识论基础，并为历代思想家、政治家奉为圭臬。随着近年来绿色环保主义和环境风险研究的兴起，中国传统文化中道家学说引起更多人的关注，发现其中有许多宝贵资源值得借鉴和挖掘。道教重生、戒杀、贵德，主张清净无为、简约朴素、崇尚自然、慈俭不争、利命保生，要人按照“道”的性质对待自然、社会、人生：任万物自然生长，完全按照事物本性去成就它——“泛爱万物，天地一体”。循着老子“道法自然”的思路，还可以在道教中找到许多有关以保全生物物种多寡为标志的富足观念和“知止不殆，知足不辱”的自我约束的主张，说明道教历来主张人类要自我节制，反对贪得无厌、竭泽而渔式地对待自然环境和资源。这些都表明道家文化主张三者之间和谐共生的理念对于现代生命伦理贡献良多，更重要的是，它超越了今日西方环保主义者或风险社会理论所主张的要不自然主义中心说（譬如有人主张保留艾滋病病毒，这近乎一种生态法西斯主义），要不人类中心说（人之尺度是世界的目的）的对立和二难抉择，更像是对韦伯所津津乐道的西方文化的本质在于“理性地征服世界”特质的有力批判。

六　韦伯的宗教观：德国知识分子精神世界一瞥

韦伯在《中国的宗教》的结论一章“儒教与清教”中历数了中西社会的结构性要素和文化性要素的差别之后，他还把根源追溯到担纲者的人种的心理构造和神经（Nerven）的不同，认为中国人，由于传统和习俗像套在身上的枷锁，缺乏由内而外的、由某种中心的、自主的价值立场所衍生的统一的生活态度，故缺少西方清教徒一般心理—生理的统一性和稳定性：

> 缺乏歇斯底里式的禁欲以及形态类似的宗教信仰，和摒除一切麻醉性的宗教祭仪，必然会影响到（这）一个人类群体的神经与心理构造。（韦伯，2004a：315）

由此引出了一段心理构造与神秘主义以及禁欲主义关系的社会心理学讨论。在韦伯的论述中，中国人是属于“清醒的”民族，摒除一切陶醉和迷狂，拒绝酒类的麻醉，表现在外表上“纯真”甚至“呆板”和“冷漠”，缺乏西方人的热情奔放、洒脱恣睢；既没有希腊人把美的沉醉视为一切伟大事物的源泉的奇思妙想，也缺少罗马贵族对沉醉、忘我的痴迷。在韦伯看来，这是因为中国文化缺乏一种酒神精神，“清教徒与儒教徒都是‘清醒的’，但清教徒理性的‘清醒’乃建立在一种强有力的激情上，这是儒教徒所完全没有的”。所谓“强有力的激情”是指清教徒基于对救赎的渴望而焕发出来的出于本能的激情，中国人由于生活在不知有（西方宗教意义上的）神因而不受外在固定规范约制的生活样式里，形成一种不稳定性的特质，也与清教徒一般心理—生理的统一性和稳定性形成强烈对比。总之，缺乏狄奥尼索斯要素（Dionysische Elemente）不仅影响到中华民族的心理和性格，而且关系到宗教信仰的倾向，更影响到整个社会的走向。从中可以看到，韦伯将其全部社会学分析的制度层面和文化层面最终都要落实在承担这两个主要方面的“担纲群体”身上，换言之，透过中西宗教的比较的中西文化分析，达到对其担纲民族—种族的心理—生理研究，这样就把社会学与民族学—人类学联系起来，改造社会与改良人种结合起来。这种观念一方面可从德国的文化人类学（克虏伯等）、群众心理学（冯特等）、哲学人类学（施莱马赫）以及19世纪欧洲特别是德国的生物、地理环境决定论（闵采尔）找到学术轨迹，另一方面也可在后来的国家—社会主义运动的优生、人种改良尤其有关种族问题的论证和实践中寻到蛛丝马迹。

行文至此，一个一直萦绕脑际难以释怀的问题不禁显露出来：宗教到底在韦伯这位社会科学大家的心目中居何地位？他本人曾说自己是个“宗教上的不合拍者”（religiously unmusical/unmusikalischen），又说现代性造成宗教式微，现代社会“已没有任何先知立足的余地”。这些显然是把宗教当作信仰对象而言的；但他对东西方社会的比较研究又都是从宗教切入的，尤其涉及文化各个领域时几乎言必称宗教，这里的宗教是作为理解社会的媒介或表征，亦即是从宗教的社会功能而言的。其间的差别又能说明什么呢？笔者认为，对韦伯来说，宗教作为理解社会的媒介和表征之社会功能是毋庸置疑的；宗教作为信仰对象则是堪疑的。因为现代性带来了一场严重的宗教危机，这在现实生活中和在韦伯的论述中都是个不争的事实。继中世纪这个主要受神权主义宗教观念主宰的时代之后，接续的是一个主要受世俗观念主宰、因而宗教观念薄弱的时代。旧的教会权威的废弃是导致各种各样质疑和批判的动因，并在现存宗教生活中引起了包括韦伯在内的德国知识界各式各样的困惑。新时代在对旧时代的批判中使个性从宗教禁锢中获得解放，并在个人主义的逐步强大的氛围中借以逐步壮大、丰富自己，这一事实本身就是某种世俗性的产生和世俗化的展现。韦伯虽身受现代文明的洗礼，但长期源于母亲虔信的家庭熏陶和精英学校的教育，特别是他所置身的德国上层知识界的精神氛围，使韦伯不会像尼采那样发出“上帝死了”式的亵渎。从1890年代起，韦伯就一直与德国基督新教中的进步一翼——福音社会大会（Evangelisch-Soziale Kongress）的领导成员保持密切的联系，其中他与鲍姆加藤（Otto Baumgarten）、高尔（Paul Gohre）、索姆（Rudolf Sohm）、瑙曼（Fridrich Naumann）以及一些历史学家的交往，对他看待德国新教（路德派）尤其是他那时代的新教神学观点产生了重要影响。他深信路德派应对德国中产阶级将世俗政权与教会权威一起加以崇拜负有不可推卸的责任，对此他持反对态度并主张用清教的宗教性模式来取代路德派的国家观念。韦伯对德国新教路德派特别是与新教神学的关系深受他的好友，宗教史学家和哲学家特洛尔奇的影响。特洛尔奇（1865—1923）曾任波恩大学、海德堡大学神学教授和柏林大学的哲学教授，他的《基督教会的社会思想》一书于1911年出版，可说是研究西方宗教的社会学开山之作，至今在学术界还有重要影响。全书分三个部分：以原始教会、中世纪教会和现代新教在社会学上所引起的问题为中心，重点论述新教路德派和加尔文派的神学思想及其与政治、社会、经济的关系。在某种意义上，韦伯把特洛尔奇的这本书看做是对他的《新教伦理与资本主义精神》思路的延伸或补遗，不过就深度和广度而言，该书对基督教不同维度的入世活动的社会方面所做的深入而专业的分析，在赢得韦伯尊重的同时也使他内心产生了某种竞争感。韦伯年长特洛尔奇一岁，二人同住海德堡一幢房子里比邻而居有几年之久，两人经常就一些学术和现实问题交流思想，虽然两人关系中偶尔也会有某些张力，但总体上可说是相互心仪、过从甚密。历史学家蒙森甚至评论说，如果没有与特洛尔奇的经常切磋交谈，韦伯很可能写不出关于新教“教派”或现代资本主义“精神”的著述。（Mommsen，1987：9）韦伯从1915年转入对中国和印度宗教的研究，希望能在与西方发展的比较中对亚洲宗教的经济伦理做出进一步分析。在写完《古犹太教》之后，他本想继续对基督教进行研究，阐明它对创造今天西方现代的、“脱魅”了的理性文化所起到的作用，而这一切还未及腾出时间着手去做，韦伯于1920年初夏就溘然辞世了。在弥留之际，他未像常人那样做临终忏悔，而是呢喃地说出“真实即真理”（The true is the truth / Das Wahre ist die Wahreit）这句临终之言，然后就闭上了双眼。（Marianne，1975：698）

本文前面曾论及韦伯性格中理性的一面，并用“价值中立性”概念作为表征。这里再就他思想中信仰的一面做些交代，以便更深入地认知他的中国宗教研究的理智背景，他思想的这一维度可用“价值相关性”概念来刻画。能表现这一面向的有许多事实，笔者这里想选取韦伯与象征派诗人斯特凡·格奥尔格（Stefan George，1868—1933）的关系作为切入点。韦伯生活的海德堡在19—20世纪之交有许多知识界的文化圈子，每个圈子由一位才能出众的、具有人格魅力的“卡里斯马式领袖”和拥戴他的追随者们组成。格奥尔格是个著名诗人，也是个预言家，以他为中心形成了一个排他性的格奥尔格圈子或门徒们的圈子（George-Kreis or circle of disciples），他们一起致力于一种“诗意的世界再生”（poetic regeneration of the world），宣称要在诗和艺术中寻求知识的滥觞。格奥尔格与马拉美等法国象征派诗人交往密切，自己也创作了许多象征主义的诗歌，再加上新浪漫主义出版家迪德里赫斯（Diederichs Eugen）大力倡导法国生命哲学家伯格森的作品，于是那时的德国文坛出现一种主张通过“体验”、

“直观”克服认知领域的专业化、分化的相对主义倾向，力主把知识从基于要素论的实证主义的因果关系的决定论中解放出来，并要求转向民族主义的思想倾向。（参见上山安敏，1992）它们渴望出现一种能表达德意志精神风貌的新的神话，这种神话是人类思想、想象力、艺术创造力的产物，这种神话的确立就足以证明，时代向往兼具预言家、领袖、诗人气质的卡里斯马人物，以满足处于失望状态的德国知识界的一种渴望得救的心理需要。格奥尔格自诩并被他的圈子拥戴为这样一个先知式人物，这是一个与韦伯思想中的科学之维大相径庭的神秘维度。在韦伯看来，格奥尔格的新式宣言在许多方面都回到了尼采的观念范畴，也是对工业社会机器时代一切支配力量的反动，这种非理性思潮在当时的青年学生中有着巨大思想影响，它呼唤着少数精神贵族，旨在寻求生存方式和普遍的贵族式生活态度。这就是韦伯于1919年对“自由德意志青年”联盟的听众发表“以学术为业”和“以政治为业”两次脍炙人口演讲的社会精神氛围。玛丽安妮在《韦伯传》中曾这样评价格奥尔格圈子和受其影响的青年：“那些抛弃了旧式神祇的艺术家贵族主义的人们，则感到了一种‘自由的空虚’。支配了个人生活长达若干世纪的所有集体观念——基督宗教、产生于这一宗教的资产阶级伦理、观念论哲学、承担道义责任的职业观、科学、国家、民族、家庭等等，直到世纪之交还在约束和支撑着个人的一切力量现在统统受到了质疑。这是一个让许多处于成长过程中的年轻人无力应付的局面。他们感到被上帝抛弃了，找不到他们希望去遵守的规则。传统的智慧与直觉让他们失望，所有指导行动的标准都处在极大的不确定性之中，使这些年轻人深感震惊。”（玛丽安妮，2002：320、366）对此韦伯本人这样写道：“归根到底，斯特凡·格奥尔格以及他的学生侍奉的是‘另外的神’，不管我对他们的艺术意图是多么尊重。”（同上：522）

韦伯话中涉及两个问题，其一是他如何评价格奥尔格及其圈子的作为；其二是他怎样看到科学（知识）与宗教的关系。韦伯对这两个问题的态度和观点折射出他人格的一些特征。先看第一个问题。1910 年夏，两位宗师由于人格上的相互吸引在贡多尔夫（格奥尔格的追随者，也是韦伯在海德堡大学的同事和好友）的引荐下在韦伯家中会面了，这种多少有些拘谨而客气的"友谊"关系，终因"道不同不相为谋"在两年后而终止。据韦伯妻子玛丽安妮的记载，韦伯欣赏对方对世界诗意体验的成果，并以此作为他心灵的滋补；格奥尔格则反对韦伯对世界的学术认知，认为这会阻止他本人创造的想象力发挥和精神体验的塑造。两人都对他们的时代抱有深刻的责任心，但韦伯是按照现实本来面目承认它的力量，把它当作加工的素材，并以此作为一种使命，而格奥尔格则只看到其中邪恶的方面，试图以否定来战胜它们，它赋予自己以领袖的职责，去改变和扭转这一堕落的趋势。而这是与韦伯从小受到的宗教教育所培植的信仰直接抵触的，因而是他所明确反对的，因为"这种教义的基础就在于对尘世人物的神化和创立某种以格奥尔格为中心的宗教"。据此，玛丽安妮对韦伯的宗教观念做了这样的概括：

> 他从母亲那里继承了一种对于福音书的深切尊崇，并且拒绝那种非基督教的"宗教虔诚"，因为它们把在尘世体现神性奉为存在的最高意义，把有形的美，也就是古希腊人的 *kalokagathia*（善与美的结合）视为人类发展的最高规范。由于他相信精神与道德自主的绝对价值，因而否认个人支配与个人崇拜的新形式对他和他这一类人来说是必要的。他承认对于一项事业、一种理想的崇拜和绝对的献身，但却不承认对于一个生也有涯的尘世的个人极其有限的目的这么做，不管这个人可能会多么出色和值得崇敬。（玛丽安妮，2002：519）

这里说的“非基督教的宗教虔诚”，是与格奥尔格圈子发起的对美少男马克辛（即马克辛米力安·科龙贝格尔）的唯美崇拜甚至神化信仰的事件有关。按照格奥尔格的神秘主义“性爱”理论，作为男性身体之美的一种功能，性爱是认识人类文化现象所不可或缺的一部分，这种在当时德国知识精英中滋生的文化再生观念，是由显示灵和肉两者之美构成的。据此在他的圈子里，“马克辛体验”竟被说成是“格奥尔格崇拜的核心”。两年之后，因患脑膜炎而死亡的年仅16岁的少年，竟被格奥尔格宣布是一位神。我们这里在谈及韦伯的宗教情感问题时，作为一段插曲无意中触及了这个问题，需要指出的是，格奥尔格包括他的性爱观点在内的许多唯美的表现主义论点确实与（19）“世纪末”的非理性主义思潮有关，卢卡奇的《理性的毁灭》一书就是从这种宏观叙事视角上做出论述的。但笔者认为，这种宏观历史的叙述似应与细节的具体分析结合起来，这里指的是格奥尔格圈子的权威主义关系与韦伯对“教派”的论述是否具有某种关联？因为韦伯笔下的“教派”是由具有信仰上特定资格的人组成、建立在自愿基础上的“志愿团体”；“领袖”的天纵英明的资质，具备巫术般的预言和能力，能把“门徒”吸引在其周围成为追随者，成就了先知启示的性格，这种关系对几年后（1918年）韦伯在写作《经济与社会》的合法支配类型中的“卡里斯马支配”具有何种影响？因为在论述卡里斯马支配鄙视理性的日常经济活动以及通过持续的经济活动获得常规收益时，韦伯甚至直接举出格奥尔格的例子：“那种主要是追求艺术类型的卡里斯马信仰的情形，其信众远离经济斗争仅仅意味着他们有能力保持‘经济独立’，这是可以想象的，那是一些靠财产权收入为生的人。斯特凡·格奥尔格的圈子就是如此。”（韦伯，2010：356）此外，性爱作为人类群体的一种纽带在历史中的作用，以及受托尔斯泰、陀思妥耶夫斯基的东方斯拉夫神秘主义影响在“宗教社会学”

里不时出现的“爱的共产主义”、“‘无差别’爱的群体”提法，以及后期不断出现关于“体验”、“直觉”等字眼，这一切应该是德国狂飙运动的余音在两个世纪之交的韦伯这位理性主义者身上的回旋，表明韦伯思想中与当时德国学术界的非理性主义思潮具有合拍的一面，譬如他曾写道：

> 自然科学是非宗教的，现在谁也不会从内心深处对此表示怀疑，无论他是否乐意承认这一点。从科学的理性主义和理智化中解脱出来，是与神同在的生命之基本前提。在有着宗教倾向，或竭力寻求宗教体验的青年人中间，这样的愿望或其他意义相类似的愿望，已成为时常可闻的基本暗语之一。……这种从理智化中自我解放的方式所导致的结果，与那些以此作为追求目标的人所希望的正好相反。在尼采对那些“发现了幸福”的“末人”做出致命性的批判之后，对于天真的乐观主义将科学——即在科学的基础上支配生活的技术——欢呼为通向幸福之路这种事情，我已完全无须再费口舌了。除了在教书匠和编辑部里的一些老儿童，谁会相信这样的事情？（韦伯，1998：33）

1919年2月也就是他逝世前一年，韦伯在一封信中这样写道：

> 诚然，我绝对是个宗教上的不合拍的人，无必要也无能力为自己建立任何宗教性的精神大厦。但是一种彻底的自省告诉我，我既不是反宗教，也不是非宗教（neither antireligious nor irreligious）的人。（Marianne，1975：324）

韦伯像他那时代的大多数德国知识分子一样，具备一种由于双重的宗教观念引起的深深矛盾并身在其中苦苦挣扎。对此，20世纪德国自由神学的代表和领军人物特洛尔奇曾这样刻画德国知识分子的心态：

> 对我们（德国知识分子）而言，这便是具有双重形态的基督教，即教会形态的基督教以及德国伟大的唯心主义思想家和诗人塑造的、与现代生活成分自由结合的基督教形态。这两者的基本区别仅仅在于：在前者，起主导作用的是，表现旧的人类中心论世界观的二元超验论，以及对教会权威和教会共性的考虑；而在后者，则是无限的世界生活在进化论意义上的内在性和个人主义的自律性构成其世界观。在前者，理想的生活价值只存在于宗教意识本身之中；而在后者，宗教价值与一切真、美、善汇合，成为最高精神价值的统一体。但是，就主体而言，两者是一致的：即将一切个人生活价值牢牢系于上帝身上的位格主义形而上学，使个人从一切单纯的自然束缚中解脱出来，使之得到升华，与上帝成为一体。（特洛尔奇，1998：33）

这对韦伯一类德国知识分子来说是一种现在与过去、理想宗教与现实宗教的交织和矛盾：宗教事务在欧洲大陆所造成的“教同伐异”的战争和政治暴力，成为韦伯与超验的启示和教会权威文化决裂的良知和人道主义理由。而现代性的巨大功绩在于它通过解放个体而使本身成为自律性的创造力量：它使个体具有最大可能分享最高生活价值而融入共同体，并将这一从单纯的个人主义变为自由的共同体（社会）——个人主义的意识上升为一种伦理的义务——责任感。而经历了近两千年之久的基督教“位格形而上学”（Metaphysik der Persönlichkeit），亦即它的“教义”（Dogma）的内在性及其给欧洲文化带来的统一性，能为失去依靠的个人主义的这种内心升华提供伦理上的约束和依据。经过这样一种三段论之后，经历了“否定之否定”的“扬弃”，宗教才能为“个人主义”这个本质属于“解体”性质的批判性反思提供新的力量。据此韦伯写出了这段脍炙人口的名言：

> 我们的时代是一个理性化、理智化、尤其是将世界之谜魅加以祛除的时代；我们这个时代的命运，便是一切终极而最崇高的价值，已自社会生活中隐没，或者遁入神秘生活的一个超验世界，或者流于个人之间直接关系上的一种博爱。（韦伯，2004b：190）

这样一来，韦伯就把宗教视为过去时代的遗风或者一种风俗，一种纯粹的外在形式，而他本人更重视把信仰转变为个人内在要求的道德责任问题。他的“责任伦理”概念要求在面对现代性多元价值的冲突和争斗中，一个现代人要在心怀道德和追求效率之间寻求保有张力的平衡，去果敢地应对新时代的挑战。这样他就把康德的道德形而上学及其对实践伦理的批判，转到了社会学的经验层面，把研究道德形式的无矛盾性转变为研究道德内容的首尾一贯性。换言之，“责任伦理”强调在行动中事实认识与价值判断之间的内在一贯性（inner consistency）：一方面，实践主体基于“自由的人格”能够贯彻其意志之选择；但另一方面则必须基于“存在是什么”（What is?）的事实认识审慎地谋划实现目的的手段以及面对可能的后果；职是之故，责任感愈重，对目的—手段合理性关系的认识就愈充分、愈彻底，就愈益要求在伦理信念与社会行动中表现出严格的首尾一贯性。这就是说，“责任伦理”与“信念伦理”或者“价值合理性”与“目的—手段合理性”之间并非绝对互相排斥，反而在特别组合下适足以成就韦伯心目中的“具有真正自由人格的人”。（参见施路赫特，2004）于是，对于韦伯来说，宗教就完全成为个人的内心情感，纯属个人隐私，信仰就成为人格的一个重要组成部分，成为道德的基石。

七　否思“欧洲中心论”：韦伯思想批判

本文所选取的牟宗三和韦伯二人，分别作为中西方文化的代言人，他们关于中西方文化本质的论断是截然相反的，尽管双方都在为本方文化辩护因而带有我族中心主义（ethnocentrism）的味道，但仔细揣摩便会发现其中的差别。牟氏虽然坦承中国文化存有缺憾，迈向现代化途中需要向西方学习加以弥补，但他确乎是从儒家和合观念出发认为唯有透过互补，“中西文化自然谐一之远景亦可得其途径矣”（牟宗三，1978：65）。这里凸显的是中国文化的缺失和中西文化之间的“自然谐一”和互补，行文口吻上的平实心态跃然纸上，与韦伯的火暴、凌人傲气形成鲜明对比。而韦伯关于中西文化的论断形式上是“价值中立的”，但实质上与其“作为欧洲文化之子”担纲者的“欧洲中心论”情结有着诸多关联，因而是“价值关联的”；强调西方文化“支配世界”的施动性、自足性，凸显中国文化“适应世界”的受动性和依赖性，内里充满着西方文化的优越感以及对于他者的轻蔑态度，这也妨碍了他对中国文化的深入理解。通常认为韦伯在比较文化研究中是个相对主义者，譬如他分别从禁欲主义和享乐主义立场上界定合理性的相对主义视角就是一例。从这一视角出发就无法在不同文化之间做孰优孰劣的价值评判，因而这时研究是“价值中立的”，接下来要看文化作为价值、规范如何引导人们的社会行动以及由一行动达致何种目标，然后从后果的“妥当性”（validity）做出判断。不消说，后果是否妥当以及妥当的程度是针对特定主体的预定目标而言的，因而这时的研究必然是一种与特定标准、规范相关联的价值判断。对韦伯来说，这个标准就是西方文化：

> 身为近代欧洲文化之子，在研究世界历史时，应当提出如下的问题：即，在且仅在西方世界，曾出现具有普遍性意义及价值之发展方向的某些文化现象，这到底该归诸怎样的因果关系呢？（韦伯，2004a：448）

接下来，韦伯历数了西方在经济、科技知识、文化、法律、行政管理等各领域的骄人成就后，对上述问题做出了回答："实际上，在上述的一切例子中，问题的核心是西方文化独见的、特殊形态的'理性主义'的本质。"（同上：459）据此，韦伯把他的社会学视为一种"文化史"研究，"其首要任务是去认识（一般的）西方理性主义的特质，以及（特殊的）近代西方的理性主义，并解释其起源"。为此，他的社会学主旨分布一方面是以《经济与社会》为代表的关于"经济之决定因素"的研究，另一方面是他的一系列比较宗教学研究，除了在此之前发表的旨在揭示"资本主义精神与理性化"之本质联系的《新教伦理与资本主义精神》这一开宗明义的扛鼎之作外，他还在"世界诸宗教之经济伦理"的总题目下考察了源于中国和印度这两支古老东方文明的宗教（儒教与道教以及印度教与佛教）及其种种与西方理性主义本质相悖的表现，以及地缘上虽属西亚、但却对西方文明发生重要影响的古代犹太教。浸透在这一系列比较宗教研究中的问题意识在于："为何资本主义的营利心在中国或印度就不曾发生同样的效用？何以在这些国家，一般而言其科学、艺术、政治以及经济的发展皆未能走进西方独具之合理化的轨道？"（同上）在这些言之凿凿的论述中，似乎唯有西方文化才具有这种独特的理性主义本质，唯有西方文化才是一种有着与世界其他文明毫不相干的、独特的发展系谱，并高居于其他各种文明之上、封闭自足的体系。现在回过头来重新审视这些结论，就需要从西方文明的主体及其“他者”——欧洲文化与东方文化——及其相互关系上检验其论述是否妥当。

从文化人类学上看，文化是一个由表意符号组成的意义系统，它非常容易在不同系统中传播。文化传播的作用方式和生产方式就是一种流动状态，所以传播学用流通、交流、沟通等词汇名状文化。从文化变迁角度上看，任何一种文化都在不同程度上经历着发生、发展、衰退、再生的过程，这是一个普遍的现象。文化变迁或发展说到底，就是选择、吸纳、同化不同系统的文化成分，将其变成自己的构成性要素的过程，这在古今中外不同民族文化中概莫能外。因此，文化在任何时候都是一个动态的、开放的、不断变化着的体系，它的发展、壮大永远离不开与其他文化的交流、沟通和传播。在韦伯的母语——德语里，文化和文明是有清楚界限的：文化是一个社会中特有的东西，而文明是指可以从其他社会传播而来的东西；文化是基因性的，而文明是可传播的；文化发展是对特殊模式的同化和吸纳，文明的发展则表现为量的不断积累（莫兰，2005）。韦伯之前的滕尼斯，把文化从社会学义涵上隐喻为共同体，认为它是靠血缘、风俗、习惯建立起来的群体组合，其基础是“本质意志”，它与生命过程密不可分，在共同体这个有机整体里目的与手段是一致的。而文明则表征社会，其基础是靠理性权衡即“选择意志”建立起来的群体组合，在这里人们通过契约、规章、制度发生各种关系，社会生活是靠权力、法律组织起来的，手段受制于目的而使二者互相分离，缺乏“生命统一原则”，因而是一种机械的合成体。雅斯贝尔斯把古代（公元前数百年）称为轴心文明时代，既是因为那是由中国、印度、犹太、希腊和波斯诸文明构成的“轴心文明时代”，也是因为所有后续文明都是由这些“轴心文明”衍生而来；这些文明在人类文明史上都曾做出过超越性的贡献，因而是人类文化的主要源流。中古（公元5—15世纪）以后，世界进入了各轴心文明相互交汇的时代，特别是15世纪以后，没有一个文明体系能够自外于其他文明体系。所谓欧洲文化或西方文化，是指由中古时代开启的两大轴心文明交汇，即由希腊文明将宇宙范畴化和因果推理的理性精神与希伯来（犹太）文明的一神崇拜把本属部族神扩展成普世神的信仰意识衍生而成。韦伯一类的“欧洲中心论者”往往喜欢标榜欧洲文化自身的统一性，而有意避开欧洲文化在自身发展过程中主要继承了犹太、基督、希腊、拉丁四种主要遗产并汲取了其他民族文化的精华逐渐壮大而成的事实，其中的希腊、拉丁源头远在三面环地中海的边陲半岛上，确实早在欧洲概念形成之前即已存在；而犹太、基督教则诞生于更为遥远的亚洲西部，并且是在欧洲概念形成之后才开始发展。在欧洲文化内部历来存在着雅典—耶路撒冷之间，亦即理性与权威、科学与启示之间的张力。其他几种主要文明也大致如此。古代波斯的轴心文明与古代犹太的轴心文明相交汇，衍生出伊斯兰文明。中国古代文明后经佛教传入，遂使中印两大轴心文明经过接触、调适后，终于互补融合为中古以后儒释道三教合流的中华文明秩序的重要组成部分。而伊斯兰文明与印度文明在南亚次大陆交汇后迄今尚未形成新文明，目前两种文明仍呈分庭抗礼相互犄角之势。大体说来，文明融合或文化变迁通常呈现为不同系统之间相互选择、吸收、同化的过程，导致不同系统的构成要素之间同中有异、异中存同的辩证发展态势，绝非像韦伯所说的那样，欧洲文化是个同质性的、独立自存、不假外求的封闭体系。“欧洲中心论”已为迄今为止的文化人类学的研究成果所证伪。

就晚近几个世纪以欧洲为中心的现代史而言，“欧洲”主

> 体认同的修辞（rhetoric）确实是个有力的譬喻，就连“东方”也相应地形成自己的受害史观。但是欧洲主体认同却依赖一个从希腊罗马而来的纯正系谱，所谓从柏拉图到北约（from Plato to NATO）的历史/神话。只有在这个历史认同的基础上，欧洲才能宣称从外在的、他异的东方或非洲“take in”科学与技术，包括字母、代数、天文历法，非洲的农业水利，阿拉伯的帆船，中国的造纸、罗盘、火药、印刷、攻桥、制图，宗教与艺术上的犹太、伊斯兰影响，摩尔人的诗歌、宫廷礼仪，乃至基督教的仪式、节日、经典。事实上，所有这些所谓“外来的”影响，都先于一个能够向外欲求、具有自我认同的“欧洲”主体。希腊、罗马、文艺复兴、基督教，与其说是“欧洲”纯正的出身证明，不如说都是先于“欧洲”的文化融合。（Ella Shohat and Robert Stam，1994：4）

无怪乎有人对此评论道：“对于被宣称为‘欧洲’系谱起源的希腊与罗马而言，近东、中东与埃及的文化距离要比北方欧洲蛮族更为接近。有主体认同的‘欧洲’是个非常晚近的现代神话。许多想象中是‘欧洲’主动的摄取（take in），事实上是先于主体认同的‘建构’（constituted by）。”（朱元鸿，1996）换言之，韦伯所津津乐道的欧洲文化的本质在于对世界的支配，只是类似“欧洲中心论”式的“迷思”（myth），至多是一种人为建构的话语霸权，真实的情况是欧洲文化的生成是吸纳异己的东方文化并与外来文化的融合形成自身的过程。尽管韦伯在其论述中也提到中国与欧洲相比有比较长期的和平、统一局面，没有强制性的身份限制、自由迁徙、自由选择职业，以及没有借贷和贸易上的法律限制等有利于资本主义产生的条件，但这些有利条件都是为了衬托、凸现由于缺乏像禁欲主义的新教教义那样的“特殊心态”、终使资本主义无由在中国产生的这一事实。实际上这是佯褒实贬，褒是为了贬。且不说他在征引历史文献时表现出的极大主观随意性，从东汉（公元1世纪）一跃跳到清初（17世纪），正所谓“不知魏晋，遑论唐宋元明”，其间正好跨越了几乎在所有方面中国都比欧洲先进的中世纪。单说韦伯写作中国问题的时候，有关中国历史的主要著作西方已然具备，倒是有关中国宗教尤其民俗信仰方面的材料还很不齐全、支离破碎、很不系统，大多散见于各国传教士的记述、二手资料中。然而韦伯在阐释中国宗教的神秘主义性质时剖析之缜密、周延，与其论述中国历史变迁时的思维巨大跳跃，同样给人留下深刻的印象。看似无心，实则有意，其间的差别是耐人寻味的。毕竟，资料的取舍、繁简、疏密要为论旨服务，自然关联着作者的价值取向。无独有偶，施本格勒在《西方的没落》中也认为自秦始皇建立大一统的秦帝国之后，中华文明即已停滞不前，及至东汉王朝以后，就已陷入僵化静止状态（其时正是中国文化在几乎所有方面都领先于西方的阶段），其后的中国历史即已湮没无闻，至少在他的论述中语焉不详。

有人认为韦伯并非欧洲中心论者，理由之一是他在论证西方文化所具有的理性化特征与现代资本主义精神之间的选择性亲和的同时，也揭示了现代性在取得高度物质文明后已不复需要禁欲主义宗教伦理的支撑，片面追求工具理性和贬抑价值理性，必将把人类置于理性化的“钢硬般外壳”[1]这一令人堪忧的处境之

---

[1] 此字韦伯在《新教伦理》中使用的德文是stahlhartes Gehause，帕森斯当年译为iron cage（铁笼）。这个用语在整个人文学界已经获得了广泛传播，成为批判理论揭示理性化未来发展面临作茧自缚式的困境的一个概念。今按卡尔伯格2002年将其译成steel-hard casing“钢硬般外壳”，意图在于唤起人们警醒一种即将要出现的黯淡前景。Cage（笼、牢笼）意味着巨大的刚性，没有像caging（外壳）那样在某些情况下可以不具有太强的限制性，甚至可能会被剥落，表达的是一种社会现象的偶在性，而不是刚性的规律性、必然性或者线性进步史观所强调的单义的决定性。参见苏国勋等译《新教伦理与资本主义精神》，社会科学文献出版社，2010。

中，这说明韦伯对人类发展前景持个人主义式的悲观态度并对西方文化持一种批判立场。它与西方启蒙运动以来的乐观情绪并不合拍，也与一般的“西方中心论”立场，譬如帕森斯的结构功能主义及其变种——现代化理论——那种典型的一切以西方价值为判准相比，尚有区别，因此不能一概而论。这种见解初看起来似有道理，但认真思考就会发现其中的问题和破绽。

譬如，韦伯是从宗教进化角度开始其宗教社会学论述的。在他对宗教演化的进步过程的论述中，宗教的变迁正是循着前泛神论—泛神论—多神论—一神论的途径，类似于人类的知性从巫术向理智、从非理性向理性的方向进化。人们有关宗教起源的知识都是从这种进化论角度习得的。在这种习而不察的概念所组成的知识框架影响下，自然而然会得出一神论信仰要比多神论和泛神论信仰高级、精致甚至理性这样的价值判断，殊不知这种貌似客观—中立的宗教知识、概念里浸透着浓厚的西方中心论的价值观念。从福柯的知识/权力观点中可以看到，这种宗教社会学知识作为一种权力对人们精神领域具有重要的宰制作用，用这种概念框架去研究东方或中国宗教或民俗信仰，必然会得出中国人在宗教信仰领域中的无知、愚昧、迷信传统、非理性、实用主义、功利心态等，就像韦伯所论证的那样，进一步推论出西方文明优于东方文明的结论。其实，这个结论早已为19世纪以来的人类学研究所证伪（参见E. E. 埃文思－普里查德，2006），这种以己之长比人之短的做法也成为西方的比较文化研究或跨文化研究最为人所诟病之处，适足表现出西方中心主义所固有的世界是由善、恶二元因素分立对决、机械论的线性进步史观思维定式的褊狭、不宽容、文化上以我为基准、排斥异己，其根源恰恰存在于西方的宗教原教旨主义之中。反观中国的宗教观念或民俗信仰，倘以西方宗教为基准，那么中国的宗教信仰确有包括祖先崇拜的多神信仰、“临时抱佛脚，有事才拜神”的功利心态等方面的问题和弊端。但如果变换个角度思考（譬如，就像女性主义者批评男权主义那样），从中国文化所习惯的和合思维方式和行为方式上去认识，这可能反倒可能是中国文化的一个特色，一种长处，因为正是这种对宗教信仰的来世、彼岸世界所抱持的超脱、不甚关心、无可无不可、权当为维系人际关系和群体秩序或为垂范后人而例行的礼节、仪式而看待的敷衍应付心态（正如孔子所说，“祭如在，祭神如神在”，“不知生，焉知死”），这与西方人把宗教信仰视为人的“终极关切”（ultimate concern）的救赎心态（依靠信仰通过赎罪企盼灵魂得到拯救）完全不是一回事，不可同日而语。在中文中，用“宗教”传译西文 religion 只是借用。据《说文解字》：宗，从宀从示（礻）；示谓神也，宀谓屋也。宗尊双声（同音）；宗，尊也，祖庙也。凡尊者谓之宗，尊之则曰宗之。尊莫（过于）尊于祖庙，故谓之宗庙。教，上所施下所效也，故从攵从孝，引申为所教所学之内容，即教规教义（doctrines）。合起来，宗教就是为人们所尊崇的一种学说或思想体系。作为一种思想体系，儒教学说引导人们关注个人的内心道德世界，注重人格的修习圆满，走的是一种内在超越的理路，而较少关注崇拜、信仰内容的纯正，客观上导致中国人在行动举止上的宽容、豁达、包容异己、兼收并蓄的待人接物方式。正如一些古语、谚语中所说：“水至清则无鱼，人至察则无徒”、“金无足赤，人无完人”、“过洁世同嫌”，这些都体现了中国传统文化的“毋意，毋必，毋固，毋我”（孔子语）中和变通的哲理。惟其如此，才使中华民族几千年的历史上避免了欧洲发生过的基督教十字军东征和伊斯兰教圣战式的宗教屠戮。

按照哈贝马斯的说法，信奉西方宗教的欧洲人，其强烈的民族主义情绪最集中表现在欧洲历史上长期以来排犹主义盛行。发人深省的是，公元 70 年犹太人被罗马人打败，首都耶路撒冷被攻陷亡国后，人民惨遭屠戮，被迫背井离乡、颠沛流离辗转于世界各地近两千年，凭借着一神论的宗教信仰和民族语言文化的支撑迄今仍保留着犹太民族的独立身份和地位，受到世人的广泛尊重并传为美谈。但潘光旦先生的研究证明，犹太人流落在中国的一支却在开封融入了中华民族（潘光旦，1983）。当然，开封的犹太人融入中华民族的史实，有着复杂的主观和客观因素的交互作用，造成这一既定事实的固然是犹太人扮演了主要角色，但谁人又能说与其所处周围的民族及其文化、社会制度、宗教信仰没有关系？为什么犹太人没有融入东欧的波兰、俄罗斯，也没有融入西欧的法、德（历史上这些地区都曾有过犹太人出没）？更没有融入亚洲毗邻的印度、中东等国？这一切难道都是偶然的吗？更具讽刺意味的是，在世界其他地方生活的犹太教徒和伊斯兰教徒，或相互视为路人彼此老死不相往来，或为争夺领土生存空间兵戎相见打得不可开交。而身在中国的两教信众却早已融为一家：着眼于历史沿革上的渊源关系，犹太教在中国自称为回回古教，而伊斯兰教则被称为回回新教；与此相适应，两教信徒的称谓之间也仅以所戴帽子的颜色来加以区分，譬如在开封，犹太教徒戴黑色帽子而自称兰回回或青回回，而伊斯兰教徒则因戴白帽而称白回回。（同上）联想到第二次世界大战期间纳粹德国血腥地迫害犹太人，世界各主要国家均不接纳犹太人，即使连号称最自由民主的美国也不是无条件地收留犹太移民，只有中国不讲任何身份、条件一视同仁地接纳了所有来华避难的犹太人，使上海成为当时犹太人聚集最多的城市。同样的例证还有：苏俄革命后，大批白俄贵族、犹太人避难于中国东北，使哈尔滨成为当时俄国犹太人聚集的城市。所有这些都说明中国文化在信仰问题上的宽厚包容心态，与其适成鲜明对照的是西方人笃信的一神论救赎宗教的狭隘排他性。联想到近年来酿成中东问题僵局的巴勒斯坦与得到美国支持的以色列——两个民族之间的冲突，几近演变成冤怨相报、轮回式仇杀的惨烈战争。由此不难看出，一神论的救赎宗教——无论美国、以色列信仰的基督新教、犹太教抑或阿拉伯民族、巴勒斯坦人崇信的伊斯兰教——在终极关切上的排他性，以及在行为取向上对“异教徒”的不宽容、不妥协，集中体现了宗教原教旨主义（或称基要派）的褊狭，及其背后作为精神支撑的启示神学之绝对主义的文化独断，必然减弱或背离他们口头上宣称的“宗教信仰自由”和多元文化主义的精神实质。在当今全球化时代，中华民族传统文化中的“天下”观念（《诗经》曰：“普天之下，莫非王土；率土之滨，莫非王臣”），主张用“王道”以文化、道德对待周边他人，而不是用“霸道”以武力、强制作为待人标准。这种海纳百川、有容乃大的气度和精神必将进一步得到发扬光大，因为这种精神本身从和合观点上看，就是“全球化”的题中应有之义或根本精义，必然是构成全球文化的一个不可或缺的组成部分。

最后笔者想引用陈寅恪先生评论中国文化的一段话作为本文结束语，在笔者看来，其精神同样适用于中西一切文化：

> 其真能于思想上自成系统，有所创获者，必须一方面吸收输入外来之学说，一方面不忘本来民族之地位。此二种相反而适相成之态度，乃道教之真精神，新儒家之旧途径，而二千年吾民族与他民族思想接触史之所昭示者也。（陈寅恪，2001：282）

参考文献

E. E. 埃文思－普里查德，2006，《阿赞德人的巫术、神武和魔法》，覃俐俐译，北京：生活·读书·新知三联书店

马丁·布伯，1986，《我与你》，陈维纲译，北京：生活·读书·新知三联书店

陈寅恪，2001，《金明馆丛稿二编》，北京：生活·读书·新知三联书店

陈来，1996，《古代宗教与伦理》，北京：生活·读书·新知三联书店

埃德加·莫兰，2005，《反思欧洲》，康征等译，北京：生活·读书·新知三联书店

默顿，R. K.，2003，《科学社会学》，鲁旭东、林聚任译，北京：商务印书馆

牟宗三，1978，《历史哲学》，台北：台湾学生书局

——，1992，《牟宗三新儒学论著辑要》，北京：中国广播电视出版社

潘光旦，1983，《中国境内犹太人的若干历史问题》，北京：北京大学出版社

卜松山，2007，“时代精神的玩偶”，载陈鼓应主编《道家文化研究》第二十二辑，北京：生活·读书·新知三联书店

施路赫特，2004，《理性化与官僚化》，顾忠华译，桂林：广西师范大学出版社

列奥·施特劳斯，2006，《自然权利与历史》，彭刚译，北京：生活·读书·新知三联书店

上山安敏，1992，《神话与理性》，孙传钊译，上海：上海人民出版社

苏国勋，1989，“从社会学史的角度看社会学研究对象及其功能”，载陆学艺主编《社会主义初级阶段中的社会学》，北京：知识出版社

汤一介，1991，《儒道释与内在超越问题》，南昌：江西人民出版社

特洛尔奇，1998，“现代精神的本质”，朱雁冰等译，载刘小枫编《基督教理论与现代》，香港：汉语基督教文化研究所

韦伯，1998，《学术与政治》，冯克利译，北京：生活·读书·新知三联书店

——，2004a，《韦伯作品集（Ⅴ）中国的宗教》，康乐、简惠美译，桂林：广西师范大学出版社

——，2004b，《韦伯作品集（Ⅰ）学术与政治》，钱永祥等译，桂林：广西师范大学出版社

——，2005a，《韦伯作品集（Ⅷ）宗教社会学》，康乐、简惠美译，桂

林：广西师范大学出版社

——，2005b，《韦伯作品集（X）印度的宗教》，康乐、简惠美译，桂林：广西师范大学出版社

——，2010，《经济与社会》（第一卷），上海：上海人民出版社

玛丽安妮·韦伯，2002，《马克斯·韦伯传》，阎克文等译，南京：江苏人民出版社

雅斯贝尔斯，1992，《论韦伯》，卢燕萍译，台北：桂冠图书公司

余英时，1989，《中国传统思想的现代诠释》，南京：江苏人民出版社

弗朗索瓦·于连，1998，《迂回与进入·前言》，杜小真译，北京：生活·读书·新知三联书店

——，2004，《圣人无意》，阎素伟译，北京：商务印书馆

朱元鸿，1986，“欧洲？社会？理论？”，载黄瑞祺主编《欧洲社会理论》，台北：中央研究院欧美所

Adorno, T. W. ed. al, 1976, *The Positive Dispute in German Sociology*, London: Heinemann

Brown, James Robert, 1984, ed. , *Scientific Rationality the Sociological Turn*, Holland: D. Reidel Publishing Company

Bellah, Robert N. , 1970, *Beyond Belief*, New York: Harper & Row Publishers

Mommsen, Wolfgang J, & Osterhammel, Jurgen ed. , 1987, *Max Weber and His Contemporaries*, London: Unwin Hyman

Shoha, Ella and Stam, Robert, 1994, *Unthinking Eurocentrism*, London: Routledge

Troeltsch, Ernst, 1981, *The Social Teaching of Christian Churches*, Chicago: The University of Chicago Press

理性化及其传统：对韦伯的中国观察*

李　猛

一

在《宗教社会学论文集》的“引言”中，韦伯明确提出了一个他毕生关切的根本问题：“一个现代欧洲文化世界的儿子，在处理普遍历史问题（Universalgeschichtliche Probleme）时，总不免会合乎情理地问：究竟哪些情势一起作用，导致了那些在西方，并且仅仅在西方这里，才出现的文化现象——而这些现象，至少我们通常都以为，它们的发展具有普遍的意义和效力？”（V：1/4）[1]

这是一个多少有些悖谬的问题：如果这些具有普遍历史意义的文化现象竟然仅仅出现在西方，那么为什么西方所独有的某些“情势”（Umständen）的相互作用会导致这些具有普遍意义和效力的现象呢？在科学、艺术、建筑、国家等各个领域，韦伯指

* 本文受惠于与黄春高、周飞舟合开的“中西传统社会/国家比较研究”课程，感谢一同开课的两位老师和参加课程的同学对本文直接或间接的影响。——李猛

[1] 本文引用的文本，如不注明作者，均为韦伯的作品，并均先后注明德文原文页码和采用的中译文页码，著作缩写详见参考文献。本文引用的中译文，根据原文略有修订，不一一注明。

出，“今天我们承认”具有普遍效力的现代形态，只有在西方才出现。这一点尤其体现在“资本主义”，这一在现代生活中最决定命运的力量上。尽管我们到处都能发现毫无节制的，甚至是非理性的“逐利欲求”，但只有在西方才出现了“以自由劳动的理性组织方式为特征的市民的资本主义”，这是“文化的普遍历史研究”关注的中心问题。[1]这样一些仅在西方出现却具有普遍历史意义的文化现象就是韦伯所谓的“理性化”（Rationalisierung）。具体而言就是：“为什么科学的、艺术的、国家的、经济的发展，在中国或印度，没有也走上西方所特有的这条理性化的轨道呢?”（V：1 -11/1 -15）这正是苏国勋老师在《理性化及其限制：韦伯思想引论》中试图回答的问题（苏国勋，1988）。

《理性化及其限制》对于大陆社会学理论研究来说，具有开创和示范的意义。这本著作将社会学理论的根本问题与对整个西方现代性的哲学反思联系在一起，从而从一开始就要求将中国社会学理论的思考置于现代中国的历史处境中，在现代性的宏大视野中来探索中国社会学的可能性。而在苏老师笔下，

---

〔1〕韦伯去世前所做的“社会经济通史”演讲中有类似的段落：“假如这一发展只发端于西方，那么我们就要到西方特有的一般文化发展的各种特征中找寻其根据。只有西方才出现现代意义上的国家，它具备制定宪法，职业官僚和公民权利（Staatsbürgerrecht）。这种制度虽曾萌芽于古代和东方，但却未能得到充分发展。只有西方才存在法学家创制的，并通过理性方式解释和适用的理性法律，也只有在西方，才能找到市民/公民（civis Romanus，citoyen，bourgeois，Bürger）的概念，因为只有西方才有特定意义的城市。此外，只有西方才有今天意义上的科学。神学、哲学及关于人生终极问题的思考，中国人和印度人也有，甚至具有欧洲人无法企及的深度；然而其文明中仍然不存在理性的科学及与之关联的理性的技术。最后，西方文化与其他一切文化不同还进一步在于，它出现了一种在生活之道上具有理性伦理的人（Menschen mit rationalem Ethos der Lebensfürung）。巫术和宗教到处都有，但也只有在西方，有一种以宗教为基础的生活之道，而始终遵循这一生活之道，就必然会导向明确的理性主义。”（WG：270/196 -197）

中国社会学理论的这一探索并没有将种种具有“普遍历史意义”的西方文化现象——韦伯所谓的“理性化的轨道”——简单地归结为“现代化”的总体趋势。[1]和通常的“现代化”观念给我们勾画的世界图景不同，二十多年前，苏国勋老师通过对韦伯思想的考察，就已经触及中国人今天如此强烈感受到的东西：“现代化”并没有将我们带入一个安宁平和的理想世界，相反，决定我们命运的这种所谓的“理性化”首先就是各种“冲突”、“紧张”，甚至是“危机”。苏国勋老师笔下的“韦伯”在精神上正是这种理性化的人格化身（苏国勋，1988：51）。

只有进一步经过细致深入的研究，我们才能体会到，《理性化及其限制》对韦伯的“理性化”问题的考察，涉及韦伯思想中几个相当复杂的层次。首先，在韦伯看来，西方在科学、艺术、国家和经济的发展之所以走上了中国没有走上的“理性化的轨道”，不是任何单一的“精神因素”或“物质因素”决定的，而是这些因素复杂交互作用的结果。韦伯在所谓《经济与社会》以及被编为《世界经济通史》的讲稿中，充分探索了在不同领域中得以发展的各种“文化现象”彼此之间的相互作用和影响（苏国勋，1988：115—116）。然而，这些复杂的历史社会分析，直到今天仍然令我们赞叹，并不仅仅因为它们展示了韦伯渊博的学识，甚至也不仅仅因为它们体现了韦伯驾驭不同因素之间复杂关系的卓越能力。这些著作持久的魅力仍然在于韦伯所谓的“理性化”的整体问题。韦伯的“类型化比较研究”和“发生学”的途径交织在一起（苏国勋，1988：88），在所谓《经济与社会》这一“社会学百科全书”式的系统分析背后，

---

〔1〕 据苏国勋老师个人回忆，最初出版社计划出版他的这本博士论文时，拟定的题目是《现代化的先知》，而在他个人的反复坚持下，才改为现在的题目。

始终贯穿着《宗教社会学论文集》强烈关注的“理性化”问题。

将西方现代性的历史命运描述为“理性化”，这一做法本身就意味着，西方的这一“发展”并不能单纯理解为制度机器的改良或者物质技术因素的推进，而涉及整个生活秩序的重新定向。而西方现代性之所以能够在整个生活秩序方面实现理性化，正是因为理性化本身包含了深刻的内在张力。只有深入到“理性化”本身的内在张力中，才能理解西方现代性的这一历史命运。这一点尤其体现在价值理性与目标理性之间的根本冲突（苏国勋，1988：89）。

从“社会行动”的概念类型学入手讨论西方理性化的动力机制，触及到了韦伯学说的核心。“社会行动”是韦伯整个社会学概念系统的起点（WuG：3/92），是将“社会学”构成一门科学的关键（WuG：17/114）。而“社会行动”的类型，表面上看，似乎是与历史现实没有直接关系的理想型构造。然而，苏国勋老师却强调，社会行动类型学中的“价值理性”和“目标理性”在韦伯的“理性化”比较分析中扮演了不同的角色，它们之间具有一种黑格尔式的辩证关系：价值理性的行动凭借其革命性，成为打破传统、推进理性化进程的动力；与之相对，目标理性的行动因为专注于“功利目标”，反而成为社会生活“常规化”的力量（苏国勋，1988：90）。也就是说，如果排除社会行动的两种“边缘情形”——传统行动和情感行动〔1〕，价值理性和目标理性的冲突构成了西方理性化的内在

〔1〕 根据韦伯的澄清，这两种行动，如果要成为真正意义上的“社会行动”，就必然要经过“价值理性化”的升华（WuG：17－18/114－115，比较WuG：14/109）。“升华”（Sublimierung）这一弗洛伊德概念的社会学化在韦伯社会学思想中的意涵（Radkau，2009：171），颇值得进一步的研究，它与我们后面讨论的主题有着深刻的内在关联。

张力。正是这一冲突决定了西方"理性化"的历史命运：今天被"公认"具有普遍效力的那些西方文化现象，其普遍效力就体现在以目标理性为取向来安排社会行动，然而西方之所以出现以这一社会行动类型为核心取向的生活秩序，关键却在于价值理性化的推动（苏国勋，1988：91）。"价值理性化"对人类生活的升华是西方走上"理性化轨道"的"扳道器"（E：253/477）。

而且进一步说，构成理性化的各个文化领域之间的相互作用，其前提正是各个领域可以通过"极为不同的终极视角和最终目的取向"来加以理性化。一旦撇开价值理性化"有意识地凸显社会行动的终极基准点，并依据这一终极基准点来始终有计划地安排社会行动的取向"（V：11/15；WuG：18/115），韦伯所关注的各种"情势"的相互作用就丧失了真正的前提。各种社会秩序"内在固有的法则性"（innere Eigengesetzlichkeiten）首先是借助价值理性化才能彰显出来（Z：541/512）。社会秩序的所谓"分化"恰恰是价值理性"发展"的结果。在一个尚未经历价值理性化"升华"的社会中，社会不同文化领域的现象仍然是迟钝或者说是"糊涂"的、反应性的，行动界限是模糊不清的。这种模糊不清的特征使这些现象很难称上是名副其实的社会行动（WuG：17－18/114－115），也就更谈不上社会行动之间的相互作用了。

因此，正是透过价值理性与目标理性的冲突，韦伯最初在《新教伦理与资本主义精神》这一经典研究中阐明的主题，其"普遍历史意义"才逐渐浮现出来。而西方在各种不同领域中被现代人认为具有普遍效力的文化现象，也只有作为"理性化"的不同面向，才体现了西方的独特性。否则，我们就很难理解，为什么韦伯在著作中并不吝于承认在非西方社会可以发现各种"理性"的因素，但却断然否认这些"理性"的现象在"文化的

普遍历史研究”中具有“普遍的意义和效力”。而韦伯的社会学理论，从基本范畴体系到各社会秩序的类型分析，直至所谓“科学学说”，都根源于这一非常实质的观点：没有对生活秩序全面理性化的取向安排，社会学作为一项“职业”本身都是不可能的。〔1〕

二

《理性化及其限制》在理性化的历史发展中考察价值理性和目标理性的辩证关系时，促使我们注意到理性化与传统之间的复杂关系：目标理性的行动与传统更加接近，而价值理性的行动，就其与传统的对立而言，则比较类似卡里斯马式的行动（苏国勋，1988：90；金子文一，1969：95—96）。

初看上去，这似乎更像是一个误解。首先就卡里斯马而言，韦伯强调卡里斯马是一种“超日常”的支配形式，既与传统的支配形式不同，也与理性的官僚支配相对，因为后两者都属于日常的支配形式（WuG：180/358）。而且，卡里斯马权威浓厚的人身色彩，也和整个法理权威强调的事本特色迥异（WuG：159/303，179/353）。《理性化及其限制》中的比拟似乎有将支配类型的三元区分变成二元对立的危险。

---

〔1〕 因此，“理性主义”的“理解”社会学的困难，不在于能够在多大程度上避免或者克服“理性事实上支配整个生活的信念”，而在于，考虑到终极价值之间注定的不可理解（“在某个终极视角和最终目标取向来看是理性的，从另一个来观察，就可能是非理性的”），我们如何在“可能经常无法完全明证地理解”人们社会行动的终极“目标”和“价值”的情况下，能够理智地把握其“意义”呢（V：11/15；WuG：4－5/93－95；参考WuG：13/107）?

其次，在讨论行动取向的类型时，韦伯明确指出，严格遵循目标理性的行动，其特征确实是“态度和行动上的相似性、规律性与持续性”，但与“习俗”（Sitte）不同，这种着眼于利益倾向的行动类型，基础是“其自觉意识和内在的不受约束”（ihrer Bewuβtheit und inneren Ungebundenheit），在这方面，它既与价值理性相对立，也与“习俗”对行动的内在约束（innere Bindung）相对。而“构成行动的理性化的一个根本要素就是用有计划地按照利益格局来调适的做法代替对某种久已习惯的习俗的内在适应”（WuG：21 -22/121）。因此，作为现代欧洲社会生活标志的目标理性行动，恰恰是有意识取代传统主义行动的结果。这难道不是老生常谈吗？

不过，这只是社会学教科书偏爱的简单故事。如果我们只注意到韦伯学说的这一面，就很可能会错失韦伯理性化问题的实质洞察力。

在强调目标理性活动对传统行动的代替是理性化的“根本构成要素”的同时，韦伯也指出，这一推进并未穷尽“理性化”这一概念的全部意涵：“因为此外，理性化还可能在肯定的方向上朝向自觉的价值理性化，而在否定的方向上不仅牺牲习俗，也牺牲情感性的行动，并最终也会为了有利于某种丧失了价值的纯粹目标理性而牺牲受到价值理性束缚的行动”（WuG：22/121）。通常，这段论述最吸引我们注意力的是目标理性的命运：目标理性的推进最终导致了与价值理性的冲突，这呼应了我们熟知的《新教伦理和资本主义精神》的悲剧性结尾（PE：202 -204/141 -143）。然而，这一悲剧性冲突的根源却在于目标理性这种“自觉意识和内在的不受束缚”是如何摆脱了习俗对行动的内在约束的；也就是说，理性化的肯定一面（“自觉的价值理性化”）是如何与其否定一面（“牺牲习俗”）联系在一起的呢？

韦伯在论述卡里斯马权威时就强调，从历史的角度看，“在受传统束缚的阶段，卡里斯马是伟大的革命性力量。与之不同，理性是另一种同样革命性的力量，它要么能直接从外部发挥作用，通过改变生活处境和生活问题，从而间接地改变人们对此的态度；要么可以通过理智化（来改变人们的态度）。而卡里斯马则可以从内部重新塑造一个人，这种对人的重新塑造，是从困境或激情中出发，改变一个人核心的信念方向和行为方向，使其对个体的整个生活形式，特别是对‘世界’的态度，建立全新的取向”（WuG：182/361）。

因此，“价值理性”与“卡里斯马”的相似之处就在于二者都具有“革命性的力量”，能够重新塑造（umformen）个体，使其摆脱“传统”的限制，从而为其生活建立全新的取向。

正是在这里，我们才真正触及到了韦伯理性化问题的“悖谬”之处。

“理性化问题”的困难在于，为什么只有西方才产生了一系列具有普遍历史意义的文化现象？西方所经历的独特的、不可复制的“条件”或“情势”给这个文化世界打上了深刻的烙印，它是“西方”何以成为“西方”的历史前提。不过，任何一种高度发达的文明都势必经历一系列这样独特、不可复制的历史情势，这些历史情势有时甚至通过一些戏剧性的历史事件决定了这一文明的历史命运。而这些文明都有能力在历史情势的作用下通过历史事件的决断来造就这一文明的生活秩序，影响在其中生活的人们的行动取向和生活之道（Lebensfürung），从而构成这一文明的历史性。然而，所有伟大的文明，都并不满足于自身历史性的构成，它们同样能够讲出这些历史“情势”的道理，将历史形成的生活之道上升到人类根本处境的高度，赋予历史事件和历史情势以超历史的意义。事实上，也只有在这一存在高度上，在这一文化世界中的人们，他们的生活才真正成为“秩序”的一部分，具有伦理的力量，并达致人性能够达到的最高境界。也正是借助历史处境的这一“升华”，任何一个文化世界中的人，才会把他们自身的传统看做具有“普遍意义和效力”的东西。西方如此，中国和印度也同样如此。传统是一个文化世界中历史经验融入生活秩序的一种方式。

然而，韦伯的理性化问题却并不是一个西方文化特殊性“普遍化”的问题，而是包含了更深的悖论，即理性化建立了一种以系统理性的方式不断反传统的“传统”：西方这种独特的“情势”最终通过建立生活之道和世界秩序的全新取向，“革命性”地摆脱了习俗对行动的传统约束方式，从而将西方的文化世界带上了所谓“理性化的轨道”。“理性化”，特别是其中能够不断“全新”塑造生活之道和社会秩序的“革命性力量”，就此成为西方文化世界的精神气质。西方文化现象的“普遍历史意义”，被认为不是来自一种传统将自身历史“神圣化”的努力，而恰恰相反，是来自其独特的“非传统性”，甚至说是“去传统”的能力。但如果是这样，“理性化”的真正问题就在于，这样的反传统力量是如何在西方的文化世界中形成的呢？为什么只有在西方才出现了这种革命性的反传统力量呢？而且更进一步说，这样一种反传统的力量何以能成为持久塑造生活之道和社会秩序的力量呢？

三

如果西方理性化的“精神”是一种特殊的反传统力量，遵循韦伯的路径，我们就不得不回到传统本身来探究出现这种“精神”的历史条件。在比较卡里斯马和理性两种不同的“革命性力量”的时候，韦伯最后指出，“在理性主义之前的阶段，传统和卡里斯马几乎就是人们行动取向（Orientierungsrichtungen）的全部”（WuG：182/361）。在任何一个尚未踏上“理性化轨道”的文化世界中，传统和革新传统的卡里斯马似乎构成了人们行动取向的两极，只不过基于不同的人性基础。

在传统的“束缚”下，任何有悖传统的东西，都会给人带来“不自在”或者“不适应”，也就是“各种大大小小的不舒服和不方便”，因为一个人周围世界的大多数人都仍然遵循习俗行事（WuG：22/121）。不过，传统之所以能够赋予一项行动的正当秩序以效力，却不是仅仅因为它过去一贯如此（Geltung des immer Gewesenen，WuG：26/128）。根据韦伯的社会学分析，任何社会行动，都必定指向某种正当秩序。这种正当秩序对行动的效力，不能仅靠习俗或者利益，而总是有赖于参与者对这种正当秩序的“信念”，以及这种信念造成的“义务感”（Pflichtgefühl）。也就是说，其中必定包含了“价值理性”的因素（WuG：22－23/121－122）。因此，单靠习惯本身并不足以建立“传统秩序”的效力基础。正如我们已经看到的，传统秩序的“效力”来自于“传统的神圣性”。在韦伯看来，这种所谓的“神圣性”主要通过对“巫术损害”的畏惧或者焦虑强化了人们对改变行动习惯程式的心理障碍。这种巫术强化的心理障碍结合各种利益就构成了现有秩序的基础（WuG：26/128，167/323）。在这种传统秩序中，当然也会发生对权威的反抗，但这种所谓“传统主义革命”（traditionalistische Revolution）并不针对体制本身，而只是针对支配者个人对权力的传统限制的冒犯（WuG：167/325）。

而与这种“传统主义的革命”不同，正如我们已经看到的，卡里斯马权威对个体内在的重新塑造是从“困境”或“激情”出发的（WuG：182/361），因此，是要斩断护佑人们的传统秩序，将之抛入一种孤立的绝境之中。正是在这一绝境中，个体的生活遭际成为考验其超凡品质的苦难，而人性面对困难迸发的巨大力量恰恰成为对抗或克服人世秩序的希望。我们可以说，卡里斯马正是在生活的绝境中找寻生活秩序的新开端，从人面对这一绝境无所依傍的挣扎和努力中确定人的社会关系的根本原则。换言之，纯正卡里斯马的“无前提的”（voraussetzungslos）取向（WuG：188/379）就是要彻底悬搁生活秩序的历史性，从而在没有根基的深渊之上重建生活的根基。这一绝境，或许曾是所有传统隐秘的开端，是传统建立的神圣秩序想要掩盖的牺牲，然而现在，韦伯却断定，是传统注定无法摆脱的社会生活的另一种可能性。

但如果说在传统社会中，基于日常信念的传统和基于超常献身的卡里斯马几乎穷尽了人性的可能（WuG：159/303），那么“理性”作为一种生活之道又是如何突破了传统社会中传统与革新传统之间的二元格局的呢？

耐人寻味的是，在韦伯的著作中，传统与卡里斯马这一对概念在所谓“支配社会学”和“宗教社会学”中都占据了核心的地位。考察这对概念在这两个领域中与现代理性之间的复杂关系，或许有助于我们回答理性化与传统的关系问题。

韦伯整个支配社会学的焦点问题是以官僚制管理结构为主要特征的现代法理型支配的兴起（WuG：160/307，702/20）。围绕法理型的支配，韦伯构建了他著名的支配类型学。这一支配类型学并非一种纯粹的逻辑构建，而是通过三对两两对立的支配类型之间的历史关系构建了一个理解支配的理性化进程的理想型图式（WuG：814/304－305）：对立的主轴是法理基础的正当秩序与传统基础的正当秩序，而无论在法理基础的现代社会，还是在传统基础的“共同体”，对卡里斯马“领袖”的超常献身都既构成了对现有秩序信念基础的某种挑战（WuG：

159/303)，[1]又构成了现行秩序（特别是其所谓管理机构）最终权威的来源（WuG：162/312）。

以纯粹官僚制管理为特征的现代法理秩序，并不限于一般所言的“政治领域”，而是构成了整个现代社会最基本的组织形式：“在所有领域中，‘现代’组织形式的发展（国家、教会、军队、政党、经济企业、利益团体、协会、基金会、俱乐部等等）几乎就等于官僚制管理的发展与持续增长。”因此，“我们整个日常生活，都被收束在这一轨道中”（WuG：164/318）。然而，在结束了对官僚制支配形式的讨论时，韦伯耐人寻味地指出：

> 这一官僚制的结构却是非常晚近的发展产物。我们越是逆着发展的方向回溯，缺乏官僚制，特别是缺乏官僚层，就越成为支配形式的典型特征。官僚制具有“理性的”性格：它的生成是由规则、目标、手段和“事务性”的非人格性支配的。因此，它的出现和扩散都尤其具有“革命”性……，正如理性主义在所有领域的前进所导致的结果一样。借此，官僚制的出现和扩散摧毁了所有不具备（我们这里所用的专门含义的）理性性格的各种支配形式。那么我们的问题是：这些支配形式是什么？（WuG：718/87）

[1] 当然，严格来说，卡里斯马和传统的对立方式，与卡里斯马和现代法理秩序的对立，具有微妙的不同。正如我们将要看到的，前一个对立，是日常与超常的对立，是严格意义上的对立（gerade umgekehrt，WuG：702/20）。但现代法理秩序中包含了对传统的日常性的否定，那么卡里斯马与现代法理秩序的对立，便不能简单地这样理解。而毋宁说，现代法理秩序以某种方式制度化地结合了卡里斯马的力量。只不过问题在于这种充满张力的关系，与传统社会中卡里斯马的各种日常化方式有何不同。

现代官僚制是理性化发展的结果。这一理性化发展，在支配领域和在其他领域一样，都是“革命性”的。官僚制之前的各种支配形式，只要欠缺韦伯所谓的“理性的性格”，就会被这种革命的理性主义所摧毁。而支配社会学之所以接下来要考察“传统”和“卡里斯马”这两种正当支配形式，似乎不过是把它们当成理性主义的“前进”所要摆脱的历史遗迹。然而，这两种正当支配形式果真只是支配的“历史博物馆”中陈旧的展品吗？

在传统支配形式中，家长制支配（patriarchale Herrschaft）是最重要的形式。顾名思义，这种支配形式的根源是“家长在家共同体内的权威”。家的共同体是一个由人们长期紧密地以人际交往的方式共同生活造就的“命运共同体”。在这样的共同体中，支配者——家长——的权威是和依附者个人的“恭敬”（Pietät）联系在一起的。但“恭敬”不仅限于支配者与依附者之间的人身关系，它同时还是一种对“永远如此的传统本身”的恭敬。否则家长的支配就只是一种家权力（Hausgewalt），而不能成为真正意义上的支配。正是依靠传统的力量，依附者相信具体的人身恭敬关系具有神圣性和“自然性”。[1]家长制的权威其实奠基在这样一种双重恭敬的基础上。传统，既确立了人身支配关系的信念基础，同时也制约着具体支配者自身恣意运用权力的限度（WuG：739 -741/90 -93）。

不过，家的“社会分化”，家权力的分割，导致了这一“命运

---

〔1〕 韦伯认为家长制支配在最初其实并不基于真实的血缘关系，其真正根源是处置财产的权力。血缘关系成为家共同体的真正基础，是与奴隶制的发展并行的过程。在这一过程中，儿子与奴隶的分化成为了家的“社会分化”的关键环节（WuG：740/91，此处脱漏了一个关键的否定词）。韦伯对家父长制基础的讨论，充满了一种令人惊讶的冷淡和距离感，与之形成鲜明对比的是对“卡里斯马”的讨论。

共同体”的分散（Dezentralisation），从而发展形成了“家产制支配”（patrimoniale Herrschaft，WuG：740/92，742/95，744/99）。而在家产制中，一旦将支配者与其下属封臣的“地位身份”关系予以定型，就进一步形成了所谓“封建制”的支配形式（WuG：795/196，809/227）。尽管纯粹的家长制就形式而言，是最一致也是最重要的传统支配形式（WuG：739/90，742/94），而家产制支配只不过是家长制的“特殊情形”，封建制则更只是家产制支配的一个“边缘情形”（WuG：744/99，795/196），但韦伯对前官僚制的支配形式的考察，无论是在其“支配社会学”（和“法理社会学”）中，还是在世界宗教的比较历史分析中，都更集中在传统权威形式的这两个所谓“特例”上。[1]

家产制与封建制[2]在韦伯支配社会学中占有重要地位，与其说是因为它们在历史上的广泛影响，不如说来自它们对理解西方理性化的重要类型意义。这两种支配类型构成了在前官僚制时代东方和西方的基本对立：前者带有浓厚的“家长制”色彩，将家内的管理模式进一步延伸成为整个政治体的行政管理方式；[3]而后者的根本特征是“地位群体的身份”（WuG：558－559，621－622，646）。

---

〔1〕 当然，这并不意味着，韦伯没有涉及其他类型的传统支配形式，比如苏丹制就是另一个非常重要的家长制支配形式，甚至严格说，苏丹制是发展最纯粹的家产制形式，但在某种意义上却是家权力而非权威最大程度的发育（WuG：171/333）。

〔2〕 由于“封建制”其实是“家产制”的一个“边缘情形”，我们也可以说，构成对立的双方实际上是家产制的俸禄式和封建式（即以采邑为主的形态）两种形态之间的对立（WuG：809/227）。

〔3〕 从这一思路理解中国传统政治是启蒙以降的西方思想的主流，并且决定性地影响了中国和日本的当代史学家（尾形勇，2010：1—58）。这一思路可以最终追溯至希腊思想家从这一角度理解东西政治的基本差异（亚里士多德，《政治学》，1255b16ff）。

封建制的“地位身份”使身份群体成员的共同行动，不再单纯以传统为取向，而是以彼此之间的协定为基础。这使封建制的人际关系具有从“共同体”向“社会”方向发展的倾向（Vergesellschaftung）。这方面的一个突出特征就是，在西欧的封建制下，个人之间的关系不是家产制的依附关系，而是自由契约的关系。在这个意义上，韦伯强调他主要关注的是所谓的“自由”封建制（WuG：809 -810/227 -228，797/199，805/218）。构成封建支配核心的自由契约关系促使封建制重视严格形式性的法律规范（WuG：621/267）。正是这种从理性方向对传统的克服，使封建制成为西方向官僚制过渡的一个重要阶段。

然而，封建制的“自由”特征在多大意义上可以解释其在理性化进程中的位置呢？事实上，就摆脱家长制支配中的家内依附关系而言，东方家产制支配形式的代表——中国的俸禄式的家产制——的特点恰恰在于广泛地通过外家产制的方式选拔官员（WuG：170/332）。家产制中的这一所谓“外家产制”因素并非“例外”或者偶然情形，而恰恰是家产制中招募官员的一种主要形式（WuG：168/327）。[1]家产制凭借这样一种形式，建立了真正意义上的“政治臣属关系”（politischen Untertanenverhältnisses），这是前现代“自由”含义的关键：自由的，即“政治”的（WuG：752/116，747/105 -106，MWG I/22.4：238 -239）。而最终在这个意义上，东方的家产制支配形式同样包含了自由因素，甚至同样可以称为是“身份群体”意义上的（WuG：775 -778/159 -164）。

---

〔1〕 这里的问题绝非“术语上的笨拙”，而恰恰是韦伯援用 Karl Ludwig von Haller 的“家产制”理论进行分析遇上的根本困难。这一理论，正如 von Below 所指出的，即使在分析西欧的情形时，也存在非常严重的问题（WuG：175/343）。韦伯本人也清楚这一点（Poggi，1988：216）。

"外家产制"选拔官员，以流官取代世官，系统采用具有"事本色彩"的官员铨选、考核、监督、管理制度，官吏形成"身份群体"，[1]建立自由的"政治臣属关系"——所有这些都可以在东方的前现代支配形式中找到；而且在许多方面，韦伯承认，中国的支配形式是"官僚制事本特征可能达到的最彻底的实现，因此也彻底抛弃了真正的家产制官吏制度中凭借君主个人的恩惠和宠信任命官吏的方式"（WuG：777/161）；中国的家产制支配形式甚至可以称为是"家产官僚制"（Patrimonialbürokratie，WuG：775/159－160；KT：335/96）。[2]但尽管如此，中国式的家产官僚制"仍然没有成为现代官僚制"。这种支配形式仍然不足以真正克服这一支配形式根深蒂固的"传统"性，反而恰恰是在传统的根基上建立了其正当支配的基础（WuG：776/161，752/116）。在这个意义上，现代官僚制的结构远不是家长制的理性化改造那么简单（WuG：832/262）。

那么，从理性化的角度看，决定西欧封建制与东方，特别是中国的家产制支配的不同命运的关键"历史条件"究竟是什么呢？

韦伯在讨论西欧封建制的问题时，并不仅仅将之视为采邑形态的家产制，同样还强调卡里斯马权威在其中扮演的重要角色："封君与封臣间的封建忠诚义务，能够而且必须从卡里斯马——而非家产制——关系之日常化的角度（这就是扈从制）来理解，也是从这一角度出发，忠诚关系的特定因素才确立了其在整个体制中的正确'定位'。"（WuG：795/196）在韦伯看来，卡里斯

[1] 但韦伯认为地位身份的权力划分形态，只有在西方才获得了长足的发展（WuG：175/344）。Otto Hintze进一步发展了这一观点，强调西欧封建制中的"特权"是西方发展形成现代政治形态的重要源泉（1975a：302－353）。

[2] 韦伯承认，是历史的经验现实迫使他创造了像"家产官僚制"这样的说法（E：273/500）。

马日常化是理解西欧封建制中社会关系的关键，甚至可以说是理解封建制的主要线索（Hintze，1975b：24）。

韦伯和孟德斯鸠一样，坚持认为西欧封建制是独特的历史现象。[1]在将西欧封建制与日本和近东的封建制进行比较时，韦伯指出：近东的封建制缺乏与来自扈从制的恭敬有关的因素（特别是人身性的封臣忠诚关系），而日本的封建制则又缺乏由俸禄制产生的庄园领主结构。西欧封建制的独特性正在于结合了这两方面的因素（WuG：801/210）。

卡里斯马的根本特征就是"非常性"或"超常性"，然而这种特征势必只能保留在"初生状态"（in statu nascendi）。就其本性而言，卡里斯马是一种溢出日常轨道的"运动"。因此，当其返回到日常的轨道上，只有经过"转变"和"歪曲"，才能制度化，从而成为"日常的条件和支配日常生活的力量"（WuG：841－842/279－281）。而对所谓"扈从制"的讨论，正是韦伯探究卡里斯马的存在形式从超常向日常转化的方式。通过这一考察，封建制的日耳曼起源的古老学说在韦伯的比较历史分析中被赋予了全新含义。

不过，英雄战士的"扈从"既可以发展成具有"共产主义色彩"的战士团，也可以发展成为政党，甚至发展成为国家（WuG：871/343，841/280），在绝大多数情况下，这种"日常化"都意味着传统主义。那么为什么独独通过封建制实现的"卡里斯马日常化"，在土地成为采邑的条件下，其管理职位能够保留卡里斯马的使命性格呢（WuG：186/374）？令人遗憾的是，尽管韦伯广泛讨论了和封建制有关的问题，并强调卡里斯马日常化是理解封建制的重要角度，在韦伯的著作中，我们却找不

---

〔1〕有关"封建制"概念的历史，参见 Brunner（1975），尽管 Brunner 本人对韦伯的封建制概念的讨论有些失之简单。

到对这一问题的真正答案。[1]

如果现代理性官僚制度产生的最大障碍果真来自传统，我们知道，卡里斯马恰恰“具有翻转一切价值序列，倾覆习俗、法律与传统的革命性格”（WuG：838/274）。这使其成为打破传统强有力的力量。然而，卡里斯马终究是一种“超常”状态，“本质上特别不稳定”，与制度和组织的精神相悖，当卡里斯马的追随者（“扈从”）努力将这种危机时刻的反传统力量转变为“一种日常的持久占有状态”，卡里斯马就势必从一种反日常的力量转变为“日常的构成要素”。这就是韦伯所谓“卡里斯马日常化”的过程。

然而值得注意的是，卡里斯马的日常化有两个相当不同的方向：“传统化”，“理性化”或“法理化”（WuG：182/383）。表面上看，这两个方向都同样意味着卡里斯马这种“超常状态”重新返回日常的轨道，只不过一个是复归始终如此的神圣传统，另一个是被纳入“法理”意义上的形式规则。但一旦我们从理性化的角度来看，就会发现这种表面的类似背后隐藏着深刻的不同。“理性化”或“法理化”的“日常”并不是“习惯”、“礼俗”甚至“实践理性”的“日常”，这些都是“传统化”导向的日常。理性化的日常本身就是在克服始终一

---

[1] 或许韦伯对“荣誉”的考察可以提供进入这方面难得的线索。在封建制中保留卡里斯马色彩的地位“荣誉”（Ehre）全面地塑造了生活在封建制下人们的“心志”（Gesinnung），让他们具有独特的“生活之道”。封建荣誉观背后隐含的卡里斯马特性，特别是其“非日常性”，在韦伯论述骑士之爱中有最出人意外的表述（Z：559/532－533）。不过就总体而言，韦伯仍然认为，西欧中世纪中通过（地位）“荣誉”塑造生活之道的核心取向是传统所规定的（WuG：186/375，826－827/254－257，793/191）。总的来说，我们最终仍然无法明确确定，在韦伯看来，封建制在理性化进程中的作用究竟是直接促进了整个现代法理权威的兴起，还是在西方历史情势中通过与其他因素——特别是救赎宗教的教会—教派的双重影响——共同作用最大程度地容许现代国家从各种历史力量的权力竞争中脱颖而出？

贯的传统中才建立的一种“新”的日常。世界上各个地方人们按照各自传统过日子的“日常”方式，并不具有“普遍历史意义”，而相反，瓦解、颠覆和破坏这些传统的新的“日常”才具有“普遍的意义和效力”。对于没能进入这一普遍历史的人们来说，他们的生活深陷在卡里斯马和传统的永恒轮回中难以脱身，传统化成了卡里斯马日常化的唯一出路。[1]而“理性化”的关键就在于卡里斯马“日常化”时，并没有与传统结合，而相反，却建立了一种能够持久对抗传统的力量。将处于“初生状态”的卡里斯马的革命性瞬间改造为一种持续不断的革命进程。理性化是革命的制度化和组织化，是一场持久的革命，它将过渡状态和危机处境转变成为彻底塑造人类生活之道和社会秩序的尺度，将卡里斯马的个人英雄使命转变为每个人的“天职”(Beruf)。在这个意义上，普遍历史就是革命日常化的历史，或者说是反传统成为传统的历史，是反传统终于获得“普遍意义和效力”的历史。

正是在这个意义上，无论出于何种历史情势，西欧封建制保留卡里斯马性格这一事实就无疑在理性化的进程中具有重要意义。现代法理支配形式不是凭空出现的，它之所以在西方从传统的支配结构中脱颖而出，就在于它能够克服传统和习惯对社会行动的制约。与之相比，同样是传统支配形式，中国的“家产官僚制”尽管在表面上更接近理性的官僚制支配形式，但其“精神”却无法摆脱“传统主义”的束缚。因此，韦伯并没有简单地将“家产制”和“封建制”看做理性化进程中克服或摆脱的历史遗迹。西方的“封建制”中蕴含了突破传统权威的关键因素，而

〔1〕“卡里斯马权威具有纯粹的人格基础和以猛烈的情感为特征的信念性格，在这些方面它与日常的传统性约束区分开来，而一旦丧失这些，它与传统的结合，虽然并非唯一的可能，但在生活技术的理性化尚未开始发展的时期，确实是最可能如此，而且多半是不可避免的”（WuG：842/282）。

东方的“家产制”则代表了传统全面支配的典型。只不过，东西这两种传统支配形式不同的历史命运，并不是仅由支配社会学决定的，而是涉及两种支配形式不同的“精神”根源。

四

在韦伯看来，清代中国最出人意表的现象是：尽管人口及其物质生活有了惊人的发展，“但在这一时期中国人的精神特征却仍然保持完全不变（stabil）”；在技术、经济和行政管理等各个领域中，看不到任何欧洲意义上的“进步”的发展迹象；而特别是在经济领域中，尽管存在极其有利的条件，但却找不到丝毫向现代资本主义发展的端倪。如何解释这一“引人注目的意外现象”，是韦伯着手研究中国宗教的“中心问题”（Zentralproblem）。在韦伯看来，造成中国社会的这一“停滞性”，既有政治经济方面的因素，也有“精神的”因素。然而这两方面的因素都是由中国主导阶层（官吏和士人）的特殊性造成的（KT：341/102－103；参见KT“结论”）。中国家产制官僚制的“精神”是韦伯回答这一“中心问题”的关键。[1]

---

〔1〕这一“精神”当然有其理性的（政治经济）基础，比如和公共负担制度的关系（KT：335/97），特别是俸禄结构对传统主义倾向的助长（KT：346/108）。但正如韦伯在《儒教与道教》的结论中提醒我们注意的，“较之于西方，中国所拥有的各种外在有利于资本主义出现的条件，并不足以创造出它来”（KT：535/333）。这一“精神”的问题，仍然是《儒教与道教》以及整个“世界宗教的比较研究”最终关注的焦点（KT：305/162）。莫米利亚诺认为，正是因为韦伯在考察社会行动时关注“宗教”问题，才使其普遍历史避免了“欧洲中心主义或雅利安中心主义的危险”。下面我们会慢慢看到，在多大程度上，西方历史学研究传统最伟大的研究者的这一论断是成立的（Momigliano，1986：242）。

中国的家产制官僚制的“精神”，在韦伯眼中，是一种“理性主义”与传统主义的结合（KT：495/289；参见 WuG：863/327）。韦伯始终承认，“理性主义”，甚至某种意义上的“理性化”，既是中国家产官僚制的显著特征，同时也是儒家伦理固有的品格（KT：406/177，431/208，450/232，512/309）。但这种“理性主义”和“理性化”非但没有排除传统主义，相反却构成了和传统主义妥协、结合的基础。韦伯指出，与清教的理性主义相比，儒家理性主义具有根本的弱点：儒家“虽然是理性的，但不像在清教那里是由内而外，而是由外而内地决定生活之道”（KT：534/332）。正是这一弱点，使儒家的理性主义仅仅是一种“实用理性主义”（KT：440/219），在许多情况下徒然具有外在形式，“完全缺乏通过内在力量（不纯粹受传统与因袭所束缚的内在力量）影响生活之道的任何着力之处”（KT：522/319）。

当然，韦伯并不否认儒家伦理包含了塑造士人生活之道的因素。他尤其对围绕“读”和“写”的儒家人文教育印象深刻，承认它们“通过塑造士人生活之道对整个文化的发展具有决定性影响”（WuG：170/332；KT：411－412/185－186）。而且，更进一步地说，作为以“教化”为宗旨的“教养教育”的典型代表，儒家的教育不可能仅仅满足于外在的形式，而势必要同时在外在和内在两方面规定一个人的生活之道（KT：409/181）。但韦伯认为，儒家伦理对人的生活之道的塑造主要是通过“礼仪”实现的：繁文缛节的束缚只停留在姿态和面子的领域中，使这种礼仪大部分是“象征性”的（KT：530－531/317）。与儒家礼仪外表的形式主义相对应的内在心态，是一种“融入此世”的“警醒的克己、自省和矜持”（wache Selbstbeherrschung，Selbstbeobachtung und Reserve，KT：412/185，444－445/225－226）。礼之“节文人情”，在韦伯看来，只是对不合理欲望的控制以及对一切激情的压制。其目的不过是培养一种家长制传统支配结构中盛行的“恭敬”心态。因此，儒家伦理的“克己复礼”就只不过是在追求“外表的端正”，主要是为了适应现世进行的社会控制手段，本身却缺乏真实的内在内容（KT：520/328－329）。在我们看来，当然可以说韦伯对中国儒家“礼”这一中心概念的分析，只知“礼之文”，不知“礼之质”，缺乏对各种礼仪背后“礼义”的真正体会，最终不能理解“情深而文明”、“文理情用相为内外表里”的文质彬彬的境界。[1]但从理性化的角度来看，儒家伦理对人的生活之道的养成与清教伦理那种“由内而外的、中心的、由宗教而制约的、理性的生活方法论”根本不同，却是不争的事实；如果后者是“一种严格的意志和伦理的理性化”（die streng willensmäβige ethische Rationalisierung），那么，前者或可称为是情感和礼仪的“理性化”（KT：519－520/328－329）。如果说后者并非“直情径行”的“戎狄之道”，那么前者同样也不是徒有其表的形式主义。中国社会思想面临的挑战是如何讲出这种情感和礼仪的“理性化”本身的“道理”及其伦理效果，而不在于在儒家的伦理中附会出一种意志意义上的伦理理性化。

不过，在韦伯看来，儒家“礼文”的“形式主义”是其理性主义与传统主义结合的关键环节。韦伯认为，儒家伦理适应现世的倾向，使其缺乏摆脱传统束缚的真正内在力量。这些传统束缚，既包括氏族国家的家长制遗习，更突出地表现在与巫术有关

[1] 关于“恭敬”作为“仁”的意涵（《论语·子路》：“居处恭，执事敬，与人忠。虽之夷狄，不可弃也”），这里只提及程子的一处指点：“今学者敬而不见得，又不安者，只是心生，亦是太以敬来做事得重。此‘恭而无礼则劳’也。恭者，私为恭之恭也。礼者，非体之礼，是自然底道理也。只恭而不为自然底道理，故不自在也。须是‘恭而安’。今容貌必端，言语必正者，非是道独善其身，要人道如何。只是天理合如此。本无私意，只是个循理而已。”（《二程遗书》卷二上）

的力量上：儒家伦理不仅容忍巫术，而且在根本的地方与巫术有内在的关联："一般可以说，在中国，古来的种种经验知识和技能的理性化，都朝向一种巫术的世界图景运动。"（KT：481/273）这种儒家正统对巫术的态度，在整个家产制支配形式中都扮演了不可或缺的角色：它既是"孝敬"的根源，又属于限制最高皇权的"宪法基础"（WuG：449/717；KT：485/277－278，297/166－167，490/283－284；参见 KT：308－313/65－71）。儒家伦理的传统主义色彩在很大程度上也是和巫术的影响有关（KT：519－520/316－317）。而我们知道，韦伯一再强调，传统秩序始终依赖习惯与"巫术"心理的结合才得以建立其对社会行动的"约束"（WuG：26/128，167/323）。如果不能彻底消除巫术的影响，儒家伦理建立的理性主义，就势必不能真正摆脱传统主义的羁绊，最终仍然不过是一种"绝对传统主义的正当性"（KT：461/249）。在韦伯看来，理解儒家所谓"理性主义"的关键恐怕正在于，传统主义取代了卡里斯马成为其理性主义的内在核心（KT：401/172）。

因此，在韦伯的"世界宗教的比较研究"中，儒家伦理尽管包含了理性主义的因素，甚至存在理性化的进程，但却最终无法摆脱传统的束缚，缺乏"进步"和发展。这样一种停滞的理性化，其根源在于儒家伦理未能找到借助卡里斯马力量克服传统的束缚，从而内在地改造人的生活之道的途径。韦伯断言，"道教没有自己的伦理（ethos），是巫术而非生活之道决定人的命运"；而面对巫术的世界图景，儒家同样无可奈何，"无法从内在根除道教徒根本的纯属巫术的观念"（KT：485/277；参见 HB：371/469）。儒家伦理的理性化不能完成"世界的除魔"，所以最终并非真正意义上的理性化。理性化对传统的克服，关键在于凭借卡里斯马克服巫术的世界图景，根除运用魔法、巫术以及仪式所有这些外在手段的努力。在韦伯看来，这才是真正区分东西方“宗教”历史命运的决定性环节。[1]

但事实上，韦伯在将中国的儒家伦理纳入其“世界宗教的比较研究”中时，多少面临概念上的困难：“儒教，就其欠缺一切形而上学，几乎没有任何宗教根基而言，是理性主义的，其理性主义走得如此之远，可说是处于我们可称之为‘宗教’伦理的

---

[1] 卡里斯马概念与西方的“普遍历史”进程的紧密关系，只有从这个角度看，才能得到清晰的理解。尽管从词源的角度看，这个几乎仅属于保罗神学的概念（例如《罗马书》1.11，11.29），本身就是上帝恩典（charis）的体现和结果，在此基础上建立的卡里斯马共同体，因而与巫术保佑的传统共同体存在着根本的紧张。这一词源上的意涵仍隐秘地贯穿了韦伯对卡里斯马在“普遍历史”中地位的最终判定，韦伯恐怕并没有像当代神学家以为的那样完全忽视了这一点（Dunn，1998：552－561，319－323，特别是553n.111对韦伯的批评；Potts，2009：Ch.3）。而且更为重要的一点是，正如我们后面看到的，卡里斯马共同体作为所谓“属灵共同体”（《哥林多前书》1.7，12—14）的“普遍历史”意涵，恰恰来自围绕卡里斯马“个性”构成的一种独特的“社会”关系。而这一点正是韦伯从新教教会史学者索姆（Rudolph Sohm）那里借用这一概念背后深刻的动机（参见Haley，1980）。不过，当希尔斯和艾森斯塔德以降的社会学家将韦伯的卡里斯马概念从一个所谓“特例”“延伸”成为一个“系统”和“全面”的概念时，韦伯卡里斯马概念背后的真正动机才变得模糊不清（希尔斯认为，韦伯的概念“太历史主义”了。Shils，1965：203；参见本迪克斯，2007：265）。这种“泛化”后的卡里斯马概念将卡里斯马的“超常性”理解为对不同社会中不同超越力量（“不论是上帝的法律、自然法、科学法则、实定法、整个社会，甚至一个特定的法团或制度，像军队”）的非凡化身，甚至将卡里斯马和人对秩序的需求联系在一起，将卡里斯马看做是某种所谓“唤起敬畏的核心力量”（awe-arousing centrality），或者试图区分所谓的“卡里斯马领袖”与“卡里斯马权威”，来考虑后者在所谓非人格性的制度中的作用（本迪克斯，2007：243ff）。这种卡里斯马概念一方面更多关注秩序或制度建设一面（即所谓“卡里斯马的日常化”），而相对忽视其中的革命性力量；另一方面强调卡里斯马在各种文化中出现的不同形态（氏族卡里斯马、巫术卡里斯马乃至各种世袭卡里斯马），而忽视了其纯正形态在西方理性化中的独特历史意义（Shils，1965；Eisenstadt，1968；Schluchter 1989：392－408；Bensen and Givant，1975）。卡里斯马概念在社会学中的“日常化”，固然在韦伯自己的著作中可以找到一定的文本支持（Shils，1965：201n.2），但其根源仍然是帕森斯在《社会行动的结构》中将卡里斯马等同于“正当性源泉”的做法（“卡里斯马直接与正当性联系在一起，实际上在韦伯的体系中用这个词来指一般意义上的正当性的来源。”Parsons，1949：663）。

最边缘的位置”（E：266/492；参见苏国勋，1988：71；比较HB：24/29）。也就是说，儒家伦理实现所谓“理性化”的方式几乎是最远离宗教的。而这恰恰和韦伯考察世界宗教的理性化时关注的焦点形成了鲜明的对立：“要判断一个宗教所代表的理性化水平，我们可以运用两个在很多方面都相关的标准：一个是这种宗教祛除巫术的程度；另一个是它将上帝与世界的关系，以及根据这一关系建立的宗教本身与世界的伦理关系，系统地统一起来的程度”（KT：512/309）。如果按照这两个标准“判教”，新教苦行主义可以说达到了最高程度的理性化，而儒教“走得太远”的理性主义，反而因为欠缺上帝与世界的紧张关系，从而未能发展出一套系统地面对世界的伦理安排，而不得不维持和巫术的共存关系，在某种意义上可以说是理性化程度最低的。这一点构成了韦伯对中国儒家伦理的中心判断：儒家伦理既缺乏意愿也没有能力将大众带有浓厚巫术色彩的宗教信仰在伦理上予以理性化（KT：453/236，513 -514/310 -311）。而儒家在普遍历史意义上的理性化程度之所以不高，乃在于儒家中缺乏一种以救赎宗教促成一种有规律的生活取向的中心力量（KT：458/243）。

正是凭借对最远离宗教的“儒教”的考察，韦伯得以进一步澄清了西方理性化进程真正的根源：

> 清教的伦理—理性特征与儒教的对比一清二楚：这两种伦理都有它们非理性的根柢，一个是巫术，另一个则是一个超越此世的上帝最终不可测度的神意。不过，从巫术衍生出来的是传统的不可冒犯——因为那些巫术手段业已证明是有效的，而最终，如果要避免鬼神震怒的话，所有传承下来的生活之道都是不可变更的。而与此相对，从超越此世的上帝与因为造物的堕落从而在伦理上非理性的世界之间的关系中衍生出来的，却是传统绝对不具有神圣

性，因此人面临绝对无止境的任务，就是要将既有的世界在伦理上予以理性的驯服和支配：这就是“进步”的理性实质。与儒教的适应世界恰恰相反，清教的任务是理性地转化世界（KT：527/324－325）。

清教的非理性根柢来自于不可测度的上帝与世界的紧张关系，但从这一非理性的根柢出发，此世秩序在伦理上完全被降格为一种非理性的安排，任何传统都被剥夺了借助巫术或其他力量建立的“神圣性”或“自然性”。传统的瓦解成为在伦理上对自我和世界进行彻底的理性化的开端。而相反，儒教的理性主义反而来自一种植根在此世秩序中的“非理性的根柢”（KT：432/209），这就是“纯粹巫术性宗教的持存”，它是儒家“对世界无条件肯定与适应的伦理”的内在前提（KT：515/312）。这里的悖谬在于，清教的理性化前提恰恰是根据极端非理性的前提彻底否定世界的理性，而儒家因为承认世界的理性反而不得不容忍非理性的巫术因素的存在，最终无法在理性上提升这个世界。在韦伯的分析下，儒教这种非宗教意义上的理性主义反而成了一种不能彻底除魔的“传统主义”。儒家伦理对道教异端巫术的宽容被追溯至儒家“最隐秘的倾向”（KT：527/310）。

但如果对传统束缚的克服必须建立在彻底祛除巫术的基础上，那么这种除魔的理性化的历史根源是什么呢？韦伯给出了非常明确的回答：“要打破巫术的势力，建立一种理性的生活之道，自古就只有一个方法，这个方法就是伟大的理性先知预言。并不是每一种先知预言都能摧毁巫术的势力，而只有先知能以奇迹或其他方式获得正当性，方有可能打破传统的神圣条规。预言已经导致了世界的除魔，这样才为我们现代的科学、技术和资本主义创造了基础”（WG：308－309/227；参见 WuG：26－27/128）。唯有希伯来先知们才符合韦伯的这一理性先知的标准。而希伯来先知们提出的上帝观念，“一旦采取了普遍主义的形态”，就构成了从巫术传统向宗教“伦理”过渡的决定性环节（WuG：341/564）。

先知在摆脱巫术传统方面的根本意义，在于作为卡里斯马的纯粹人身承担者（rein persönlichen Charismaträger），通过先知的启示和预言中的“伦理一神论”观念，确立生活本身的一体性，无论生活还是世界，都必须具有“一种明确的、系统性的统一意义”（WuG：345/566，354－355/577－578）。先知的这一努力带来了三个相互关联的伦理后果。首先，在先知的这种毫不妥协的“生活一体性”要求面前，经验现实本身在伦理上的缺陷暴露无遗：“（依据宗教的前提）世界作为一个有意义整体这一观念，无论在人的内在生活之道，还是他与世界的外部关系方面，都与经验现实相互冲突，产生了最为强烈的紧张”（WuG：355/579）。进一步，先知要求的“意义”与经验现实的冲突直接导致了对世界本身的重新估价：这个世界不再具有其凭借巫术和魔力手段所赋予的“意义”，而不过仅仅“是”或者“碰巧是”其现在这个样子，世界的进程因此被“除了魔”（WuG：396/639）。不过，世界的“除魔”并不意味着脱离或逃逸世界，因为这样将妨碍一个有意义的整体的建立。因此，先知的努力的最终后果是从自身出发彻底支配和改造生活和世界，彻底消除其中一切在伦理上非理性的因素（WuG：424/679）。

与世界的紧张，对世界的除魔，革命性地改造世界，先知“伦理”的这三个后果在“入世苦行主义”这种宗教形态中得到了最充分的体现。清教的入世苦行主义对一个人生活之道“警醒的有条理的支配”是韦伯在“世界宗教的比较研究”中始终关注的“生活之道的伦理理性化”的核心意涵。在此基础上，苦行主义者“始终要求世界像他对有条理的理性自律一样具有一种伦理上的理性秩序和纪律”（WuG：428/685）。因此，这种入世苦行主义实际上最大程度上实现理性行动本身的特征，最大程度实现对外在生活之道进行有条理的系统安排，并最大程度地将此世秩序建立为理性的事务关系和社会关系（die rationale Versachlichung und Vergesellschaftung，WuG：429/687）。而通过这种对内外生活之道的革命性的改造，先知的精神进入到大众的宗教伦理中，伦理世界不再是少数大德高人（Virtuosen）与仍旧生活在传统和习惯中的大众的二元世界，而是通过“教派”建立一种受统一的伦理要求和纪律支配的理性化世界（E：259－264/485－491）；同样，一个人的生活也不再以“节庆”的方式分裂为宗教和非宗教的两个部分，而是在整体上严格受到始终一贯的伦理的支配。只有整个此世的生活和世界图景实现这种伦理的理性化，日常生活中“过日子的方式”（Lebensfürung）才不再是“因袭”意义上的“得过且过”，而是被提升为一种“天职”：对世界通过行动方式进行的苦行“改造”（Weltbearbeitung，E：263－264/490）。只有当卡里斯马对个体人格与生活之道的塑造贯穿在日常生活的每一个细节中，卡里斯马对传统的克服才真正完成，而这就是理性化的最终目标。

当命运共同体中的自然关系最终被“革命性”地改造为物的秩序和纯粹“社会”意义上的关系，入世苦行主义将世界的“除魔”推至了极端。这样的世界秩序是否实现了伦理意义上的理性化，仍然是一个有待深入探讨的问题。但在苦行主义者的伦理理性化努力下，在这一自觉创造的新秩序中，“传统”被剥夺了她全部的荣耀，无论在内在的精神生活，还是在外在的各种秩序中，再也不能施展其无所不在的影响。经由先知革命，理性化得以最终实现了对传统的最终胜利，并借助这一胜利，确立了自身的普遍历史意义。

那么，中国呢？在韦伯分析的“世界宗教”中，“儒教”之所以是最外在的形态，原因在于，在这里，理性化似乎不仅从未取得对传统的胜利，甚至这场战争根本就不曾发生："中国人的灵魂从未受到先知革命的洗礼"（KT：431/208）。儒家伦理的突出特征，在韦伯看来，就是"绝对缺乏任何的'救赎要求'，特别是出离此世来为伦理寻找根基的做法"（WuG：374/606，411/661）。中国人似乎生活在先知们从未涉足的国度。

然而中国最终并不能置身于世界历史之外。儒家的伦理可以不受先知革命和救赎要求的困扰，但却无法回避西方理性化进程带来的挑战。韦伯在《儒教与道教》中着手考察的"中心问题"，归根结底与中国在现代世界体系中的历史处境有关："中华晚期帝国"无法因应对外政策的需要所面临的财政困境，其实是面对世界历史中社会秩序日益理性化的困境，尤其是面对理性的资本主义与现代民族国家结合所实现的"资本化强制"的困境（Tilly，1992）。面对这一困境，在理性化的创生过程中理性化与传统的关系似乎已经不再是一个重要的问题。因为中国好像无须再创造一套理性的生活秩序，而只需要"拿来"（aneignen）在现代文化领域中业已充分发展的资本主义。韦伯早就预言，这方面中国完全做得到（KT：535/333）。这一理性化努力的实质是借助官僚体制的支配力量，以外在的方式彻底摧毁传统，自上而下地移植理性化的社会秩序。然而这一尾随者的理性化果真能够完成韦伯的设想吗？

> 官僚制的理性化……可以是针对传统的最重要的革命力量，而且事实上也往往如此。不过，这一理性化是通过技术手段进行革命。原则上……是"从外部"（von auβen）进行的革命，首先改变物与秩序，然后再以此改变人，也就是通过理性的目标—手段的设置，改变人对于外在世界的适应条件，可能的话，提高人的适应能力。与此相对，卡里斯马的力量奠基于对启示和英雄的信念，是在情感上确信一种

> 显现的意义与价值，无论这种显现是宗教的、伦理的、艺术的、科学的、政治的或其他方式；它也基于英雄性——无论是苦行或战争的，法官的睿智或巫术的施展，还是其他方式。这种信念是从人“内部”开始（von innen heraus）革命，然后寻求根据其革命的意志来塑造外物与秩序（WuG：836/271 -272）。

借助官僚制支配实现的理性化，在根本上是借助“技术手段”以外在方式来改变人所在的社会秩序。但如果韦伯预见的中国理性化的“拿来”之路，因为儒家伦理具有的所谓“适应世界”的品格，而可以格外轻易地实现这场“从外部进行的革命”，那么我们不得不悲哀地发现，这种理性化仍然未能深入人心，真正实现生活之道的伦理理性化，也因此未能在日常生活的核心建立内在的“革命力量”，从而仍然不得不需要不断从外部引入理性化的动力。当理性化进程从外部将中国人的生活带入到普遍历史之中，中国人的伦理生活在这一历史中的边缘位置并没有改变，只不过现在因为外在的支配手段不断瓦解和摧毁着自身的传统，从而这种生活的“世界图景”和生活秩序，已经日益依赖与普遍历史建立的无法摆脱的关系。这才是中国人生活陷入的根本困境：理性化从来不能在这里生根，而所有生根的力量却不断被外来的理性化所摧毁。

五

通过阅读传教士和汉学家文献了解中国的韦伯，对中国人性格最深的印象就是“显著缺乏神经”（Nerven，KT：517/314）。韦伯认为这是一种极端冷淡、缺乏热情的气质，源于巫术和礼仪的影响（KT：519－520/316－317）。虽然清教和儒家都因为理性主义而是“清醒”的，但儒士的“清醒”是通过压制各种非常态的热情实现的，而“清教徒理性的‘清醒’则是建立在一种强有力的激情上，这是儒教所完全没有的”（KT：534/332）。这种内在的“强有力的激情”无疑是从先知到苦行新教徒的人格个性（Persönlichkeit）的基础，是卡里斯马的革命性力量的源泉。

正如我们已经看到的，从困境和激情出发重新塑造一个人的个性，并在此基础上改变人们的生活之道和世界图景，是卡里斯马的标志（WuG：182/361）。而“个性”是卡里斯马概念的核心（WuG：179/353，182/361）。正是个人超常的个性品质构成了打破共同体传统的革命性力量。而在具备非凡个性的卡里斯马领袖和承认其个性的追随者（扈从）之间形成的共同体，并非传统的命运共同体，而是一种新的“使命共同体”。对于这个新的共同体而言，基础是超常个性的“召唤”和“献身”，而这个共同体是否延续，不在于共同体成员之间的任何“自然关系”或者“伦常秩序”，而仅仅取决于对这种不同寻常的个性的认可乃至延续和继承。没有这种非日常的“个性”及在此基础上的“献身使命”的取向，卡里斯马共同体就将不可避免地成为它的反面（WuG：180－181/356－359）。

表面上，与强调事务为本的非个人性秩序（sachliche unpersönliche Ordnung）的法理权威相对，“人身性”（persönaliche）是传统权威和卡里斯马权威的共同特点（WuG：159－160/303－304）。但这种表面的类似掩盖了二者深刻的不同。传统权威的“人身性”首先是指“自然共同体”或“命运共同体”中的人伦关系。随着紧密的“命运共同体”的瓦解，以及共同体内关系的分化，这种“人身”逐渐更多意味着在人和人的“地位身份”之间形成的关系。无论前者还是后者，传统权威中的“人身性”，都不仅仅甚至主要不是每个人的“人格特征”，而意味着每个人在共同体内部的人伦关系。[1]

这一点就突出体现在韦伯对儒家伦理的讨论中。以“恭敬”为核心的礼仪，在韦伯看来，就是一种身份伦理。“儒家社会伦理的冷漠性格”，在韦伯看来，就是因为它“排斥除了亲族、师生或友朋这种纯粹人际纽带（rein personaler... Bandes）之外的关系”（KT：445－446/225－227，493/287）。这种“人伦”意义上的“人身性”（Persönalimus）与卡里斯马权威的“个性”形成了鲜明的对照。在韦伯讨论的西方理性化进程中扮演决定性角色的先知，是这种卡里斯马“个性”的突出代表，而先知的关键特征就是“个性意义的天职”。这种以“个性”为关键特征的“使命先知”（WuG：352－355/575－578），之所以能够对生活之道进行“理性的系统安排”，根本前提就是“与世界及其秩序之间一种持续不断的紧张关系”。如果说，儒家伦理的基础是以三纲六纪张理六合之内的天地人秩序，那么宗教先知引导的理性的伦理生活秩序，恰恰是借助上帝概念建立一种与“世界”（kosmos）这一概念的根本紧张关系：“他在世界中，世界也是藉着他造的，世界却不认识他。”而且，“宗教越是从仪式主义升华为心志形态的宗教（Gesinnungsreligiosität）”，这种紧张就越强烈（Z：541/512）。而从天职到苦行新教的“内在生活之道的伦理理性化”，其实质就是借助这种与世界的紧张关系造就个体内在

〔1〕 因此韦伯才会激赏洛威尔（Percival Lowell）在《远东的灵魂》中的结论：对于远东而言，最重要的特征就是“非人格性”（impersonality）。这种远东灵魂的本质是亚洲无论个体还是文明都停滞不前的原因（一种没有达到自我意识的“孩子气的发展状态”）。韦伯虽然未必完全同意洛威尔在书中对 personal/progressive 的西方和 impersonal/impassive 的东方之间所做的简单对比，但从个体个性的角度来理解西方和东方的普遍历史命运仍然是理性化命题的题中之义（HB：371/469；参见 Lowell，1888：Ch. 1）。

意义的“个性”。[1]这种形态的“伦理理性化”，通过强调依据“日常要求”（Forderung des Tages）的朴素行动来赢得与“现实世界”的关系，从而才将个体人格与强调“非人格性”的社会秩序的理性化联系在一起，这正是西方理性化的奥秘（HB：377/476）。

而这种伦理理性化的“个性”塑造（所谓“伦理个性”，ethische Persönlichkeit）之所以带来反传统的革命性后果，就是因为它彻底否定了人伦关系本身的伦理价值：

> 儒教伦理有意地让人们置身于他们自然生成的，或者经由社会尊卑关系所造成的人际关系（persönliche Beziehungen）里。儒教推崇，而且只推崇，那些由君臣、上下、父子、兄弟、师生与朋友之间的人际关系所产生的对人的恭敬义务。相反，清教伦理却相当怀疑这些纯粹的人际关系，因为它们只适用于造物；当然，只要这些关系不违逆上帝，清教还是容许它们的存在，并在伦理上加以管控。无论在任何情况下，与上帝的关系都是第一位的。人和人之间的关系本身，如果过于紧密强烈，带有崇拜造物的色彩，就无论如何都要加以避免。信赖人，尤其是信赖那些在自然关系上和我们最亲近的人，对于灵魂来说就是危险的（KT：527 –528/325）。

在儒家的人伦伦理看来，“将自己与所有其他人对立起来，追求

〔1〕“‘个性’最内在的因素，作为最高和最终的价值判断，规定了我们的行动，赋予我们的生活以意义和意涵（Sinn und Bedeutung）。正是这些因素，才是某种我们感到有‘客观’价值的东西。只有当‘个性’的这些最内在的因素，在与生活的困难进行斗争时，作为从我们最高的生活价值衍生出来的东西，对我们‘发挥效力’，从而展现自身的面目，并因此得以发展，我们才能赞成这些因素。而‘个性’的尊严确实就在于这样的事实：对‘个性’来说，存在针对其自身本己生活的价值，而且在个别情况下，这种价值存在于其自身本己的个体性（individualität）独有的内在领域中”（WL：152/6）。

唯一属于自己的独特所在，紧紧抓住自己以逃脱泥沼，直到形成一种‘人格’……这不啻于一种徒劳无功的努力”（HB：378/476－477）。但在坚持个体性的所谓伦理人格看来，怀疑并在根本上削弱人伦关系的伦理价值，是反传统的“个性”塑造的真正前提。[1]而在新的个体“人格”的基础上，反传统的革命力量不仅塑造了内在的生活之道，还进一步重组了人与人之间的共同体关系。这种新的共同体关系，发展了一种宗教性的“博爱伦理”（Brüderlichkeitsethik）。“博爱伦理”贬低自然的人伦关系，用博爱的共同体取代各种“亲邻团体”（Nachbarschaftsverband），特别是否定了在这些团体中盛行的亲疏远近、内外有别的伦理基本原则，而代之以一种所谓“爱的共产主义”（Liebeskommunismus）或者说“无差等的拒世之爱”（objektlose Liebeakosmismus，Z：542－543/513－514）。[2]在多大程度上，这种“博爱伦理”的根源最终可以追溯至生活在世界帝国夹缝中但却缺乏自身独立政治形态，并在社会生活中饱受歧视的所谓“贱民民族”的生活之道和生活理想，仍是韦伯作品中最有争议的问题。[3]

---

〔1〕与此伴随的是对此世中的各种所谓“自然”德性的怀疑和批判，这些德性同样是以各种人的社会关系为前提的（WuG：422/677）。

〔2〕值得强调的是，这种“博爱”或者“爱的共产主义”的前提仍然是“拒世”（WuG：391/632）。

〔3〕对这一学说的恰当评判，不仅需要考虑韦伯对德国“犹太人问题”的整体态度，也需要考虑韦伯的学说与尼采著名的怨恨理论之间细微然而重要的差别，这远远超出了本文的范围。这里仅仅指出两点初步观察：首先，虽然韦伯始终强调“困难”（Leiden）对生活之道的伦理理性化具有重大的影响，但他本人并不认为在其社会学思想中占据核心地位的这一想法是尼采怨恨学说的社会学化。其次，尽管韦伯的“贱民”理论与尼采的“怨恨”学说之间的关系受到了普遍的关注，但从韦伯对“贱民民族”的实际考察看，或许具有世界政治意涵的“客族”（Gastvolk）处境，要比单纯心理学意义上的“奴隶”动机，更为重要。而后面这一点无疑和我们在这里关注的问题密切相关（WuG：386－391/625－631；E：241－242/466－467；J：1－8/13－16；参见 Momigliano，1980；Abraham，1992）。

无论历史起源是什么，这样一种以陌生人为中心的个性塑造、生活之道的伦理理性化和共同体生活（或者更严格地说，一种"社会"生活），其基本前提是一种能够始终对抗传统的卡里斯马力量。这种卡里斯马力量，在韦伯看来，是一种真正的英雄品格（Heldentum 或 Heroentum），它能"'从内部'（von innen heraus）对人进行革命，并试图依据其革命意志来塑造事物和秩序"（WuG：836/271 -272；参见 WuG：841/280）。

然而我们都知道，虽然西欧的理性化能够借助这种个性的力量，经由生活之道的伦理化，在社会秩序的各个领域中有效地建立以事务关系和目标理性为中心的、超越情感因素、基于抽象法理规则的制度组织形式，这种关系在很大程度上仍只是在发生学的意义上才是有效的。正如卡里斯马的力量只限于其"初生状态"一样，西方理性化独特的"个性"与社会秩序的伦理动力机制，也同样只限于其"初生状态"："它存在的分分秒秒都不断加速地从与经济完全隔膜，但却充满疾风暴雨式的情感的生活迈向在物质利益的重负下慢慢窒息而死的结局"（WuG：841/279）。

不过，内心"分分秒秒窒息而死"的理性化，并没有蜕变成为"传统"，只不过丧失了最初推动它的强烈的人格力量和真正的英雄品格（PE：204 -205/142 -143）。而失去了"精神"的理性化，反而更加彻底地凭借其"技术手段"来摧毁和瓦解它所遭遇的所有传统，解构这些传统的神圣性及其自然基础，将任何所谓"终极性价值"放逐到纯属私人的隐秘空间中。然而，这些在私人生活的碎片中以"审美"或"个人体悟"等方式保留下来的终极价值，却再也不能成为造就真正伦理生活秩序的内在力量。理性化在获得"普遍的意义和效力"的同时，也抵押上了自己的灵魂。理性化和摩菲斯特所定下的契约，就是要竭尽其所有的力量，而它的命运却注定是当一己的个性吞噬了所有的个性后，一同毁灭（*Faust*，1742，1774－1775）。

然而，普遍历史最大的悖谬或许还没有到来。

韦伯从来慨叹，中国人的生活，因为消除了悲剧性的紧张，似乎从不知晓希腊悲剧式的“命运的逆转”（Schicksalsperipetien，KT：205/62，522/319）。而只有在命运逆转的时刻，巨大的悲剧力量才造就了卡里斯马英雄得以对抗传统的个性。而此刻，正当化身为普遍历史的理性化，本身作为一种不可逆转的悲剧终结了所有的个性可能之时，在这里，在理性化机器碾过的废墟上，仿佛命运的逆转一般，却出现了真正英雄面对的困境。恰恰当传统丧失了其“神圣性”，当传统的自然根基丧失了道理的卫护，使其散失在日常生活的鄙野之处，不再被持守和传承时，传统才不再是日常的信念，而必须经由穷尽自身力量的“献身”，才能重返传统的自然基础，从中探求出“古老思想和理想强有力的再生”（PE：205/143）。因此，当传统被理性化摧毁之时，传统的守护才不是因袭，而面临如何将散失在日常生活角落中的传统重新转化为亲切贴己的生活之道这一真正艰巨的伦理任务，重新赋予被外在的技术理性化洗劫的伦理生活真正的“精神”（ethos）。中国现代生活的最终命运，在很大程度上就取决于置身这一困境中的中国人能否成为担负这一“精神”的英雄，并在悲剧性的历史处境中，仍然能够找寻到中国人生活的“孔颜乐处”。

苏国勋老师在《理性化及其限制》的开头曾经引用过里尔克的诗句：“这样的人，总在这样的时刻现身/行将终结的时代，再一次结清了它全部的价值/于是这样的人，负起整个时代的重负，把它抛入自己内心的深渊。”同样，在今天的中国，只有这样的人，肩负起传统的人，才能在现代内心的深渊（abgrund）中重新奠定传统的根基（grund）。仁以为己任，不亦重乎？

参考文献

（一）韦伯（Max Weber）著作

E：*Gesammelte Aufsätze zur Religionssoziologie*，I，“Einleitung,” Tübingen：J. C. B Mohr，1920；中译文：“比较宗教学导论：世界诸宗教之经济伦理”，《韦伯作品集》V，《中国的宗教/宗教与世界》，康乐、简惠美译，桂林：广西师范大学出版社，2004

HB：*Gesammelte Aufsätze zur Religionssoziologie*，Ⅱ. *Hinduismus und Buddhismus*，J. C. B Mohr，1920；中译文：《韦伯作品集》X，《印度的宗教：印度教与佛教》，康乐、简惠美译，桂林：广西师范大学出版社，2005

J：*Gesammelte Aufsätze zur Religionssoziologie*，Ⅲ，*Das antike Judentum*，J. C. B Mohr，1921；中译文：《韦伯作品集》Ⅺ，《古犹太教》，康乐、简惠美译，桂林：广西师范大学出版社，2007

KT：*Gesammelte Aufsätze zur Religionssoziologie*，Ⅰ，*Konfuzianismus und Taoismus*，Tübingen：J. C. B Mohr，1920；中译文：《中国的宗教/宗教与世界》，康乐、简惠美译，桂林：广西师范大学出版社，2004

MWG：*Max Weber-Gesamtausgabe*，ed. Horst Baier，M. Rainer Lepsius，Wolfgang Mommsen，Wolfgang Schluchter and Johannes Winckelmann，Tübingen：J. C. B Mohr，1984

PE：*Gesammelte Aufsätze zur Religionssoziologie*，I，*Die Protestantische Ethik und der Geist des Kapitalismus*，Tübingen：J. C. B Mohr，1920；中译文：《新教伦理与资本主义精神》，于晓、陈维纲等译，北京：生活·读书·新知三联书店，1987

V：*Gesammelte Aufsätze zur Religionssoziologie*，I，“Vorbemerkung,” Tübingen：J. C. B Mohr，1920；中译文：《新教伦理与资本主义精神》，于晓、陈维纲等译，北京：生活·读书·新知三联书店，1987，第4—19页

WG：*Wirtschaftsgeschichte*：*Abriβ der universalen Sozial-und Wirtschaftsgeschichte*，Berlin：Duncker & Humblot，1958；中译文：《经济通史》，姚曾廙译，上海：上海三联书店，2006

WuG：*Wirtschaft und Gesellschaft*，Tübingen：J. C. B Mohr，1956；

第一部分，“社会范畴学说”，第 1 章，“社会学基本概念”（SS. 1 –42），中译文采用《经济与社会》（第一卷），阎克文译，上海：上海人民出版社，2010；第 3 章，“支配的类型”（SS. 157 –222），中译文采用《韦伯作品集》Ⅱ，《经济与历史/支配的类型》，康乐等译，桂林：广西师范大学出版社，2004；第 5 章，“宗教社会学”（SS. 317 –488），中译文采用《经济与社会》（第一卷），阎克文译，上海：上海人民出版社，2010

第二部分，“经济、社会秩序与权力”，第 7 章，“法律社会学”（SS. 495 –656），中译文采用《韦伯作品集》Ⅸ，《法律社会学》，康乐、简惠美译，桂林：广西师范大学出版社，2005；第 9 章，“支配社会学”（SS. 691 –1102），中译文采用《韦伯作品集》Ⅲ，《支配社会学》，康乐、简惠美译，桂林：广西师范大学出版社，2004

WL：*Gesammelte Aufsätze zur Wissenschaftslehre*，Tübingen：J. C. B Mohr，1982；中译文：《社会科学方法论》，韩水法、莫茜译，北京：中央编译出版社，1999

Z：*Gesammelte Aufsätze zur Religionssoziologie*，I，“Zwischenbetrachtung，”Tübingen：J. C. B Mohr，1920；中译文：“中间考察”，《中国的宗教/宗教与世界》，康乐、简惠美译，桂林：广西师范大学出版社，2004

（二）其他参考文献

本迪克斯（Richard Bendix），1977/2007，《马克斯·韦伯思想肖像》，刘北成译，上海：上海人民出版社

金子文一，1969，《韦伯的比较社会学》，李永炽译，台北：水牛出版社

苏国勋，1988，《理性化及其限制：韦伯思想引论》，上海：上海人民出版社

尾形勇，2010，《中国古代的“家”与国家》，张鹤泉译，北京：中华书局

Abraham，Gary，1992，*Max Weber and the Jewish Question：a Study of the*

Social Outlook of His Sociology, Chicago: University of Illinois Press

Bensman, Joseph and Michael Givant, 1975, "Charisma and Modernity: The Use and Abuse of a Concept," *Social Research*, Vol. 42, No. 4, pp. 570 - 614

Brunner, Otto, 1975, "Feudalism: The History of a Concept," in F. L. Cheyette, *Lordship and Community in Medieval Europe*, Huntington, N.Y.: R.E. Krieger Pub. Co, pp. 32 - 61

Dunn, James D. G., 1998, *The Theology of Paul the Apostle*, Grand Rapids: B. Eerdmans

Eisenstadt, S. N., 1968, "Introduction" to *Max Weber on Charisma and Institutional Building*, Chicago: The University of Chicago Press, 1968, pp. ix - lvi

Haley, Peter, 1980, "Rudolph Sohm on Charisma," *The Journal of Religion*, Vol. 60, No. 2, pp. 185 - 197

Hintze, Otto, 1975a, *The Historical Essays of Otto Hintze*, ed. and intro. by Felix Gilbert, Oxford: Oxford University Press

——, 1929/1975b, "The nature of Feudalism," in F. L. Cheyette, ed., *Lordship and Community in Medieval Europe*, Huntington, N. Y.: R. E. Krieger Pub. Co, pp. 22 - 31

Lowell, Percival, 1888, *The Soul of Far East*, Boston: Houghton, Mifflin and Company, Project Gutenberg

Momigliano, Arnaldo, 1980, "A Note on Max Weber's Definition of Judaism as a Pariah-Religion," *History and Theory*, Vol. 19, No. 3, pp. 313 - 318

——, 1986, "Two Types of Universal History: The Cases of E. A. Freeman and Max Weber," *The Journal of Modern History*, Vol. 58, No. 1, pp. 235 - 246

Parson, Talcott, 1949, *The Structure of Social Action*, New York: The Free Press of Glencoe

Poggi, Gianfranco, 1988, "Max Weber's Conceptual Portrait of Feudalism," *The British Journal of Sociology*, Vol. 39, No. 2, pp. 211 - 227

Potts, John, 2009, *A History of Charisma*, London: Palgrave MacMillan, 2009

Radkau, Joachim, 2009, *Max Weber: A Biography*, Cambridge:

Polity Press

Schluchter, Wolfgang, 1989, *Rationalism, Religion, and Domination: A Weberian Perspective*, Berkeley: University of California Press

Shils, Edward, 1965, "Charisma, Order, and Status," *American Sociological Review*, Vol. 30, No. 2, pp. 199 –213

Tilly, Charles, 1992, *Coercion, Capital, and European States, A. D. 990 – 1992*, Oxford: Basil Blackwell

"韦伯的帕森斯化"与"韦伯派帕森斯"

——基于韦伯－帕森斯思想关联性的考察

赵立玮

一　引论："韦伯的去帕森斯化"？

1973 年，年逾七旬的帕森斯从他任教四十余年的哈佛大学退休。自 1960 年代以来，帕森斯实际上面对"双重挑战"：一方面，这位"不可救药的理论家"（Parsons，1951/1991：v）为了推进和完善社会科学的"一般理论"而倾注了巨大的智识努力，使得其长达半个世纪的理论生涯一直保持着令人惊叹的创造力，而"晚期帕森斯"正处于另一个理论创新和拓展的活跃期；[1]另

---

〔1〕 自 1960 年代中后期直至 1970 年代末的十余年间，帕森斯的一般理论体系得到了多方面的推进，除将"控制等级"（cybernetic hierarchy）和"一般化交换媒介"（generalized media of interchange）等引入其一般行动理论使之不断完善外，社会—文化演化、社会共同体（societal community）以及"人类境况"（human condition）等理论范式的提出，使得帕森斯的理论发展进入一个更高的阶段；另外，帕森斯在 1970 年代对"美国社会共同体"的研究（Parsons，2007）是其晚期理论发展和综合的一次重大努力。不过，"晚期帕森斯"一直是西方帕森斯研究中的一个薄弱环节，直到近些年，帕森斯晚期的一些理论发展才开始受到研究者们的关注和重视（例如，Fox et al.，eds.，2005）。

一方面，鉴于其学术地位和理论影响力，帕森斯的著作和理论也日益受到批判和抨击，帕森斯本人有时也不得不对其中的一些批评做出回应、对其理论予以澄清。实际上，自1950年代末以来，经过以激进—冲突社会学派为主要批评者的十余年的批判、抨击乃至责难，加上1960年代波及世界范围的各种社会运动导致的外在社会境况的变化，帕森斯及其所代表的所谓“结构—功能主义”理论已趋于式微，帕森斯本人在美国学术界，尤其是社会学界的支配性地位也荡然无存。帕森斯欲借助“一般理论”来终结那种“据说有多少社会学家就有多少社会学理论体系”的“诸学派之争”的状况（Parsons，1937/1968：774；1945：223）的努力显然失败：自1960年代以来，美国社会学界（更不用说社会科学界）在经历了1950年代短暂的相对统一之后，各种流派相继崛起，再度陷入诸派纷争的局面。而这些理论流派的兴起又都毫无例外地选择帕森斯这位被认为是当时最具影响力的社会理论家作为其批驳的“靶子”（straw man）。按照亚历山大的说法，这些开宗立派者面临着“双重解释任务”：他们要想确立其理论传统，就不得不通过对经典理论的解释来确立其理论渊源，而他们在这样做的时候，则不仅要反对帕森斯对经典理论的阐释，而且要反对帕森斯理论本身（亚历山大，2006：212—215）。众所周知，帕森斯在其理论的奠基之作《社会行动的结构》（Parsons，1937/1968；以下简称《结构》）中通过选择一些重要的欧洲社会理论家来梳理和重建西方社会理论传统，并因此奠定了他自己的理论发展基础。帕森斯的这种理论建构方式对现代社会理论的发展可谓影响深远，不过这种影响又颇具反讽性：在遭遇大量批评的同时，又不断地被许多后来者仿效。

就在帕森斯从哈佛退休的那一年，《美国社会学评论》发表了一篇文章质疑帕森斯对涂尔干思想的解释，作者波普

(Pope，1973/1992）是印地安那大学的一位年轻学者，不过，这篇看似正常的学术讨论文章在两年后却引出了一场颇具影响的“学术争论”：《美国社会学评论》在1975年第1期发表了马里兰大学的一位年轻学者科恩对帕森斯、波普两人对涂尔干思想之解释的评论（Cohen，1975/1992a)，帕森斯对两位批评者的回应（Parsons，1975/1992）以及科恩的回应（Cohen，1975/1992b)。[1]不过，事情远未结束。该刊很快在同年第2期上发表了上述两位批评者和同样来自印地安那大学的黑兹尔里格三人合写的批评帕森斯对韦伯思想之解释的文章（Cohen，et al.，1975/1992a)，和前者不同的是：文章的标题透露出三位年轻的批评者更大的“学术抱负”，鲜明地打出了“韦伯的去帕森斯化”（de-Parsonizing Weber）的旗号；帕森斯受邀再次对此批评给予了回应（Parsons，1975/1992b)；三位批评者也对帕森斯的回应给予了回应（Cohen，et al.，1975/1992c)。在此期间，三位年轻人马不停蹄，想趁热打铁一举解构作为《结构》中理论论证的基本支柱之一的“汇通”（convergence）论题，他们指出涂尔干与韦伯的理论之间存在着根本的“离异性”（divergence)，并以此来彻底否定帕森斯的相关论题；此文在帕森斯对他们的上一篇文章做出回应（发表在该刊当年第5期）之前，发表在该刊当年第4期上（Pope，et al.，1975/1992)。这样，几位年轻的批评者在极短的时间（尤其集中在1975年的数月间）里就完成了针对帕森斯数十年来关于韦伯和涂尔干思想之阐释的“批判三部曲”。该刊进一步邀请帕森斯对上述批评做出一个详细的回应，但帕森斯认为无此必要，只是主要针对三位批评者的最后一篇文章给予了简短的回应

〔1〕 本文主要探讨帕森斯和韦伯之间的思想关联，至于帕森斯对涂尔干思想的阐释以及他们之间的理论关联，笔者将另文专论，此处不再赘述。

(Parsons，1976)。

姑且不论作为社会学界最重要刊物之一的《美国社会学评论》(帕森斯曾是该刊的创立者之一)在如此短的时间里对一代理论家如此密集的批评的动机和目的何在，就这场“学术争论”本身而言，依然存在着一些可以进一步讨论的问题，譬如，为什么是帕森斯而非其他人?这些批评是否站得住脚?而从中引出的更为重要的问题也许是：应当如何理解作为现代社会理论家的帕森斯对古典社会理论家(本文论题仅仅涉及韦伯)的阐释?这进一步涉及作为一门学科的社会学应如何理解和对待其思想史(intellectual history)的问题。

三位作者在文章一开始即已点明：因为帕森斯的《结构》是“用英文写出的最富影响力的社会学著作之一”，因为帕森斯对韦伯社会学的解释是“最具影响力的解释之一”，因为自1937年以来帕森斯一直是“美国社会学中一位出类拔萃的理论同化者(assimilationist)、综合者和概括者”，而他的这种“复合角色”反而会妨碍对韦伯的“可靠解释”(Cohen，et al.，1975/1992a：145－146)。[1]

那么，帕森斯是如何“误解”韦伯的呢?该文提出了如下论点：“帕森斯对韦伯之误解的症结在于，他过度强调了规范性范畴(规范、规范取向、价值)，而这导致他将仅仅是韦伯社会学的一个组成部分予以扩展，并使得这一部分几乎等于

〔1〕 例如，如果是选择美国当时最重要的“韦伯研究专家”的话，撰写过韦伯思想传记的莱因哈特·本迪克斯(本迪克斯，2002)也许比帕森斯更合适。虽然这些批评者承认本迪克斯“已经被认为是美国主要的韦伯解释者之一”(Cohen，et al.，1975/1992a：159)，但他们显然更倾向后者对韦伯的解释，从他们在文中所持的论点、三位批评者所感谢的人(其中有Randall Collins，Guenther Roth等人)来看，再联系本文开始提及的美国当时社会学界的状况，其中意涵应该是很清楚的。

其全体”（Cohen，et al.，1975/1992a：158）。全文主要从两个方面展开对此核心论点的论证：一是考察帕森斯对韦伯的所谓“范畴论”（Kategorienlehre）的论述，但实际上主要涉及社会行动的类型；二是考察帕森斯对韦伯关于支配（domination）之分析的理解[1]。关于前者，他们通过引述韦伯的文本（《经济与社会》，1968 年的英译本）对韦伯提出的社会行动四类型进行了逐一考察，结论是：“与帕森斯的解释正相反，韦伯的行动诸范畴和主观意义强调的是习惯（habit）和自利（self-interest），而强有力的规范性影响则被描述为异乎寻常的”（Cohen，et al.，1975/1992a：153）。关于后者，其论证方式和前者如出一辙，仍然是通过主要引述韦伯的文本来强调韦伯的支配社会学关注的是“支配的物质利益、权力、冲突、剥削以及强制诸方面”（同前引：154），而不同于帕森斯对共同价值的强调。显然，三位批评者的论述在很大程度上依赖本迪克斯对于韦伯社会学的解释。例如，他们断言：“除非以对韦伯的支配理论的可靠解读为基础，否则，对韦伯的一般社会学的正确理解是不可能的”（同前引：155）。这种论断显然附和的是本迪克斯对韦伯的政治社会学的强调（本迪克斯，2002）。[2]另外，他们围绕韦伯使用的一个核心概念 Herrschaft 的英译问

[1] 他们认为帕森斯对“共同价值”，尤其是对韦伯著作中的所谓的“共同价值”成分的强调导致了对“韦伯关于社会行动中观念与利益之重要意义的视角的一种根本性的重新安置，并最终导致对韦伯关于支配的视角的误解”（Cohen，et al.，1975/1992a：153）。

[2] 在《马克斯·韦伯思想肖像》中，本迪克斯论述“韦伯的政治社会学”的篇幅不下于他论述韦伯的“文明的比较研究”。帕森斯在对这部著作的书评中（Parsons，1960：751）也指出了这一点，并强调了法律社会学在其中的重要性，并在后来关于韦伯的论述中（例如，Parsons，1965；1965/1967b）明确提出法律社会学为韦伯的实质社会学之核心的论点，下文将论及。

题[1]展开的讨论也基本上采纳的是本迪克斯等人的观点。不过，

---

[1] 帕森斯在1947年的译注中指出，英文中并无合适的词来译Herrschaft，不过他认为N. S. Timasheff在其《法律社会学导论》中使用的imperative control这种译法还是"比较接近韦伯（这个词）的意义"，而他"出于最一般的目的而借用了"Timasheff的这种译法；另外，他认为韦伯主要关注的是legitime Harrschaft，因此用authority来译这种意义上的Harrschaft是恰当的（Weber，1947：152）。后来，本迪克斯采用domination来译Herrschaft（本迪克斯，2002：特别316—317）；而此前E. Shils和M. Rheinstein在英译《经济与社会》中的"法律社会学"部分时已经使用了domination这种译法。帕森斯在其评论本迪克斯关于韦伯的论著时，特别就此概念的英译问题提出了不同的看法，他认为就该词"最一般的意义"而言应当译为leadership，意指"领导者拥有加诸其追随者的权力"；而domination仅仅"表明了这种事实，而非集体的整合和有利于集体的有效运行（尤其是关键性的团体或法团群体的整合）"，并认为从韦伯的观点看，后者才是"关键性的要素"；同时，帕森斯认为本迪克斯的译法和解释"并不代表韦伯思想的主流，虽然他在分析权力时在某些方面是一位'现实主义者'"，并再次重申韦伯对"合法性"（Legitimation）的强调（Parsons，1960：752）。另外，帕森斯认为此处涉及的还不仅仅是一个翻译的问题，将Herrschaft译为domination"意味着对领导者的权力兴趣的特别强调，并因此强调这种'物质性'因素与那些涉及通过合法化和相关考量的制度性控制之间的某种二分法"，在分析的意义上，这固然触及韦伯论述的核心，但韦伯实际上"在一个单一连贯的理论图式中实现了对两组因素的某种整合"（同前引）。

1968年的《经济与社会》英文版的第一部分虽然是根据帕森斯的译本修订的，但在Herrschaft的英译上，G. Roth则采用了其师本迪克斯的译法，并在译注中指出，之所以选择domination这种译法，是"因为韦伯强调的是仅仅对命令的遵从这种事实，而这种遵从可能是出于习惯、对合法性的信仰或者对权宜性的考虑。韦伯在此处和后来所强调的是一样的，即除了行动主体自愿地服从命令外，通常还存在着一批属员（staff），他们的行动也可能是基于习惯、合法性或者自利等因素。在社会学的意义上，一种Herrschaft就是上级和下属、领导和被领导者、统治者和被统治者之间的一种结构；它是基于各种动机和实施手段之上的"（Weber，1978：62）。同时，Roth认为domination和authority这两种译法都是"正确的"，尽管它们强调了Herrschaft的不同成分；而且，在《经济与社会》第二部分中，Herrschaft具体指涉"中世纪的seigneurie或庄园（manor），或者世袭财产制中的类似结构"（同前引）。另外，G. Roth还在其长篇导言中指出，美国另外一位著名的韦伯研究专家Benjamin Nelson曾建议用rulership来译Herrschaft（同前引：CX）；这种译法在某些关于韦伯著作的最新英译中得到采纳（例如，Weber，2004）。因此，我们看到，本属正常的学术翻译问题，到了三位批评者那儿却非得"去帕森斯化"不可。

这些引述在此主要是用于批驳帕森斯的解释，并将其中的分歧推到一种相互对立的程度。

帕森斯的回应更为简单。他首先坦承在这篇文章中（和波普批评他对涂尔干的解释的那篇文章一样）没有发现任何可以接受的东西（Parsons，1975/1992b：162）。然后强调了几点：首先，三位作者非常倚重的是他在《结构》中对韦伯的解释，但他们显然未能恰当地理解这部著作的主旨；其次，重申了他对韦伯著作中的规范性因素和非规范性因素的看法，其中特意指出三位作者对韦伯著作中的“习惯”（Brauch，usage）和“利益”（interest）等概念的狭隘理解；[1]第三，再次强调了他对于韦伯著作中的Herrschaft、合法性（legitimacy）等概念的看法以及他在相关问题上与本迪克斯的不同看法；第四，他隐含地指出他对韦伯的研究旨趣不同于这些批评者，而“韦伯的著作给社会科学家们提出来的问题要比这篇文章的作者们的解释复杂得多”（同前引：167）；最后，帕森斯对这些年轻人随便乱扣帽子的做法表示不悦，譬如，毫无根据（亦无论证）地说他是一位“旧式的进化论者”（同前引）。另外，针对三位批评者不断地指责他“误解”了韦伯，帕森斯并反过来指出他们不仅误解了他的著作，而且误解了韦伯的思想。

在实质层面上，三位批评者主要抨击的是帕森斯过度强调“规范性”（normative）概念并以此来解释韦伯的社会行动理论。这里存在的一个主要问题是批评者们对帕森斯的“规范性”概念的理解。显然，他们的理解过于狭隘和具体化（有时仅仅等同

[1] 实际上，帕森斯在翻译《经济与社会》第一部分时，就韦伯使用的这些术语之意涵和翻译问题曾给出了详细的注解，并明确指出：“所有这些（包括韦伯使用的Brauch，Sitte和Interessenlage等概念）皆为行动的模式取向，都包含着某种规范性要素。”（Weber，1947：121）

于法律规范)。不过，这个问题也与帕森斯有关。[1]“规范性”是“意志论的行动理论”的一个核心范畴：“分析人类行动中规范性因素的作用的逻辑出发点是如下经验事实，即人们不仅对刺激做出反应，而且在某种意义上力图使他们的行动与行动者及同一集体的其他成员认为是可取的”(Parsons，1975/1992b：76)。在强调规范性因素对人类行动的重要意义时，帕森斯说得更加清楚：“规范取向对于行动图式具有基础性的意义，一如空间对于古典力学具有基础性的意义；依据这种特定的概念图式，如果没有与规范保持一致的努力就不存在行动这回事，正如若没有空间中的位置变动就不存在运动这回事一样”(同前引：76—77)。因此，帕森斯主要是在“作为社会行动的基本要素之一”这种分析意义上来使用“规范性”这一范畴的，他以此范畴来分析韦伯的社会行动概念及其类型并无根本性的问题。另外，考虑到韦伯的实质理论分析（参见下文第四节第2小节)，三位批评者对韦伯行动理论中的“非规范性因素”的强调也是站不住脚的。[2]而这些批评者之所以对帕森斯的“规范性”概念如此反感，包括其论证逻

〔1〕 帕森斯在《结构》中专门为此概念设过一个“附注”，并给出了一个界定：“就我们目前的研究意图而言，规范性这个术语将被用来作为某种行动系统的一个方面、部分或者要素，如果（而且仅仅在此条件下）人们认为它可以表现，或者相反包含某种可归诸一个或更多行动者的情感（这种情感就其本身而言就是一种目的）的话；不管它作为实现其他任何目的的一种手段的地位是相对于（1）某个集体的成员，（2）某个集体的某些成员，还是（3）作为一个单位的集体而言的”（Parsons，1968：75）。但其涵义依然不是十分明确。不过，从帕森斯对该词的具体使用来看，其涵义还是很清楚的；他主要在下述几种情形中使用它：“单位行动”（unit act）的基本要素之一（“规范取向”，即行动中的目的、手段、条件等要素之间的一种“关系模式”）；人类行动的两类基本因素之一（相对于“情境因素”而言的“规范因素”）；人类行动关涉的两种基本秩序之一（相对于“事实秩序”而言的“规范秩序”）。

〔2〕 格哈特因此指出：“如果他们（即三位批评者）关于韦伯的论说是正确的，那么这将使他成为一个分析混乱或无序（anarchy）因素的理论家，而不是去对社会秩序的类型进行分类研究。”（Gehardt，2005：233）

辑（凡帕森斯强调的，一定要反对），都使我们看到了激进—冲突学派的成员们惯用的手法。另外，即使抛开复杂的解释学问题不论，他们不厌其烦地、片段式地或寻章摘句式地引用韦伯的文本也存在着很大的问题。[1]最后，三位批评者在文章中批评的问题，帕森斯早已在不同时期的论著中都有过复杂而深入的讨论，此处批评除了那个标新立异的标题外实在是毫无新意可言。

至于三位批评者的那篇意欲“解构”帕森斯的“汇通”论题的文章，显然更站不住脚。批评者们显然未能理解“汇通”在《结构》中的真正意涵是什么。帕森斯从来就没有否定过韦伯和涂尔干的思想之间存在着重大的乃至根本性的差异，所以，三位批评者即使罗列这两位理论家之间再多的差异，也依然无损于帕森斯的“汇通”论题。另外，他们对韦伯和涂尔干的理解因为要服务于其“离异”论题而显得不足采信，例如，他们对韦伯的某些解释甚至有把他描述为功利主义者之虞（Pope，et al.，1975：421）。帕森斯在其关于这场“争论”的最后回应中将三位批评者在其批评文本中所坚持的取向称为“一种（狭隘的）拘泥于字面意义的解释（literalism）”，这种取向所强调的是“在一个有限的脉络中原作者之陈述的精确措辞”，但拒绝接受那些“从更加宽广的视角来考量的对作者们的意义和意图的较为自由的解释”（Parsons，1976：361）。这显然不是致力于推进理论发展的帕森斯所采取的视角。下文将指出，这实际上正是不能将帕森斯对古典社会理论的阐释视为一般意义上的“二手研究”的原因之一。

---

〔1〕随着西方学者对韦伯思想研究的深入以及近年来德文版《韦伯全集》对于原来归于《经济与社会》名下的内容的重新编排，这部以韦伯之名出版的“经典”本身存在的问题也得到日益明确和深入的探讨。因此，今天对韦伯的研究若仍然像三位批评者那样不加甄别地以原来的《经济与社会》文本（何况是英译本）为依据，显然是有问题的。

一场看似热闹的“学术争论”，背后隐藏的无非是派系之争的陈词滥调。如果说这种争论的目的在于争夺对韦伯的解释权——所谓“谁掌握了对韦伯的解释权，谁就有望执学术研究的牛耳”（甘阳，1997：6），那也只不过是挑起争端者的意图而已；而被动卷入这场争论的帕森斯则显得很无奈，因为他早在二十多年前撰写的《结构》“二版序言”中就明确地表达了自己的立场：“简而言之，一种理论图式之纲要及其某些主要创造者的贡献，与其说被帕累托、涂尔干或韦伯学者组成的小圈子——这些小圈子很可能是相互竞争的——所独自把持，不如说它们已经成为专业研究群体的公共财产（Parsons，1968：xvii－xviii）。”

通过上述简单考察，我们基本上可以说，在这场所谓的“学术争论”中，年轻的批评者们既未能充分地揭示出帕森斯是如何“化”韦伯的思想的，自然也就谈不上“去韦伯的帕森斯化”了。实际上，帕森斯不仅以其复杂、博大的理论体系对现当代社会学研究者提出了智识挑战，而且以他对西方社会思想史上的一些经典人物及思想的独特阐释而给后来者提出了持久的理解和争论的议题。以他对韦伯思想的阐释为例，其中不仅涉及他对韦伯思想的理解，也必然关涉他自己对社会理论和现代性问题的看法，这里不仅涉及观念史上的问题，同样关涉复杂的社会历史背景；这绝不是一个简单的援引韦伯文本中的某些论述而提出不同于帕森斯的解释，并据此宣称“去帕森斯化”这样一个简单的问题。本文无意对此繁复的问题进行全面考察，而是侧重于帕森斯在其理论发展的不同时期对韦伯思想的阐释以及韦伯思想对帕森斯理论发展的内在影响；换言之，本文意在以帕森斯与韦伯之间的思想关联为脉络，来探讨帕森斯对社会理论发展的独特理解。

在帕森斯漫长的学术生涯中，韦伯无疑是对其理论发展影响最大、最深的学术前辈：帕森斯年轻时求学海德堡而“遭遇”韦伯思想是其学术生涯的转折点，而在此后漫长的理论建构过程中，他不时地“重新探访”这位“智识导师”（Parsons，1981），从中吸取理论洞见。帕森斯同时被公认为20世纪最重要的韦伯研究者之一，尤其是在向英语学界推介韦伯的思想和理论方面可谓不遗余力，影响深远；他虽然从未计划撰写一部关于韦伯的研究论著（譬如像本迪克斯那样），但在不同时期直接或间接撰写了大量与韦伯思想相关的论著、文章、书评等[1]，这些论述范围广泛，几乎涉及韦伯思想的各个主要方面，从中也许能够整理出一种帕森斯关于韦伯思想之阐释的轮廓，但这些论述又显然不是一般意义上的关于韦伯思想的二手研究，其中不可避免地隐含着作为理论家的帕森斯本人的理论视角。

一般认为，1937年出版的《社会行动的结构》是早期和中后期帕森斯理论的一个主要分界点。以《结构》的出版为界，韦伯对帕森斯理论发展的意义也有所不同，他对韦伯思想的阐释方式也发生了某些微妙的变化。因此，我们将帕森斯对韦伯思想的阐释分两个时期来论述。同时，鉴于《结构》对帕森斯理论发展的重要意义以及他在《结构》中对韦伯思想的集中阐释（他此后对韦伯的阐释和侧重点虽然随着各种情景的变化而有所不同，但《结构》中的立场并无根本性的改变），本文将专节讨论这个问题。

二　韦伯对早期帕森斯的意义

1. 美国与欧洲

韦伯1904年的“美国之行”和帕森斯1925年负笈海德堡大

〔1〕这自然与帕森斯的理论取向密切相关，但显然也与他所谓的“智识机会主义”（intellectual opportunism）（Parsons，1970/1977：66）不无关系。

学这两件看似偶然的事件对两位理论家各自的思想和理论发展均产生了深远的影响，尤其是对帕森斯的学术生涯来说，这种影响甚至是决定性的。[1]对此稍做深入分析，我们就会发现这两件并无历史关联的事件背后实际上关涉一个共同的问题：在西方文化/文明意义上的“旧世界”欧洲与“新世界”美国之关系。这个问题又与帕森斯早期的智识根源密切相关。按照卡米克的说法，在对帕森斯早期思想形成的“简化论的解释”中，有所谓的“温床哺育”（made in the nursery）和“德国制造”（made in German）之分野，前者指“帕森斯思想之实质源生于他在其中成长的新教家庭”，后者指涉的就是他在海德堡求学时与“韦伯的学术遗产”的“遭遇”而对其学术生涯产生的决定性影响（Camic，2005：240）。卡米克认为更为可取的解释策略是“生命历程视角”（life-course perspective），相对于他所谓的“简化论的解释”，前者可以更好地将多阶段、多维度、多因素之间的关联纳入对一位复杂如帕森斯这样的思想家的智识根源和思想发展之解释脉络中。因此，“将帕森斯的智识发展简化为韦伯（思想）对他施加的影响，也就等于消除了那些此前曾经激励过帕森斯的影响”（同前引：242）。限于篇幅和主题，本文无法对早期帕森斯的思想形成问题展开分析，但不论帕森斯在接触韦伯思想之前具有怎样的智识根源，他的思想和理论取向无

〔1〕关于韦伯的美国之行，可参见玛丽安妮的详细描述（玛丽安妮，2002：320—349）。罗尔曼在一篇探讨韦伯和特洛尔奇1904年的“美国之行”的文章（罗尔曼，2001）中，特别强调了当时的欧洲和美国在文化上的关系这个背景以及美国的资本主义现实对韦伯产生的强烈影响。蒂亚基安甚至认为韦伯的美国之行对于他此前遭遇的身心危机具有“康复”的意义，并进而以此比拟美国对于欧洲当时面临的“现代性危机”的意义（Tiryakian，1981）。帕森斯生前发表的关于其学术生涯的回顾性文章（如Parsons，1959；1970/1977）中都强调他与韦伯在海德堡的意外“相遇”对其学术生涯的重要意义（尤其参见Parsons，1981）。

疑尚不明确，[1]而恰恰是在海德堡与韦伯的意外"相遇"才使得他的整个学术生涯开始明确起来。

不过，这里仍然有两个问题需要简单澄清。第一，为什么是欧洲？第二，为什么是马克斯·韦伯？关于前者，也许不仅仅是帕森斯认为美国当时的社会科学发展状况不能满足他解决他面临的主要问题，背后可能还蕴含着沃纳所指出的美国和欧洲在文化上的关系："美国是一种分离开来的文化或者仅仅是欧洲文明的一个变种？"（Wearne，1989：41）这个问题实际上也是美国文化在真正确立自身在西方文明中的地位的过程中一直要面对的一个主要问题。正是在欧洲的这两年求学历程中，尤其是韦伯的"全球视角"或"普遍历史"（universal History）问题，使"帕森斯开始将他自己视为全球社会的一员，拒斥纯然因其美国背景而导致的对其角色的限定。帕森斯开始在理论上反思欧洲社会以及从中衍生出来的社会的普遍制度背景"（同前引：42）。帕森斯在1930年代早期关于美国和欧洲之文化关系的论述颇能说明他当时对上述问题的看法：

---

〔1〕和前文（见第155页注1）论及的"晚期帕森斯"的情形一样，在西方帕森斯研究中，"早期帕森斯"同样是一个薄弱环节。虽然Charles Camic在1991年将帕森斯于1937年之前的主要文章辑为一册出版（Parsons，1991）因而提供了文献阅读的便利，但相关的深入研究依然很少。沃纳在1989年出版的关于1951年之前帕森斯之理论和学术发展的研究（Wearne，1989）却是少见的精细而深入之作。不过，沃纳也指出，由于相关文献，尤其是传记资料的匮乏，帕森斯早期成长过程中的一些关键点依然不甚明了。譬如帕森斯大学毕业之后仅仅是出于当时国内高校的社会科学研究对他的进一步学习"没有吸引力"而负笈欧洲吗？在《结构》中，欧洲社会理论对帕森斯的影响似乎是压倒性的；而帕森斯与美国社会思想传统的关联性依然不甚明确，这方面的也就相当匮乏。而卡米克那种太过于简化和实用并带有强烈的知识社会学决定论的解释（例如，Camic，1987；1992）虽然对帕森斯思想的"欧洲制造"解释有一定纠正作用，但远非令人满意。

> 似乎存在着这样一种可能性，即美国相对于欧洲的地位有点像罗马相对于希腊的地位。美国是一个非常大的单元，内部相当不一致。和罗马人一样，我们在文化上并非创造性的，我们的天赋在于“实践”方面；罗马人（的实践）最显著地体现在政治和法律方面，而我们则主要体现在经济活动方面。和罗马人一样，我们对于艺术和品位以及观念是完全接受的，尽管我们并没有创造它们。似乎存在着某种相当的可能性，即我们可以帮助创造出一种社会框架，欧洲文化在其中能够拥有一种相当长的和平与愉悦的生命，但不是发展，而是一个显著的享乐主义时代。类似的情形似乎也适用于科学领域。美国在创新方面一直是多产的，但是几乎没有古希腊或欧洲意义上的那些基本的科学观念。我们文化的统一性与其说是那种似乎总是涉及某种创造性文化的基本“共识”类型，不如说是各种经济—法律制度；尽管最辉煌的文化常常出现在对这样一种“共识”的突破时期（Parsons，1933c：5－6；转引自 Wearne，1989：45）。

随着美国在西方世界的地位日益彰显并最终后来居上以及帕森斯本人的理论日趋成熟，他对欧—美的文化关系问题的思考也更加明确。例如，帕森斯在 1970 年代关于“美国社会共同体”展开的一项综合性研究（Parsons，2007）中辟专章讨论美国社会的历史背景，该章从古代以色列和犹太教谈起，直到美国成为一个世界性强国，明确强调了美国是西方文明整体的一个重要组成部分，强调了欧洲文化作为美国的文化之源以及美国对西方文明发展的重要意义。而在更早些关于“社会—文化演化”的历史比较研究（Parsons，1966；1971）中，帕森斯结合自己的理论范式对西方社会—文化之演化历程进行了更为细致的系统考察；同样，帕森斯在这种研究中也坚持美国与西方文明发展的一体性以及美国作为西方现代性得到最充分发展的代表。在上述研究中，帕森斯都明确宣称他秉承的是韦伯对西方文明的历史—比较视角，韦伯关于新教与西方现代性之关系的研究对帕森斯影响尤为重大。

回到早期帕森斯。在海德堡与他此前一无所知的韦伯思想的意外遭遇之所以能在帕森斯眼前展开一幅全新的图景，显然和他纯正的清教背景与韦伯关于"新教伦理"的研究能够产生出某种共鸣密切相关。[1]不过，他对韦伯的研究一开始就不是单纯的"二手研究"，相反，他有更大的理论目标，他对韦伯的阐述具有明显的实用主义色彩。他从韦伯那里确立了其"世界性的研究视角"，从韦伯的著作中发现了"一种固定的理论核心"；但他的使命是要提出"一种关于西方社会思想的新解释"，他需要"一个基于美国领土的参照框架，这个框架能够超越对欧洲社会思想的各种冲突性的利用"。在这种意义上，帕森斯"对马克斯·韦伯思想的'建构'就成为他对理论的贡献的开端。对于帕森斯的社会科学事业来说，马克斯·韦伯成为其（智识）风尚（mores）的人格化身"（Wearne，1989：43）。不过，更加重要的也许是：一方面，帕森斯对韦伯的社会科学研究——不论是其方法论思想还是实质研究——给予了极高的评价，但另一方面，帕森斯从一开始就没有亦步亦趋地追随韦伯关于西方文明的研究，而是与之展开了对话和争论，并试图阐发出西方现代性的另外一种可能性，而这种可能性的历史与现实基础正是他身处其

---

〔1〕 蒂亚基安曾经对马克思、涂尔干和韦伯的社会理论与美国社会的结构特征进行了比较研究（Tiryakian，1974），认为韦伯的社会理论，尤其是他关于"新教伦理"的研究能够更为恰切地解释美国社会，而马克思和涂尔干的社会理论的经验指涉或基础则存在于欧洲的社会历史中。不过，帕森斯似乎认为美国社会的独特性及其意义在欧洲古典社会理论（包括韦伯理论在内）那里并未得到恰切的认识和充分的研究。

中的美国社会——“第一个新教国家”（Lipset，1963）。也正是在这种意义上，我们可以说帕森斯于1920年代中期在海德堡对韦伯思想的回应构成了其学术生涯的“最初转折点”。

2. 韦伯与“资本主义问题”

如果说负笈欧洲，尤其是韦伯思想的启迪使得帕森斯开始以一种“普遍历史”的视角来思考美国和欧洲之间的文化关联性，进而激发起他系统地探讨西方现代性的理论抱负，那么，对“资本主义问题”的考察则成为这种宏大研究的一个恰当的切入点。基于此，他对于德国理论传统中关于“资本主义问题”之研究的选择，就不仅仅是为了获取一个学位的权宜之举；基于此，我们也就能够理解他写作此文的“目的并非主要地对这些理论进行一种批判性的考察，而在于以一种比它们在德国更易获得的较为凝练和系统的形式将其展现在美国读者面前，并将它们投射到它们与社会思想的一般发展的关系这个背景上去”（Parsons，1928－1929/1991a：4）。

仅仅从帕森斯1928—1929年发表的期刊论文来看，他对德国理论传统中的“资本主义问题”的探讨显得有些简单，[1]不过一些实质性的要点仍然清晰地表达出来了。首先，通过对韦伯、桑巴特、马克思等人的相关论述的考察，可以进而理解德国的社会思想传统（历史主义）及其哲学根源（观念论），而通过

[1] 帕森斯在海德堡大学的“博士论文”有点戏剧性，他于1926年完成论文返回母校阿姆斯特学院任教，次年再回到海德堡答辩时，论文却丢失了一部分，因责任不在帕森斯，他遂以剩下的论文完成答辩。据说其论文对自马克思以降德国论述“资本主义问题”的主要学者有一个较为系统的讨论。另外，论文原是用德文写就的，1928和1929年分两次发表在《政治经济学杂志》上的英文论文是据德文改写的。正如沃纳所说的，这些文稿之间的差异对于我们准确理解早期帕森斯思想的形成并非无关紧要（Wearne，1989：44）；但我们现在所依据的只能是这篇主要比较桑巴特和韦伯关于资本主义论述的论文。

这种传统与欧洲的其他社会思想传统，如实证主义、功利主义、个人主义和理性主义等之间的对比，可以进一步理解欧洲或者西方社会思想的整个传统；这种学术抱负并非始于《结构》，在海德堡时期即已显现。其次，这种考察不仅仅限于对西方社会思想传统的理解，其中还蕴含着对现实问题的关怀。帕森斯指出，桑巴特和韦伯（包括马克思在内）虽然因基于不同的方法论基础而对资本主义问题的研究方式不同，但"他们所关注的最终目的是相同的，即理解我们现代经济和社会处境的各种特殊性"（Parsons，1928 -1929/1991a：20）。这些理论家对西方文明之独特性及其命运的独特考察，也成为帕森斯终生关注的核心问题，尽管他提出了一种不同于他们的理论视角。再次，他的考察方式也颇为独特。在帕森斯看来，马克思、桑巴特和韦伯的资本主义理论似乎代表着一种辩证过程——亦即他所谓的"德国思想中的钟摆式运动（pendulum-like movement）"（同前引：6），并在《结构》中对这种德国思想传统的特色进行过更为详细的考察，韦伯代表着这个辩证过程的综合或具体阶段；从理论分析的意义上看，帕森斯似乎认为马克思过于强调资本主义的物质因素（"历史唯物主义"），而桑巴特则走到另一面，对资本主义的"观念"因素（"资本主义精神"）给予了特别的强调，而韦伯的解释框架则对这两种因素都给予了恰当的论述，因而实现了一种"综合"。而按照沃纳的说法，"在解释学的意义上，存在着一种自抽象（辩证法：马克思）到建构（理想类型，逻辑：桑巴特）再到具体（理论，文本：韦伯）的运动"（Wearne，1989：51）。这似乎是帕森斯对德国"资本主义问题"的考察得出的一个主要结论；这种结论也间接表明了为什么是韦伯而非其他人成为他理论生涯初始阶段最主要的"智识导师"。

最后，帕森斯对欧洲社会理论的态度是"批判性的"而非凡伯伦（Veblen）意义上的"鉴赏家"（Wearne，1989：43），其中他对韦伯的批评尤为关键。他不赞同韦伯的“悲观主义”：“资本主义所呈现的是一个死气沉沉的、机械的社会状况，其中没有给这些真正的创造性力量留下任何的发展空间，因为所有的人类活动都被迫去追随这种‘制度’”（Parsons，1928－1929/1991a：33）。在试图解释韦伯的“悲观主义”产生的根源时，帕森斯认为除了韦伯对人类社会发展的根本预设（理性化进程）等因素外，他所使用的“理想类型”的方法也是一个重要的原因；具体来说，帕森斯认为韦伯对理想类型概念有一个“双重使用”的问题：一方面，理想类型是一种分析工具；另一方面，它又具有历史内涵（historical connotations）。因此，帕森斯认为“毫无疑问的是，韦伯那严酷的理性化进程之逻辑基础在于社会发展的某一方面的孤立性，并将历史现实性归诸一种从未想要被用来表现它的理想类型之中。如果这个错误得到纠正，理性化进程对于整个社会进程的那种绝对支配性就会失去其基础”（同前引：35）。据此，沃纳认为“帕森斯似乎将韦伯的理论解释为韦伯的‘铁笼’”（Wearne，1989：56）。在《结构》中，帕森斯借助自己的方法论立场对韦伯的“理想类型”提出了更为系统的批评。

另外需要指出的是，对“资本主义问题”相关研究的考察，也使得帕森斯日益认识到经济理论的局限性以及社会学理论在解释类似资本主义问题这样的现实问题上的重要性，从而将“经济理论与社会学理论之关系”问题作为其学术生涯的一个持久的论题。与此相关的是他在确立社会学在现代“智识性学科”中的地位所做出的长期努力。帕森斯认为韦伯在这些方面都曾经做出了重大贡献，因此在进行这些研究的过程中，不断地返回到韦伯那里吸取智识洞见。

在1930年代前期，帕森斯还通过一些相关的文章和评论以及更为重要的是对韦伯《新教伦理与资本主义精神》（Weber，

1930/1958）翻译出版，继续他对韦伯的理解和阐释。[1]例如，在对罗伯逊（H. M. Robertson）《经济个人主义兴起之诸方面：对马克斯·韦伯及其学派的批评》一书的评论（Parsons，1935/1991b）中，帕森斯指出该书不仅文不对题（该书并未论及所谓的“韦伯学派”），而且严重误解了韦伯关于“新教伦理与资本主义精神”之论述。而在另一篇关于他在海德堡时的故交谢尔廷（Alexander von Schelting）的《韦伯的科学学说》一书的评论（Parsons，1936/1991c）中，他则持基本肯定和赞赏的态度，而谢尔廷这部著作也是他在《结构》中论述韦伯方法论思想时最为倚重的相关二手研究文献。

三 《社会行动的结构》中的韦伯

帕森斯在1920年代中期到1930年代中期的十余年中，主要通过对西方社会思想史上的一些主要传统和代表人物的研究来确立他一直在寻求的普遍的理论“参照框架”，这些研究最终（有

---

[1] 众所周知，帕森斯曾将韦伯最重要的著作中的《新教伦理与资本主义精神》和《经济与社会》第一部分译成英文——帕森斯以《社会和经济组织理论》（Weber，1947）作为后者的英文本书名，后经一定的修订后被纳入《经济与社会》的英文版（Weber，1968）中。帕森斯英译的韦伯著作（尤其是《新教伦理》）一直争议不断，可谓毁誉参半。限于篇幅，本文略去这部分的论述，但有两点仍需要指出来：（1）基于斯卡夫近年的一项出色研究（Scaff，2005），许多对帕译《新教伦理》的批评可能需要重新考察：因为种种原因，1930年刊行的《新教伦理》实际上与帕森斯自己的译本（现存于哈佛大学档案馆）有很大差异，与帕森斯对韦伯著作的英译设想更是反差巨大；（2）帕森斯对韦伯两部著作的英译皆非主动有意为之，实为被动卷入之举，但帕森斯一旦投入其中，对他而言就不仅仅是一种简单的德—英语言间的移译问题，其中既涉及他通过种种翻译而加深乃至修正了他对韦伯思想的理解（例如，可参见Gehardt，2007），同时也加入了他自己的理论视角；在这个意义上，可以说帕森斯英译韦伯著作实际上是一种理论行动。

选择地）系统地呈现在1937年出版的《社会行动的结构》之中，他后来称这部著作为他的“第一次主要综合”（Parsons, 1970/1977：25）。《结构》是多维的、丰富的，帕森斯似乎想借助他对西方社会思想中的主要传统及其代表人物的阐释来谱写一部理论交响曲，韦伯理论只是其中的一个组成部分，尽管在某种意义上是最显著的一个部分。

要理解《结构》中关于韦伯思想的阐述，首先需要明了《结构》是一部什么样的作品；而帕森斯也似乎感觉到自己的这部著作不易为人理解，甚至会产生误解，因此他特别利用该书的几版序言对该书的主旨予以反复澄清。特别值得注意的是如下要点：首先，鉴于该书主要内容是对四位欧洲理论家之思想的阐述，很容易被认为是一部“二手研究”之作，所以帕森斯在“序言”中开篇即谈到这个问题。如果说《结构》是一部“二手研究”之作，但也不是寻常意义上的“二手研究”——诸如确定被研究者都说了什么，或者他们的理论中的一些命题是否在当前的知识背景下站得住脚之类的研究，相反，它可能是“最不为人所知的”那种“二手研究”，[1]它所注重的是被研究者提出和解答问题的“脉络”（context）。不过，这种解释依然使人不甚了了。帕森斯澄清的第二个要点则明确得多，并有助于对第一点的理解。他说《结构》的“主旨”在于“它是一项关于社会理论（theory），而非诸理论（theories）的研究”，[2]它在意的不是各种分散的命题，而是“一种关于系统的理论推理的单一

[1] 沃纳认为，在如下两种意义上可以将《结构》视为一种“二手分析”：(1) 它是对某些理论家的著作的考察；(2) 在某种文化意义上它是一种二手研究，即“它是以一种美国形式来（呈现）欧洲思想”（Wearne, 1989：81）。

[2] 帕森斯此处所指的关于“诸理论”的研究，在当时显然指涉的是索罗金在1928年出版的《当代社会学理论》（Sorokin, 1928）中的那种研究方式。帕森斯认为这种研究无助于“理论”本身的发展。

体”，而通过对这些理论家以及他们的某些前辈的著作进行分析，可以追溯这种单一理论的发展过程，因此，将这些理论家汇集在一部著作中进行分析，其理由不在于他们构成了一个通常意义上的“学派”，或者他们代表了社会理论史上的一个时代或时期，而是因为他们每个人都在不同的方面对这种单一、连贯的理论体做出了重要贡献；对他们的著作进行分析，将构成对理论体系本身之结构和经验意义上的有用性予以阐明的一种便利途径（Parsons，1968：xxi）。这种论述颇为奇特，但若考虑到前文论及的帕森斯在海德堡时期受到韦伯思想之启迪而确立的学术抱负，我们从这段论述中似乎看到帕森斯试图确立的一般参照框架的明确所指：理论或理论本身。而且，这种理论虽然与这些理论家相关涉并通过他们的论著而表现出来，但它似乎又具有相对的独立性，有其自身的发展逻辑和轨迹。帕森斯在《结构》的“二版序言”中对这种意涵表达得更加清楚：“《结构》意在对系统的社会科学，而非历史，亦即社会思想史做出首要的贡献。它对于其他著作家之著作的批判性取向的正当性在于这种事实，即对于各种问题和概念、意涵和相关性的澄清来说，这是一种方便的载体。这是一种利用我们所拥有的理论资源库的手段”（同前引：xvi）。在理论本身（的发展）和理论家之间，帕森斯似乎持一种工具主义的立场（而这与他的清教渊源——韦伯的思想无疑使他更加明确了这种传统——显然不无关系）。

不过，要确立这种理论或理论本身，尚需历史的基础或确证，而这正是帕森斯反复澄清的第三个要点：“汇通”论题。[1]他在“二版序言”中写道：“《结构》分析了一种融会贯通的理

〔1〕 沃纳认为，《结构》中的“汇通”论题至少有三重指涉：观念论与实证主义的历史融合；存在着一种与社会的理论相关的新的理论的理论；《结构》中的四位主要理论家的著作中存在着经验—分析性发现的汇通（Wearne，1989：77）。

论发展过程，这种过程构成了对社会现象的科学分析中的一场主要革命”（Parsons，1968：xvi）。而韦伯、涂尔干和帕累托只不过是这种理论发展的“社会学方面”的三座最高峰而已（他后来又在被《结构》忽略的“心理学方面”添上弗洛伊德这座高峰，而在其文化或人类学方面，他并未发现有堪与这些理论家比肩的人物）。在三十年之后的《结构》“平装本导言”中，帕森斯再次明确强调：“本书的主要论题是：马歇尔、帕累托、涂尔干和韦伯的著作（它们与其他人的著作有着复杂的关联）所呈现的不仅仅是关涉人类社会的四组特别的观察资料和理论，而且表现了理论思维结构中的一场主要的运动……它代表着欧洲——当时尤其能够等同于西方——关于人与社会的思想的一个全新的阶段”（同前引：viii）。关于这场运动或革命产生的智识背景，《结构》中曾有如下描述：

> 在对某些最重要的社会问题的经验解释领域里，一场根本性的变革正在进行中。线性进化论已被人们遗忘，各种循环论则崭露头角；各种各样的个人主义正受到越来越猛烈的抨击，取而代之的是形形色色的社会主义的、集体主义的和有机的理论。作为一种行动要素的理性的作用和科学知识的地位则一再地受到抨击；我们再次被不同种类的关于人性和人类行为的反智主义的（anti- intellectualistic）理论浪潮所淹没。除非追溯到16世纪，否则很难在一代人这么短暂的间隙里发现关于人类社会的那些流行的经验解释发生了一场如此重大的革命（Parsons，1968：5）。

而他所发现的这场“融会贯通”的思想运动则是对这种“智识混乱状况”的纠正。“他发现了西方合理性的重新统一。而作为科学疆域中的一个相对后来者的社会学，正是在一种新的系统性的社会行动理论中发现了其使命”（Wearne，1989：76）。不过，要真正将这场运动或革命所显现出来的“理论”揭示出来，还需要《结构》的作者“独立地建构出这种理论图式的主要结构，这种智识运动的统一性只有借助这种理论图式才能得以证明”，因此，构成本书框架的“社会行动的结构”的一般理论并非是“对四位理论家之著作的一种‘概括’”，而是“一项独立的理论贡献”，绝非任何简单意义上的“二手研究”（Parsons，1968：x）。

最后，在帕森斯的澄清中还反复提到一个并非无关紧要的要点，而且这个要点与上述诸要点密切相关，此即《结构》的经验品格。他在“序言”中指出，《结构》中的理论，即“社会行动理论”，是“一种经验科学理论”；而且，“真正的科学理论不是毫无根据的‘冥思’之产物，也不是将假设的逻辑意涵予以敷衍的结果，而是观察、推理和证实的结果，它始于事实并不断地回到事实”（Parsons，1968：xxi－xxii）。在“平装本导言”中，他更加明确地指出“《结构》在双重意义上乃一部经验性著作”：首先，“它以西方社会中在宏观层次上之发展的诸问题为取向，尤其是通过本研究中所讨论的四位主要作者的视角来看待这些问题”；其次，“在对社会思想的分析方面，它是一部经验之作”（同前引：vii）。换言之，帕森斯通过欧洲社会理论家对现代性问题的经验研究来重申西方社会面临的问题，而这些经验研究本身又成为帕森斯的经验研究的“素材”。

因此，在《结构》中，帕森斯通过他独特的“汇通”论证明确地找到了社会科学中的“理论”本身：一方面，通过对韦伯、涂尔干等主要理论家的经验研究的融会贯通的分析，他发现了这种“一般理论”——行动理论——的诸要素；另一方面，借助康德的认识论和怀特海的科学哲学等思想，再结合对帕累托、涂尔干以及韦伯等理论家的方法论思想的分析，帕森斯厘清了这种科学理论的方法论基础，并最终能够通过他自己的理论建构而确立了这种理论的最初轮廓：行动参照框架（Parsons，1968：尤其第Ⅰ、Ⅱ、ⅪⅩ章）。进而言之，“《结构》不是一种历史，或者各种理论的堆积，而是理论。它是一部在理论‘之内’的作品，在某种意义上，它是对一种理论观点的经验论证”（Wearne，1989：77）。换言之，帕森斯通过《结构》实现了对近期欧洲社会思想潮流的一种“解释”，而且“他将自己置于这种思潮之中”（同前引：82）：《结构》不仅发现和确定了“理论”，而且它自己就是这种理论发展的一部分；这种理论尚处于发展之中，或者说刚刚起步，不过，它虽然源于欧洲，但现在却要在美利坚的脉络中展开——欧洲和美国现在合二为一。“汇通”即是“理论”本身的发展过程，并构成了其发展的“智识风尚”（intellectual mores），它是超越单个理论家及其理论的：“一种理论图式之纲要和它的某些主要创造者的贡献，与其说被帕累托、涂尔干或韦伯学者之类的小圈子所独自把持，不如说它是一种专业群体的公共财产”（Parsons，1968：xvii－xviii）。

上述分析似乎揭示了《结构》中蕴含的一个巨大悖论：一方面，帕森斯通过对实证主义和观念论这两大社会思想传统的综合而得出“意志论的行动理论”，通过对四位主要的欧洲社会理论家之著作的融会贯通的分析而得出“行动参照框架”；另一方面，这种“一般理论”一旦“绽放”（emergence）出来，就似乎高居于其主要创造者之上而具有了自己独立的生命，理论家们（包括帕森斯在内）则“沦落为”其发展的“工具”——当然，对帕森斯而言，这是在新教意义上的“工具论”。虽然如此，这并不意味着帕森斯对他选择的这些主要理论家的阐释不重要，恰恰相反，帕森斯通过这种方式将这些理论家和他自己置于同“理论”本身的一种全新的、动态的关系之中。

另一方面，帕森斯在《结构》中针对这些理论家所采取的不同阐述方式依然十分重要，这些理论家之间的差异（智识背景、理论取向等）实际上以一种独特的方式被带入“理论”本身的发展过程中。就《结构》对韦伯思想的阐述来看，帕森斯显然把他放到这场思想运动或革命的最突出的位置上。《结构》的整个第三大部分都是在论述韦伯的社会理论。和他在其关于德国“资本主义”的文章中对韦伯的阐述相比，《结构》中的韦伯被置于一个更大的、更加复杂的场域之中，对韦伯思想的阐述也更加细致和系统。第 13 章是一种铺垫和脉络，韦伯置身于其中的德国智识传统得到更为详细的论述；在这里，帕森斯所谓的“德国思想中的钟摆式运动”主宰了他对德国观念论以及资本主义问题的论述，而韦伯的思想同样代表着这种辩证运动的“合题”：他代表着德国社会思想中的一种“综合”、一个更高阶段，当然，也是一种开端，其思想中蕴含着许多需要展开的可能性。韦伯是观念论思潮或德国社会思想方面汇入“理论”之中的最主要的代表。[1]相比于其他三位主要论主（虽然涂尔干部分也占据了四章篇幅），但韦伯无疑是《结构》的第一主角（涂尔干思想的意义在帕森斯理论发展的中后期才日益彰显出来）。

“资本主义问题”依然是这部分论述的焦点，不过相比于其“博士论文”中的相关论述，《结构》对此论题展开得更为全面和充分，尤其增加了中西文明的比较研究部分。同时，帕森斯对韦伯在《经济与社会》（尤其第一大部分）中对理论的系统化所做出的努力给予了特别的强调，辟专章予以论述。在 1930 年代，能够对韦伯成熟思想最主要体现的《宗教社会学论集》和《经济与社会》这两种既相互独立又互有关联的宏大研究给予如此均

[1] 帕森斯在《结构》原稿中原本有一章论述齐美尔和滕尼斯的理论，但该书最终出版时却去掉了这一章。韦伯因此成为“源自观念论传统的意志论的行动理论”的唯一代表。

衡、细致探讨（当然包括方法论思想在内），可以说是罕见的（甚至可以说是绝无仅有的），这是帕森斯在推进韦伯思想的研究和传播方面做出的一大贡献。不过，更为重要的也许是，帕森斯通过这种系统的细致研究，将韦伯的社会理论融会贯通到他所谓的社会科学的“一般理论”或者说“理论”本身之中。《结构》以韦伯下述论断，即“要想考察任何有意义的人类行动的根本要素，首先应当从‘目的’和‘手段’这两个范畴入手”，作为全书的题词，而其中以“单位行动”（unit act）为核心的“行动参照框架”显然就是一种“手段—目的”范式。另外，《结构》以“行动理论”作为社会科学的“一般理论”之载体，强调从行动者的“主观视角”来探讨人类行动的主观意义和客观的社会结构。上述种种，足可说明韦伯的社会科学探讨对于整个《结构》所具有的根本意义；正如有论者指出的：“与其说《结构》所呈现的是一种融会贯通，不如说它实际上是将一批思想家吸纳到一种受韦伯派启迪（Weberian-inspired）的框架之中”（Buxton and Rehorick，2001：31）。

韦伯的方法论思想在《结构》中也得到远比“资本主义”论文更加深入的考察。不过，帕森斯虽然高度评价韦伯的方法论思想对“理论”发展的重要意义，但他依然对此持一种批评的立场，认为韦伯的“理想类型”方法蕴含着严重的问题。他在《结构》中称韦伯的“理想类型”是一种“虚构论”（fiction theory），但这种原本作为分析工具而“虚构”的类型在具体的经验研究中很容易出现“实体化”（hypostatization）或具体化（reification）的问题：

> 由于理想类型的实体化，他的“多元主义”遂倾向于瓦解具体的历史个别和历史进程的有机统一性，而在某种意义上，这并非分析本身的题中之义。在理想类型的具体化方面，它导致了一种可以称之为关于文化与社会的“马赛克”

(mosaic) 理论(或镶嵌理论),这种理论将社会和文化设想为是由互不相干的原子组成的。这种理论,加上他对理性规范的使用,成为人们常常归诸他的那种令人反感的"理性主义"以及理性化过程所具有的那种严苛的特性(而这种特性是他的经验性著作的一个如此显著的特征)的根源之所在。这是韦伯的立场在方法论上的主要难题;不论他的经验理论中可能会隐含着怎样严重的困难,这种方法论上的难题都会比任何的事实性错误要严重得多。(Parsons, 1968: 607)

在《结构》的新的格局里,韦伯在其未竟之作《经济与社会》中,尤其第一部分围绕社会行动概念而展开的系统论述自然得到帕森斯的格外重视。虽然帕森斯很清楚韦伯不论是在方法论上("仅仅阐述过一般理想类型这种一般概念")还是在经验研究方面都没有建立一般化理论的明确企图和具体尝试:"和帕累托不同,韦伯并没有着手建立社会领域里的一般化的系统理论"(同前引: 686);但他依然认为韦伯晚期进行的这种主要以分类方法来进行系统论述的尝试是对"理论"本身的发展的一大贡献。更重要的是,韦伯的这项未竟事业已经汇入"理论"发展之中,对它的展开和推进恰恰是帕森斯未来的"使命"。

四 后《结构》时期帕森斯对韦伯的阐释

如果说《结构》本身即是对西方文明危机的一种回应,[1]

[1] 虽然西方研究者对《结构》进行了多方面的讨论和批评,但对《结构》所具有的强烈的时代性特征(譬如它对西方文明当时面临的危机的回应、它的政治意涵等)的讨论却殊为少见;例如,可参见布里克(Brick, 1993)、格哈特(Gerhardt, 2002)在这方面的探讨。

那么它在面世后实际上面对的是西方正遭遇的更大的危机。在帕森斯的学术生涯中，《结构》与《社会系统》之间是一个通常被研究者所忽略、但实际上特别重要的“过渡期”。[1]按照格哈特的说法，帕森斯在“二战”期间“来回穿梭于理论关怀和政治参入之间”（Gerhardt，2002：60），这也是他的学术生涯中更为关注“芸芸大众亲历之生活世界的社会”的时期（同前引：127）。不过，巴克斯顿和里霍里克认为格哈特的阐述依然意味着帕森斯的著作“摇摆于‘实践/经验’和‘理论’之间”，而实际上帕森斯在《结构》出版之后关于“制度分析和专业实践”的论述和他在《结构》中对于“古典欧洲思想的研究”是串联在一起的，两者皆可追溯到1930年代初期；不过在《结构》之后，这两种研究取向结合在一起，帕森斯将此前分离开来的理论和实践工作“统一到对专业实践的系统探讨中”，而这种综合则建基于对韦伯的思想和影响的特殊解释之上：帕森斯在这个短暂时期特别沉浸于韦伯的著作之中（Buxton and Rehorick，2001：29－30）。正如两位论者所指出的，紧接着《结构》出版后的时期里，其中的四位主人公中只有韦伯的著作依然得到帕森斯密切的关注（虽然帕森斯在这个时期加强了对弗洛伊德著作的阅读，但他关于弗洛伊德的相关论述是在“二战”之后逐渐展开的）。他们进一步将这种研究分为两个相互关联的阶段：第一个阶段始于1938年直到1939年底，第二个阶段为1940年代的战争及战后时期；在第一个阶段，帕森斯在很大程度上以韦伯的思想作为社会学方法论之发展基础，利用韦伯式框架来构建“一种权威的社会学立场”，而随着“二战”的爆发，帕森斯开始利用韦

[1] 格哈特详细阐述了帕森斯在这个时期主要的政治—学术活动（Gerhardt，2002），而沃纳则对帕森斯在此“过渡期”的理论探索和经验研究进行了细致的分析（Wearne，1989）。

伯思想来阐发“一种关于社会学分析的比较—制度探讨”；因此，在《结构》出版后的一段时期里，帕森斯对韦伯著作的旨趣出现了从方法论著作到比较政治社会学的转变（Buxton and Rehorick，2001：30）。

1. 韦伯与现代西方政治危机

帕森斯理论生涯的一个显著特征是其理论探讨的开放性与合作性，也就是说，他不仅在其理论发展过程中不断地“重访”韦伯、涂尔干等古典前辈，而且在其理论发展的不同时期以及不同的理论主题上与其同时代人（前辈、同仁、友人、学生以及批评者）进行各种各样的讨论、对话、争论及合作。随着欧洲法西斯主义的肆虐和战争的爆发，大量欧洲，尤其是德国知识界人士流亡到美国。鉴于帕森斯与德国的特殊渊源，他与其中的一些德国旅美学者之间有着广泛的交往。这里特别应提及的是他与政治理论家沃格林（Eric Voegelin）及社会理论家舒茨（Alfred Schutz）之间的学术讨论，因为他们之间的讨论有一个共同的智识背景：马克斯·韦伯的思想与理论。帕森斯与舒茨的讨论将另外论及，此处仅简单涉及他与沃格林对韦伯的不同理解以及他们对当时西方面临的危机的看法。

据巴克斯顿和里霍里克对帕森斯与沃格林在1940—1943年间通信的分析，两位思想家讨论涉及“法西斯主义的起源、新教伦理的性质、预定论以及社会科学方法论”等广泛的主题，而这些主题都与韦伯相关联；两位论者认为韦伯在帕森斯和沃格林的思想发展中具有“核心意义”，而他们在1940年代初期的讨论在很大程度上源自“韦伯思想与西方社会在1940年代面对的复杂问题的关联性”（Buxton and Rehorick，2001：37－38）。尽管他们当时都将“处于法西斯主义浪潮中的西方文明危机”作为其现实关切，并运用韦伯的著述作为分析这种危机的出发点，但因为两人各自关于“现代性的起源和性质的神学视角”的差异，各自的“道德—政治立场”的不同，使得他们对韦伯的相关思想的理解也存在着分歧。今天看起来，帕森斯与沃格林能够通过通信的方式保持数年之久的讨论的确有些令人惊奇：因为这两位思想家在诸多关键问题上是如此不同，甚至是针锋相对！譬如两人虽然都赞同韦伯关于新教对西方现代世界之重要性的研究，但立场却迥然不同：沃格林认为现代性源自“灵知派”（Gnostic）运动，加尔文主义不过是清教形式的“灵知主义”，因其排除了“超验真理”（transcendental truths）而对现代社会产生了灾乱性的影响，进而成为现代极权主义和法西斯主义的一个根源；相反，帕森斯对于“清教突破”或“清教革命”所带来的后果基本持肯定的态度，与“伦理责任、宽容以及理性与科学的增长”这些西方现代性的核心价值观密切相关，而且在帕森斯那里存在着与“法西斯主义和极权主义之路德派和天主教起源”相对立的“盎格鲁—撒克逊民主的加尔文主义基础”。同样，和沃格林对现代“科学主义”（亦源自灵知主义和清教）的抨击不同，帕森斯对现代科学和理性赞赏有加。（Buxton and Rehorick，2001：38－42）因此，在对待韦伯的社会科学方法论时，两人的态度和取向也明显不同：沃格林对他所谓的基于“事实—价值区分”的“马克斯·韦伯的价值无涉的科学”（Voegelin，1952：14－22）持否定、批判的态度，而帕森斯虽然指出了韦伯方法论中的一些不足（如前文提及的他对于“理想类型”的批评），但却认为韦伯为现代社会科学奠定了最初的方法论基础。限于篇幅，本文不可能对韦伯、帕森斯和沃格林这些博大精深、自成体系的思想家之间的复杂关联做出细致分析；不过，从他们对韦伯思想理解上的差异来看，其中既体现了他们各自的智识取向以及对当下危机之根源和性质的不同判断，也表明了对韦伯思想的不同理解的可能性（比如帕森斯的社会理论进路和沃格林的历史—政治哲学进路)。

面对西方文明遭遇的空前危机,帕森斯一方面积极投身于各种实践活动,付出了巨大的时间和精力;另一方面,作为一名社会科学家,他不断地运用社会学的分析视角对此危机进行诊断和提出应对之策,而韦伯则是帕森斯在做这些分析时借鉴的一个主要智识源泉——不仅韦伯的相关论述为这种分析提供了便利的参照框架,而且因为这种危机的一个主要根源即来自韦伯的德国。帕森斯在1940年代前期撰写了大量关于反犹主义、国家社会主义和法西斯主义等方面的分析文献(Parsons,1993),在这些分析中,纳粹德国的"国家社会主义"和英美的自由民主体制的对张在其中一直占据主要的地位。[1]帕森斯在此期间撰写的一篇代表性文献"马克斯·韦伯与当代政治危机"即是运用韦伯的理论视角来分析当下危机的例证。文章的第一部分主要阐述了韦伯政治社会学的一些主要概念,尤其是对"三种权威类型"的论述,特别强调了"法理权威(rational-legal authority)的不稳定性"和各种权威类型之间的转换;第二部分则据此从四个方面具体分析了"西方社会的政治结构"。帕森斯认为,"法理型的权威体系与民主之间存在着一种内在的关联性"(Parsons,1942/1969:111),也就是说,法理型权威在西方政治结构中占主导地位,但这并不排除它在某些条件下向其他类型转变的可能性。在讨论"民主与政党制度"的第一节,帕森斯认为多元竞争的政党制度是西方民主制度的一个基础,但纳粹在德国的独裁统治却

[1] 格哈特不仅将帕森斯在此期间撰写的相关文献辑成一册(Parsons,1993),而且对帕森斯在此期间所参与的主要活动及相关论述进行了细致的研究(Gerhardt,2002:58-128),其中也特别强调了这种对张,并将其拓展到帕森斯的整个学术生涯中。帕森斯后来于1969年出版的一部主要收录其在政治分析方面的文章的文集(Parsons,1969)中,其中的两个主要部分(Ⅱ,Ⅲ)分别讨论纳粹德国和当下美国的政治危机和政治问题,因此,即使在美国民主体制内部,依然存在着产生极权主义的可能性。

将这个基础破坏殆尽，遵循的是“卡里斯马模式”而非民主模式。而在讨论“国家社会主义之权力的持久巩固的可能后果”这一关键部分里，帕森斯在将法西斯主义确定为“卡里斯马运动”的基础上，运用韦伯的相关概念和分析，诸如以各种先赋性的特殊主义取向取代“普遍主义标准”，卡里斯马的“常规化”和“传统化”、形式合理性与实质合理性之间的张力以及卡里斯马权威在经济方面的非理性、非市场性特征（“在经济上具有重要意义的物品是通过强制和强力来保障的”）等等对德国国家社会主义的政治结构进行了细致剖析，其结果是作为西方政治制度之基础的法理型权威被彻底颠覆，西方文明的其他一些曾经是“支配性的形式”，诸如“私有财产权、经济企业、市场关系、教育以及文化活动”都将不可避免地发生根本性的改变。在“战争的结局和制度的发展”一节里，帕森斯援引韦伯关于公元前5世纪希腊赢得对波斯的战争对西方文明之承续的重大意义的分析，来比拟当下这场反对法西斯主义的战争对现代西方文明的重大意义，强调“文明现在完全有可能站在作为一个整体的历史进程的另外一个同样的决断关头”。最后一节（“政治中的道德责任”）里，帕森斯运用韦伯关于“信念伦理”和“责任伦理”的论述，强调后者在这场事关西方文明存亡的战争中的重大意义。

2. 韦伯社会理论：方法论与实质理论

1964年是马克斯·韦伯百年诞辰之年，德国社会学协会为此举办隆重的纪念活动，帕森斯应邀参会，提交名为“社会科学中的评价与客观性：阐明马克斯·韦伯的贡献”（Parsons, 1965/1967b）的论文，这篇并不很长的论文代表了帕森斯在《结构》之后对韦伯思想的最为明确和系统的看法，也是他首次接触韦伯的著述后四十年里不断阅读和体会韦伯思想的一种简洁而集中的表述，代表了他中后期对韦伯思想的一种成熟和定型的看法。另外，他在1964年还应《美国社会学评论》之邀为该刊发表的一组纪念韦伯百年诞辰的文章撰写了一篇简短的导言，这篇短文的基本观点与他在海德堡宣读的论文是一致的，可视为那篇文章的一个简写版。帕森斯在此文中指出，“韦伯著述的最有意义的方面就是它给社会学及相关学科的发展指出了方向”，尽管他的著述具有明显的“未完成性”和“片段性”特征（Parsons，1965：171）。韦伯虽然深深受惠于德国思想传统，但其主要贡献则在于他从这种（他并不满意）的智识传统中开辟的新方向和新领域，帕森斯称之为韦伯“重新定位的三个‘前沿’（fronts）”：（1）对社会科学的“方法论”取向的重新确定的必要性；（2）需要发展出一种一般化的分析理论图式；（3）需要动员和解释与完全的“历史”资料区分开来的历史比较研究（同前引：173）。帕森斯进而将韦伯的社会理论划分为两个大的方面：社会科学方法论和实质社会学。前者包括四个要点：“价值自由”（Wertfreiheit）、“价值关联”（Wertbeziehung）、理解（Verstehen）以及“一般化的分析概念化”，即一般化“理论”；后者包括法律社会学、政治社会学、经济社会学和宗教社会学四个方面（同前引：174—175）。他对韦伯的学术地位给予了极高评价，认为“韦伯将人文主义的历史学术的智识遗产发展成一种分析性的和经验性的社会科学的准则（canons），其层次要比他之前的任何人都要高得多”（同前引：175）。

在“社会科学中的评价与客观性”这篇文章中，帕森斯对于韦伯的社会科学方法论思想和实质社会学研究给予了较为详细的阐述。文章的开篇颇有意思：帕森斯首先声称他并“不是一个（譬如温克尔曼那样的）马克斯·韦伯学者”，对他来说更为合适的是“致力于那些广泛问题，即关于马克斯·韦伯在西方世界之思想发展的主要趋势中的位置和他在理论上对于社会和文化中的人的问题——这些问题既是从他作为一名德国学者的视角来看他本人所处时代的问题，也是所有时代的普遍问题——之理解的贡献”；作为一个深受韦伯影响的美国人，以这种较为广泛的视角来考虑韦伯的意义“无疑是恰当的”（Parsons，1965/1967b：80－81）。这实际上是帕森斯明确地表达了他自早期对包括韦伯在内的西方古典社会思想之研究以来一直坚持的一个基本立场，牢记这个立场确实有助于我们把握帕森斯和包括韦伯在内的理论前辈的思想关联。因此，我们看到帕森斯在多处论及韦伯的思想（包括上文论及的《结构》）时，总是首先将他置于一个比较广泛的智识脉络和历史背景之中，然后再突出韦伯源自这些脉络的“突破”或者“贡献”。所以，这篇文章第一节概述的是欧洲社会思想的三个主要智识传统：德国的观念论和历史主义、英国的功利主义以及法国的实证主义和理性主义，这三种“智识运动”都关涉“关于人类社会与文化事务之科学的问题”，并确定了“韦伯之问题的坐标”；同时，韦伯也“实现了一种综合”，并将这些智识传统中的“实质性要素”吸纳到“一个单一的参照框架”中，代表了一个比这些智识先驱更高水平的理论，韦伯的“创新”体现在他的“方法论构想”和对社会科学做出的“实质性贡献”方面（同前引：82—85）。

帕森斯指出，“价值自由”（value freedom）概念是“韦伯立场的基础”。“价值自由”并不是要社会科学家“放弃所有的价值承诺”，相反，其要旨在于：“对于科学家这种角色而言，某种特定的亚价值系统对研究者必定是最重要的，而研究过程之有价值的结果一方面是概念上的清晰、连贯和普遍性，另一方面是经验上的精确和可证实性。”因此，他认为“价值自由”就是“在相关的限度内对科学之价值的追求”，与此同时也涉及“对于作为科学家的科学家出于某种价值立场而做出的任何宣称的拒斥”；“价值自由”意味着“一种科学无须受到任何特定的历史文化的束缚”（Parsons，1965/1967b：85－86）。其次，“价值关联”（value relevance）是“价值自由”的另一面；如果说后者强调的是科学家角色的“独立性”，那么前者强调的则是其“相互依赖性”，它直接针对的是“幼稚的经验主义”（naïve empiricism）。帕森斯指出，在此脉络中，价值对韦伯来说可谓“构成了科学的‘父亲身份’，而‘母科学’（mother science）借助他才可能是多产的”。包括社会文化科学在内的所有科学都要“借助于和依赖于时代的社会和文化整体价值系统来定位”，因此，“科学是一项人的事业”。帕森斯认为，上述两个方面“并非是不相容的”（同前引：86—87）。

接下来，帕森斯简要讨论了韦伯时代的德国学界争论的一个核心问题：自然科学与社会文化科学的分野。他认为韦伯超越了历史主义的局限性，强调对人类社会现象和事件进行“因果解释”的必要性和可能性，而要达到对人类行动的因果解释，就必须借助“一般化的理论图式”。因此，就韦伯的理论立场而言，“只有科学与反科学之分，而无‘自然的’或‘文化的’科学之分；所有的经验知识，只要是有效的，就是科学的”。他同时援引韦伯关于“新教伦理”的研究以及与非西方文明的比较研究来例证，在韦伯那里，对“一般化的分析理论”的探讨确实是重要的和可行的，否则，韦伯的相关研究将失去其科学性。因此，就韦伯而言，“社会学是一门理论性的学科”（同前引：87—89）。在帕森斯的论述里，“理解”（understanding）构成了韦伯方法论思想的第四个要点。“理解”既涉及“文化意义系统”，也包括个体行动者“有意的”“动机意义”；“理解”是连接文化层次和个体的具体行动的“实质性桥梁”。另外，“理解既是研究过程的一种方法，也是它的一个结果”。帕森斯进一步联系科学研究中的“价值自由”、“价值关联”、人类沟通中的共享价值及理解等问题对社会文化科学中的“客观性”问题进行了探讨，指出在韦伯的意义上，借助“理论概念化的一般性”以及“经验有效性准则”，这种“客观性”完全是可能的。最后，帕森斯认为，韦伯关注的并非关于人类行动中的意义和动机的经验科学是否可能这样的“认识论”问题，“他所呈现的是对这种知识的结构以及它与更为一般的文化的某些关系的一种有序的解释”，而这是一个方法论问题（Parsons，1965/1967b：89－91）。

帕森斯认为，韦伯的方法论是一种手段，若无他运用此“手段”进行的广泛的实质性研究，其重要性将大打折扣。如前所述，他从法律、政治、经济以及宗教四个方面对韦伯的“实质社会学”研究给予了简述。和许多韦伯研究者不同，帕森斯将韦伯关于法律的社会学研究置于其实质研究的核心：“韦伯的实质社会学的核心既不在于他对经济和政治问题的论述，也不在于他的宗教社会学研究，而是存在于他的法律社会学之中”（同前引：92）。帕森斯的判断是基于“合法秩序”（legitimate order）或他所谓的“规范秩序”（normative order）在韦伯著作中（实际上也意味着在现代西方社会里）的核心地位：“合法秩序是关节点，法律、政治权威以及宗教伦理的社会作用等概念均汇集于此。”另外，韦伯显然是作为一个社会学家而非政治科学家或经济学家来考虑政治和经济结构及过程，而如果没有对它们与规范秩序之间关系的充分分析，这些结构与过程都将是无法理解的；另一方面，如果对宗教价值和意义系统是如何影响规范秩序的构想及其不同类型的合法性，那么这些价值和意义系统对于理解具体的社会行动也就无从谈起。因此，帕森斯认为，人类社会文化行动中的政治—经济和宗教这两组因素之间的关系问题的中心即在于法律主题的核心地位（同前引：93）。帕森斯关于韦伯实质社会学研究的论述即以上述判断展开的。限于篇幅，不再具体分析。需要指出的是，帕森斯在为1962

年出版的源自《经济与社会》的《宗教社会学》撰写的长篇导言（Parsons，1962/1967a）中，对韦伯的宗教社会学思想进行了相当细致的讨论。

在对“韦伯与意识形态问题”进行一番讨论之后，帕森斯在文章最后给予韦伯一个相当高的评价：

> 韦伯站在西方文明的整个发展中的一个十分紧要的关头。他的同时代人中几乎没有人像他那样去理解古旧体系之分崩离析的事实与性质，而在勾勒一种新的智识取向——这种取向对于确定正在兴起的社会世界之格局具有构成性的意义——方面，他的贡献也是无人能及（Parsons，1962/1967a：101）。

五 “韦伯派帕森斯”？

在帕森斯思想的智识根源问题上，和卡米克一直寻求帕森斯与美国思想传统的隐秘关联不同，格哈特坚持韦伯对帕森斯理论的决定性影响这种被卡米克称之为“简化论解释”的立场（Camic，2005：241）；格哈特和本文开始提及的那些批评者有一点类似，即都坚持帕森斯与韦伯之间的思想关联，但两者的立场却有根本的不同，后者坚持认为帕森斯“误解”了韦伯，坚持要“去韦伯的帕森斯化”，而格哈特作为帕森斯理论的一名坚定的辩护者，似乎持一种更为客观的立场，坚持在“帕森斯学术”与“韦伯主义遗产”之间寻求某种紧密、固定的关联，认为“帕森斯终其一生都是一名韦伯派或韦伯主义者，尽管在其全部论著中数次变更他对韦伯思想的援引”，“帕森斯终生都在强有力地反对下述指控，即他不可能合法地称自己为一名韦伯主义者，从而为自己辩护”，韦伯的思想在帕森斯的理论发展过程中

"在呈现出一种历久弥新的凸显性的同时，保持为一种持续激励的源泉"。她不赞同卡米克所谓的帕森斯理论的"德国制造"之说法，而是要"重建帕森斯著作中的韦伯式思维之基础"（Camic，2005：209）。为此，她概括出她所谓的"韦伯式社会学"（Weberian sociology）的四种"信条"（tenets）：（1）与"实证主义"和"功利主义"相区别的意志论（voluntarism）：在韦伯那里，"'精神'取向蕴含着清教徒中的圣徒共同体里的一种意志论"，而在帕森斯这里，意志论则成为其行动理论的"支柱"。（2）与互惠性（reciprocity）相关的"合理性"（rationality）：在韦伯那里，处于某种社会关系中的理性行动蕴含互惠性，帕森斯则为其社会行动结构理论确立了一个"合理性—互惠性的理据"。（3）科学分析的"价值中立"原则[1]：确保"价值中立"以及社会学知识之"客观性"，以便将科学思想与意识形态区分开来是韦伯方法论的一个核心论题，而这种对客观性的确保是评价韦伯—帕森斯思想连续性的一个关键性的方法论原则。（4）学术与政治的分野：学术图式和政治派性的分离，社会学家不能仿效政治家；韦伯和帕森斯虽然积极参与其所处时代的政治活动，但两人都坚持社会科学与社会政治的分离（同前引：209—210）。为了进一步在帕森斯的理论发展过程中落实这些"信条"，格哈特选择了1930年代、1940年代和1950年代这几个时期，具体论述帕森斯对理论和现实问题的探讨与韦伯思想的密切关联性。

相比于本文开始论及的那些批评者而言，格哈特的这种探讨自然更有助于我们澄清帕森斯与韦伯的思想关联性。不过，格哈

〔1〕对于韦伯使用的Wertfreiheit概念，格哈特采用的是"价值中立"（value neutrality）这种英译，而帕森斯则倾向于使用"价值自由"（value freedom）这种译法（参见上节帕森斯对韦伯方法论的阐述）。

特的一些论断和研究进路依然存在着一些需要进一步讨论的问题。譬如，在何种意义上可以说帕森斯终其一生都是一个韦伯派或韦伯主义者（Weberian Parsons）？帕森斯终生都在为那些指控他不是韦伯的合法继承者而辩护吗？另外，格哈特所概括的她所谓的“韦伯式社会学信条”是否充分？套用这些“信条”来考察帕森斯的相关理论发展是否太过于机械？等等。实际上，诸如前文提及的，帕森斯本人既否认他是“马克斯·韦伯学者”，也从未承认他是所谓的“韦伯派”或“韦伯主义者”。格哈特对帕森斯与韦伯的思想关联进行的动态研究是一个很值得肯定的研究进路，前文也强调帕森斯理论生涯的不同时期对韦伯有不同的阐述以及韦伯思想对他呈现出的不同意义。不过，前文已经很清楚地指出，帕森斯从一开始就将韦伯思想置于一个广泛的思想运动或者西方社会思想发展脉络之中，他更关注的是韦伯对西方现代性问题的研究、他在其中的恰当位置、贡献、存在的问题以及开辟的未来理论和经验研究的可能性等。也正是在这种意义上，我们不能将帕森斯对韦伯思想的阐释视为一种简单的“二手研究”。当然，如前文所述，帕森斯在其理论生涯中一直在有意接续和推进韦伯的研究进路，将韦伯的研究视角应用到许多理论和经验研究之中；但同时他也从其他智识根源那里借鉴颇多，韦伯思想只不过是其中一个重要组成部分。前文从帕森斯在不同时期对韦伯思想的阐释这个角度对这种两人之间的思想关联进行了考察；下面再从另外一个与格哈特有所不同的视角来对这种关联性做一简要补充：具体而言，我们选择帕森斯理论中的几个与韦伯思想有密切牵连的方面予以简要论述（限于篇幅，不能结合具体文本援引做细致分析）。

1. 社会科学的方法论基础

和韦伯一样，帕森斯对于社会科学研究的方法论基础问题给予了特别的关注，并提出了自己独特的见解。[1]前文在论及帕森斯的“博士论文”、《结构》以及他在60年代对韦伯思想的阐述时，都提到他对韦伯方法论思想的批判性研究。帕森斯本人关于方法论的讨论主要集中在《结构》一书中。从帕森斯的学术生涯看，韦伯关于社会科学方法论的讨论无疑奠定了他的方法论思考的最初基础和框架，尽管他在这个方面的探讨同时受到康德、怀特海、L. J. 亨德森等人的影响，但韦伯的影响仍具有根本的意义。众所周知，帕森斯在《结构》中在方法论层次上主要批判的对象是经验主义，在这一点上，他认为自己和韦伯的立场是一致的：“韦伯的抨击绝大部分所针对的是极端的经验主义方法论”（Parsons，1968：589）。科学的理论是分析理论；他认为韦伯在这个方面既继承了德国自康德以降的智识传统，同时又超越了历史主义的局限性。另一方面，帕森斯虽然认为韦伯的“理想类型”方法虽然是一大贡献，但也存在着内在的矛盾和问题，前文已多次论及这个问题。帕森斯在《结构》中将韦伯的“理想类型”称之为“虚构论”（fictionalism），而他所持的立场则是“实在论的”（realistic）。上述两个方面的结合即是帕森斯所持的认识论—方法论基本立场：“分析实在论”（analytical realism）：

与虚构观点相对立，分析实在论坚持认为：至少有一些

---

〔1〕 韦伯实际上反对单纯的方法论讨论，他将其时代的学人热衷方法论讨论之风气称为“方法论瘟疫”（methodological pestilence），认为科学的进步与发展在于“发现和解决实质性问题”，而“纯然的认识论和方法论反思从来没有对这项事业有过决定性的贡献”；不过，他也强调，在科学研究中发生危机和变革时，对科学研究进行方法论反思是有价值的，“理想的元理论家（metatheoretician）是一个偶像破坏者（iconoclast），一个手持锤子的哲学家：他的任务就是摧毁剧场的偶像”（Oakes，1975：13－15）。因此，韦伯的方法论讨论一方面与当时的“方法论争论”（Methodenstreit）相关联，另一方面又与其实质研究紧密地结合在一起。

> 科学的一般概念不是虚构的，而是充分“把握了”客观外部世界的某些方面。我们在此称之为分析要素的那些概念就是如此。因此，我们在此所采取的立场（在某种认识论的意义上）是实在论的。与此同时，这种立场又避免了经验主义实在论（empiricist realism）的那些令人不快的意涵。这些（分析）概念所对应的不是具体现象，而是那些能够与其他要素分离开来的（分析）要素。这并不意味着任何一个这样的要素（甚或是包含在某个逻辑一致的体系中的所有要素）的值是对某个特定的具体事物或事件的全部描述。因此，有必要用“分析的”一词来限定实在论。正是因为可以加上这种限制，从而使得我们不必诉诸虚构论。（Parsons，1968：730）

实际上，帕森斯对韦伯那种基于分类的“理想类型”建构方法是否能够达到真正的科学分析理论是持怀疑态度的——他甚至将其称为“类型原子论”（type atomism）（同前引：618）。相反，从《结构》中以“单位行动”为核心进行的“（分析）要素分析”到后来对“一般行动理论”的繁复建构，帕森斯实际上从一开始就走上了“系统分析”的路径，而这在韦伯那里显然是付诸阙如的。当然，韦伯方法论思想中的“价值自由”、“价值关联”、“理解”、“因果分析”等基本观点都对帕森斯的社会理论建构产生了基础性的影响。完全可以说，韦伯的方法论思想给帕森斯的方法论思考打上了厚厚的底色。在持久不衰的社会科学方法论研究中，韦伯—帕森斯这个丰富的发展脉络依然有待深入探讨。

2. 社会行动理论

韦伯关于“经济、诸社会秩序和权力”的宏大研究代表了他的实质理论研究，而帕森斯则以另外一个更为宏大和繁复的理论框架将这些实质研究领域纳入其中，此即帕森斯的“一般行动理论”（最终又被纳入更为宏大的“人类境况”范式之中）。帕森斯的社会理论自始至终都是行动理论（人类行动理论或一般行动理论），在帕森斯那里不存在某些论者所谓的“从（早期）行动理论到（后期）系统理论的转变”（例如，Habermas，1981）。前文指出，帕森斯在《结构》中是以韦伯关于社会行动的“手段—目的”图式来分析“社会行动的结构”的，无论是“单位行动”还是“行动参照框架”，都是以此图式来贯穿的，进而结合韦伯、涂尔干、帕累托等的相关研究将此分析延伸到社会关系、规范和制度等结构性层面。在这个意义上，完全可以说韦伯的思想，尤其是其社会行动理论奠定了或者决定了《结构》的整个理论框架。帕森斯坚持认为，如果韦伯没有过早去世，他学术晚期开始的围绕“社会行动”展开的系统的理论建构一定会产生出一个“一般化的分析理论”，并与其诸实质性的理论和经验研究有机结合起来。[1]不过，基于前文论及两人在方法论方面的差异，他们在行动理论的建构上也不可能按照相同的方向推进，韦伯社会理论中的类型化、片段化等特征与帕森斯那规整的行动系统理论形成显著对照。

韦伯去世后的1920、1930年代，舒茨和帕森斯这两位年轻人不约而同地对他的行动理论产生了强烈的理论兴趣，并先后出版了重要的相关论著（Schutz，1932/1967；Parsons，1937/1968）；而且因为韦伯这个共同的参照点，两人在1940

---

〔1〕 以《经济与社会》之名出版的韦伯未完成的巨著中，韦伯不同时期写作的两个部分之间的关系问题一直困扰着韦伯研究者，从该著的出版史看，它实际上经历了一个从“建构”到“解构”的过程；尤其可参见Hiroshi Orihara近些年的相关研究（Orihara，2003；2008）。

年代初期还进行过一场短暂的、不成功的“学术对话”(Grathoff, 1978)。两位研究者都对社会行动理论中“行动者的观点”这个“主观视角”特别重视，视为社会行动研究的最重要、最恰当的视角，而这种视角来自韦伯对社会行动者在行动中的意义和动机问题的强调。不过，他们对这种视角的理解显然不同，最终导致两人从韦伯那里开辟出两条不同的社会行动理论研究进路：帕森斯从社会行动的基本要素（“单位行动”）为研究起点，逐渐扩展出繁复的“行动系统”理论，其中的每一个要素都被他扩展为复杂的系统（如意义—文化系统、动机—人格系统等)，并对不同层次的子系统之间的复杂关系给予了详细研究，从而敷衍出迄今最为复杂的社会行动理论；舒茨则将韦伯的社会行动概念引入“社会/生活世界”，在具体的互动过程中展开细致入微的剖析，甚至深入到行动者的意识流中进行分析。社会行动理论中的这两种行动系统进路和现象学进路虽然都源自韦伯的社会行动理论，但却沿着不同的方向几乎推进到极致的程度；即使韦伯看到这样的理论发展结果，恐怕也会感到惊异。虽然如此，如果对韦伯、舒茨和帕森斯这些在社会行动理论——对他们来说，社会行动理论即是社会理论，是通过行动者的行动为切入点来理解社会、文化和历史中的人——研究上做出了奠基性贡献的理论家进行深入的比较研究，必然会极大促进社会行动理论本身的发展，而不至于像“理性选择理论”这样狭隘的社会行动理论在今天还大行其道（其局限和不足早就受到这些理论家的深入批判)。

除了上述两个方面，我们实际上还可以在宗教（尤其是新教）与西方现代性问题、比较—历史研究等领域展开关于韦伯—帕森斯思想关联的具体分析，因为这些研究领域和方法论、行动理论的研究一样，也是最有可能揭示两位社会理论家的思想关联性的地方。除此之外，如果仔细研读帕森斯的相关论著，可以发现韦伯的视角和精神已经深深地渗透其中。限于篇幅，本文就不再展开了。

六 结语

马克斯·韦伯是对帕森斯的理论形成和发展影响最大的一位智识前辈。在帕森斯学术生涯的不同时期，这种影响随着帕森斯理论本身的发展以及外在情景的变化而有所不同。从帕森斯本人在不同时期对其学术发展的回顾以及研究者的相关研究看，韦伯思想在帕森斯早期确立其学术方向和实质关切等方面具有决定性的影响：通过对美国与欧洲在文化上的关系的反思和探究，韦伯的“普遍历史”视角使帕森斯确立了其“全球视野”；通过对“资本主义问题”的探讨，帕森斯找到了探查西方文明之独特性及其自身的危机和问题的恰当切入点。他对欧洲社会思想的传统，特别是对韦伯一代的欧洲社会理论家的研究，使得他“发现了”一场伟大的思想革命（或思想运动），并能够将其中的主要因素融会贯通到他的“第一次主要综合”之中，而韦伯的相关研究，尤其是他的方法论思想和广泛的实质性研究，则帮助他确定了这种“综合”的基本理论框架。法西斯主义的肆虐和“二战”的爆发，使得帕森斯深切感受到他正致力于理解和研究的西方文明的根基受到空前的威胁，他在行动上和理论上积极投身于这场伟大的保卫战中，而韦伯的相关研究和视角，尤其是他的政治社会学，给他提供了便利的分析框架和理论工具，因而能够展开对反犹主义、法西斯主义等危及西方文明根基的思潮和运动给予剖析。在 1950 年代后多产的理论建构过程中，帕森斯同样不断地“造访”韦伯，寻求理论洞见；而 1960 年代韦伯的百年诞辰，则给帕森斯提供了一个总结他对韦伯思想之评价的机会，

1964 年的海德堡论文即从方法论和实质社会学方面对韦伯的社会理论做了精练的总结。

因此，帕森斯本人在 1976 年回应三位批评者时，对他们拘泥于韦伯文本的某些字句之精确意义（他们所理解的）而对他的韦伯阐释提出批评的做法表达了隐约批评。他认为更恰当的做法是将韦伯思想放到一个更为广泛的脉络和背景之中，将关注点放到韦伯所关注的实质问题以及他处理这些问题的思路和方法上，同时检视韦伯研究的贡献与不足，确定他在西方社会理论传统中的适当位置，从而推进社会理论本身的发展。因此，他反对将韦伯的思想和理论被某些研究小圈子所独占，而主张将其作为学术研究的“公共财产”；在这个意义上，所谓的“韦伯的去帕森斯化”只不过是毫无意义的浮夸之词而已。同样，帕森斯既不愿做纯粹的“韦伯研究者”（尽管他并不否认其作用和意义），也从未自称是“韦伯主义者”。韦伯的思想，包括他自己的理论在内，最终都会汇入西方社会思想的传统之中。

帕森斯是西方社会理论史上的一个非常独特的人物。他长逾半个世纪的学术生涯一直充满着充沛的理论创造力，构建了社会理论中的一座“新的巴别塔”（Lidz，1991：108）；但这位自诩“不可救药的理论家”却将主要精力投注到对西方现代性本身以及各种现实问题的研究之中。他通过对过去的思想传统和学术前辈的独特阐述，试图确立普遍意义上的现代社会科学研究；而即使在他本人成为一代社会理论家时，他依然怀着崇敬之情不断地“重访”那些使他受惠的学术先辈们。而对于韦伯这位使其受益匪浅的前辈，他更是终生奉为“智识导师”。在他生命的最后时间里，他又回到这位导师的故乡，并在那里意外地告别人世：

> 帕森斯的去世颇具反讽性：和他智识上的导师韦伯在同一地方、同一季节中去世，却依然拥有最充分的智识潜力。

不过，这也是一个适当的结束方式，因为在这个社会学家的国度里，他最能完全地代表韦伯学术上的继承人……当帕森斯去世时，他是唯一能与马克思、涂尔干及韦伯比肩的社会学家。(Hamilton，1983：52)

参考文献

本迪克斯，莱因哈特，2002，《马克斯·韦伯思想肖像》，刘北成等译，上海：上海人民出版社

甘阳，1997，《韦伯研究再出发——韦伯文选第一卷编者前言》，载于《民族国家与经济政策》，北京：生活·读书·新知三联书店

罗尔曼，汉斯，2001，《“相会圣路易”：特洛尔奇与韦伯的美国之行》，载于《韦伯的新教伦理：由来、根据和背景》，哈特穆特·莱曼和京特·罗特编，阎克文译，沈阳：辽宁教育出版社

玛丽安妮·韦伯，2002，《马克斯·韦伯传》，阎克文等译，南京：江苏人民出版社

亚历山大，杰弗里·C.，2006，《经典文本的核心地位》，赵立玮译，《社会理论》第2辑，北京：社会科学文献出版社

Brick，Howard，1993，“The Reformist Dimension of Talcott Parsons's Early Social Theory，” in *The Culture of the Market*：*Historical Essays*，Thomas L. Haskell，Richard F. Teichgraeber Ⅲ（eds），Cambridge University Press

Buxton，William J. and David Rehorick，2001，“The Place of Max Weber in the Post-Structure Writings of Talcott Parsons，” in *Talcott Parsons Today*：*His Theory and Legacy in Contemporary Sociology*，edited by A Javier Trevino，Lanham：Rowman & Littlefied Publishers，Inc

Camic，Charles，1987，The Making of a Method：A Historical Reinterpretation of the Early Parsons，*American Sociological Review*，52：421－439

——，1992，Reputation and Predecessor Selection：Parsons and the Institutionalists, *American Sociological Review*, 57: 421 -445

——, 2005, "From Amherst to Heidelberg: On the Origins of Parsons's Conception of Culture," in *After Parsons: A Theory of Social Action for the Twenty-First Century*, edited by Renee C. Fox, Victor M. Lidz, and Harold J. Bershady, New York: Russel Sage Foundation

Cohen, Jere, 1975/1992a, "Moral Freedom through Understanding in Durkheim," in *Talcott Parsons: Critical Assessments*, vol. 1, London: Routledge

——, 1975/1992b, "Parsons on Durkheim, Revisited (Reply to Cohen and Parsons)," in *Talcott Parsons: Critical Assessments*, vol. 1, London: Routledge

Cohen, Jere, Lawrence E. Hazelrigg, and Whitney Pope, 1975/1992a, "De-Parsonizing Weber: A Critique of Parsons' Interpretation of Weber's Sociology," In *Talcott Parsons: Critical Assessments*, vol. 1, London: Routledge

——, 1975/1992b, "Reply to Parsons," in *Talcott Parsons: Critical Assessments*, vol. 1, London: Routledge

Gerhardt, Uta, 2002, *Talcott Parsons: An Intellectual Biography*, Cambridge University Press

——, 2005, "The Weberian Talcott Parsons: Sociological Theory in Three Decades of American History," in *After Parsons: A Theory of Social Action for the Twenty-First Century*, edited by Renee C. Fox, Victor M. Lidz, and Harold J. Bershady, New York: Russel Sage Foundation

——, 2007, "Much More than a Mere Translation—Talcott Parsons's Translation into English of Max Weber's Die Protestantische Ethik und der Geist des Kapitalismus: An Essay in Intellectual History," *Canadian Journal of Sociology*, 32 (1): 41 -62

Grathoff, Richard, 1978, *The Theory of Social Action: The Correspondence of Alfred Schutz and Talcott Parsons*, Bloomington: Indiana University Press

Habermas, Juergen, 1981, "Talcott Parsons: Problems of Theory Construction," *Sociological Inquiry*, 51: 173 -196

Lipset, Seymore Martin, 1963, *The First New State*, New York: Basic

Oakes, Guy, 1975, "Introductory Essay," in Max Weber's *Roscher and*

Knies: The Logical Problems of Historical Econoomics, translated by Guy Oakes, New York: The Free Press

Orihara, Hiroshi, 2003, "From 'A Torso with a Wrong Head' to 'Five Disjointed Body-Parts without a Head': A Critique of the Editorial Policy for *Max Weber Gesamtausgabe* I/22," *Max Weber Studies*, 3 (2): 133 –168

——, 2008, "Max Weber's 'Four-Stage Rationalization-Scale of Social Action and Order' in the 'Categories' and its Significance to the 'Old Manuscript' of his 'Economy and Society': A Positive Critique of Wolfgang Schluchter," *Max Weber Studies*, 8 (2): 141 –162

Parsons, Talcott, 1945/1954, "The Present Position and Prospects of Systematic Theory in Sociology," *Essays in Sociological Theory*, New York: The Free Press

——, 1959, A Short Account of My Intellectual Development, *Alpha Kappa Delta*, Claremont: Pomona College, 3 –12

——, 1960, "Review of *Max Weber: An Intellectual Portrait* by Reinhard Bendix," *American Sociological Review*, 25 (5): 750 –752

——, 1961, "Review of *Max Weber: An Intellectual Portrait* by Reinhard Bendix," *The Journal of Political Economy*, 69 (1): 100 –102

——, 1965, "Max Weber, 1864 –1920," *American Sociological Review*, 30 (2): 171 –175

——, 1966, *Societies: Evolutionary and Comparative Perspectives*, Englewood Cliffs, N. J.: Prentice-Hall

——, 1962/1967a, "Introducation to Max Weber's *The Sociology of Religion*," in *Sociological Theory and Modern Society*, New York: The Free Press

——, 1965/1967b, "Evolution and Objectivity in Social Science: An Interpretation of Max Weber's Cotributions," in *Sociological Theory and Modern Society*, New York: The Free Press

——, 1937/1968, *The Stucture of Social Action*, New York: The Free Press

——, 1942/1969, "Max Weber and the Contemporary Politic Crisis," In *Politics and Social Structure*, New York: The Free Press

——, 1971, *The System of Modern Societies*, Englewood Cliffs, N.J.: Prentice-Hall

——, 1972, "Review of *Scholarship and Partisanship* by Reinhard Bendix and Guenther Roth," *Contemporary Sociology*, 1 (3): 200 –203

——, 1970/1977, "On Building Social System Theory: A Personal History," in *Social Systems and the Evolution of Action Theory*, New York: The Free Press

——, 1976, "Reply to Cohen, Hazelrigg and Pope," *American Sociological Review*, 41 (2): 361 –365

——, 1980, "The Circumstances of My Encounter with Max Weber," In *Socioloogical Traditions from Generation to Generation*, edited by Robert K. Merton and Matilda White Riley, Norwood, New Jersey: Ablex Publishing Corporation

——, 1981, "Revisiting the Classics throughtout a Long Career," In *The Future of the Sociological Classics*, edited by Buford Rhea, London: George Allan & Unwin

——, 1928 –1929/1991a, " 'Capitalism' in Recent German Literature," In *Talcott Parsons: Early Essays*, edited by Charles Camic, Chicago: The University of Chicago Press

——, 1935/1991b, "H. M. Robertson on Max Weber and His School," in *Talcott Parsons: Early Essays*, edited by Charles Camic, Chicago: The University of Chicago Press

——, 1936/1991c, "Review of Max Weber's, Wissenschaftslehre, by Alexander von Schelting," in *Talcott Parsons: Early Essays*, edited by Charles Camic, Chicago: The University of Chicago Press

——, 1951/1991c, *The Social System*, London: Routledge

——, 1975/1992a, "Comment on 'Parsons's Interpretation of Durkheim' by W. Pope and on 'Moral Freedom through Understanding in Durkheim' by J. Cohen," In *Talcott Parsons: Critical Assessments*, vol. 1, London: Routledge

——, 1975/1992b, "On 'Deparsonizing Weber': Comment on Cohen et al.," in *Talcott Parsons: Critical Assessments*, vol. 1, London: Routledge

——, 1993, *Talcott Parsons on National Socialism*, Edited and with an Introduction by Uta Gerhardt, New York: Aldine de Gruyter

——, 2007, *American Society: A Theory of the Societal Community*, edited by

Giuseppe Sciortino, London: Paradigm Publishers

Pope, Whitney, 1973/1992, "Classic on Classic: Parsons' Interpretation of Durkheim," in *Talcott Parsons: Critical Assessments*, vol. 1. London: Routledge

Pope, Whitney, Jere Cohen, and Lawrence E. Hazelrigg, 1975, "On the Divergence of Weber and Durkheim: A Critique of Parsons' Convergence Thesis," *American Sociological Review*, 40 (4): 417 – 427

Scaff, Lawrence A., 2005, "The Creation of the Sacred Text: Talcott Parsons Translates *The Protestant Ethic and the Spirit of Capitalism*," *Max Weber Studies*, 5 (2): 205 –228

Schutz, Alfred, 1967, *The Phenomenology of Social World*, Northwestern University Press

Sorokin, Pitirim, 1928, *Contemporary Sociological Theories*, New York: Harper & Brothers

Tiryakian, Edward A., 1975, Neither Marx nor Durkheim... Perhaps Weber, *American Journal of Sociology*, 81 (1): 1 –33

——, 1981, The Sociological Import of a Metaphor: Tracking the Source of Max Weber's "Iron Cage", *Sociological Inquiry*, 51: 27 –33

Voegelin, Eric, 1952, *The New Science of Politics: An Introduction*, Chicago: The University of Chicago Press

Wearne, Bruce C., 1989, *The Theory and Scholarship of Talcott Parsons to 1951*, New York: Cambridge University Press

Weber, Max, 1947, *Max Weber: The Theory of Social and Economic Organization*, translated by A. M. Henderson and Talcott Parsons, edited with an Introducation by Talcott Parsons, New York: The Free Press

——, 1930/1958, *The Protestant Ethic and the Spirit of Capitalism*, translated by Talcott Parsons, New York: Charles Scribner's Sons

——, 1978, *Economy and Society*, edited by Guenther Roth and Claus Wittich, Berkeley and Los Angeles: University of California Press

——, 2004, *The Essential Weber: A Reader*, edited by Sam Whimster, London: Routledge

韦伯关于现代国家与经济发展的论述的初步考察

何　蓉

韦伯著作中论及国家的部分散见于其论述政治、经济等章节之中，总起来看，篇幅颇为显著，内容亦多样。例如，他在《经济与社会》中论社会学基本概念、官僚制和各种形式的政治共同体等部分，以及《经济通史》、《学术与政治》等篇章中，从不同角度或脉络提出了国家的定义、功能、构成、演变等，支配的类型与国家的形式等内容。其中，国家与经济发展是一个持续的主题，韦伯在不同章节中，条分缕析地论述了国家通过其货币政策与财政政策等满足自身经济需求、发挥经济功能，以及国家的历史演变所带来的经济影响等相当丰富的内容。

可以想见，身处德国深厚的官房学传统之中，无论是其师长辈的历史学派经济学家，还是他的同时代人，例如海德堡大学的同事耶利内克论国家的著述等，都会在相当大的程度上影响韦伯的思考。他从1908年起设计的《社会经济学大纲》的写作架构，就包括了现代资本主义的体系下，现代国家的国内与国际的社会政策、经济政策等方面（斯威德伯格，2006：209，图表6.1）。此外，在不同的历史阶段，韦伯以政治讲演、评论的形式表达了对时事的看法，涉及德国的产业政策、政治事件和政治建制等诸多方面。

尽管如此，韦伯却并未对国家辟专章集中讲论。其相关文字可以粗略地分为两类，一类是政治社会学的理论论述，一类是针对政治现实的评论文章。遗憾的是，前者大部分属于《社会经济学大纲》的体系，在体例上，多属下定义式的提纲挈领之作，不仅韦伯自己因囿于体例、无法进行因果关系的分析而遗憾，而且，难免被后人指为“定义的堆砌”（Tenbruck，1980）。后一类既包括韦伯在青年时期对于德国经济发展与社会转型的评论，也包括他身体康复之后，针对欧洲及世界范围内所发生的多次政治事件与政治变革，对德国政治的诊断与因应之策，其中鲜明的立场与价值的涉入又使得这些文字难逃意识形态论述之指责，使韦伯得到了民族主义者乃至帝国主义者的名声〔1〕。

作为某种调和，温克尔曼在编撰名为《国家社会学》（*Staatssoziologie*）的韦伯政治文集时，试图以去除价值判断、留其精义的方式来提炼其政论文中的理论内容，被认为不足以反映韦伯自身的立场（比瑟姆，1990：14—15）。而沃林的研究，则走向另一个极端，强化韦伯作为一个“政治的人”（political man）、其著作的政治的一面，甚至其方法论著作都是某种类型的政治的理论（Wolin，1981）。这两种立场的实质，是对于韦伯思想中

〔1〕 1959年，沃尔夫冈·莫姆森发表《马克斯·韦伯与德国政治（1890—1920）》（*Max Weber und die deutsce Politik 1890 –1920*），认为韦伯是一位民族主义者，民族主义是其参与政治活动的驱动力。其观点备受关注，代表了战后年轻德国学者的历史性反思，这一思潮最突出见于1964年韦伯诞辰百年的纪念会，会议实际上成了针对韦伯的政治批判会，之前对韦伯十分推重的雷蒙·阿隆亦发言支持莫姆森的观点。罗斯对于这些批评加以总结，总结为“马克思主义的、纳粹的和自然法的”三种立场，参见Roth（1965）。1974年，莫姆森的著作第二版对于相关论点有所修改。近年来，有学者试图从韦伯著作的修辞方面的转变，来表明将其有关“民族”的论述等同于“民族主义”和“民族主义者”之不妥，参见Palonen（2001），或者从政治经济学的角度探讨韦伯的民族主义的内涵及其与当代各种民族主义思潮之间的关联，见Norkus（2004）。

学术与政治、政治社会学和政治评论之间的某些紧张或不一致的困惑。

而比瑟姆在其出色的著作《马克斯·韦伯与现代政治理论》之中，专门讨论了韦伯的政论文与学术社会学之间的关系，在评析了米兹曼、卢卡奇等人的研究路径的基础之上，认为一方面应当认可并正视这两部分著作之间的重要关系，另一方面，在研究的时候，应将二者截然分开，即“韦伯政论的要点只能在政治关系中寻找，而其社会学的要点至少首先要在特定的科学传统中寻找”（比瑟姆，1990：21）。

不过，若以韦伯思考的一致（consistency）和完整（integrity）为前提，那么，政论文章不妨被看做是其理论立场在特定境况下的体现。毕竟，即使出于对现实的深切关注，韦伯的政治评论也严格地恪守了其学者的立场，并不见得以作为策略的可行性见长，相反，在一定程度上，正如韦伯自己所说的那样，成为在特定问题之下对终极信念的验证，从而使自己的真正的意志得以显明（转引自比瑟姆，1990：29）。

基于此种认识，本文尝试结合韦伯的政治议论与《经济与社会》等卷册中的定义性的论述，从前者中提炼有关论题，证诸后者，从而形成某种对戡，在此过程中，以国家与经济发展为线索，勾勒出其国家社会学的特定方面的可能的样貌。

一　《民族国家与经济政策》篇：国家的经济干预

韦伯很早就关注了国家在经济发展中的作用。例如，在他早年的经济史著作中，国家与经济的发展的模式呈现出这样两种样式，一种是罗马共和国时代，所谓的古代资本主义建立在贵族政治的基础上，随着殖民扩张，在公共土地上形成了私人的剥削与赢利，另一种是罗马帝国时代，追求政治上的和平和臣民的忠诚，逐渐演变成赋役制国家，并加诸臣民种种义务，从而导致了资本主义经营的“缓慢而确定”的消失（Weber，1976：362－365）。

具体到当时的现实，韦伯关注的焦点是德国农村发展的问题，并提出了国家干预的政策，试述之。

韦伯在1890年代初期参加了社会政策协会和福音派社会大会的农业工人调查的工作，并提交了报告，在此基础上，他在1893—1894年发表了好几篇文章，奠定了他作为农业问题专家的地位，而农业与农村问题之所以受他关注，原因乃在于其政治上的重要性（Tribe，1983；Riesebrodt，1986；Roth，2006）。

韦伯本人在1904年出席圣路易斯的世界博览会期间所作讲演中，从现实的政治经济局面谈到了他对于农业问题关注的原因：一个是欧洲大陆人多地少的现状、传统上对土地的重视、农村社会的古老秩序的存在和本质上是资源掠夺性质的资本主义经营方式的冲击等原因，造成了农村问题在欧洲，尤其是德国和德国政治问题上的重要性；另一方面，德国东部农业地区具有特别的政治上的重要性，因为“易北河以东地区的贵族，是德国地主阶级——容克——的主要成分。这个阶级是德国普鲁士邦的政治领袖；而普鲁士邦又是德国的政治中心。普鲁士邦的贵族院（上议院）就是代表这个阶级；而普鲁士根据财产多寡为基础的选举法，又使地主在众议院（下议院）也占得主导地位”（韦伯，1997：123）。

由此可以看出，韦伯对于经济问题的关注与国家的作用、政治的影响密切地联系在一起。罗斯在为《经济与社会》所写的导言中明确地指出了这一关联，甚至进一步地点出，“他〔韦伯〕的古典时代研究和易北河以东地区研究之间的主要的政治关联是这一问题，即‘帝国的兴起与衰落’”（Roth，1968：

XLVIII)。

那么，具体地看，国家应发挥怎样的经济作用呢？在韦伯早期的论述中，一个显著的特征，是他对于国家干预经济的高调呼吁。

在1894年发表的《易北河以东农业工人的状况的发展趋势》（以下简称《发展趋势》）一文中，他指出，在资本主义生产方式和市场竞争之下，封建领主制度下的地主变身为农业企业的所有者，而农业工人也相应地由传统的依附农民（Instleute）转变为无产者，传统的双方利益分享格局转变为利益相对立。在东部地区，这一无产阶级化过程造成了一个由大量低素质的劳动者构成的无产阶级大众，对于工人中阶级觉悟的增长和提高生活水平的要求，有产者以引入大量波兰劳工来应对。韦伯认为，东部地产主的利益追求已经造成了一场大规模的人口的迁移变化，由此带来的是文化的、民族方面的冲击，国家应予以积极的干预，即所谓的内部殖民（interior colonisation）或内部安置（interior settlement），通过国家的机构系统地、逐步地收购东部地产，将其转变为国家财产，并出租给富有的农民（farmer）并提供贷款用于生产改良，假以时日，将有利于国家的经济利益。韦伯称，这是“民族的最高利益”（Weber，1979）。

在其著名的[1]1895年弗莱堡大学就职演说《民族国家与经济政策》[2]中，韦伯以更加鲜明的方式提出了两个旨在“维护德国利益”的措施，一是关闭东部边界，阻止外来劳工；二是由国家出面系统地收购土地，认为“这意味着既可以扩大王室领

[1] 但往往是充满非议与争论的名声，Barbalet（2001）是近来较客观地讨论这篇演说的文章。

[2] 以下简称《民族国家》。引文以阎克文译《韦伯政治著作选》为主，参照Lassman和Speirs的英译本，部分译文有改动。引文的页码为中译本的页码。下文其他政论文的出处、引用方式相同。

地，又可以让德国农民在宜耕土地，尤其是宜耕的王室外领地上进行系统垦殖”，这样，经由国家之手将东部土地转入德国人之手，加以垦殖和改良，不仅抵挡了东部地区的无产阶级化，而且促进了“德国化”。

对此，一个自然而然的疑问是，为什么国家要积极干预经济？韦伯的立场显然不同于提倡自由放任的政治经济学传统，但与当时的德国经济学家，例如施穆勒的建议也有差异：尽管施穆勒同样提出由国家收购土地，但从韦伯本人的叙述来看，对于韦伯“有组织地向宜耕的王室土地进行移民”这样的建议似未有提及。

而韦伯的演讲实际上也在试图回答这样的问题。他指出，“让我们感到有权利提出这种要求的原因就是：我们的国家是一个民族国家”（《民族国家》，第 11 页），而民族国家，“就是民族权力的世俗组织”（worldly organization of the nation's power），在其中，“经济政策的终极价值标准就是我们眼中的‘国家的理由’（reasons of state）”。但他指出，国家的根本作用，并非扶助或约束，而应是促进经济力量的自由发展；担负着德意志民族经济与政治利益的，就是作为民族国家的德国，它在经济政策上享有最终的和决定性的权力。

在此，韦伯将民族及其利益提高到了具有某种神圣性的地位。在这个意义上，政治“并不是某些人、某些阶级碰巧在某一时期进行统治的日常政治，而是整个民族的永久性权力政治的利益”，而“政治经济学是一门政治的科学，它是政治的仆人”（《民族国家》，第 14 页），特别是，“作为一门说明性和分析性的科学，政治经济学是跨国界的，然而，一旦它要做出价值判断，就会受到特定人类血脉的约束”（《民族国家》，第 13 页）。政治经济学之所以是一门人的科学，亦在于，“当我们超越我们自己这一代人的墓地而思考时，激动我们的问题并不是未来的人类将如何丰衣足食，而是他们将成为什么样的人，正是这个问题才是政治经济学全部工作的基石。我们所渴求的并不是培养丰衣足食之人，而是要培养我们认为构成了我们人性之伟大与高贵的那些素质”（《民族国家》，第12页）。

这样，“经济民族主义者必须根据一个我们认为至高无上的政治标准来衡量那些领导或渴望领导这个民族的阶级。我们关心的是它们的政治成熟性，也就是它们对民族的永久性经济和政治权力利益的领悟，以及在任何情况下把这些利益置于任何其他考虑之上的能力”（《民族国家》，第17页）。在此情况下，“对我们每个人来说，最严肃的责任莫过于意识到应在我们各自的活动范围中致力于我们民族的政治教育这个任务。这尤其也必须是我们这门科学的终极目标”（《民族国家》，第22页）。

在这两篇文献中，韦伯描述了资本主义经济发展在德国东部农村造成的社会关系方面的后果，即家长制生产关系向非个人的生产关系转变，相应地，阶级关系发生了变化，乡村容克—依附农的关系被打破，从政治格局上来说，容克阶级不再是社会共同利益的代表，容克的政治立场是一阶级的政治而非国家或民族的政治。但与这种变局不相适应的是，不仅容克阶级、新生资产阶级不堪此任，而且，从整体上看，德国人在政治上远未成熟，为使他们具有长远历史眼光与使命感，需要进行民族的政治教育，而这将是这一代政治经济学家的任务。

在此，韦伯所预设的国家干预经济的文化前提是：其他民族在经济斗争中因其“低素质”而具备的竞争优势，已经构成了移民的大潮，将德国人排挤出东部地区，从而危及德国民族与文化的存续。而在德国政治中居重要地位的容克阶层出于切身利益却乐于使用大量的低廉且容易管理的斯拉夫劳动力。容克的利益却是民族之害；在这个意义上，国家的经济干预就是在现实的政治考量之下的一个必要措施。

这两篇文献中，韦伯经济论述中的政治取向可谓愈来愈强，正当经济学的种种基于得失计较的思考方法大行其道之时，韦伯却提醒经济学家们，必须意识到自身的政治使命。这一政治不是着眼于日常利益分割与平衡的政策取舍，而承载着民族、文化发展与传承的历史任务。在此处，国家因其所负荷的民族的权力、利益和文化等因素而具有超越直接经济利得的计较之立场、经济决策之功能，成为一个具有特定指涉的政治共同体，此外，它还是广泛存在于国民之中的一种“心理基础”，而且“在通常情况下这种政治本能乃沉淀在大众的无意识层次”（《民族国家》，第18页）。

在就职演说中，韦伯明确提出了所谓“国家的理由”，即“民族的经济与政治利益及其担纲者”，在德国经济政策上享有最终的决定权，在经济力量的自主发展与国家干预这两极之间，适时恰当地决策。应当注意的是，尽管韦伯在这一时期的议论中提出的是某种公有制或国家制的立场，但是，这并非意味着国家就是经济领域的主导。所谓“国家的理由”，表明的是国家作为某种集合性的力量及其价值上的正当性，而其实质措施或立场，则具有手段的、策略的意义，既有可能是积极涉入实际的经济活动，例如管制、扶持，也有可能是自由放任或激发经济个体的自主性。

经由这两篇文献，青年韦伯表达出来对当时的社会经济问题的看法，虽仍有待完善，但绝非青涩，在国家问题上的两个思考路向已经初具轮廓，一个是国家的民族、文化的基础，一个是国家自身的治理，例如官僚制、议会民主制等体制。循着他所论及的国家及其经济干预的时机、理由等，可以提出进一步的问题，即国家本身的构成及基本的运行原则如何？而这也是成熟期的韦伯在不同的语境下试图在回答和完善的问题。从国家与经济发展的角度来看，韦伯对德国在“一战”前后的诸种选择的剖析，提供了宝贵的案例分析。

二 《德国的选举权与民主》篇：国家的政治选择及其经济意义

如上所述，在思想上，韦伯一方面认为存在一种超越等级或集团利益的全民族的“政治”；另一方面，对于选择什么样的制度形式，他似乎并不特别在意，在不同时期他分别对君主制、强议会制和民选总统等予以支持。

例如，他访美国期间所作的关于德国农业与资本主义的演讲中，就指出德国需要世袭君主制度，他本人是民主制度的坚定支持者，但同样支持君主制的存在。即使在他生前最后讨论民选总统制的政论文中，出于对政治领袖的倚重，他还表达了对历史上的所谓开明专制的君主们持赞许态度。再比如，尽管他对政党政治的利益争斗有充分的认识，但是，他也指出，政党之间利用平等选择权等口号来争取支持的结果之一，就是平等选举权观念的普及和变成现实（《选举权与民主》，第 67 页）。换言之，各个阶层或群体在政治上的成长，是政党的利益之争的过程中收获的一枚意图之外的果实，政党政治在其后果的意义上具备了政治教育的功能。

除了国内的政治格局之外，近代欧洲及世界的政治风云也对韦伯的政治判断产生了重要的借鉴意义。特别是在韦伯恢复健康之后的时期，对他的政治立场产生显著影响的，有他在美国的经历（见诸《新教教派与资本主义精神》，韦伯，2010），有俄国 1905 年革命（见《论俄国的立宪民主形势》），特别是经历了第一次世界大战前后的国内国际的重大历史变革，使他对德国的状况与前途表达了更多见解（《选举权与民主》、《新政治秩序下的德国议会和政府》、《学术与政治》、《帝国的总统》等篇）。

其中，来自英、美两个国家的政治与社会的经验明显形成了他认为是良好的借鉴。例如，他从英国国家与产业资本主义的关系上看到了理性的资本主义如何帮助英国的权力和人民纵横驰骋于全球各地，而对美国政治体制的宗教根基、组织原则和制度演变的了解，进一步促进了他对近代社会的组织原则的思考。而与此相对，在一定程度上作为反面借鉴的法国、俄国，在他看来，其问题之根本并不在于政体的形式，而在于所谓的金融投机的资本主义形式与食利者心态的消极的影响。对于韦伯的思考很有意义的一点是，这种来自国际的借鉴廓清了诸多技术性手段及其社会影响之间的某些因果关系。

因此，可以看出，他对于民族政治的思考，既具有超越的价值的一面，又具有注重实效的一面，往往为他带来民族主义者或马基雅维利主义者的名声。但本文认为，若是从国家这一方面着力，毋宁说，韦伯在此强调的是，民族国家与经济、社会诸方面存在着实际的相互影响和关联；而且，国家自身有其历史的起源与发展的阶段，它所发挥的作用并非天然的和必然的。出于对德意志民族的未来的展望，韦伯既非德国唯心主义某些传统中的对国家的崇拜，亦非宣扬某种自然权利，而是基于民族与社会的现实，考虑建设一个怎样的国家的时期。

在韦伯看来，国家作为政治机构，其存在和运行与社会诸群体有着密切的关联，这体现在国家的经济功能、经济需求及其解决方式，乃至近代以来的国家产业政策等方面。由此建立起来的，是政治、经济与社会之间的某些实际起作用的关联。其立场尤其可见于《选举权与民主》这篇时评文中，试述之。

从其主旨上讲，《选举权与民主》一篇指出，旧时代基于经济条件而产生的政治资格的不平等已不复存在，新的经济方式已经形成了新的社会组织原则，从而表明在德国实行民主选举的必然性，以及基于社会正义所建立起来的国家政治制度与现代经济的适应性。

韦伯在文中分析了几种不同的选举权方案，并一一指出其不足。一种是阶级基础上的公民权，在战争刚刚结束的情况之下，这一方案会引起一个非常刺眼的结果，即为德国赴死的士兵们却只能享受最少的政治权利，从而充分体现出普鲁士的三级结构的不合理之处；一种是所谓文人墨客的一人多次投票权方案，韦伯重点批判了以教育程度作为投票政治资格的可能的荒唐后果，在他看来，考试和文凭并不意味着政治上的成熟；第三种是韦伯所说的“目光短浅的‘法律与秩序市侩’所创造的那个精神产物——‘中产阶级公民权’”，他从其“精神”的后果上，认为这将引起所谓食利者心态的膨胀，最终有可能造成德国经济的瘫痪（《选举权与民主》，第71页）。

由此韦伯指出，实行民主选举是现代国家的题中应有之义。另一方面，从理论和历史的视角来看，他认为，马克思主义所谓的经济领域的生产者与生产手段的分离，同样出现在军事与政治领域，武器和暴力强制等权力被集中到国家手中，因此，在人民中间，传统的出于经济因素而产生的军事和政治资格的不平等已经不复存在：

> 现代国家以一种真正持久而无可置疑的方式向它的全体公民提供了如下平等，即纯粹的物理安全和最低生活保障方面的平等，当然，还有赴死沙场的平等。以往那种由经济因素决定军事资格的不平等、由此产生的政治权利方面的所有不平等，在官僚化的国家与军队中已经不复存在。官僚系统那种无可逃避的平面统治第一次产生了现代的“国家公民”概念，而面对这种统治，选票就是唯一的权力手段，它在任

何情况下都能给予接受了官僚统治的人民以最低限度的共同决策权去决定他们有义务为之献出生活的共同体的各项事务。(《选举权与民主》，第87页)

因此，“平等选举权是民族政治的需要”，而非政党政治中的口号（《选举权与民主》，第87页）。作为一项制度，它并非要体现某种人人生而“平等”的主张，而毋宁是对现代社会的不平等现实的平衡。

而政治上的平等投票权将产生的一个经济上的后果是，给予经济工作的最大程度上的理性化（即给予理性的生产性活动）以一种正向的激励。在此，韦伯的预设是现代的理性资本主义经营方式与自由、民主、平等等所谓资产阶级价值观的某种对应或亲和。而他由此所针对的，除了前述食利者心态之外，主要是战时经济所带来的典型的营利方式和组织原则等的变化，典型的是在战时出现的依靠政治投机的资本主义，韦伯指出：

> 那种依靠某些短暂的纯政治机缘为生的资本主义经营，与资本主义在和平时期的理性经营（Betrieb）有着巨大差异，前者靠的是政府合同、战争贷款、黑市暴利，靠的是一切营利和掠夺机会，靠的是冒险主义政策带来的获利和赌博机会，……但后者的典型特征则是对营利性的计算，……这两种不同类型资本主义的基本“原则”——或曰“道德规范”……——是彼此对立的，事实上可能就是两种精神与道德力量。(《选举权与民主》，第73—74页)

此外，韦伯还提到了其他如战时的“共同经济”（communal economy/ *Gemeinwirtschaft*）、“团结经济”（economy based on solidarity/ *Solidaritswirtschaft*）、“合作经济”（cooperative economy/ *Genossen-*

schaftswirtschaft）等口号，或者是战后所面临的配给制度下的"过渡经济"。

在几种经济形式的对比之下，韦伯非常明确地表明了对理性的生产性经济活动，即现代产业资本主义的推许，认为若无政治上的明智的取舍，将会带来德国政治与经济的双重瘫痪。

尤其是，从社会的组织方式上来看，不同的经济经营方式会造成不同的组织原则，这也就是说，经济活动不仅存在于社会关系的脉络中，而且它本身也在创造新的社会关系，其关系类型因不同种类的经济活动亦有相应的差异。

韦伯指出，伴随着理性的资本主义经营活动而出现的是志愿（voluntary）原则，而非等级制的"有机"原则，亦非职业团体"天然"利益和内部的团结。鼓吹共同经济、合作经济等的人没有看到，在作为一种强制性联合体（*Zwangsverband*）的国家之下，"与战时经济相伴而来的是那些单一目的的大规模理性联合体（*Zweckverbande*）"，无法创造出像旧时代的那种等级意义上的"有机"结构。相反，韦伯指出，由国家组织各种利益集团的社团，没有志愿组织所具备的活力，而且，无论在经济还是政治方面，一旦面临具体问题，往往会彻底失灵（《选举权与民主》，第75—82页）。他认为私人资本主义与官僚化的并行意味着相互的牵制，如果私人资本主义被消灭，进行统治的就只有国家官僚系统了，从而产生一种单一、无可逃避的等级体系，那将产生类似于古埃及的后果（《选举权与民主》，第129页）。

综上所述，在对德国当时的政治、经济与社会的情况进行分析之后，韦伯指出，现代国家系于"国家公民"的概念，这意味着国民的政治的统一或一致；在经济上意味着对现代理性资本主义生产的支持与激励，韦伯认为，这应是致力于发展的现代国家在经济问题上应持有的最基本的政策，尽管由于种种历史的境遇，还会出现国家对经济事务的强制；在社会组织上意味着志愿性的原则，即理性个体的志愿联合，排除了等级制的、国家强制的组织原则。

三 讨论：国家何以促进经济发展？

前述对韦伯政治方面著作的梳理仍然是相当有限的，即使在他的政论文章中，本文也只选取了相当有限的文本，未曾涉及其中关于民主选举、议会制度、总统制等相当丰富的内容。本文试图提出的一个初步的问题是，是否能够在韦伯对德国的社会经济问题的评论文章中，了解他关于政治与经济，尤其是现代国家与经济发展方面的立场？

在就职演说中，韦伯提出的是非常积极的经济干预政策，即国家逐步收买庄园土地，使其转变为国有土地，并安置德国农民耕作，提供贷款和技术改良等支持。在《选举权与民主》篇中，韦伯提出的是国家面临不同的经济类型时应如何取舍，显然，他认为理性的资本主义生产性经济活动与现代意义上的国家是相辅相成的。

从具体的措施来看，这两种方式似乎有一些差异，前者在进行的是某种国有化，后者却在提倡资本主义的私人经济。若要进行深入的比较，需要有社会经济史的资料予以补充和评估，以便了解他在不同境况下提出的因应之道。限于篇幅及内容，本文仍然只从韦伯文本中获得对这一差异的解答。

具体地说，在前者，韦伯的措施试图打击的是一个所谓政治上没落的阶层——容克，以防止容克阶层出于经济利益引入波兰劳工所造成的民族版图和文化的变化，也就是说，这一经济措施的背后是民族与文化的理由。但是，他同样指出，所谓“reason of state”，并非强调“help from the state”而否定“self-help”，并非“state regulation of economic life”而否定“free play of economic forces”，而是认为国家身为民族的政治经济利益和权力的担纲者，在德国经济政策上享有最后的和决定性的权力。

在后一种情况中，韦伯体现出对于理性的资本主义生产方式的赞许，并认为由此产生的社会组织形式和“志愿”的组织原则将会导致德国社会与政治的根本改变。

因此，国家在经济发展中的作用，一者是保护或保证民族与文化的生存与发展，其手段可能是政治的、军事的，也有可能是经济的措施，无论这措施是经济干预还是经济自由，其最终的决定权掌握在国家手中；二者是国家要实现社会的民主化，即与责任相匹配的平等的政治权力，平衡社会条件的不平等，并给予现代理性的营利方式以正向的激励。

上述第一种作用，或可称为一种具有封闭性边界的最大化潜能，其边界是由领土、民族、语言、习俗、文化、情感等确立起来的，具有排他性，民族的利益就是它的最高价值，而其手段或选择则是多样的。后一点能够解释韦伯对于不同的政治制度和经济政策的注重实效的立场，例如，他在一定程度上认可了战时经济、合作经济甚至政治资本主义营利方式的特定作用，并分析了其出现的条件等。

不过，他同样指出，国家在战争等特殊时期采取的措施，不能照搬到和平的发展时期。在他看来，与现代国家并肩而行的是基于理性的计算而建立起来的生产性经济活动，即现代的理性资本主义。国家的制度和政策应当对这样的经营方式提供激励，因此，国家的第二种作用，毋宁说是为理性的经济活动提供的某种社会正义的前提。

由此产生的问题是，韦伯是否在表明，现代国家的民主政治与他所谓的理性的资本主义经济之间存在着某种关联？

在一个更广阔的范围来看，韦伯著作中政治与经济之间的关联始终是非常紧密的，他对于政治团体的满足经济需求、分担支出等方面的论述都在说明这一点。而且，如前所述，韦伯在对古代西方社会的研究中提出，罗马从共和国到帝国的转变，在经济上是古代资本主义从蓬勃发展到衰落、自给自足经济兴起的演变过程，其中，国家的政治目标、财政手段等对于这一转变起到了重要的作用。

这种对于国家政治的经济后果的强调，在韦伯有关现代资本主义的研究中得到了延续。例如，一方面，从其经济史讲义、宗教社会学论文集导言等文献来看，西方理性资本主义的兴起与发展的过程中，近代以专门的官僚阶级与合理的法律为基础的国家起到了促进作用。另一方面，举凡国家的任何制度或政策设计，无论是直接干预经济活动的，还是与经济有关的，或者是具有经济方面的影响的，都会产生经济的、政治的乃至伦理的示范意义，并且产生相应的社会的经济心态，从内在驱动力的层次发挥其影响力。

但需要澄清的是，这是一种什么样的关联？韦伯并未建立两者之间的对应，特别是，韦伯在论述俄国政治时曾经断言，民主政治与资本主义经济之间并无所谓选择性亲和，现实的情况毋宁是，现时代的资本主义愈发达，个人主义的自由丧失愈充分(《论俄国的立宪民主形势》，第57—69页)。

应当看到，韦伯在如此论断时，主要针对的是1905年革命后的俄国，他认为，若无民族的自主自决意识，人为输入的资本主义和民主模式并不自动带来预想之中的结果。在这里，韦伯强调的仍是国民的政治教育等基本问题，对于这类后发的资本主义类型来说，经济的增长并不必然带来自由民主等观念的普及与妥当的实施。

而从韦伯有关现代国家之兴起的论述来看，韦伯非常强调它对于现代的经济秩序、交易方式所具有的不可或缺的作用，对其作用机制的讨论或许将有助于理清上述关联的性质问题。

韦伯在其《社会学的基本概念》（韦伯，2005：76）、《宗教社会学论文集·绪论》（韦伯，2010：4）、《经济与历史》（韦伯，2004b：166）、《学术与政治》（韦伯，2004a：196）、《经济与社会》（Weber，1978：905）等处对"国家"及其充分发展了的现代形式的国家予以限定，指出其以特定地域为基础的强制性机构（*gebietsanstaltmaessig*）的本质，以及专门的行政管理、合理的法律秩序、独占的暴力支配等特征。

但是，他也指出，"纯就'概念上'而言，'国家'对于经济来说，无论在哪一点上都不是必要"，反而是现代经济之运行，有赖于国家所提供的法秩序。因为在现代社会中，传统、习律与习俗都不能再发挥其约束力，而各阶级的利害关系却又比以往更加尖锐地分歧对立，在国家的强制力保障之下的法律体系可以为基于契约的现代经济提供交易的保障。

由此形成的是一种现代国家与现代经济的相互依赖和相互支撑的关系："市场结合体关系（*Marktvergesellschaftung*）的全面性支配，一方面需要一种按照理性规则而具有可计算性功能的法律体系，另一方面，伴随着此种支配而来的特殊倾向，亦即，市场的扩大，基于其内在的因果逻辑，将有助于一个普遍主义的强制机构（国家）、借着解散一切分立的、多半奠基于经济独占而来的身份性强制组织或其他强制组织，而独占与规制所有'正当的'强制力。"（韦伯，2004c：229—230）

亦只有近代才有连贯的，且首尾一致的国家经济政策，最早如重商主义，在近代初期，卷入权力斗争的各个政治组织，由于政治原因和货币经济的扩大，需要更多的资金，结果导致新兴国家与被追求且具特权的资本家之间令人侧目的结盟。此乃近代资本主义发展最为重要的接生婆（韦伯，2004c：253）。韦伯认为，这是14、15世纪以来英国经济制度的根本，其本质在于把资本主义的营利观点灌输到政治上，国家似乎是只由资本主义企业主所构成，最终这种依赖国库财政、殖民机会和国家垄断的非理性的资本主义势力渐渐消退，代之以清教伦理影响之下的理性资本主义类型。（韦伯，2004b：173—177）

以是观之，现代国家的兴起与发展，一方面是其强制手段的独断趋势；另一方面是容纳各种社会关系类型的统合趋势。在此意义上，现代国家不仅是一个基于领土、独占暴力手段等的强制机构（*Anstalt*）或具垄断地位、特殊的政治团体（*Verband*），它还是一个具有统合意义的政治共同体（*Gemeinschaft*）。

这种统合的含义，不仅在于其中基于语言、习俗、宗教等而形成的民族的、文化的、权力的共同体性质，而且在于它包容了现代社会中人们在各种联结方式中形成的错综复杂的关系类型。特别是，尽管现代市场经济中形成的是所谓的切事的态度，但是，在人们基于理性和志愿的原则建立起来的结合体关系中，同样会形成新的共同体关系，即所谓结合体相联结的、“包含性的”共同体关系（*uebergreifende Vergemeinschaftung*），或者是给共同体行动的参与者带来远超团体特殊目标范围的有利关系（“门路”，*Konnexionen*）（韦伯，2004c：242—243），等等。

由此可以看到，在韦伯论及国家的内容中，无论是政治还是经济方面都不可忽视的一个“社会”的维度，这一社会，指的是“人类共同体的一般结构形式”（韦伯，2004c：255）。它一方面建立在滕尼斯有关共同体与结合体的划分方式上，另一方面又认为这种划分是连续性的而非对立的二分，因此，在现代理性资本主义经营方式所带来的结合方式的变化，不是排斥性的，而是加入了新的成分。

本文认为，正是在这一“社会”的意义上，支撑起了国家在经济、政治决策上所具有的超越性的地位：一方面，超越个体经济单元的利害计较，从而具有一个总体的、最高的利益；另一方面，现实的情况是社会条件加诸个体身上的种种不平等，国家政策因而具有一种社会正义的意义，可以对社会的不平等加以制衡。

在此基础上必须要面对的重要问题是，国家的这种地位及作用，应以何种方式来履行？由此涉及国家政权机构的设置等技术性的安排，这便是韦伯政论文的另一个内容丰富且发挥了重要的现实影响的部分。不过，本文的目的则在于，指出韦伯的现实政治立场绝非自由主义者或民族主义者之类的标签那么简单，在他关于现代国家的论述中，引入了作为人类结合方式之一般形式的社会的概念，有助于理解国家政策与经济发展的作用关系。由此可以展望，通过进一步的研究，或可建立起一种全面的、足以囊括韦伯的资本主义发展的类型学的新的政治经济学。

参考文献

（一）韦伯著作

马克斯·韦伯，1997，《民族国家与经济政策》，甘阳等译，北京：生活·读书·新知三联书店

——，2004a，《韦伯作品集》Ⅰ，《学术与政治》，钱永祥等译，桂林：广西师大出版社

——，2004b，《韦伯作品集》Ⅱ，《经济与历史·支配的类型》，康乐等译，桂林：广西师大出版社

——，2004c，《韦伯作品集》Ⅳ，《经济行动与社会团体》，康乐、简惠美译，桂林：广西师大出版社

——，2005，《韦伯作品集》Ⅶ，《社会学的基本概念》，顾忠华译，桂林：广西师大出版社

——，2009，《韦伯政治著作选》，阎克文译，北京：东方出版社

——，2010，《新教伦理与资本主义精神》，苏国勋等译，北京：社会科学文献出版社

Weber, Max, ［1968］1978, *Economy and Society: An utline of interpretive sociology*, ed. by Guenther Roth & Claus Wittich, Berkeley: University of California Press

——, 1976, *The Agrarian Sociology of Ancient Civilization*, trans. by R. I. Frank, London: NLB

——, 1979, "Developmental tendencies in the Situationof East Elbian Rural Labourers," *Economy and Society*, Vol. 8, No. 2, pp. 177 −205

——, ［1994］2003, *Weber: Political Writings*, ed. by Peter Lassman & Ronald Speirs, Cambridge Univeristy, copied and published by Chinese University of Politics and Law Publishing House

（二）其他参考文献

大卫·比瑟姆（原译为贝顿），1990，《马克斯·韦伯与现代政治理论》，徐鸿宾等译，台北：久大、桂冠

理查德·斯威德伯格，2006，《马克斯·韦伯与经济社会学思想》，何蓉译，北京：商务印书馆

Barblet, J. M., 2001, "Max Weber's Inaugural Lecture and its Place in his Sociology," *Journal of Classical Sociology*, vol. 1 (2), pp. 147 −170

Palonen, Kari, 2001, "Was Max Weber a 'Nationalist'? A Study in the Rhetoric of Conceptual Change," *Max Weber Studies* 1. 2, pp. 196 −214

Norkus, Zenonas, 2004, "Max Weber on Nations and Nationalism: Political Economy before Political Sociology," *The Canadian Journal of Sociology*, vol. 29, No. 3, pp. 389 −418

Riesebrodt, Martin, 1986, "From Patriarchalism to Capitalism: the Theoretical Context of Max Weber's Agrarian Studies (1892 − 1893)," trans. by Leena Tanner, *Economy and Society*, vol. 15, No. 4, pp. 476 −502

Roth, Guenther, 1965, "Political Critiques of Max Weber: Some Implications for Political Sociology," *American Sociological Review*, vol. 30, pp. 213 −223

——, 1968, "Introduction," *Economy and Society*, eds. Guenther Roth and Claus Wittich, California: University of California Press

——, 2006, "Max Weber's Articles on German Agriculture and Industry in the Encycolpedia Americana (1906/1907) and their Political Context," *Max Weber Studies* 6.2, pp. 183 –205

Tenbruck, F. H., 1980, "The Problem of Thematic Unity in the Works of Max Weber," *British Journal of Sociology*, vol. 31, pp. 316 –351

Tribe, Keith, 1983, "Prussian Agriculture-German Politics: Max Weber 1892 –1897," *Economy and Society*, vol. 12, No. 2, pp. 181 –226

Wolin, Sheldon S., 1981, "Legitimation, Method, and the Politics of Theory," *Political Theory*, vol. 9, No. 3 (Aug.), pp. 401 –424

把个人带回社会

肖 瑛

一 从韦伯难题到社会学困境

社会学自其创生以来，各种批判之声就不绝于耳，虽然批判的角度五花八门，如马克思的激进主义批判，科学家批判社会学的日常生活视角摧毁了科学的纯粹逻辑，哲学家批判社会学的反目的论倾向，应承“上帝死了”的说法来构建其学科体系和方法论，反过来彻底摧毁了“上帝”的基座。后一种批判当然不是社会学独享的，而是把所有的以实证主义为方法论取向的经验科学当做对象。但是，由于孔德同时作为实证主义与社会学的创始人，并且把知识想象为一个从神学到形而上学再到实证科学的演化进程，所以，神学家和哲学家在批判实证主义时首先要挞伐的就是社会学。特别是社会学所内在的历史主义取向所可能招致的相对主义和虚无主义更是让其被界定为消弭一切人类终极的、永恒的和普世的价值的罪魁祸首。

现代认识论的兴起是启蒙理性的直接结果。启蒙运动否弃了基督教传统中的“上帝创世说”，力图从个体的日常行动出发来探讨世界构成的逻辑。“上帝创世说”内含着一种目的论，即相信无论宇宙还是人类都被某种既定的、永恒的终极目的或者法则支配着，是它们或者是上帝的需要支配、引领着人类的行动和宇宙的运行。但是，现代认识论认为“上帝创世”学说在很大程度上存在很多的纰漏，上帝之创造物对于人是不可知的，试图从经验，从人们可以触摸的经验现象出发，探讨“上帝创世”的具体逻辑。由此可见，现代认识论的本质是个人主义、经验主义或者逻辑主义、怀疑主义的，它可以被称为“实证主义”。实证主义没有明确否定目的论，也可以说它把目的论晾在一边，而努力经营其推动现代科学生产的新的认识宇宙和人类的路径。现代认识论不仅否定了目的论，而且悬置了其他在理论和经验上不可以证明的价值观念和思想，并强调现代科学必须坚持的价值无涉立场。这样，哲学在某种程度上也被边缘化了。“原初的、苏格拉底意义上的哲学无须什么更多的东西来论证自己的合法性。哲学就是对于人的无知的知识，也就是说，哲学是关于人们不知道什么的知识，或者说是对于那些基本问题、因而也就是对于那些与人类思想相生相伴的、为解决问题所可以做出的基本选择的意识。”（施特劳斯，2006：34）但面对实证主义，哲学的“独断论”就捉襟见肘了，它作为追求人类永恒秩序，作为人类灵感和激情来源的功能定位在面对实证主义对证据、对逻辑的诉求时显得完全无能为力。“自 17 世纪以来，哲学变成了一个武器，也就是变成了一个工具。”（施特劳斯，2006：36）

在实证主义把目的论、哲学、终极价值挑落马下，结束形而上学统治的时候，历史主义作为一种方法论也开始登上思想舞台。历史主义是在质疑实证主义用对待自然的态度来对待人类世界，企图摒除人的思想性、精神性因素，非历史地研究人类社会时出现的。但是，在施特劳斯看来，无论是实证主义还是历史主义，都在共同制造一个终结终极价值的后果。“历史主义现在就像是实证主义的一种特殊形式，实证主义学派认为，神学和形而上学被实证科学一劳永逸地取代了，他们把对于实在的真正知识

等同于由经验科学所提供的知识。真正的实证主义是以自然科学的程序来界定‘经验’的。”（施特劳斯，2006：18）

历史主义与相对主义甚至虚无主义之间一直被认为有着内在的关联性。这一点正是施特劳斯批判历史主义的关键。“历史主义者们……关注的，不是永恒的和普遍的东西，而是变易的和独特的东西。……人类思想是由各种不可预料的经验或决断来奠基的。由于所有的人类思想都属于特定的历史情形，所有的人类思想就都注定了要随着它所属于的历史情形而衰落，被新的、不可预料的思想所取代。”（施特劳斯，2006：20）历史主义把任何知识、思想都放置到特定历史背景中进行考察，强调历史情境的变动性是知识和思想不断改变的根本原因，并申称不同时代和空间中知识、思想之间的不可通约和不可比较性，实际上就是断言“属于特定时空的东西比之普遍物具有更高的价值。”（施特劳斯，2006：16）这样，在历史主义面前，哲学建构永恒的和普遍的终极价值的努力就被彻底摧毁了，剩下的只有那些鸡零狗碎的私人性价值选择。“历史学派一经否定了普遍规范的意义（如果不是它们的存在的话），也就摧毁了所有超越现实的努力的唯一稳固的根基。”（施特劳斯，2006：17）“历史主义的顶峰就是虚无主义。”（施特劳斯，2006：19）

无论历史主义还是实证主义，都跟社会学不可分割，因此，在批判历史主义和实证主义之时，不能不把社会学家特别是韦伯推到历史的风口浪尖。在古典社会学家中，涂尔干虽然极力构建“社会性地研究社会事实”的社会学研究逻辑和技术，但他始终坚持社会目的论，把科学界定为重建道德的唯一有效路径，目的和手段之间的统一性在他那里得到延续，因此，他还不是哲学的彻底颠覆者，也不可能被哲学家置于思想争论的旋涡中心。相反，韦伯关于现代性条件下文化价值的性质及其与科学的关系的观点不仅否弃了终极价值在现代性条件持续的可能性，而且蕴含着科学要同为人类担当价值选择任务的哲学和神学划清界限的企图，从而点燃了学术界的战火，并在其离世近百年后仍然难以撇清同这种争论的干系。正因为如此，施特劳斯在批判历史主义与实证主义时，韦伯当之无愧地成了他的个案和靶子。

1895年，韦伯就任德国弗莱堡大学国民经济学教授时发表了一篇题为《民族国家与经济政策》的就职演讲。虽然韦伯的遗孀评价这篇演讲稿“既有知性认识，也有信仰声明”（玛丽安妮·韦伯，2002：247），但我们今天来读这篇雄文时，还是很难把它同就任学术职务的演讲联系起来，而能体受到的情境更可能是政治集会，因为它绝少学术的理性，而完全是一份煽动民族主义情绪的动员。在这篇演讲稿里，韦伯申称科学不得也不能摆脱价值判断，因此，科学遭遇的问题不是不要价值判断，而是需要怎样的价值判断。韦伯明确提出“政治经济学乃是一门政治的科学。政治经济学是政治的仆人！”并以此为依据激烈抨击政治经济学的自由主义取向，叫嚣“一个德国经济理论家所使用的价值标准，只能是德国的标准”（韦伯，1997：92—93）。但是，进入20世纪之后，韦伯开始了自己的华丽转身，即从作为“经济民族主义者”（玛丽安妮·韦伯，2002：251）向作为“价值自由论者”的根本性转变。首先，韦伯严格区分了价值与学术，这是两个完全不可通约的领域，价值是关于“应该”的言说，是规范和主观意义上的，学术则是关于“是”的言说，是描述和客观意义上的；二者的演进逻辑也迥然有别，科学遵循的是通过怀疑、经验验证以及逻辑推理达到客观认识的目的即“真理有效性”的路径，“最彻底的怀疑是认识之父”（韦伯，1999：142），“主观的合理行为与合理‘正确的’行动，即按照科学认识运用正确手段的客观行动并不一致”（韦伯，1999：169）。但“最终价值问题”“只能由个人在个别的情况下按照个人的良心来解决”（韦伯，1999：158），而不能由经验科学来做出。经验科学除了能在帮助人们获得关于技术的知识、思想的方法、思考的工具和训练以及清明即“价值解释”能力（韦伯，2004：183—184）之外，不能因此也不应该为人们的价值选择提供哪怕再多一丁点儿的指引。换言之，科学必须杜绝“价值判断”，坚守“价值中立”。其次，与1895年把德意志民族国家利益放置在价值体系的至高地位完全相反，韦伯把“上帝已死”、巫魅已经祛除界定为现代社会在价值上的基本特点，“上帝”和“魔鬼”完全处在平等的地位，没有哪种价值观念还能自诩比其他价值观念更崇高、更有效，它们始终“互相处在无可消解的冲突之中”（韦伯，2004：179）。这是现代人所必须承受的宿命。韦伯认为，在诸神纷争的时代里，作为特定价值的担当者，最为重要的是坚守最为基本的伦理强制：信念伦理或者责任伦理，前者指勇敢地承担自己做出的价值选择而不计其后果，后者则强调在后果可以预计的情况下勇敢地选择通达目的的方法并承担起带来的可能后果。而这二种也是根本冲突的。总之，无论是价值还是伦理问题，本质上都是一个人和人之间、人的内心世界的永恒的不可消解的冲突问题。

韦伯上述观点在学术界产生了深远的影响，科学应该保持“价值中立”而不置喙价值选择甚至已经成为现代学术的一条基本规范，关于祛除巫魅时代下“诸神纷争”的判断也获得了广泛认同，成为很多人们认识现代性的一个理所当然的基本预设和反对各种文化中心主义最为有效的武器。但是，正如韦伯自己所说的，任何一种论断都不是完满的，他的上述论断在为确立社会科学的独立性和价值选择自由主张的同时，也带来了社会科学特别是社会学与终极价值愈行愈远的后果，彻底否定了哲学、神学在现代性条件下安身立命的根基，也把社会学推向一个缺失价值凭依的尴尬境地，因此遭到了哲学家、神学家以及自然法学家们的严厉批判。本文打算从列奥·施特劳斯对历史主义的批判入手来讨论韦伯所遭遇的难题。

列奥·施特劳斯对韦伯的批判也集中在韦伯所阐述的上述两个基本观点上，认为这必然带来价值领域的相对主义和虚无主义。“自然权利论在今天遭到拒斥，不仅是因为所有的人类思想都被视作历史性的，而且同样也因为人们认为存在着许许多多永恒不变的有关权利与善的原则，它们相互冲突而其中又没有任何一个能证明自己比别的更加优越。”（施特劳斯，2006：38）

关于价值与事实的二分，施特劳斯认为，既然价值关联是开展科学研究的前提，就不可能让科学规避价值对自身的指导，科学就必然成为价值实现的手段。“韦伯认为，他关于‘价值无涉’或道德中立的社会科学的观念之充分合理性，来自于在他看来乃是所有对立中最为根本的对立，亦即‘是’与‘应该’的对立，或现实与规范（或价值）的对立。但是，要从‘是’与‘应该’的根本异质性推论出一种评价性的社会科学之为不可能，显然是无效的。假定我们具备了对于正确和错误、或者是‘应该’、或者是真确的价值体系的真正知识，那种知识不会导源于经验科学，反而能够合理地指导一切经验性的社会科学；它会成为一切经验性的社会科学的基石。社会科学就意味着要有实际的价值。它要为特定的目的来寻找手段。”（施特劳斯，2006：42—43）这样，分离目标与手段就变得不可能。施特劳斯借用“目的与手段属于同一门科学”的观点指出，“倘若存在着对于目的的真正知识的话，那种知识自然地就会指导着一切对于目的的寻求。没有任何理由把有关目的的知识分派给社会哲学，而把对手段的寻求分派给某一门独立的社会科学。社会科学以对于真实目的的真正知识为基础，来为那些目的寻求恰当的手段；它会导向对于各种政策的客观而具体的价值判断”（施特劳斯，2006：43）。而且，从解决科学的伦理困境的角度看，价值判断对于科学而言也是不可缺失的，否则只会导致各种反伦理反社会的后果：“我们可以对在集中营中所能观察到的公然的行动做出严格的事实描述，而且或许也能够对于我们所考察的行动者的动作做出同样的事实描述，然而，我们却被禁止去谈到残忍。”而且拒绝价值判断时，我们何以判断知识和胡言乱语之间的区别呢？（施特劳斯，2006：54）

不仅科学本身离不开价值判断，而且也无法超越价值判断。施特劳斯细致分析韦伯科学社会学方面的文本后得出的结论是：即使在论述价值中立的科学著作中，韦伯也没有超越价值判断，几乎韦伯的每一句号称科学的论述都是在价值判断的前提下推展的。韦伯的这种困境可以从两个方面来理解：一方面，韦伯关于社会科学价值中立的规范不符合后来曼海姆等人提出的“自我指涉”（self-reference）的要求，他在努力建构社会科学的自我“清明”能力的过程中失去的恰恰是“自觉”；另一方面，韦伯的这种自觉的迷失与其说是其理性能力不足的结果，毋宁说是他提出的价值与事实相区分的要求本身就是不现实带来的。对于列奥·施特劳斯而言，后面这个答案显然更合理，也更符合他批判韦伯的初衷。

韦伯之所以断然割断价值与事实的关联，根本症结在于他否认了价值的理性、知识性、社会性、客观性和等级性等存在性特征。因此，韦伯会很自然地认为“所有的价值都在同一等级上”（施特劳斯，2006：68），并把“终极价值”个人化，个人选择哪一种文化价值，端赖于其主观的和非理性的力量，社会和人类已经不可能共享一种普世的“终极价值”。即使这样，施特劳斯还是指出，虽然韦伯在制造某种价值相对主义，但因为他认为“在价值体系A和B之间选择了A，这与对价值体系B的真心敬重并不矛盾，或者说这并不意味着把价值体系B视为卑下的而加以拒绝”（施特劳斯，2006：48），故还不存在太致命的问题。但是，韦伯似乎又不满足于这种“和而不同”的价值选择，而把康德意义上的伦理强制力引入到他的论述中，凸显了伦理强制与文化价值之间的张力。这样，不同的价值在不同人的心目中就势必被区分为“上帝”与“恶魔”，自己附庸的价值就是“上帝”和“高尚”，反对的则变成了“恶魔”和“卑下”；即使一个人选择了“魔鬼”，但只要他按照信念伦理去行动，不计后果地附庸于它，同样是“高尚”的，而若一个人选择了“上帝”，却没有按照信念伦理的要求去行动，那还是“卑下”的；从信念伦理的对立面责任伦理出发来践行自己的价值选择，结果亦复如此；即使韦伯把两种伦理矛盾性地结合起来，按照信念伦理选择价值，依照责任伦理践行价值，虽然做到了“以召唤为天职”（苏国勋，1988：98），但结果似乎仍难有超越性。“看来，就韦伯作为一个社会哲学家而言，高尚和卑下完全丧失了它们原初的意思。眼下，高尚意味着献身于某一事业，无论它是善还是恶；卑下则意味着对所有的事业都淡然于心。这样理解的高尚和卑下乃是一种更高意义上的高尚和卑下。它们属于一个远远高出于行动之上的层面。”（施特劳斯，2006：48）韦伯对伦理强制的强调，不但没能从根本上解决价值冲突的困境，反而强化了相对主义和虚无主义，不仅如此，它还加剧了个人在价值选择上的内心冲突以及个人与个人之间的价值冲突，把现代社会推入到一个激越冲突的境地。[1]

当信念伦理或者责任伦理仍然无法解决“在道德上比别的更加优越，那么合乎情理的结果就是，决断权得由道德的法庭转移到便利或功用的法庭”（施特劳斯，2006：70）。这使得道德判断依靠工具主义的手段来实现。但是，“实际效用反过来又是颇成疑问的价值：增加人的力量，就意味着在增加他为善的力量

[1] 韦伯显然不愿意自己被归入相对主义甚至虚无主义的行列（施路赫特，2001）。对他而言，引入伦理强制就是为了超越这两种可能性。因为有了伦理强制做动力，每一个行动者都有了孰高尚孰卑劣的永恒标准，虽然冲突在加剧，但相对主义的一团和气终归得以规避了。

时，也增加了他为恶的力量”（施特劳斯，2006：74）。总之，韦伯的社会科学拒绝价值判断的企图不仅会因现实中无法规避价值判断而违反他自己提出的“理智的诚实”的要求，而即使能做到不做价值判断，那也只会导致社会的功利化，即进入韦伯所预设的“铁的牢笼”之中，把人类引入到一个没有方向感的状态之中。而这正是韦伯自己最后的不可解的困境。

韦伯的困境，其实是现代性的困境，更是社会学的困境，是社会学在想象或者建构现代性时所遭遇的困境。这种困境具体表现在两个方面：在方法论角度看，是历史主义给社会学带来的相对主义的困境，作为一门科学，社会学必须努力求取普遍性和客观性知识，但历史主义的进入恰恰让社会学变成了一门只能在“地方性知识”中绕圈子的学科，知识之间的不可通约性使社会学始终必须在抽象的普遍性知识与具体的相对主义知识之间苦苦挣扎，从曼海姆开始，社会学就一直在为既保持历史主义的优势又绕开相对主义甚至虚无主义的陷阱而努力，施特劳斯的批判说明社会学在这个问题上依然没有显著进步。从终极价值与经验科学的关系角度看，历史主义带来的相对主义造就了经验科学在价值判断上的虚无主义，经验科学在其推进的过程中失去的恰恰是终极价值，是经验科学自身前进的方向。就社会学而言，正如米尔斯所指出的，一方面越来越迷失于抽象的概念、数字、分析技术和逻辑之中，蜕变成一门雕虫小技；另一方面在为反对形形色色文化专制而丢弃终极价值的过程中却不小心跌入到相对主义和虚无主义的泥沼。

二　批判之批判：社会学的突围

施特劳斯所做的工作，就是清理韦伯设置问题域的逻辑，从中洞察韦伯是在何处因何种原因而陷入困境的，并为其寻找超越价值与事实、道德与科学、哲学与社会科学、价值理性与工具理性等等韦伯式困境的路径。施特劳斯的笔力集中在对社会科学方法论即实证主义和历史主义的批判上，实证主义坚持价值的主观性、事实和价值的二分以及价值中立原则，历史主义则认为所有价值的合理性都与特定的历史条件和社会情境勾连在一起，都是暂时的，没有高下之分。在此基础上，施特劳斯为超越韦伯困境开出了自己的药方：重回古典哲学，重回目的论，重回古典哲学所建构的自然权利论。在这一部分，笔者将通过对施特劳斯对历史主义和韦伯的批判进行评判，从重建历史主义和终极价值即方法论和价值取向两个角度来讨论重建社会学之路。

1. “主体间性” 与历史主义重建

施特劳斯对历史主义的批判抓住了这个流派的命脉。我们来看关于历史主义方法论的一些基本主张。曼海姆在论述他的“关系主义”（relationism）方法论时，阐述了历史主义的基本观点。“从我们在实际生活情境所形成的经验中产生的知识，虽然不是绝对的，但依然是知识。从这些实际生活情境中产生的各种规则不是存在于真空之中，但像对行为举止的真正认可那样有效。关系主义只是表明一个给定情境中的所有意义要素是相互指涉的，并在一个给定的思维框架中从这种相互的内在关联中提取出它们的含义。只有在一个给定的历史存在类型中，各种意义的这样一种系统才是可能的和有效的，后者在一个时段又为前者提供合适的表达。当这个社会情境变动时，先前在这个情境下生产出来的由各种规范构成的系统就同这个情境不再协调。与知识和历史视角的同样的疏远也在发生。所有知识都是针对某一对象的，其方法还受其所专注的对象的性质的影响。但用以认识该对象的方法模式又依赖于该研究者的性质。”（Mannheim，1999：76 – 77）

这段文字强调了知识同历史情境之间的内在关联性，一定的知识只有放在特定的历史情境中才能得到有效认识，呈现了历史主义的也是社会学的一个基本想象路径。曼海姆（Mannheim，1999：77）又说，“因此，在流动的生活中去努力寻找固定和或者永恒的观念或者绝对真理是否是一个真正有价值的知识问题就变得极端成问题了。更有价值的知识任务也许是学会动态地和合理地而非静态地思考。在我们当下的社会和知识困境中，最令人震惊的发现莫过于那些宣称已经发现了一个绝对真理的人就是那些通常假装比其他人优越的人”。对思维的动态性和相对性的彰显也是历史主义的合理主张，在这种主张关照下，任何像施特劳斯那样寻找某些永恒和不变的绝对真理的努力一下子就变得幼稚和可笑。但是，曼海姆所陈述的历史主义的合理性也仅仅停留在这个程度，而没有再向前走一步，把动态思维与相对性勾连起来言说。具体言之，曼海姆所谓的动态的和合理性的思维是建立在割断连续的、绵延的历史和碎片化交流的社会情境的基础之上的，想象不同历史片段之间、不同社会情境之间的非连续性和不可通约性，即想象“人类的演变取决于各社会、各时代的基本差异，所以也取决于每个时代、每个社会所特有的多元化价值观”（阿隆，2003：4）；这种预设“很难看出研究历史命题与其表述时间之间的不可分割性到底有什么用处”（阿隆，2003：10）。换言之，建立在这样一个基础上的动态性思维和合理性思维实质上都是静态的，或者至少可以说是跳跃性的，而否决了实际的历史和生活情境在人际交往中所实现的绵延和普遍联系。历史主义只看到了不同历史时期之间和不同社会之间的差异，而忽视了与差异共存的连续性以及普遍性知识，势必导致列奥·施特劳斯等人所批判的相对主义和虚无主义。从这个角度看，曼海姆等人的历史主义实际上是反历史和反社会学的。

与曼海姆等人的历史主义观点不同的是，舒茨的现象学社会学虽然也走在关系主义和历史主义的道路上，但他不仅关注差异，而且关注普遍性和历史绵延性，把差异和绵延、特殊与普遍有效地勾连起来。舒茨对历史主义缺陷的超越主要依赖他从胡塞尔处拿来的概念“主体间性”（intersubjectivity）。“我的日常生活世界绝不是我的私人世界，而是从一开始就是一个主体间性的世界，一个与我的同伴共享的世界，一个被其他人体验和诠释的世界；简言之，它是一个我们所有人共有的世界。我那独特的生平情境——在其中我发现我任何时候都处在世界之中——也只是在很小范围上是由我自己创造的。我发现我自己已经处在一个被历史地给定的既作为自然世界又作为社会文化世界的世界中，这个世界在我出生之前就已存在，并将在我死后继续存在。这意味着这个世界不仅仅是我的，也是我的同伴的；而且，这些同伴是我自己的情境的组成要素，就像我是他们的情境的构成要素一样。通过影响他们或者被他们影响，我知晓了这种相互关系，这种知晓也暗示着他们即其他人也以一种同我们的方式本质上相似的方式来体验这个共同世界。他们也发现他们处在一个独特的生平情境中，这个生平情境又处于一个世界之内，这个世界就如我的世界一样，是根据实际的和潜在的力所能及的影响力结构而成的，是围绕他们处在中心位置的实际的此在和现在、以时间和空间的同样的维度和方向组织起来的，是一个被历史性地给定的自然世界、社会世界和文化世界。”（Schutz，1982：312）

“主体间性”的存在解释了人类共识达成的逻辑，也为超越传统历史主义的静态史观和社会的片段化观点提供了理论基础。从“主体间性”的角度出发，虽然“超越历史”依然不可能，但超越了所有知识、思想或者价值只在特定的时空下有效，一旦进入另一个时空结构就不再有意义的相对主义想象，而是宣称虽然任何知识、思想或者价值是在特定时空条件下出现的，但只要它进入了人际交往领域，就有可能超越其原初情境，不断地传承或者改变，进入到另外的时空结构之中。具体言之，知识、思想或者价值观念甫一出现，就有可能被人所传播，即进入人际交往领域，虽然在交往过程中，不同人们的独特“生平”和“前见”都不可规避地影响着他们对同一知识、思想或者价值的阅读、理解和诠释，但这些知识或者价值观念在被不同主体阅读、理解和诠释的过程也是它们作为一种共同知识不断再生产出各个主体的生平和前见的过程，是一个既被差异化又制造共同体知识的过程，也是一个既生产出独特生平又生产出“主体间性”的过程。这两个过程同时循环性地发生和推进。在这个过程中，知识、思想或者价值虽然会不断地发生变化，但总是连续的而非断裂的，始终在不断地再生产其共性，这样就为人们之间的相互理解构建了知识、思想和价值的基础，即符号的基础。这个过程有可能是口耳相传，也可能是通过明文的教材形式，甚至还会有一些主体会不断地回返知识、思想和价值的起点以及传承道路上，去探寻其原初形态和变动过程，以不断地纠正之，以便让其共性在历史脉络中不被修改得太多。就如理性主义的思维方式，当它进入教学体系时，就会超越地域和空间的限制而一代一代地传播，从某一个时间点走向某一个时间段，从某一个地点走向更广的地区，逐渐成为一种被普遍接受的、具有强制性的思维方式，任何人都难以从根本上拒绝和超越它。今天，没有人能完全拒绝逻辑思想，没有人能彻底否弃二元论，任何批判二元论的努力都不得不在运用二元论的前提下来批判二元论。这个困境，说明了理性主义被传承和传播所产生的强大的生产共同知识的功用，说明了“主体间性”的现实性及其意义。现代信息技术和交流技术的发展，为“主体间性”在更大范围上发挥作用创造了更为便利的条件，为全球共同知识、思想和价值的创生和存续创造了基本前提。从这个角度看，全球化也是一个共享知识、思想和价值形成的过程，当然这并不摒弃差异性也在其中得以生产和再生产的现实。

当然，知识、思想和价值的留存和绵延，不是一个纯粹自然的过程，而渗透着不同时空条件下的人们的反思性和选择性。也就是说，一种价值观念之所以从地方性和即时性走向普遍性和历时性，一种知识和思想之所以可以超越时空局限，不仅仅是因为其传播并在传播中得以因时因地地再生产，而且因为它在这种传播过程中得到不断的检验和选择，它唯当在传播和试验中不断被证明是有用的、有效的以及可操作的，才能获得存续和普遍性。

从“主体间性”出发，历史主义就能得以重建。真正的历史主义的要义在于：虽然继续强调知识、思想或者价值特定社会情境的关联性，主张任何知识和价值只有放置到具体的历史背景中才可以得到相对完整的理解，但并不因此而把历史割裂，即片段化和静态化，而是努力把知识、思想或者价值同历史的流变、社会的交往结合起来考察。举例来说，经验科学习惯于把目的论作为反科学的东西给否定掉，但若从这种历史主义视角出发，就不会做如此简单的处理，而是把它当做一个现实的东西，探寻其在特定社会背景下发生的原因，厘清其对后续思想的发生的关联，在历史的绵延中确定其价值。在本文中我们姑且称这种历史主义为“新历史主义”。施特劳斯虽然把批判历史主义作为其讨论重建自然权利学说的起点，但没有否定而是运用了本文所谓的“新历史主义”的基本观点来分析“从苏格拉底到洛克的一个绵延不绝的令人无比敬重的传统”，洞察胡克尔和洛克之间的时期现代自然科学、非目的论的自然科学的诞生及其对传统自然权利论的基础的摧毁这一重要的变异过程，以及霍布斯与传统之间的关系（施特劳斯，2006：168—170）。

2. 人类终极价值重建的哲学路径批判

施特劳斯的《自然权利与历史》可以概括为两个他所关心的核心问题：第一，如何批判历史主义和实证主义，从哲学角度重建人类终极价值即自然权利学说；第二，系统地批判现代自然权利学说，以重建古典自然权利学说。上文讨论了施特劳斯是如何批判历史主义和实证主义终结了自然权利学说的合法性，以及对韦伯这样一位矛盾性地集实证主义和历史主义于一身的社会学家如何“祛除巫魅”，构建一个“诸神纷争”的世界，从而不仅在根本上隔断了价值同科学的关系，并且让价值选择完全私人化的。在这里，我们暂时搁置施特劳斯对韦伯的指责是否合适的问题，首先来检讨施特劳斯重建自然权利学说的道路选择是否恰当，然后在此基础上探讨替代性路径的可能性。

列奥·施特劳斯强调，人类社会需要一种超越现实的理想作为人类行动的判断标准，“存在着某种独立于实在权利而又高于实在权利的判断是非的标准，据此我们可以对实在权利做出判断”。“这一标准不能到各个社会的所需中去寻找，因为各个社会和它们的各个部分之间有着许多互相冲突的需求，优先性的问题就由此产生了。如果我们不具备自然权利的知识的话，由社会上各种相互冲突的需求所导致的问题就不能得到解决。”（施特劳斯，2006：2—3）施特劳斯在这里凸显了道德和价值的所有意义都在于其对现实的超越性，即理想性，而当历史主义用历史情境的变动性为借口来消解目的论自然权利，更为抽象地说就是普世价值的合理性时，实际上也否弃了道德理想的必要性。正如康德所说，“从来不会有人合乎纯粹的德行理念所包含的那个内容而行动，这一点根本不证明这个观念就是某种妄念”，因为没有这种观念的引导，人类就不可能接近道德的完善（康德，2004：271），职是之故，面对道德和价值问题，我们不能“从被做着的事情中取得有关我应当做的事情的法则，或想由前者来限制后者。”（康德，2004：273）也就是说，历史主义的相对主义不是否认普世的自然权利想象的理由，相反，当务之急就是重建理想，以之作为批判现实和超越现实的凭依。

对于施特劳斯而言，人类社会的理想就是“自然权利”。要构建“自然权利”，首先必须重建“自然”观念。“自然”作为一种观念是古希腊哲学的产物，其意义在于“对人类的某种可能性的实现，至少按照此种可能性的自我解释，它乃是超历史、超社会、超道德和超宗教的”（施特劳斯，2006：90），亦即寻找某种超越所有现实的终极性的、普世性的标准。因此，“自然”必然成为一种区分机制，在永恒的、普世的、理想的价值与即时的、地方性的、现实的习俗之间划出一条界线（施特劳斯，2006：83）。“自然一经发现，人们就不可能把自然族群的与不同人类部族所特有的行为或正常的行为，都同样看做是习惯或方式。自然物的‘习惯’被视为它们的本性（nature），而不同人类部族的‘习惯’则被视为他们的习俗。原先的‘习惯’或‘方式’的概念被分裂成了一方面是‘自然’的概念，另一方面是‘习俗’的概念。”（施特劳斯，2006：91）“自然”作为区分自然之物和习俗之物的装置，内涵着一种道德判断，即自然之物就是好的、高贵的、值得追求的，人造之物则是糟糕的、卑下的、应该唾弃的（施特劳斯，2006：93）。“自然权利”对于施特劳斯而言就是“正义”，“谈到自然权利时，就包含了这样的意思：正义对于人们而言至关重要，没有了正义认可就无法生活或者无法活好；而符合于正义生活就要求人们具有对于正义原则的知识。如若人们有着没有了正义就无法生活或活好的这样一种本性，他必定凭本性就具有关于正义原则的知识”（施特劳斯，2006：99）。所谓“正义”，就是合乎自然，只有合乎自然才是好的和善的（施特劳斯，2006：95）。

既然实证主义和历史主义与“自然权利”是对立关系，是否定“自然权利”的力量，而且“自然权利”同“习俗”也是对立的，那么，“从对于政治事物的‘科学理解’出发”（施特劳斯，2006：82）来寻找“自然”和“自然权利”就相当于缘木求鱼；同时，“自然”的出场是对“权威”的驱逐（施特劳斯，2006：85），诉诸“权威”同诉诸“科学理解”只能产生殊途同归的效果。这样，重建自然权利的任务就只有哲学来承担了，“发现自然乃是哲学的工作。不存在哲学的地方，也就不存在自然权利这样的知识”（施特劳斯，2006：82）。因为“哲学是对万物‘原则’之追寻，而这首先指的是对万物‘起源’或‘最初事物’的追寻”（施特劳斯，2006：83）。也就是说，“哲学”本身就是“自然”的表现形式，二者在本质上是一致的，是目的和手段的统一。这一点从施特劳斯关于哲学同“自然的人类官能”即“理性”（reason）或“理智”（understanding）的本质上的合一性的论述（施特劳斯，2006：93）中也能清楚地呈现出来。但是，在施特劳斯看来，只有具有“理性”或“理智”的人才是“正常人”，但他们毕竟不是人类的全部，“并非所有人，而只是所有的正常人，在有关声音、色彩等类似问题上才达成了一致。相应地，自然权利的存在，只要求所有的正常人在有关正义原则的问题上达成一致”（施特劳斯，2006：99）。换言之，只有这部分人才具有发现自然和自然权利的能力。

如前所述，施特劳斯力图建立“自然权利”作为人类的终极价值并重建“自然”作为“自然权利”的基座，这都是在弥补现代性条件下普世价值的缺位所造成的各种难题，因此都是必要的和合理的。让我们不能苟同的是施特劳斯所采用的“哲学”方法来“发现自然”，来重建某种终极的“客观性”。这样一种哲学方法存在几个基本的难题：首先，它有一种弃绝和否定现代知识成果重返古典传统的意涵。譬如，施特劳斯（2006：63）认为，“拒绝价值判断使得历史的客观性面临着危机。首先，它使得人们不能够直言不讳。其次，它危及到了那种合理地要求放弃评价的客观性，亦即解释的客观性。想当然地认为客观的价值判断是不可能的历史学家，不可能严肃地对待那些过去的思想——

它所依据的假设是，客观的价值判断乃是可能的，而这几乎都囊括了前人们的全部思想。历史学家既已知道那些思想是基于一个根本性的谬误之上的，他就缺乏起码的动力，试图像过去理解它自身一样来理解过去”（施特劳斯，2006：12）。这段文字里，施特劳斯颠覆了启蒙运动以来所形成的关于“客观性”的观念，即把实证主义者所建构的依据逻辑的和经验的论证来求取客观性的方式给颠倒了过去。的确，终极的“客观性”的确不能完全依赖于逻辑和经验，甚至在后现代转向中“客观性何以可能”的问题也已经受到全面质疑，但这并不能说明施特劳斯的“客观性”概念就具有替代性。事实上，施特劳斯在上述引文中对“客观性”的界定就如对“自然”的界定一样，都是独断论意义上的，经不起进一步追问和推敲，虽然“自然”这个概念的内涵已经否定了对它做进一步推敲的合理性。为了规避这一难题，施特劳斯不得不搬出“明智者”作为救兵。而这又让施特劳斯（再次）陷入等级制的泥沼之中。如前文的引文所揭示的，施特劳斯把根据“理性”和“理解”把人区分为正常人与非正常人，而正常人又可以进一步被区分为哲学家和普通人，何谓“自然”，何谓“客观性”，何谓“理性”，何谓“权利”，何谓“正义”，皆由知识精英来认定。这一极少数的知识精英群体是全知全能的，是道德高尚和不偏不倚的。但历史经验已经屡屡证明，人类历史上从来不存在这样理想化的精英群体，相反的倒是层出不穷的人自诩为这样一种类型的人，然后借着“客观性”和“自然”来为自身牟利。因此，当施特劳斯重建“知识精英”的时候，实际上就陷入到曼海姆所谓的“那些宣称已经发现了一个绝对真理的人就是那些通常假装比其他人优越的人”的陷阱之中，“自然”也好，“客观性”也好，“理性”也好，“权利”也好，“正义”也好，都在哲学家们的“独断”中不可规避地沦为形形色色的意识形态。总之，在一个哲学坍塌、目的论和独断论广受诟病的背景下，施特劳斯从哲学的角度重建“自然权利”的努力在多大程度上具有可接受性，实在令人难以置信，相反，它很可能成为韦伯笔下的“诸神”之中的“一神”，而不被接受为“终极价值”。

3. 新历史主义与“自然权利”之重建

虽然施特劳斯认为他以哲学的方法重建自然权利的努力实现了“目的和手段的统一”，故具有无可超越的合法性，但上述分析却指明了这种路径的致命性缺陷。克服这种缺陷的关键是从哲学方法的道路上返身，回到上文所构建的新历史主义的视角下，即在具体历史背景和历史绵延中寻找自然权利学说的构成和演变逻辑。

新历史主义依然承认“自然”、“自然权利”、“正义”等人类终极价值符号的必要性和合理性，但会反哲学之道而行之，从经验论而非独断论的角度来讨论它们的构成逻辑。具体言之，终极价值、目的论、自然等概念的现实正当性从经验上看并非蕴含在人类的自然状态之中，而应该从偶然性和历史性相结合的角度来理解。在人类历史上，首先由个别人或者少数人偶然地提出了“自然”、“权利”以及“正义”等概念，并尝试对这些概念做出为当时的人们所能理解的解释，并运用这些概念来定义人们的生活方式、生活价值，并建构相应的讨论议题。这种最初由个别人或者少数人的概念建构在人际交往中获得认可，在人们的实践中被证明有效，并为其他人所接受，逐步积淀和扩张，逐渐衍生为一种独特文化和思维方式，形塑了人们构建问题、分析问题和回答问题的基本定式，成为人们生活中不可或缺的一部分。总之，终极价值也好，自然也好，目的论也好，其现实必要性和重要性，不是人类的本能和先验需求，而是经验和历史积淀的结果，是被历史检验为有效的，才获得普世价值的地位。当学者们站在当下回眸人类的千年历程时，总禁不住感叹虽然悠悠千载已经逝去，但古人提出的问题在现代仍然有效，仍然吸引现代人去思考和求索。如果从我们现在提供的视角来考察，就会发现，古人提出的问题，古人建构的思维方式已经在千年传承中形塑了我们的思维方式和问题意识，古人看待世界的方式深深地镌刻在我们的脑海，我们无论如何超越，都只能产生有限的后果，却难以从根本上摆脱古人偶然构建然后被一代代人薪火相传而形成的魔咒，当然就无法提出与古人完全不搭界的问题了。相反，那些经不起历史检验，不能存留于人们的交往过程中的价值体系，就难以成为人类认可的终极价值，甚至连作为文物保存下来的概率都小之又小。这样看来，施特劳斯强行把“自然”、“正义”、“真理”同“人为之物”对立起来就没有太大的价值，即使“正确和正义都是习俗性的”（施特劳斯，2006：12），但只要为人们的经验所检验为最有效的，就具有更高的尊严，就成为一个道德标准，就必须具有强制性。

施特劳斯祭起哲学的武器的目的就是为了反对历史主义和相对主义，捍卫“自然权利”这一作为普世价值的承载者对于人类社会的有效性。前文已经表明，新历史主义与哲学在这方面具有异曲同工的效果，并且更能贴近当下人们的思维方式。这里我们可以通过新历史主义对反普世价值论者的反驳来确证这一点。首先，反普世价值论者强调一种理论或者价值观在提出初期只适应于特定人群的利益和价值诉求，而无视其事后不断被其他人群所接受和援引的事实。譬如，“人权”概念的提出就是为着西方新兴资产阶级的利益的，但它恰恰为后来的没被资产阶级纳入“人权”范畴的人群争取自身的公民权利提供了强大得无可替代的价值指导和动力。其次，反普世价值论者宣称每种价值观都只是特定历史和知识条件下少数人的想象，而没有注意到一种理论在由少数人想象出来后有一个传播和历史证实过程，在这个历史进程中，其生命力受到考验，它若果真具有普世性，就会被不同地域不同时代的人们所逐步接受，被大多数的人们所认同，这样，它就会从此时此地的地方性价值走向超越地域和时间的普世价值范畴。再次，反普世价值论者只把讨论局限在每种价值是少数人出于特定利益诉求在特定时空条件下想象出来的，而无视这种价值之所以成为普世的，不仅源于它同其受众长久积淀的诉求相契合，而且是因为其在传播过程中不断被人们添加内容或者改造，成为一种为全人类所接受的价值体系。最后，正是因为这种变动性，一种价值就会表现为不断地进步，不断地适应人类的变化，惟其如此才能成为普世价值。

今天，无论西方还是东方，“自然”、“自然权利”、“正义”已经成为人们思考各种制度安排的基本出发点。单从这一点看，就不能否认其普世性。

三　两种“自然权利”的抉择

社会学应该坚持何种价值立场，不仅是社会学自身的问题，更是社会学视野中的现代社会所必须面对的根本问题。在列奥·施特劳斯看来，社会学需要在两种对立的自然权利学说之间选择自己的，一种是古典的，一种是现代的。前者是古希腊的，后者是启蒙运动的，是英格兰式的。

1. 两种自然权利学说

古典自然权利理论想象的是一个不是基于快乐而是基于肉体和灵魂的二分，灵魂高于肉体的自然状态。灵魂之所以高于肉体，就如人高于禽兽之处，在于人有语言，或者理性，或者理解力。换言之，人之作为人，其本性在于有思想的生活，在于理解，在于深思熟虑的行动。善就是这种合于自然本性的生活，就是人的本性的最大化。语言的作用是交流，因此，社会性也是人的本性，社会性简单地说就是政治性，因此，公民社会或者政治社会是合于人的自然性的，人性就是社会性或者政治性。人的自然的社会性构成自然权利的基础，即最卓越的社会品德“正义”。

现实地看，这种古典政治社会只能以城邦的形式存在。在这个有限的城邦中，人和人相互熟悉，每个人对自己在城邦中的角色定位依赖于直接的而非间接的信息，这是人们的彼此监督和建立信任关系的基础，信任和自然的强制给自由设置了边界，不仅能防止人们的肆无忌惮，克服自己低下的冲动，推动城邦的人达到德性、智慧的完满。同时，城邦作为一个共同体，并非完全由成员之间的平等互动形成，还依赖于“政治家、立法者或创建者的恰当指导”（施特劳斯，2006：135），只有在这些先知先觉的伟大、高尚、有着优异人性的统治者的指导下，才能发展政治，人性才能走向优异和德性，共同体才能成就一个完善的、德性的共同体。“政治乃是人类优异性使自身得到充分发展的领域，并且在他们的精心培育下，所有形式的优异性都会以某种方式相互依赖”（施特劳斯，2006：135）。总之，城邦或者公民社会或者国家的德性同个人在道德和目的上没有二致，二者是统一的，都在于“与人的尊严相一致的和平的活动”（施特劳斯，2006：135—136）。

施特劳斯对城邦的想象与社会学中关于共同体的想象基本一致：在构成基础上，二者都基于自然而出现和维存，只不过城邦与自然权利关联，共同体与自然意志关联；在空间设计上，二者都属于那种能让所有的成员恰到好处地进行面对面的互动；在领袖选择上，二者都主张贤者统治，不过在共同体中是长者统治，而在城邦中是智慧和高尚之人统治。当然，城邦和共同体也有不一样的地方，城邦本质上是一个政治共同体，人是政治的动物，在政治活动中实现德性和智慧，而共同体是一个血缘的共同体，人处在各种先天的即自然的血缘关系之中。

与古典自然权利以德性或者说灵魂为基础来构建现代社会不同，现代自然权利学说则以身体需要为基础。霍布斯接续伊壁鸠鲁的传统，认为保全身体，即对死亡和暴力的恐惧，愉悦身体，即追求身体的快乐，是人一切行动的根本出发点。在自然状态下，人都是纯粹独立的，而不是通过整治联系成一个社会中人，为了保全身体或者追求快乐，每一个人都必须与他人为敌，形成一个一切人对一切人的战争的状态。但人对人的战争恰恰造成了人人自危的后果，为了规避这种状态，人们之间订立契约，共同把一部分权力交出来成立一个政府（君主），由政府来协调个人之间的关系。洛克虽然不同意霍布斯对君主制的想象，但在自然状态的想象上同霍布斯是一致的，只是认为恐惧死亡的人的签约对象不是对立的他人，而是政府，通过签约赋予政府以权力，也约束了政府的权力，政府的合法性全在于保护赋予其权力的个人的自然权利。洛克认为，个人权利的首要之处是财产权，这个财产的来源不是别的，而是个人的劳动所得。

从柏拉图的古典自然权利学说到马基雅维利、霍布斯和洛克的现代自然权利学说，出现了几个根本性的分歧：首先，古典自然权利以灵魂的提升为基础，德性、智慧是最大的善，是政治理想主义的，现代自然权利学说以身体的满足为基础，快乐、规避死亡是人一切行动的出发点，是享乐主义的；其次，古典自然权利学说宣称自然的社会是一个公民社会或政治社会，人是政治的动物，只有在政治活动中人的德性和智慧才能得到提升，现代自然权利学说则宣称人的自然状态是一个人对人像狼的状态，人首先是一个生物体，私有财产是其最根本的权利，劳动是其财产的来源；再次，古典自然权利强调人和人之间在德性、智慧方面的发展是不平衡的，政治社会是一个有智慧之士和德性之士来统治，其他人应该服从于这些少数人的统治，因此，政治社会在权力和权利上是不平等的，有的人天生就是统治者，有的人天生就应该受别人的统治，现代自然权利尊重每一个人自利的理性能力，强调人生而自由和平等；复次，古典自然权利作为一个社会和个人融于一体的状态，个人首先承担的是义务而非权利，而现代自然权利学说则强调政府为个人而存在，个人首先享有权利而非义务；最后，古典自然权利想象了一个边界明确的共同体，现代自然权利对国家的想象则具有现代民族国家的特点。

在古典自然权利学说与现代自然权利学说之间，施特劳斯选择了前者而对后者大加挞伐。首先，现代自然权利学说放弃了古典自然权利学说探讨“人应该怎样生活”的使命，而从现实主义的角度即人的身体享受角度来探讨制度的建构，道德标准被降低，高尚不再，理想不再，“丢弃了善的社会或善的生活的本来含义”和“人类的优异性”（施特劳斯，2006：182）；其次，现代自然权利学说过分彰显个人的欲望和自我保全的权利，国家作为创造“创造或促进一种有德性的生活”的职能被放弃，而单纯成为保卫个人权利的工具，产生了本末倒置的后果（施特劳斯，2006：185）；最后，对德性和优异性的放弃直接导致了对古典政治哲学中“纯然最佳的实践乃是睿智者的绝对统治，而最佳的在实践中可行的制度乃是高尚人士的统治”的放弃，所有的人甚至最愚蠢的人都能自我保全（施特劳斯，2006：189—190），因此，在开明的自利行为的引导下，“只要体制正当，魔鬼的国家也会具有社会秩序”（施特劳斯，2006：198）。这种体制，在洛克那里，就表现为权力之间的相互约束，即以恶制恶，其效果会比道德教化有效得多，“一旦将公民社会建立于自私的‘低下的但确实稳固的基础’或者某种‘个别的恶’之上，人们就会比之徒劳无益地求助于德性——那是自然所‘未赋予人’

的——而活的更大得多的‘公共利益’”（施特劳斯，2006：252）。总之，现代自然权利学说完全驱除了人作为道德的存在体、智慧的存在体的自然本性，用平等否弃优异，用启蒙代替道德教化，用追逐私人财产代替追求人格高尚，用俗人代替贵族，用民主制替代贵族制，把恶放置到制度设计的首要地位，导致了人类的倒退。这就是“现代自然权利论的危机”，也是现代性的危机。

2. 现代抑或古典？

施特劳斯主要是从逻辑学的角度来揭露韦伯、霍布斯以及洛克理论中的各种推理的矛盾。但从新历史主义的角度看，这种批判没有多大价值，甚至会产生自我反对的后果。因为无论是古典自然权利学说还是现代自然权利学说，都是一种假设，都是“神学的一种存在论虚构”（赵汀阳，2006），是波普尔所谓的“沙滩”，要论证两个“沙滩”哪一个更合理，从逻辑上是没法达到的，只会推出二者皆不合理的结论。事实上，施特劳斯在论证古典自然权利学说时的目的论、独断论特点，都难以为其理论建立扎实的基础。因此，关键的问题是要从这两种假说提出之后，在人类历史的绵延，在人们的日常生活中所产生的实际影响，被人们接受的实际程度，同其他假说比较所呈现出的合理性等方面展开分析，才能证明哪一种更具普世性。

古典自然权利学说对人的德性、智慧和高尚的吁求毫无疑问是非常重要的，有助于推动人从动物性走向人性，从低俗走向崇高，但是，施特劳斯的路径选择是等级制的，把公民社会与平等对立起来，历史在施特劳斯那里出现了回返。“城邦是以不平等或从属关系以及对自由的限制而立足的”，平等“必定包含了对于公民社会的贬抑”（施特劳斯，2006：119—120）。这种不平等是由不同人在理性和德性发展上的不平衡这一基本的自然事实所决定的。“正由于自然权利是理性的，那就只有培植起了理性才能发现它，因此自然权利不是人所周知的：人们甚至不应该期望着在野蛮人中会有什么对于自然权利的真正知识。”（施特劳斯，2006：10）“由于人们在人类的完善方面亦即在至关重要的方面是不平等的，一切人的平等权利对于古典派来说，就是最不公正的了。他们争辩说，有的人生而比其他人优越，因此，按照自然权利，他乃是统治别人的人。”（施特劳斯，2006：136）施特劳斯强调某些人在理性和德性上能够先行一步，有些人则可能后知后觉并没有错误，智慧的人、高尚的人在现实生活中自然会拥有比常人更多的尊敬。但是，联系到施特劳斯对自然高于法律（习俗）的言说（施特劳斯，2006：122），就不难理解，施特劳斯在这里首先否定了野蛮人能够通过引导和学习即启蒙获得理性和德性的事实，把自然的不平等或者实质的不平等静态化，然后把实质的不平等转化为形式的不平等，即用自然的不平等为借口来否认法律的平等，即形式的平等，人类再被区分为三六九等。

相反，现代自然权利学说坚持人生而自由和平等的个人主义原则，并用契约论和民主制来支撑和落实这种自然权利，把民主视为现代自然权利的题中应有之义，它不仅是手段，更是人之所为人的目的。经过两百多年的努力和实践，这种假说已经在很多国家和地区得到实践，建立在其基础上的民主制度及其实践虽然还存在大量的问题，但毕竟被证明是人们已经实践的各种制度中最能保护个人利益，最能防止既得利益集团过度膨胀的制度。民主制度的相对成功的实践反过来推动着人们对自由、民主、平等、人权这些现代自然权利学说的基本内涵的接受和支持。现代自然权利俨然成了一种当代世界的普世价值。

由于古典自然权利学说坚持城邦中某些人德性和智能的自然的优越性而其他大众自然的愚蠢和野蛮，并由此而反对契约论和民主制，故下层对上层的监督和约束的制度保障就自然而然没有存在价值了。何以确定某些人就是德性和智慧的拥有者，并保证其能够自觉地按照德性和智慧的指引行事，就成了问题。这样，“自然”在起点上的终极客观性到了现实层面就可能蜕化为主观性和建构性，“正义”成为强者的逻辑，古典自然权利学说可能导致历史回复到极少数人对绝大多数人的统治的专制主义。相反，现代自然权利学说对个人的独立、自由和平等权利的尊重，对民主制度的实践，就可以在很大程度上产生权力约束的后果，防止一个政权走向极端，走向少数人对多数人的暴力。这一点已经被实践所证明，并获得了其历史合法性。

古典自然权利学说基本上是一种静如死水的理论，鲜有发展。这可能跟施特劳斯的方法论有关系。施特劳斯在批判历史主义的相对主义和虚无主义时，并没有洞察到这种后果的原因，即对历史的静态化处理，所以他在论述古典自然权利学说时，虽然采取的是普世主义的视角，但其方法仍然是静态论的。因此，到了20世纪后半叶，施特劳斯还在怀念城邦生活。这种静态论也被投射到他对现代自然权利的批判上，即把视线停留在霍布斯、洛克以及法国大革命上，而没有注意到“现代自然权利”的内涵深刻的宗教和文化根源（迪蒙，2003），以及在历史的流变中被不断修正，从绝对主义的权利论走向了责任和权利的统一，从反社会性走向了个人与社会的统一，从利己主义走向了个人权利诉求必须“受他人必须享有同样权利的考虑的限制”（霍布豪斯，2002：30），等等。麦克法兰（2008）从历史学与人类学的角度追溯了英国个人主义的形成史，表明个人主义在中世纪中期就发生了，霍布斯、洛克、亚当·斯密关于个人主义的阐述应该放置到这个脉络中考察才有意义。麦克法兰的研究说明，个人主义甚至所有价值观念首先都是一种地方史或者说地方性知识，但它们潜伏在历史的变革中不断发展，内容不断添加，内涵不断现实化，适应力不断超越地方性局限。个人主义在启蒙运动以来在全球的传播就是明证。

撇开上述因素不谈，单来看古典自然权利学说的可操作性，答案是否定的。施特劳斯对理想的呼吁固然无错，但当一种理想离现实太远时，其操作性就式微了。上面的分析表明，如果把一种过于高远的理想硬性拉到现实中，必然制造出更为严重的恐怖，施特劳斯、柏克以及托克维尔所批判的法国大革命如此，古典自然权利学说如果如此操作，也必然出现同样的后果。施特劳斯自己对这一点也有清醒的认识，所以区分了“最佳制度”和“合法制度”。“最佳制度是习惯上由最好的人来统治的，或者说是贵族制。……实际上，对古典派来说，智慧对于自然而言是最高级的，它具有统治的资格。”（施特劳斯，2006：142）“最佳制度与合法制度之间的分别，根源在于高尚的与正当的之间的分别：凡高尚者皆正当，然而并非凡正当者皆高尚。”（施特劳斯，2006：141）施特劳斯做出的这种区分，恰如亚当·斯密在论述人的道德情感时区分的“仁慈”和“正义”，“仁慈”作为道德高标准刺激着人们的行动，“正义”作为社会团结的基本底线约束着人们的行动，二者既缺一不可又不可混淆。施特劳斯也指出，“最佳制度只有在最为有利的条件下才是可能的，而合法的或正当的制度无论何时何地都是可能的，并且在道德上是必需的。”（施特劳斯，2006：141）“那些庸庸碌碌的芸芸众生必须认识到明智者就是明智者，并因为他们的智慧而自愿地服从他们。然而明智者说服不明智者的能力却是极其有限的……因此，明智者的统治所需要具备的条件，实在是很难达到。”（施特劳斯，2006：143）“单纯的最佳制度就是明智者的绝对统治；实际可行的最佳制度乃是法律之下的高尚之士的统治或者混合政制。”（施特劳斯，2006：144）显然“合法的制度”是古典自然权利学说视野下的社会秩序的基本底线，也是施特劳斯认为可行的。但是，问题毋宁在于，施特劳斯虽然区分了“最佳”和“合法”，但依然眷恋于古典自然权利学说的范畴之内。只要施特劳斯走不出这种怀旧情结，他无论怎么区分“最佳”和“合法”，都不仅难以直面现实的操作性诉求，更为重要的是仍然不能规避这种学说所必然招致的专制主义和奴性政治的可能，侵蚀个人权利和利益，否弃个人理性，否弃个人的政治诉求，把个人变成了一只只求无果腹之忧的“幸福的猪”的后果。这种后果，正是韦伯批判俾斯麦政治、竭力寻求个人自由和尊严实现之政治和法律条件的直接动力（李猛，2001）。

3. 超越现代自然权利的危机?

在施特劳斯看来，卢梭是第一位洞察到现代性危机的思想家，后者一直处在两种自然状态以及自然权利的矛盾旋涡之中。卢梭一方面想象了一个完美的自然状态，另一方面又知道人一旦因为一个偶然的决定性因素走出自然状态，就再难以回去；一方面知道自由、民主和人权是现代社会的不可逆转的基本诉求，另一方面又清楚单有这些要素并不能在现代社会中重建完美的自然状态。面对这种双重困境，卢梭把希望寄托在古典自然权利学说中的德性的重建上。但是，卢梭又认识到“德性”诉求离现实太过高远，现代社会难以企及，因此提出“善”即人性的爱来代替“德性”，希冀一次重建自然状态。施特劳斯对于卢梭的困境感同身受，“卢梭接受了现代自然权利论，并以之贯穿他的思考，他所碰到的困难，也许提示了对于前现代自然权利的概念的回归”（施特劳斯，2006：301）。但是，卢梭回到“善”而非“德性”在施特劳斯看来并不恰当。真正能够引领古典自然权利学说在现代性条件下复归的，也许只有英国人柏克。

施特劳斯把柏克的学说当作在现代自然权利条件下回归古典政治哲学的典范。从表面上看，柏克肯定是个现代自然权利论者，“他承认，每个人都有着自我保全或追求幸福的自然权利。”但是柏克又认为，“满足欲望或获得社会所带来的好处的权利，并不必然就是参与政治权力的权利。……政治权力或者参与政治权力并不在人权之列，因为人们有权拥有一个好政府，但是在好政府与由许多人主宰的政府之间并不存在任何必然的关联；恰当理解的人权，指向的是‘真正的天然贵族’的统治，并且从而是财产尤其是地产的统治。……柏克不是从‘虚幻的人权’，而是在‘满足我们的欲望，服从我们的义务’之中来寻找政府的基础。相应地，他否认自然权利本身就可以说明某一既定宪制的合法性：某一特定社会中最适合于满足人类欲望、提升那一社会中的德性的宪制就是合法的；它那适合的性质不能由自然权利，而只能由经验加以判断。”（施特劳斯，2006：304—305）施特劳斯对柏克思想的上述描写的目的就是把柏克的政治学说建构成为契合古典自然权利学说内涵的“贵族制”：柏克把普通公民视为没有更高追求，而只有自我保全和追求幸福之能力的人，他们就是一群没有理性和智慧只有欲望的动物，因此，政治权利不在于他们的人权范畴之内。柏克把人的自我保全、追求幸福、参与政治这样一个整体性的人权概念给活生生地割裂掉了，普通民众无能参与政治，也无须参与政治，他们只有被代表的命运，参与政治对于他们来说从目的之一蜕变成了手段，可有可无的手段，他们变成了一群被拥有财产尤其是地产的“真正的天然贵族”的道德和政治羽翼所细心呵护着的幸福的猪。

但是，除了这一点外，柏克同施特劳斯所建构的古典自然权利学说几乎没有太多的共同点。我们需要注意的是，柏克是一个处在英国贵族传统中的思想家，他几乎全盘接受了17世纪到19世纪那种既传统又现代，既保守又自由的独特的混合型政治和思想类型，并以这种类型为参照来评判法国大革命。从这个角度看，柏克首先是一个自由主义者，是现代自然权利学说的支持者，承认人和人之间的平等关系，包括国王作为人民公仆的角色，尊重人的独立性和理性能力，接受普通民众对个人欲望和利益的追求，认为同意和契约是社会团结的核心机制之一。“这两种法律的规定具有同样的力量，并且都来自一个同等的权威，都源于国家的共同协定和原始约定，即国家全体的同意，并以此而同样地约束着国王和人民，只要这些条款得到遵守并且他们继续是一个政治体。”（柏克，1998：28）在这个基础上，柏克才开始批判法国大革命那种推翻一切权威，把个人自由和平等推向极致的粗暴做法，而强调国王和贵族在德性方面对普通人的引领作用，以此为人的欲望和理性设置边界。“自由对个人的作用是，他们可以去做他们高兴做的事；但在我们冒险去祝贺以前，我们却应该看看究竟什么是他们高兴要做的，否则祝贺可能马上就转化为抱怨。就分散的、隔绝的私人而言，审慎就可以决定这一点了；但是当人们集体行动时，则自由便是权力。”（柏克，1998：11）“在任何公共的集会中，领袖们所提出的建议要获得任何程度的郑重性，他们就应该尊敬——在某种程度或许是惧怕——他们所指导的那些人。要不被人盲目地领导，追随者们就必须有资格如其不是作为行动者，至少也是作为审判官；他们必须也是有天然的分量与权威的审判官。”（柏克，1998：54）而且，柏克坚决反对理论家动不动自诩代表人民的做法。也就是说，柏克是在扎实的个人主义的自由主义的基础上来探讨为这种自由主义设置边界的，这与施特劳斯心目中的古典自然权利学说完全否弃普通个人理性和身体欲望来为人的等级制张目在逻辑和目的上都完全相反。其次，柏克是一个经验主义者和历史主义者，而非理念主义者，这一点也同施特劳斯的古典政治哲学中所浸透着的先验主义有着本质的差别。对于柏克而言，贵族制的合理性、宗教在引导善方面的积极效果，并非来自某种自然权利，而是历史积淀的遗产和经验证明有效的结果。“自然”同样来源于历史的积淀，或者说，“自然”的构成是施特劳斯所批评的习俗主义意义上的。柏克还反对抽象意义上的人权、理性以及德性。但是，法国大革命完全以理念为指导，摒弃经验的复杂性而展开行动。从这一点看，施特劳斯的古典自然权利学说同法国大革命的现代自然权利学说虽然在内容上完全对立，但在理念主义这一点上则完全一致，施特劳斯用柏克的经验主义来否证现代自然权利，实际上也产生了自我指涉的后果。另外，柏克对德性的现实主义态度使他高度重视制度保证的权力制约对于超越恶、重建善、提升社会德性的积极功用。“人在政府中的权利乃是它们的优势所在；而这些往往是各种不同的善之间的平衡；有时候则是善与恶之间，有时候又是恶与恶之间的妥协。”（柏克，1998：81）也就是说，对于柏克而言，德性和善有几个来源，一是来自于历史的演变，二是来自于宗教的教化，三是来自于制度安排的合适，包括不同权利之间的相互制约，稳定的财产权，等等。从这个角度看，托克维尔的思想，在很大程度上可以说是柏克的翻版，托克维尔的开明在于其对民主和平等主义作为一种历史潮流的不可逆转性的承认，在此基础上才来讨论如何恢复贵族制的传统以限制现代自然权利学说的缺陷。

总之，柏克的政治学说很难说是施特劳斯所想象的用古典自然权利超越现代自然权利的困境的典范，如果要勉为其难地给予肯定的答案，那也只能说柏克的思想是古典自然权利学说的世俗化、历史化版本。或者说，柏克从法国大革命的实践中看到了现代自然权利学说的极端形态，从英国经验中发现了现代自然权利同特定历史社会文化情境相结合以限制其纯粹化形态的极端性，使之立场更加温和，运行更加平稳，负面效果尽量缩小的路径。柏克和托克维尔对法国大革命的经验的而非抽象的评论给我们一个重思古典自然权利学说与现代自然权利学说的关系：现代自然权利学说以人性恶为基本预设来设计制度，通过以恶制恶来推动人和人之间的平等化，遏制霍布斯所谓的“丛林法则”，建立和维持社会秩序，的确是最为有效的，但它也不可避免地蜕变为拒绝崇高的根源，导致社会的平面化和庸俗化，因此始终仅仅是“最不坏的制度”，如果人们能够在落实现代自然权利的基础上引入古典自然权利学说对德性和智慧的追求，就能够构建一个不断贴近“最佳制度”的社会。在这里，现代自然权利始终是基础，古典自然权利始终是补充，就如迪蒙所说，个体化社会中的阶序生成自平等与自由而非相反（叶启政，2006：231）。从这个角度出发，施特劳斯的苦心孤诣就可以理解并值得推崇了。

四　把个人主义引入中国

对作为自由主义者的韦伯的困境的认知，让很多中国学者容易回到前期的即作为民族主义的韦伯。虽然民族主义被视为习俗主义的产物而同样被列奥·施特劳斯列为批判对象，但细心的读者会发现，接受作为民族主义的韦伯的人也在引入施特劳斯。在这些接受者的意识中，施特劳斯和民族主义者韦伯在思想上有着某种共通性。这种共通性存在于对某一个共同体的利益的无限抬升以及对作为共同体之成员的个人地位的压制，把现代性的问题浓缩为个人与集体的关系问题。

要理解中国学者对这个现代性难题的接受和理解，需要弄清楚两个问题，一是现代性的价值基础到底应该为何物，二是当下中国社会中是否存在个人与集体的对立问题，如果存在，其表现形态是什么？

1. 作为“现代意识形态”的“个人主义”

施特劳斯对现代社会现实的价值基础已经做了回答，那就是现代自然权利，即个人的利益、自由和独立。换言之，个人主义是现代自然权利的核心。韦伯（1987）把个人主义作为经济理性主义的核心内涵，并阐述了个人主义的宗教基础。迪蒙受韦伯的启发，称“个人主义”是“现代意识形态”（modern ideology）——现代世界中，存在着对于许多社会、国家或者民族共同的一系列理念和价值（Dumont，1977：7；迪蒙，2003）——亦即没有个人主义就没有现代性。迪蒙所谓的“个人主义”，指“每一个个人，……原则上都是一般人性的具体化，这样，它同其他人就是平等的，并是自由的”。迪蒙区分了两种对立的意识形态类型，一种是等级—平等（hierarachy/equality），另一种是整体论—个人主义（holism/individualism），后者被认为是得到更为普遍地使用的对立，前种范畴可以概括到后种范畴之中，整体论内含着等级性，平等和自由（liberty）是个人主义的题中应有之义。当然，不同社会中这些要素之间的搭配情况并不是一致的（Dumont，1977：3－4）。

在英语中，表示“个人”的概念有三个，分别为 individual（个体）、personality（人格）和 private（私人）。启蒙运动以来，这三个概念愈行愈近，其间细微的差别正好为这三个概念组成一个支撑起个人主义的三个维度创造了条件。Private 与 public 相对，意指私密的，与个人的独立自主密切关联的、不可剥夺的各种特权，如言论自由、私有财产、隐私权，等等（Williams，1985）。Individual 原指作为一个整体的事物或者现象不可分割（indivisible），17 世纪以来其内涵变得更加具体，在物理学上指涉原子（atom），在人的问题上指涉与众不同的一个个体。洛克的《人类理解力》对于这种现代意义上的 individual 的生发起到重要促进作用。基于对人的这种理解，individual 在政治思想中指涉人作为一个独立单位的原始的、根本的存在，以这种个人为基础，或通过霍布斯的服从（submission），或通过洛克的契约（contract）和同意（consent），或通过新自然法，衍生出各种法律和社会制度，在经济学思想中指涉个体具有理性能力，能对自己的行动结果做出预测和估计。由此可见，individual 的现代意义的创生与启蒙运动对中世纪政治、经济和社会秩序的摧毁有着直接关联。以 individual 为词根的两个概念对于我们今天来认识这种断裂有着重要意义，即 individuality 和 individualism。前者强调的是个人的独特性及其与群体不可分割的身份；后者是一种关于抽象个体的理论，强调个人状态和利益（Williams，1985：161－165）。迪蒙也指出，“个人”是独立的、自主的，本质上是非社会的道德存在物（Dumont，1977：8）。Personality 最早指涉演员使用的面具或者扮演的角色，后来指一般的人，即人之为人的基本特质。但与此同时，在拉丁文和英语中，personality 都有 individual 的意涵，如个人所有物（personal belongings）。17 世纪以来，personality 已经从凸显一般性向强调特殊性和独特性转变，指涉个人性（individuality），一种强烈的、占有性的个人主义或者说对独立的、有价值的生活的强烈意识（Williams，1985：232－235）。在威廉姆的解释中，individual 处于中心地位，可用以解释其他两个概念。弗兰克在《个体的不可消逝性》中对 subject（主体）、personality、individual 之间的关系作了细致的探讨。弗兰克反对德国哲学传统中把 personality 与 individual 混用的做法，刻意强调其间的差别：“‘主体’（和‘我’）意指一个一般的东西，‘人格’意指一个特殊的东西，‘个体’意指一个单个的东西。……个体的东西乃是能够从每一个普遍性要求中作为例外，并且从一个一般者那里断裂开而演绎出来的东西。……注意，可以从普遍一般者中推导出来的东西，我称之为一个特殊的东西，而不是一个个体的东西。”（弗兰克，2001：28）也就是说，“人格”是抽象和一般的主体的具体化，同主体是一般和特殊、抽象和具体的关系；“个体”的对立面是“整体”，是一个自足和独立的存在。根据威廉姆的分析，“私人”与“公共”相对，指涉个人独有的、不可随意剥夺的物质特权和自由特权。这样，我们就可以用来解释本文所要讨论的“个人”的内涵了：从物质上看，“个人”拥有其不可剥夺的物质财产和不可侵扰的私密空间，这种物质基础保证了“个人”的身体的独立和自由，为“个人”精神上的独立和自主提供物质基础，因此构成现代公民权的前提；从价值上看，“个人”追求自身在精神、身体上的同一性（identity），塑造自身独立的、有价值的、有尊严的和负责任的生活；从理性上看，“个人”具有自我评价的理性能力。这几个方面构成一个统一的“个人”概念。

关于个人主义的基本内涵，前文已经引用过迪蒙的界定，简言之即个人私有财产权观念、个人的政治与法律自由、个人与上帝直接交流（麦克法兰，2008：序）。具体分析，个人主义的社会包括如下几个方面的特点：在地理和社会方面的高度流动性，在职业群体之间、城乡之间、社会阶层之间，没有牢不可破的永久屏障，流动的基础是财富而非血缘，财富会广泛地分布于全民；在经济方面，是一个成熟的市场化社会，个人作为理性的、市场取向的和贪婪攫取的人而存在；在亲属关系和社交生活中坚持自我的中心地位；在法律方面，以个人权利的保护为中心；在思想和宗教方面，尊重个人的独立与自由（麦克法兰，2008：215—217）。这种关于个人主义的界定与霍布豪斯（2002）对自由主义的界定基本一致，也应证了卢克斯（2001：30）的说法，即在英国，个人主义是自由主义的不同思潮的共同基础。卢克斯把个人主义的核心思想浓缩成几个概念：尊严、自主、隐私、自我发展以及抽象个人。“尊严”突出了康德所谓的个人在任何时候都是目的而非手段的性质；“自主”强调个人的思想和行为都属于自己，不受制于他不能控制的力量或原因，要做到这一点，个人必须能够运用自身的理性能力，对外界力量做自觉的批判性评价，并据此提出合适的目标，设计恰当的手段；“隐私”所彰显的则是相对于公共领域，个人拥有一个不受任何他人干涉的思想或者行为领域；自我发展强调性格类型的多样化，支持人性的自由充分发展；抽象的个人则把个人想象为独立于环境而具有的各种给定的欲望、目的、需求和愿望，国家和社会的功能就在于满足个人的这些既定诉求。在这其中，抽象的个人概念是个人主义学说的共同前提，自由和平等是个人主义学说的两大原则，所谓平等，就是平等地尊重所有的人，自由，则是指个人具有自主性、保护隐私的权利以及自我发展的权利。虽然个人主义在具体内涵上都是在特定的政治社会条件下产生的，时过境迁之后某些具体主张需要超越和修正，但平等和自由这两个基本主张始终未变（卢克斯，2002）。卢克斯的界定同韦伯关于个人主义的论述基本上一致，一方面是功利主义，另一方面是严格的自我控制，理性主义作为基础把这两个维度统一到“个人主义”概念之中（韦伯，1987）。

作为“现代意识形态”，作为现代性的基础性预设，不仅是自由主义，也是关于现代性的其他各种思潮的共同基础。就马克思主义而言，马克思无论是对资本主义制度在形式上实现了人的自由平等的歌颂，还是对资本主义条件下劳动异化所造成的人实质上不平等、不自由的剖析和批判，抑或对“自由人的联合体”的共产主义想象，都内在地蕴含着个人主义的基本诉求，即个人的独立、自由和平等。所以迪蒙（Dumont，1977：113）断言，马克思本质上是一个个人主义者。对于马克思而言，个人主义在不同历史阶段的实现方式是不一样的，从私人拥有财产权向私人财产权的彻底摒弃，是一个不断扬弃的过程，当个人最后彻底摆脱财产和权力的控制时，个人主义就彻底实现了。涂尔干的个人主义思想相对要复杂一些，与托克维尔完全拒绝个人主义不同，他早年基本上是从社会有机体论的角度否弃个人主义，但到1898年开始重新思考如何从个人主义的角度来论证社会对于个人的主导地位。涂尔干汲取了卢梭关于个人与社会关系的论述，以通过“道德个人主义”（渠敬东，1999）来重建个人与社会的和谐关系。不管“道德个人主义”概念同卢梭的“公意”概念一样是如何地难以把握，涂尔干都没有拒绝现代社会条件下的私人财产制，也没有拒绝由此带来的利己主义，而是力求通过道德个人主义来约束利己主义的不当张扬（肖瑛，2008）。韦伯的自由主义思想中所蕴含的个人主义特点基本局限于德国的“人格”传统中（卢克斯，2002：15），尊严、独立和责任构成是他的自由主义的归宿。哲学家和社会学家对个人主义的重构是对经济人和原子人预设的批判，但面对市场经济的基础性地位，个人主义如果竭力摆脱这种预设，就会重新回到贵族传统中。

个人主义从来没有拒绝社会的存在，只不过早期现代自然权利论者简化了社会的构成逻辑而已，以为只要按照原子人和经济人的逻辑行动，社会就会不由自主地生长；后来的个人主义者的起点就是对这种过于简单的想象的批判和修正，探讨个人主义诉求与社会秩序构建和维续之间的基本条件，寻找个人和社会之间天然的和谐（霍布豪斯，2002：29）机制。当然，正如卢克斯（2001：126）所说，个人主义前提下的社会不再是传统的共同体（Gemeinschaft）意义上的，而是社会（Gesellschaft）意义上的。用马克思的话说，个人主义让人摆脱了人对人的依赖关系。费孝通（1998）的“团体格局”最可以形象地呈现个人与社会的关系以及社会构成的逻辑：独立的“个人”是最基本的单位，社会就是由独立的个人构成的，个人之间是平等的，彼此不得侵占属于个人的权利，团体也不得侵凌到个人之上。“团体格局”表明，现代社会中个人的独立性和自主地位，每一种“社会”都有自己明确的边界、权利和责任，运行逻辑保持相对的价值中立性。这种责权利明细的社会组成逻辑虽然难以从根本上规避托克维尔的“集体个人主义”的弊病，但相比传统社会中人对人的全方位的依赖关系有着根本性的进步，基本上同市场经济和民主政治的运行逻辑严丝合缝。这也正是个人主义能作为“现代意识形态”的根本原因。

当然，如前所述，以个人主义为意识形态的社会制度设计也带来了各种各样的问题，一些方面甚至形成了个人主义的悖论（卢克斯，2001：140），特别是经济个人主义的片面发展所形塑出的利己主义价值取向的盛行，形塑出涂尔干的“社会失范”的局面。这些结果都成为上文所说的推动个人主义进行修正的真正动力。但是，如果简单地把个人主义在西方的“不满”（discontent）简单地运用到对今日之中国的各种政治经济社会和文化困难的诊断上，则出现了严重的“错置具体感的悖谬”。

2.“差序格局”之痛与“个人主义”对它的超越

近年来，中西方学者在反思中国改革开放以来的道德滑坡现象时常常自觉地模仿涂尔干的“失范论”，把所有的责任都倾倒在利己主义流行上，并一带对个人主义价值观念进行质疑和批判，俨然中国已经建立了个人主义的价值基础，一些学者开始批判“自然权利”观念，转而求取建构一种替代性的人权概念即“预付人权”。“预付人权”理念的提出者赵汀阳（2006）指出，“自然权利”概念以人的生物性作为权利基础，实际上否定了“人”的价值，人只有在“做”（do）即在社会关系的处理中才能成就真正的“人”，因此，应该根据贡献来确定个人人权。“预付人权”学说在很大程度上是列奥·施特劳斯的古典自然权利学说的翻版，为人类描绘了一幅何其美妙的图景。这样，赵汀阳把施特劳斯带入中国，作为救治被诊断为涂尔干式的中国社会转型问题的灵丹妙药。

正因其同施特劳斯的古典自然权利学说何其相似，“预付人权”学说也陷入到前者的困境之中：第一，“公正优先”的目标何以确定，由谁来确定？这种确定的过程会不会陷入到“强者的利益”游戏之中？当然，作者可以按照柏拉图的说法，公正或者正义应该由“天然的统治者”来裁定。但问题又来了，“天然的统治者”又凭什么来判断？何以证明他们是最有智慧最高尚不为着自己的利益求取而天然地为着被统治者的利益而奔波？这一系列的追问，陷入到一个无限倒退的怪圈之中，同想要获得的答案愈行愈远。第二，在社会关系中确定“人”没有错，但历史经验已经证明，没有“抽象人”的假设，何以突破等级制的社会关系，何以确立“普遍人权”，又何以实现对自由和平等在法律上的落实？提出者没有给出明确的答复；第三，最为重要的是，面对这样一个站在中国市场化语境下提出的用以质疑西方现代自然权利学说的命题，需要质问的是：涂尔干式的社会问题诊断法适合于中国当下的情境吗？如果不适合，与这种诊断结论相适应的药方的有效性当然也就需要质疑了。

要回答这个问题，需要弄清楚“共同体”（community）在今天中国的悖论性存在方式。按照费孝通（1998）的说法，“差序格局”是中国传统社会的基本组织方式，并表现为几个方面相互矛盾的特点：首先，各种社会群体是以成员间的情感、血缘或者地缘等帕森斯所谓的“情感取向”而非价值中立取向的权利和义务关系构筑起来的，难以形成一种“超乎私人关系的道德观念”（费孝通，1998：30）；其次，虽然这些情感、血缘和地缘关系的客观存在使得所有的社会群体具有某种客观实在性，但另一方面又是高度主观的或者社会心理学意义上的，也就是说，处在每一个群体中心的都是一个具体的活生生的人，他可以主观地为情感、血缘或者地缘设置边界，不同的人在群体中的亲疏远近关系由他来确定。因此，人对人的依附是这个群体的基本关系，这种依附建立在“自己人”和“他人”的区分的基础上，但其边界始终是变动不居的。这种依附关系一方面表现为进入该群体的每一个人都附属于这个群体，特别是处于圈子中心的人，他没有个人的尊严和人格，所有的存在价值就是为这个群体奉献自己；另一方面又相反地表现为以“己”为中心的“自我主义”的盛行，“为自己可以牺牲家，为家可以牺牲族……。在这种公式里，你如果说他私么？他是不能承认的，因为当他牺牲族时，他可以为了家，家在他看来是公的。当他牺牲国家为他小团体谋利益，争权利时，他也是为公，为了小团体的公。在差序格局里，公和私是相对而言的，站在任何一圈里，向内看也可以说是公的”（费孝通，1998）。依据“差序格局”逻辑构成的群体，同理论上的“共同体”和“社会”有着错综复杂的关系。它是“共同体”，因为它是依据血缘等自然意志勾连起来的，它又不是“共同体”，因为“共同体”的边界是相对确定的，更因为它存在着“选择性意志”；它不是“社会”，因为它缺乏现代社会所要求的明确的权利和义务关系，它又是“社会”，因为“利益”和“自我”在其中没有完全失去价值。

“差序格局”的存在，为中国人的求取利益的行动设置了直观的道德边界，即“不杀熟”。今天中国人异口同声地讨伐道德滑坡时，最直观的出发点是这一道德边界的消退，于是追溯到传统共同体的衰退。从这个角度看，涂尔干式的诊断原则适应于中国。但是，只看到这一点还不足够，我们真正应该洞悉的，是这种道德边界是由“差序格局”在市场经济条件下的重建所摧毁的。也就是说，当“差序格局”遭遇市场经济对人的物质欲望的强劲刺激时，它悖论性地把自身的重组和瓦解结合在一块，前者正是后者的始作俑者。具体言之，在传统社会中，虽然私人利益一直潜伏在“差序格局”的构成和重组中，但由于其不够强大，还不足以摧毁“差序格局”所内在的道德原则；但到了市场经济条件下，私人利益的正当性被无限放大，“差序格局”在满足个人无限欲望方面的功能也被充分发掘，即“差序格局”的组织形式比个人之间的利益争夺更能有效地为个人获取物质利益。因此，如果说传统“差序格局”中的血缘、地缘和情感在群体团结机制中具有本体性地位的话，现在则被私人不断膨胀的物质欲望即利己主义边缘化，沦为后者的工具，变成可以选择的。这样，传统“差序格局”的道德边界被彻底摧毁，在市场经济条件下“差序格局”的重组蜕变为各种黑社会性质的帮派。

上文的论述实际上已经暗示了“差序格局”对中国社会现代化进程的巨大危害。“差序格局”的社会构成同现代市场经济的基本原则以及现代科层体制的权力规则完全对立，但它并没有因后者的引入而退出历史舞台，反而渗透到市场和科层体制中，从内部瓦解并置换市场和科层体制应有的游戏规则，并让市场和科层制呈现出巧取豪夺、弱肉强食、腐朽堕落的丛林状态，与韦伯（1987）所想象的理性化的、和平的、经济与政治与家庭相互分离的现代资本主义组织和运行模式背道而驰，无限推迟了中国社会的现代化进程。从这个角度看，单从涂尔干的角度分析今天中国的社会状况还只把握了其中很小的一个方面，“差序格局”所引生的乱象才是问题的症结所在。“差序格局”效应在市场经济体制中的重组和放大同道德在市场经济体制下的滑坡是同时发生的，后者是前者的结果。

上述诊断让我们得出结论，中国还处在传统社会中，中国问题的症结不是现代自然权利学说被实施而是没有被引入，因此，用施特劳斯式的药方来医治中国问题无异于缘木求鱼。特别是由于这种诊断方案同中国政治、经济、社会甚至文化领域中可做而不可说的“精英主义”情结暗合符节，因而不仅不能产生医治的效果，反而很可能沦为一种意识形态，加剧中国社会之乱象。这种危险已经初露端倪。

上述分析表明，中国历史和社会中最大的问题，就是缺失独立的个人（individual）和“个人主义”这一“现代意识形态”，既缺失对理性的、自足的、自利的抽象人的想象和确认，亦缺失对获得平等尊重、愿意担当明确个人责任的、自主发展、可以约束利己主义之泛滥的个体的想象和确认，泛滥的只是嵌入在各种“差序格局”之中，为着私人的短期利益不择手段、拉帮结派、既无尊严和人格亦无责任担当的丛林动物。因此，今天中国的首要问题既不在于保卫市场，也不在于重建国家权威，甚至不在于保卫社会，而是把“个人”引入到社会中来。只有现代自然权利得到制度上的保证和落实，保卫市场、保卫社会或者保卫国家的提法才能建立在公正、合理的基础之上，当下中国思想界的“左”和“右”的出现和争论才有意义。左派可以坚持认为宪政意义上的形式自由不能保证实质自由，需要反对自由放任的自由主义来保卫社会即个人有尊严的生活，但并不因此而否定形式自由；右派可以坚持政治自由主义立场，追求通过公民社会和制度设计来防止公权力的滥用。有了个人主义的共同基础，“左”和“右”的争论就会沿着如何实现个人主义的道路走下去，而不会沦为民主和反民主、自由和反自由、平等和反平等的根本价值的纷争，即甘阳所谓的“自由左派”和“自由右派”的分歧（转引自许纪霖、罗岗等，2007：314—321）。若“左”和“右”之争忽略了个人主义这一根本前提，必然强化强势群体以差序格局为逻辑建构市场和权力的运行规则，使之继续在作为特殊个体或者群体谋取私利之工具的路上越走越远。今天我们所直面的，恐怕或多或少带有这一色彩。

五　结语

社会学作为一门应诊断现代性问题而生的学科，在其起点上内在地充盈着对人类命运的深切关怀。但是，社会学似乎也难免韦伯的“铁笼”命运，在其推进过程中失去的恰恰是其创生之时的目标和动力。今天的社会学或者沉迷于各种数字和文字游戏，或者彻底沦丧为一门只会摇尾乞怜、制造各种不痛不痒之对策的政策性学科。“社会学危机”的症结在于社会学无法经受自身所构建的历史主义方法论的反身性（reflexivity）追问，社会学在反躬自问中被相对化和虚无化，并甘心情愿于这种相对主义的命运。手段蜕变成目的，就如作为现代性反思之不可或缺之视角的后现代主义取代了现代性的位置一样。因此，超越历史主义是重建社会学的终极价值关怀的关键。新历史主义对于社会学的意义在于：（1）促使社会学无须从别处借来或者嫁接终极价值关怀，而是从社会学的视角厘定社会学所应有的价值取向，实现手段和目的的统一；（2）让终极价值（ultimate value）避免在某一时刻终结或者达到顶点的命运，而是在历史绵延中不断拓展；（3）在现实和理想之间达成某种平衡，社会学之终极价值关怀既超越于社会学的现状，又不至于太缥缈。

作为一门关注现代性的学科，社会学的终极价值关怀也就是现代性的价值基础，二者是合一的。社会学为现代性也为自身寻求的共同意识形态，是现代自然权利意义上的“个人主义”。就像韦伯和涂尔干一样，既然不可规避市场在我们生活中的根本性作用，我们就即使不情愿也必须坦然接受自利、自足和理性的抽象人意象。这种意象的意义不在于它在社会学的关照下显得多么幼稚和天真，而在于经验证明它可以引导建设尊重个人权利的各项制度；与此同时，既然渴望自由的、和平的和平等的社会生活，就必须培育自主的、责任的、自我发展的个体形象；这两种“个人”中，前者生产出后者，后者约制着前者。社会学余下的任务，就是廓清阻碍这个目标实现的人心的和结构的因素，从“‘人如何与社会的结构性条件相互搓揉’的角度”来为“个人的自主解放”、为个人对结构性力量的超越开出一条路来（叶启政，2006：237）。

参考文献

阿隆，2003，《论治史》，冯学俊等译，北京：生活·读书·新知三联书店

柏克，1998，《法国革命论》，何兆武等译，北京：商务印书馆

迪蒙，2003，《论个体主义》，谷方译，上海：上海人民出版社

费孝通，1998，《乡土中国　生育制度》，北京：北京大学出版社

弗兰克，2001，《个体的不可消逝性》，先刚译，北京：华夏出版社

霍布豪斯，2002，《自由主义》，朱曾汶译，北京：商务印书馆

康德，2004，《纯粹理性批判》，邓晓芒译，北京：人民出版社

李猛，2001，《除魔的世界与禁欲的守护神：韦伯社会理论中的“英国法”问题》，《思想与社会》第1辑，上海：上海人民出版社

卢克斯，2001，《个人主义》，阎克文译，南京：江苏人民出版社

玛丽安妮·韦伯，2002，《马克斯·韦伯传》，阎克文等译，南京：江苏人民出版社

麦克法兰，艾伦，2008，《英国个人主义之起源》，北京：商务印书馆

渠敬东，1999，《涂尔干的遗产：现代社会及其可能性》，《社会学研究》第1期

施路赫特，2001，《信念与责任——马克斯·韦伯论伦理》，李康译，载《思想与社会》第1辑

施特劳斯，2006，《自然权利与历史》，彭刚译，北京：生活·读书·新知三联书店

苏国勋，1988，《理性化及其限制》，上海：上海人民出版社

韦伯，1987，《新教伦理与资本主义精神》，于晓、陈维纲等译，北京：生活·读书·新知三联书店

——，1997，《民族国家与经济政策》，甘阳等译，北京：生活·读书·新知三联书店

——，1999，《社会科学方法论》，韩水法译，北京：中央编译出版社

——，2004，《学术与政治》，钱勇祥等译，桂林：广西师范大学出

版社

肖瑛，2008，《法人团体：一种“总体的社会组织”的想象》，《社会》第2期

许纪霖、罗岗等，2007，《启蒙的自我瓦解》，长春：吉林出版集团有限责任公司

叶启政，2006，《“个体化”社会的理论蕴涵——迈向修养社会学》，《社会理论的本土化建构》，北京：北京大学出版社

赵汀阳，2006，《“预付人权”：一种非西方的普遍人权理论》，《中国社会科学》第4期

Dumont，1977，*From Mandeville to Marx：the Genesis and Triumph of Economic Ideology*，Chicago：The University of Chicago Press

Mannheim，Karl，1999，*Ideology and Utopia：an Introduction to the Sociology of Knowledge*，Beijing：China Social Sciences Publishing House

Schutz，A.，1982，*The Problem of Social Reality*，Boston：Martinus Nijhoff

Williams，R.，1985，*Keywords：a Vocabulary of Culture and Society*，New York：Oxford University Press

从支配关系看中国传统社会

——韦伯论中国家产制

张文杰

一　引言

韦伯对中国传统社会的分析，主要集中于《儒教与道教》（*Konfuzianismus und Taoismus*，Weber，1964；韦伯，2004a）一书，这是众所周知的；然而不可忽视的是，韦伯对中国的论述同时遍布于他的各类著作中，比如《经济与社会》、《宗教社会学论文集》，以及生前最后的讲课稿《世界经济通史》等。

自从“二战”以来，帕森斯对韦伯的解读就主导了韦伯学界长达三四十年，这其中就包括了韦伯对中国的论述。在帕森斯眼中，韦伯对中国的论述与其他非西方社会一起，构成了西方现代资本主义的“反题”。西方由于有新教伦理这样一个理念主导，遂产生了现代资本主义；东方尽管在物质层面同样不乏有利于现代资本主义产生之处，但其宗教伦理却严重阻碍了后者的发展。这种对物质与理念的僵化处理，既是对韦伯的庸俗化解读，也严重影响了学界对韦伯思想的理解。[1]我们可以清楚地看到，帕森斯对韦伯理论中的“中国”个案的处理，是其将韦伯的理性化理论简化为现代化理论（李猛，2001：114）的一个内在的产物，有着同样且一贯的逻辑。

对于自帕森斯以始的这种僵化解释，学者莫洛伊（Molloy，1980）早已提出了尖锐的批判。[2]莫洛伊（Molloy，1980）认为，早期对韦伯《儒教与道教》的解释，不是呈现一种混乱（本迪克斯就认为难以弥合韦伯笔下静态的建构与具体的历史过程之间的鸿沟），就是虽有清晰的、主题式的解释，却要付出巨大的代价——给韦伯的著作强加一相抵牾的框架（如帕森斯）；而关键则在于缺乏一种分析结构（analytical structure）。进而，莫洛伊指出，韦伯《宗教社会学论文集》第一卷中夹在《新教教派与资本主义精神》和《儒教与道教》之间的“导论”（*Einleitung*），[3]是为理解韦伯在《儒教与道教》中的分析结构的关键

---

〔1〕 帕森斯对韦伯最系统的解读出现于1937年出版的《社会行动的结构》一书。下述几处例子很好地表达了帕森斯的主旨，譬如：“这些比较研究主要是基于马克思主义的‘物质’因素与‘理念’因素的两分法来进行的。其主要论旨是，从资本主义—官僚制的潜在可能性来看，在相应的文化发展阶段中，中国、印度和犹太国的物质条件比我们自己中世纪和现代早期的物质条件更有利，而它们每一种文化中主导的宗教传统之‘经济伦理’则直接与此种发展相抵牾。另一方面，新教（在较小程度上的整个基督教）的经济伦理是直接有利于这种发展的。这个结论肯定了新教和资本主义之间存在着的函数关系（functional relationship）。”（帕森斯，2003：572—573；译文有改动）此外，另一处更为简洁的表述则是：“这里，韦伯的判断就是，不管在中国还是在印度，非宗教因素的组合在关键时期至少与在西方的情况一样，是有利于资本主义的发展的。在这方面，就有很大的可能是，与资本主义相关的原则性差异因素就在于经济伦理的宗教要素。”（帕森斯，2003：606；译文有改动，着重点为原文所有）

〔2〕 1980年代后期之前有关韦伯论中国的相关文献介绍，另可参见简惠美（1988：1—20）。

〔3〕 亦即韦伯为整个“世界宗教的经济伦理”所写的“导论”，戈斯（H. H. Gerth）与米尔斯（C. W. Mills）将其英译为带有误导性的“世界宗教的社会心理学”（The Social Psychology of the World Religions）；中译见韦伯（2004b）。

性钥匙。[1]借助于“理性化”的概念并结合韦伯整个的宗教社会学研究，他认为，中国自身也有着一种文化的理性化过程（Molloy，1980：395 等处）。要分析这种理性化过程，就得借助于三大历史议题（某一世界宗教的特质，特别是其实践伦理；与特定宗教相关，并在特定文化中运作的经济伦理或一般经济心态；给定的经济伦理与经济组织形式之间的关系对文化发展，特别是经济发展的意义）与两种社会学论点（理念的因素与物质的因素）相结合的分析结构（Molloy，1980：387）。这样，构成韦伯《儒教与道教》的实质性推力的，便是下述两个全局性的主题：

1. 在何种程度上，中国的宗教，尤其是儒教，在其发展过程中，受到了社会条件——尤其是以某种身份伦理运作其上的社会阶层之生活方式——的影响？

2. 在何种程度上，中国的宗教，尤其是儒教，影响了中国文化的理性化，尤其是其经济理性主义的特征形式（Molloy，1980：391）？

当然，莫洛伊也不认为自己的语境性（contextual）分析已经足够完全，所以，在提出上述分析性框架之后，他还简略地触及了解决《儒教与道教》之理解困境的另外两条思路，其一为《经济与社会》，其二是韦伯的方法论意图。这两个领域，连同

---

[1] 值得玩味的是，莫洛伊此文与滕布鲁克（F. Tenbruck）写于 1975 年的著名“檄文”的首个英译（“马克斯·韦伯著作中的主题一致性问题”，The Problem of Thematic Unity in the Works of Max Weber），一同出现于当期 *The British Journal of Sociology* 的“韦伯专号”上。因为腾布鲁克所借重的文章中，也包括这篇“导论”。关于后者的文章及其意义，不妨参见李猛（2001，尤其是第一部分）。国内方面，苏国勋先生也早已提出：“必须把韦伯对儒道两种宗教的研究的用意纳入‘世界宗教的经济伦理’的思想脉络中去考察。”由此，不仅这篇“导论”，包括《印度的宗教》一书中“亚洲宗教的一般特点”等，都是研究《儒教与道教》时需要参考的资料（苏国勋，1988：143）。

比较宗教社会学研究，是韦伯在最后几年所重点关注的内容。

我们认为，莫洛伊发表于1980年的这篇文章，很好地展现了70年代以来西方所谓“去帕森斯化”的韦伯复兴运动的后续情形，他对韦伯宗教社会学全局性的观瞻，以及对“导论”等文章的重视，极易让人联想到滕布鲁克、施路赫特等学者对韦伯问题域的重构。本文希望接着莫洛伊已经提出，但并未展开的思路，亦即结合《经济与社会》，来深化对《儒教与道教》的理解。《经济与社会》是一部非常繁复的作品，里面同样不乏论述“宗教社会学”基本概念、框架与历史的内容；这对我们理解《儒教与道教》当然是一个巨大的帮助。但是，本文的重点并不在此。鉴于从所谓“宗教社会学”视角论述中国传统社会较为人所熟悉，本文则希望借助于“支配社会学”这一少有人切入的视角，来分析中国传统社会的支配关系。当然，在进入韦伯对中国家产制的支配关系的分析之前，有两个问题必须提出。首先，支配社会学的思路为何重要，其缘由何在？其次，韦伯支配社会学的理论框架是什么，中国传统社会在这个框架中处于什么位置？

二　从支配社会学的视角看中国传统社会

1. 为什么是支配社会学

按照施路赫特（Schluchter，1989：xiv）的理解，要想触及韦伯思想的核心，必须关注韦伯著作的发展过程，全面重构其研究计划，以及联系其“生平”——此即一般所谓著述史问题。《儒教与道教》虽然最早发表于1915年，但韦伯在将其编入《宗教社会学论文集》第一卷的时候，又对它进行了细致的修改。正如上文所述，莫洛伊所重视的“导论”，至少是与《儒教与道教》最早的一部分同时发表的。但凡读过此文的人，都无法忽视以下这一点，即在该文接近结尾的十来页，韦伯突然转而脱离所谓“宗教社会学”，而简略谈及了支配、身份团体与阶级等问题（韦伯，2004b：494—503）。这样，韦伯自己用文本向我们指出了联结《经济与社会》和《宗教社会学论文集》的一种可能。事实上，“一战”之后的一段时间，韦伯同时推进了其“比较宗教社会学”研究和“经济、诸社会秩序及权力”（即《经济与社会》）研究。两者间的交叉是无可避免的。就《儒教与道教》文本本身而言，1915 年与 1920 年两个版本的最大差别不是具体内容，而是对文本内容的重新安排。具体而言，韦伯将原来只占一章的“社会学基础”（*Soziologische Grundlagen*）扩展为四章，而整体篇幅从原来的四章扩展至八章。[1]这样做的目的，主要可能是为了平衡所谓理念与物质间的均衡。[2]在施路赫特看来，这些关涉经济、行政与法律的“社会学基础”主要指向的是中国的“政治结构”（Schluchter，1989：88）。换用韦伯的术语，其中心便是“支配关系”。

在宗教社会学理论中，各大宗教的“担纲者”始终是韦伯分析所倚赖的重点。虽说某一阶层的影响力从来不是完全绝对的，但是其生活样式对于诸宗教而言，至少是关键的。韦伯以中国为例指出，具有文书教养且以现世的理性主义为其特色的俸禄阶层，其身份伦理便是儒教，该“身份伦理远比阶层本身决定了

〔1〕 具体的变动，可参考施路赫特的记录（Schluchter，1989：86－89）。

〔2〕 由此引发的误导是显而易见的。许多解释者误以为韦伯在前四章中论述物质因素，而后四章讲理念因素。在这方面，一个很有影响的例子，便是杨庆堃先生为《儒教与道教》的英译本所写的“导论”（参见杨庆堃，2004）。这种过于僵化的分析，正是我们此处所要避免的。事实上，对“社会学基础”的分析，脱离不开宗教理念、身份心态上的影响，反之亦然（参见康乐，2004）。

中国的生活样式”（韦伯，2004b：463）。这个阶层既包括为官者，也包括官职候补者，韦伯称之为“士人阶层”（literati），正如下文即将论述的，这样一个阶层处于从皇帝到黎民的支配关系的中心。〔1〕

韦伯承认，每一个大的宗教都是一个“具有高度复杂性格的历史个体”（*historische Individuen*，韦伯，2004b：491），要想面面俱到地研究所有的个别因素，是绝无可能的；而所能考虑的，无非是这些因素的少数几个可能组合而已。就此而言，韦伯对中国宗教的考察，也就说不上是一种系统性的宗教“类型学”，或纯粹的历史研究。我们要看清《儒教与道教》的结构与意义，就必须找到韦伯的着眼点，一方面重视韦伯的价值关联，〔2〕另一方面，同样不能忽视中国文明自身的逻辑。因此，就像莫洛伊提出的，我们必须认为，韦伯对“儒教与道教”的探索，不仅仅是一种与“清教”构成对比的“反题”；更重要的是，他部分揭示了中国文明自身的理性化过程，虽说这种理性化的路径与西方大相径庭。〔3〕事实上，莫洛伊在提出针对《儒教与道教》的分析框架后，并未对该文本本身展开具体的论述。因此，提出框架是一个问题，但要把如此庞杂、繁复的内容纳入分析框架，却是另一项吃力不讨好的任务。虽然本文接下来的分析，似乎落实在比

---

〔1〕 韦伯认为，中国政治—经济的因素和“精神的”因素，“是由中国主导阶层的特殊性所造成的，这阶层包括拥有官吏身份者以及拥有官职之候补者身份的人（亦即‘官绅’，*Mandarinen*）”（韦伯，2004a：103）。

〔2〕 “身为欧洲文化之子……”韦伯以此著名的句子开启其《宗教社会学论文集》。当然，韦伯难免被指责带有“欧洲中心主义”（eurocentrism；苏国勋，2007）的色彩。但联系其方法论，我们知道，社会文化科学中没有不带有价值旨趣的研究。那么，究竟是价值关联，还是带有贬义色彩的“××中心主义”，这是充满争议的。出于本文行文之目的，此处暂且不论。

〔3〕 韦伯多次强调，理性或理性主义有着多重复杂的面孔（参见韦伯，2004b：492；2007：50—51）。

较“低”的层次——亦即中国传统社会的支配关系，但我们认为，理清此一关系，并用这一关系贯穿韦伯的论述，却是理解《儒教与道教》的最为现实的思路。由此，我们首先便须理解韦伯支配社会学的大意，之后方能认识到所谓中国家产制的内在逻辑。

2. 为什么是家产制

韦伯关于支配社会学的论述，集中于《经济与社会》这一鸿篇巨制。其内容主要分为两块，早期（大约“一战”前）写就的《支配社会学》（韦伯，2004c）[1]与出版之前最后修订的《支配的类型》（韦伯，2004d），均被玛丽安妮·韦伯收于《经济与社会》（Weber，1978：Ch. Ⅲ，Ⅹ－ⅩⅥ）。

在支配社会学的基本概念中，韦伯定义支配（*Herrschaft*）为“一群人会服从某些特定的（或所有的）命令的可能性”（韦伯，2004d：297；2005a：72）。这些支配都涉及正当性的信念，依据正当性基础的不同，韦伯举出了三种正当性支配的纯粹类型，即法理型支配（*legale Herrschaft*），传统型支配（*traditionale Herrschaft*）与卡里斯玛支配（*charismatische Herrschaft*）。[2]关于这三种类型的划分，其机理是大可推敲的。本文之重心自然不在于此，但有几点仍值得注意。在这三种支配类型中，真正具有稳定与持久性的，仅有传统型支配与法理型支配。卡里斯玛支配，就

---

〔1〕 其中包括中译《韦伯作品集》中的《非正当性的支配——城市的类型学》（韦伯，2005b）。

〔2〕 法理型支配——确信法令、规章必须合于法律，以及行使支配者在这些法律规定之下有发号施令之权力，即基于理性的基础。传统型支配——确信渊源悠久的传统之神圣性，以及根据传统行使支配者的正当性，即基于传统的基础。卡里斯玛支配——对个人及他所启示或制定的道德规范或社会秩序之超凡、神圣性、英雄气概或非凡特质的献身和效忠，即基于卡里斯玛的基础（参见韦伯，2004d：303）。

其纯粹形式来说，是非日常性的，不具有持久性，因此也就很容易例行化为前两种支配。但是，卡里斯玛又是一股革命性的力量。“由于卡里斯玛支配是‘超凡的’，因此它与理性的，特别是官僚型的支配呈尖锐的对立。它也和传统型支配对立。”（韦伯，2004d：358）除去卡里斯玛型支配，传统型支配亦与法理型支配（其典型代表是现代官僚制）构成尖锐冲突。这三种支配两两构成牵制，却又并非完全在同一层面上。

就中国来说，韦伯在各种文本中，均把中国的支配类型主要归为家产制支配，有时候又叫家产官僚制（*Patrimonialbureaukratie*）。[1]而家产制正是传统型支配当中的主要类型，但也仅是其中一种类型而已。波吉（Poggi，1988：215）曾经指出，在传统型支配名下众多的类型中，伴随着“纯粹家父长制—纯粹家产制—身份制家产制”这个发展过程的，是越来越膨胀的支配体系；支配者不借助于他者所能控制的通常都是一个小单位，但是，随着单位的扩大，他越来越仰仗他的管理干部（administrative staffs）；而一旦超过一定限度，他想完全控制行政工具便不再可能。以管理干部为中心的这种分析模式，对于我们理解传统型支配及家产制至关重要。在晚期文本（《支配的类型》）论述传统型支配的结尾，韦伯为我们勾画了分析传统型支配的主要框架。其要旨可概括为如下三点：(1) 不管哪一种类型的支配，一个管理干部群的存在及持续运作是极其关键的；(2) 支配者的力量要强于任何个别的官员，但比他们整体又要弱些，这导致了任何个人如要摧毁一个领导权而要自己掌权，只能通过建立一支自己的管理干部；最重要的，是要认识到 (3) 历史的真相是一

[1] 在“导论”中，韦伯就曾打趣地说，由于经验性的支配结构必然不同于“纯粹”类型，因而它被迫要造出像“家产官僚制”这样的语词（参见韦伯，2004b：500）。

种持续地——虽然大多数情况下也是隐伏的——存在于统治者与其管理干部间，为了占有权（*Appropriation*）与处分权（*Expropriation*）而起的冲突（参见韦伯，2004d：399—400）。联系中国的情况，韦伯所认定的中国儒教的担纲者，正是此一可以被称之为管理干部的士大夫阶层。从皇权、官僚到下层百姓（氏族），从中央、州省到城市、村落，这样一种支配关系的交叉，再联系货币、行会、法律、氏族等，正是我们所要提出的分析中国家产制的核心框架。虽然这个框架并不严密齐整，却是我们借助支配社会学透视中国传统社会及其内在困境的一条连贯的思路。[1]表面上，这种分析思路，与所谓的制度分析（物质层面）相对应，事实上，士大夫的身份伦理、心态等理念要素并不能与这些制度分析相脱离。正像韦伯自己说的："基本上，我们得了解，所有支配的基础，以及所有服从意愿所对应的，都是一种信仰（*Glaube*）。"（韦伯，2004d：397；着重点为原文所有）

三　传统中国的家产制支配及其内在困境

韦伯的比较宗教社会学，其所比较的并非仅仅是各大宗教在理念上的差异，否则，《儒教与道教》的文本也就不再需要前面四章的"社会学基础"了。站在中华文明的理性化这一点上，

---

〔1〕尽管如此，完全容纳韦伯在《儒教与道教》中所作的类似"总体史"的考察，是这篇短文所无法处理的。我们希望通过解释家产制中国支配关系的主线，亦即"皇权—官僚（—百姓）"与"中央—城市"这两条线索，来初步理解中国政治结构的基本特点及其内在困境。借助于这种分析方式，我们或可理解中国社会其他领域的种种，比如，为何中国的货币经济如此之不稳定，甚至待其有所发展之时，仍然无法内生出现代资本主义式的经济；再比如，为何中国法律如此欠缺形式理性，等等。

我们就能够很好地理解，要想理清儒教伦理对中国文化的影响，以及反过来其如何受制于各种社会条件，我们就必须理解中华文明自身在各领域内的理性化过程。施路赫特曾经敏锐地指出，韦伯所谓的中国的“社会学基础”，其要义是中国的政治结构。虽说，这一点与传统史学之重视政治史相近，但韦伯的“政治结构”更显宽泛，他不仅指涉一般的政治精英（如皇帝、官僚士大夫），也指涉与政治结构相关联的各种势力与领域（如村落、氏族、财政、农业、城市、法律等）。在何种程度上，中国文明的整体特性受制于这个迥异于西方的“政治结构”，韦伯有着清晰的认识。他认为，要理解中国这个“历史个体”的特殊性，既要借助于经济的因素，也要借助于精神的因素；前者“属于国家经济的范畴，因而本质上也就是政治的问题”（韦伯，2004a：103；着重点为引者所加）。而联结这里的政治—经济要素（亦即物质的层面）与“精神”的要素的，正是韦伯所重点仰赖的士人阶层，他们是中国文明特性的“担纲者”。举个可能并不十分恰当的说法，其对于中国文明之重要性，正犹如清教徒之于西方文明。

1. 传统政治结构与支配关系

韦伯认为，中国传统社会中有一个基本的悖论。一方面，中国的政治“早熟”，使其早早地就建立起中央集权的家产官僚制；另一方面，中国的家产制行政在很大程度上呈现出一种疏放性（*Extensität*）的状态。这是缘何呢？在解答这个问题之前，我们首先得回到家产官僚体制的建立之初。

传统上，各路史家较为一致地认同，以公元前221年秦始皇建立大一统帝国为标志的“周秦之变”，是中国历史上最为关键之变革；韦伯亦不例外。他认为，战国时期各封建诸侯的相互竞争，导致了经济政策的理性化、官僚体制的行政秩序，以及理性化的军事组织等。[1]除此之外，伴随古老的治水工程而来的官僚体（基本来自皇家的宾客阶层），无疑从一开始就抑制着战国时期的封建特征，并不断地激发士人阶层朝着行政技术与功利主义的官僚制去思考。这样一个充满生机的理性化过程，伴随着秦汉体制的建立带来的帝国和平化，而陷于停滞状态。具有反讽意味的是，后一体制中阻碍帝国理性化的领取俸禄阶层，正是先秦时期各诸侯国实行变法革新的担纲者。按照韦伯的看法，继秦而起的汉之新政，其最大的受益者便是士人，新政权的建设和完善，离不开士人的协助。这不仅是因其理性的行政与经济政策，更因为他们对经典、礼仪、学识的熟悉而带来的巨大威望。新的政权最大的功绩便是消除了传统的封建身份等级，并承认下述家产制的新原则："只有个人的功绩，并且只有功绩本身，是取得官职（包括支配者之职在内）的必备资格。"（韦伯，2004a：92）[2]

韦伯认为，像中国这样幅员广大而又交通不便的家产制国家，其行政里的中央集权的程度是非常有限的。当然，这不是个地理决定论的问题。家产制国家内部结构的逻辑本身，亦限制了此种集权化的发展。这里必须提及的，首先是帝国的行政，其次是帝国的财政俸禄。

围绕着秦汉之际的封建—郡县之争的，是皇帝（支配者）与其官僚（管理干部）之间权力的划分。皇帝致力于集权的种种努力，结果却造成了帝国"联邦"式的政治结构，"而不足以建立起一套精确而统一的行政体"（韦伯，2004a：94），这岂不

---

〔1〕 赵鼎新先生曾沿此思路，对此一时段的中国历史做了一次"历史社会学"式的分析。参见赵鼎新（2006）。

〔2〕 这一点与汉帝国建立的具体历史背景不可脱离。刘邦之新政权的权力核心，正是那些跟随刘邦而起并屡立战功的军功受益集团（参见李开元，2000）。此外，所谓"汉承秦制"，"军功授爵"本身即是秦制最为重要的组成部分之一。

又是一次历史的“狡黠”？对于官吏的任免，韦伯重点强调了以下几点：首先，官吏的任期相当之短，一般为三年，任满之后必须转往他处就任。其次，禁止就任自己的乡里所在的州省，也就是必须在外地任官。此外，尚有“御史”等监视系统注视着官吏们的一举一动。这些针对地方官员的措施，虽然保证了后者无法在地方上坐大，形成威胁中央的独立权力，但不可避免地造成行政上的其他种种困难，即中央任命的官吏无法在其统辖的地区上扎根。州省官员总是“外地人”，不通语言，不懂地方习俗，于是，他们就必须完全依赖于非官职身份的顾问的指导，后者是有经典教养的本地人，精通当地的习俗（韦伯，2004a：95）。这样，实际权力的真正握有者，反倒是那些非官方的本地僚属，只有他们才对本地事务有着经年的了解与熟悉。这样，无论是皇权所在的中央，还是地方，对于各地的消息都不够灵通，如此便无法一贯且有效地介入具体行政事务。

帝国用于防备封建势力兴起的另一项措施便是“实施科举，以教育资格而不是出身或世袭的等级来授予官职”（韦伯，2004a：96）。[1]然而，这种科举考试与现代官僚制下的专业考试完全不可同日而语。因为这种考试并不测试考生的专业技能，甚至也不是唤起考生身上的卡里斯玛，毋宁说，它是“要测试考生的心灵是否完全浸淫于典籍之中，是否拥有在典籍的陶冶中才会得出的，并适合一个有教养的人的心术（*Denkweise*）”（韦伯，2004a：182）。因此，科举对实际行政技术的改善，对行政效率的提高，尤其对导向现代技术型官僚体制，并没有起多大的作用。相反，它却用制度化的方式，使得广大儒生士人形成了一种独特的身份性伦理，其对中国文化独特性的养成最为关键。正是

〔1〕“此一制度导致候补者互相竞争俸禄与官职，因而使得他们无法连成一气地形成封闭性的身份阶层。”（韦伯，2004a：180）

这些儒生士人，成为了韦伯心目中中国文化的担纲者。

儒生若能胜利通过考试，便有望成为士大夫，或者成为官职候补者。正是在这些士大夫身上，我们接下来就能够看到，帝国的行政特性是如何与所谓的“俸禄化”（*Verpfründung*）产生密切关联的。

在韦伯的支配社会学中，家产制与封建制之间的区分，很大程度上是俸禄与采邑之区别（参见韦伯，2004c：204—205）。从家父长制向家产制的转变过程，就是从依赖“家长”之同桌共食到领取俸禄的转变。中国的官吏很早便从国库支取其俸禄，从早先的实物俸禄到后来的货币薪俸。然而，事实上的运作却并非如此，实情是：“官吏就像个封建领主或总督，负责向中央（下级官吏则向州省政府）缴交一定的租税额，而他自己则从征收来的规费与租税中，支付行政经费，并将余额保留给自己。”（韦伯，2004a：103）这就是所谓“租税收入配额化”（*Kontingentierung*）[1]之后的情形。

韦伯将1712年颁布、次年实施的康熙诏令视为皇权对官职受俸者在财政政策及政治上的让步与妥协（韦伯，2004a：104、106）。这样一来，地方官员的私人收入、行政开支与上交的租税三者便完全混合在了一起，全无公私之分；此处的利益所在是显而易见的。最后，这种财政体制造成的后果便是，中央无法确知州省的实际收入，而州省总督也无法了解地方府县的实际收入，在此条件下，要建立一套精确的财政预算与统一的经济政策便不再可能。黄仁宇先生所说的中国缺乏数目字管理的要义便在于此。同样是在支配社会学中，韦伯曾经说过，支配者的实力总是大于任何一个行政干部，而又小于作为整体的行政干部本身。只有这样，权力的重心才能在一条轴上不断地滑动。中央政府对地

---

〔1〕 见下文的康熙诏令。

方官员的疑惧（官员可以被任意免职或转任），造成了下述这种局面："官吏阶层，就整体而言，保证能享有来自俸禄的巨额收入，但就个别官员而言，其地位是朝不保夕的。"（韦伯，2004a：107；着重点为引者所加）又因为博得官职的高昂代价，使得那些官员上任之后，无不在"短短的任期之内尽其赋敛之能事"。

总结一下，这样一种行政—经济的结构，或者说支配关系，首先表现出了下述几个效果。第一，中央政府的控制地位获得了最大的保障。"因为在不断改组与机会转换之下，每一名官吏都竞相争取俸禄。个人的利害和人与人之间的利害关系，就不可能统合起来，与上级之间的关系也因而不会稳固。中国官吏阶层的整个权威主义式的内化束缚，与此息息相关。"第二，个别的地方官吏无论是面对皇权，还是面对非官方的僚属，都显示出一种相对的"弱势"地位。第三，此一俸禄结构造成中国在行政上与经济上极端的传统主义，这种传统主义既有经由儒家教育带来的特殊的精神气质（ethos），也有着高度"理性的"基础（以上参见韦伯，2004a：107—108）。从而，任何对此行政—经济结构的干预与变革，都有可能侵害到这一俸禄阶层的实际利益，他们作为一个身份团体，集体地反对一切的革新与冒险。韦伯认为，物质利益与巫术性因素是导致传统主义"变本加厉"的最为重要的元素（参见韦伯，2004e：182），中国的官吏阶层首先在第一点上，其次在第二点上，都成了传统主义的坚决"捍卫者"。

事实上，在18世纪之后，中国曾经历了人口大量增长、货币经济持续发展的大好景象，照理是现代资本主义发展的利好条件。但事实却并非如此——韦伯的困惑和问题也源于此。他认为，在上述俸禄化的支配关系之下，货币经济的发展不但没有削弱传统主义，结果反倒强化了它，这是因为货币经济与俸禄结合之后，为支配阶层创造了特殊的利得机会，强化了他们的"坐食者心态"（*Rentnergeist*），并让他们致力于维护各种原有的经济条件（韦伯，2004a：109）。

当然，所谓的传统政治结构，并非仅仅体现在这些“历史行动者”身上；在《儒教与道教》一书中，韦伯基于其支配社会学的思路，对中国的城市、村落做了大量的分析。在他眼中，中国城市、村落的独特性（尤其与西方相对照），是中国传统社会之特性的重要支柱。下文我们便进入对中国传统社会中的城市与村落的分析。

2. 城市、村落与支配关系

韦伯对中国城市与村落的归纳，可以简单总结为一句话：“城市”是官员所在的非自治地区；而“村落”则是无官员的自治地区（韦伯，2004a：146）。

纵观韦伯的整个支配社会学，唯有在早期文本的最后一章（Weber，1978：Ch. XVI），出现了这样一个新的术语：非正当性的支配（*nichtlegitime Herrschaft*，non-legitimate domination）。在韦伯笔下，这种支配类型对应的是西方拥有法律政治上的自主权的中世纪城市；整个西方市民社会的发展，与城市共同体的出现密不可分。同时，在这一文本中，韦伯主要援引了两种资源来对比西方中世纪城市，一个是古希腊罗马城市（城邦），另一个便是东方的城市。可以想见，韦伯在《儒教与道教》一书中对中国城市的分析，原本即是支配社会学不可分割的一部分。我们要问的只是：中国城市的哪些特性促成了中国社会文化的特性？反之亦然。

中国城市的一大特点，便是不具有城市的“政治特性”，因为它不是个有政治特权的“共同体”（*Gemeide*，韦伯，2004a：44）。中国的城市没有自己独立的武装与军事力量，从而在面对帝国的支配之时显得如此地无力。因此，城市居民也不会像西方那样，为了争取城市的自由而向支配者索要一纸特许状。就历史而言，中国在军事与政治官僚制上的早熟，很早便扼杀了城市特权产生之可能。恰恰是这样，中国的城市又极具“政治特性”，因为中国的城市“主要是理性行政的产物”（韦伯，2004a：48），因此也便是官府所在地。但是这种“被”家产制国家“赋予”的政治性完全不同于西方拥有自主权的政治性。

韦伯认为，中国的城市不能像西方那样发展，其一大原因是氏族的纽带从未在中国城市中断绝。城市中的居民，尤其是富人，大多保持着与原有故乡的联系，无论是人际关系还是重要的祭典。西方城市誓约共同体形成的一个前提，便是打破原有的氏族联系。基督教在这一点上发挥了巨大的作用。中国社会的“巫术性”宗教关系，却强有力地维持了氏族力量的发挥。由此，中国的城市，难以担当起与家产制支配相对抗之角色也就了然了。

中国城市虽然没有什么政治特权，然而事实上，中国疏放性的行政力量对城市居民的掌控相当无力，“城市的职业团体对其成员的生活方式握有绝对的控制权”（韦伯，2005b：48）。城市尚且如此，中国的村落更是帝国的行政所难以触及。长期以来，中国的行政力量只能达到县一级，广大的村落实际上处于“自治”状态。这反过来造成了帝国行政的疏放性。

韦伯认为，隐身于村落行政背后的实际上是氏族关系。可以说，中国的氏族完整地保存于地方行政的最小单位，以及经济团体的运作中（韦伯，2004a：140）。因此，家产制行政遇到的最大的抵抗，不是城市，不是庄园，而是地方氏族。只是，氏族的存在并未对家产制的支配造成任何直接性的威胁。它既是帝国行政鞭长莫及的产物，也有着自身存在的逻辑。譬如，祖先崇拜是氏族凝聚的关键一环。但这种巫术性观念，除了加强氏族的团结，也仅能支持家父长权力的维持。总而言之，中国基层的家父长制氏族所体现的仅仅是：（1）封建身份的废除；（2）家产官僚体制行政的疏放性；（3）家父长制氏族完整的活力与无所不能（韦伯，2004a：152）。它既不能打破传统主义的势力，也不能为资本主义提供合理的支持。恰恰是在这里，我们才要反思，同样是自治性组织，中国的村落为何不能形成一股与家产制国家结构相制衡的有效的力量。

四　结语

支配关系从一种形式向另一种形式的转化，其中间的过程是变动不居的。我们并不认为支配关系本身是一种自足的体系，能够自然生发、转化、消失，更恰当地说，每一种支配关系都必须结合具体历史过程来分析，看它如何影响社会其他领域，又如何受制于其他领域。一句话，支配关系也仅仅是诸多不同面向的理性化领域之一。

我们认为，韦伯对中国“儒教与道教”的考察，并不仅仅是为了从反面来论证“新教伦理”的逻辑，甚至整个以后的“比较宗教社会学研究”都不是如此。毋宁说，他对中国传统社会做了一个“总体史”式的考察。李强先生认为：“韦伯对传统中国政治的基本评价是：一方面，中央集权官僚制的能力有限，无法渗透并动员整个社会；另一方面，中央集权政府的权力又强大到一定程度，足以阻止任何自主社会力量兴起。”（李强，1998）前一点即可归结为上文屡次强调的帝国行政之疏放性的特点；但是，自主社会力量的未能兴起，在多大程度上可以归结为“中央集权政府的强大”却值得讨论，因为这里面并没有单一的因果逻辑。家产制的政治结构（皇权—官僚错综复杂的纠葛），村落的自治与城市的不自治，与其说谁决定了谁，不妨说它们是互相影响的，并且受到其他因素的影响。

本文从前人的研究发端，认为要理解《儒教与道教》，必须将其置入韦伯整个著作体系中。但限于学识与篇幅，我们此处仅贯彻了《经济与社会》中“支配社会学”的分析思路，并将其和《儒教与道教》中韦伯对传统中国政治结构的分析结合起来。这样一个视角，一方面避免仅仅通过站在儒教之心态与理念的层面上对比中西，这是一种过于简化的图式，另一方面，则更加强调中国文化本身的理性化及其内在困境，并试图将一种儒教式的传统主义心态融入于制度分析的过程之中。

此外，本文也仅仅集中于韦伯论述中国的一个方面，即政治（行政—经济）结构的理性化方面。我们的目标是，试图通过政治结构及其内部逻辑，来管窥中国传统社会的基本逻辑。这同样有助于对《儒教与道教》全书（甚至不限于此书）的理解。

作为一个非汉学家，韦伯对中国的研究表现出了一贯的谦虚谨慎，尽管如此，他难免留下一些纰漏之处。[1]当然，“人们可以从不同方面对一些史料的使用提出质疑，但却难以否认这样一个事实，即韦伯对中国的研究是极其严肃认真的，他的一些结论充满真知灼见”（苏国勋，1988：147）。我们与其指责韦伯在哪些方面犯了错误（这并非不重要），倒不如仔细审视韦伯提供的分析洞见。毕竟，阅读韦伯，也是为了更好地理解我们自身，理解我们的传统与当下。

参考文献

简惠美，1988，《韦伯论中国——〈中国的宗教〉初探》，台北：国立台湾大学出版委员会

〔1〕 施路赫特（Schluchter，1989：111 -116）总结了一些常见的批评，主要涉及三个方面，首先是研究的时序框架（temporal framework），其次是关于韦伯所谓的“纯粹巫术性宗教意识之完好且持续的存在”，最后则是涉及“说明模式”（model of explanation）本身，包括其中起作用的因素及其相互联系。

康乐，2004，《导言：韦伯与〈中国的宗教〉》，收于《韦伯作品集》Ⅴ，《中国的宗教　宗教与世界》，桂林：广西师范大学出版社

李开元，2000，《汉帝国的建立与刘邦集团：汉初军功受益阶层研究》，北京：生活·读书·新知三联书店

李猛，2001，《除魔的世界与禁欲者的守护神：韦伯社会理论中的英国法问题》，收于《韦伯：法律与价值》，上海：上海人民出版社

李强，1998，《传统中国社会政治与现代资本主义》，《社会学研究》第3期

帕森斯，2003，《社会行动的结构》，张明德等译，南京：译林出版社

苏国勋，1988，《理性化及其限制——韦伯思想引论》，上海：上海人民出版社

——，2007，《马克斯·韦伯：基于中国语境的再研究》，《社会》第5期

韦伯，2004a，《中国的宗教》，康乐、简惠美译，收于《韦伯作品集》Ⅴ，《中国的宗教　宗教与世界》，桂林：广西师范大学出版社

——，2004b，《比较宗教学导论——世界诸宗教之经济伦理》，康乐、简惠美译，收于《韦伯作品集》Ⅴ，《中国的宗教　宗教与世界》，桂林：广西师范大学出版社

——，2004c，《韦伯作品集》Ⅲ，《支配社会学》，康乐、简惠美译，桂林：广西师范大学出版社

——，2004d，《支配的类型》，康乐等译，收于《韦伯作品集》Ⅱ，《经济与历史　支配的类型》，桂林：广西师范大学出版社

——，2004e，《经济与历史》，康乐等译，收于《韦伯作品集》Ⅱ，《经济与历史　支配的类型》，桂林：广西师范大学出版社

——，2005a，《韦伯作品集》Ⅶ，《社会学的基本概念》，顾忠华译，桂林：广西师范大学出版社

——，2005b，《韦伯作品集》Ⅵ，《非正当性的支配：城市的类型学》，康乐、简惠美译，桂林：广西师范大学出版社

——，2007，《韦伯作品集》Ⅻ，《新教伦理与资本主义精神》，康乐、简惠美译，桂林：广西师范大学出版社

杨庆堃，2004，《〈中国的宗教〉导论》，康乐、简惠美译，收于《韦伯作品集》V，《中国的宗教　宗教与世界》，桂林：广西师范大学出版社

赵鼎新，2006，《东周战争与儒法国家的诞生》，夏江旗译，上海：华东师范大学出版社

Molloy，Stephen，1980，“Max Weber and the Religions of China：Any Way out of the Maze?” *The British Journal of Sociology*，31（3）：377 – 400

Poggi，Gianfranco，1988，“Max Weber's Conceptual Portrait of Feudalism，” *The British Journal of Sociology*，39（2）：211 –227

Schluchter，Wolfgang，1989，*Rationalism*，*Religion and Domination*：*A Weberian Perspective*，Berkeley：University of California Press

Weber，Max，1964，*The Religion of China*，Trans. & ed. by H. H. Gerth，New York：Macmillan

——，1978，*Economy and Society*：*an Outline of Interpretive Sociology*，Edited by G. Roth & C. Wittich，Berkeley：University of California Press

韦伯的理性“进步”及其意义问题

王俊敏

向来“启蒙”与“理性”连用，称“启蒙理性”。“启蒙理性”是由一些“新”观念构成的，其中最具代表性的观念就是“进步”。所以，向来对启蒙理性的反思，往往也是对“进步”的反思。国人如果不对西方思想史有所了解，虽也会说到“启蒙理性”，但对究竟何为“启蒙”，何谓“理性”，其实大多不甚了了，所以也不常去碰它。但对“进步”（或它的代名词“发展”、“现代化”）则不然，国人不但都耳熟能详，常用它来说事，而且大多长期坚信不疑，至今仍如日中天。就拿韦伯的“理性化”思想来说，我们也许是受到美国“帕森斯化的韦伯形象”的影响，但实际上主要还是由于中国20世纪“现代化意识形态”〔1〕的支配，多年来在很大程度上就是按“理性的进步”来理解的，尽管也会注意到韦伯在这个问题上带有的悲观色彩。这虽然在西方后来更深入的韦伯研究中被颠覆〔2〕，苏国勋老师在二十多年

〔1〕 关于中国“现代化意识形态”的精彩研究，参见汪晖：“当代中国的思想状况与现代性问题”，《死火重温》（北京：人民文学出版社，2000），第42—94页。

〔2〕 关于韦伯思想的研究，长期以来有两种相反的倾向占据主流地位：一种是美国社会学界（主要是帕森斯及本迪克斯〔Reinhard Bendix〕）把韦伯的理性化看做现代化的乐观主义倾向，一种是欧洲知识界（主要是卢卡奇〔Geog Lukács〕及法兰克福学派）把韦伯的理性化看做工具理性疯狂扩张的悲观主义倾向。“二战”以来，随着对韦伯思想研究的深入，这两种倾向遭到了日益广泛和严厉

前也已为汉语学界提供了《理性化及其限制》这部开创性的系统的韦伯思想研究成果[1]，可是中国学界对韦伯思想的“接受”大多仍难以摆脱上述模式。因而，本文从理性的“进步”及其意义问题切入韦伯的“理性化”的问题域，以期在特定的语境下加深对韦伯思想的理解，并为中国学界对有关“进步”问题的反思提供一点参考。

“启蒙运动是欧洲的一个历史事件，但是，‘什么是启蒙?’这个问题，却独一无二地是一个地地道道的德国问题。”[2]詹姆斯·施密特（James Schmidt）这样说的意思，是指早在18世纪末《柏林月刊》发动的关于“什么是启蒙?”的讨论，这次讨论已提出了随后的批评者涉及的几乎所有的要点。因此，当韦伯着手他的研究时，他对相关的问题是如此熟悉，也就十分自然了。但在韦伯生活的时代又增加了新的学术背景，他面临着新的问题和任务。这个背景就是19世纪理性主义的危机。这包括1789年法国革命带来了启蒙运动理性的破灭，1848年欧洲革命导致了黑格尔的绝对理性的破灭，于是一些知识分子转而相信历史进化论，变成了社会观点的自由主义者和哲学观点上的

（接上页）的批评，又形成了另外两种主导性的韦伯思想肖像：一种是滕布鲁克（Friedrich Tenbruck）重构了韦伯的理性化命题，其核心是“世界的除魔”问题；一种是亨尼斯（Wilheim Hennis）以更广阔的视野，把韦伯放在德国哲学人类学和西方古典政治哲学两种传统的交汇处，其核心是“现代命运下人的发展”问题。参见李猛：《除魔的世界与禁欲者的守护神：韦伯社会理论中的“英国法”问题》，载于《韦伯：法律与价值》（上海：上海人民出版社，2001），第113—121页。

[1] 苏国勋：《理性化及其限制——韦伯思想引论》（上海：上海人民出版社，1988）。据苏国勋老师讲，该书出版前因故被人加了个“现代化的先知”的副题，而这根本不符合他的研究主旨，原来他就已经想好了“理性化及其限制”这个题目，于是有了现在这个书名。

[2] 詹姆斯·施密特：“前言”，《启蒙运动与现代性：18世纪与20世纪的对话》，詹姆斯·施密特编，徐向东、卢华萍译（北京：生活·读书·新知三联书店，2005），第1页。

实证主义者，而不满意实证主义方法论肤浅的人，则转到了新康德主义立场。同时，理性主义的这种不断衰微更因现代非理性主义思潮的崛起而急剧深化。这些相互矛盾的思潮塑造着韦伯，既在韦伯身上达到了协调和融合，又使他的精神充满了紧张和冲突。“简言之，韦伯以其精神面貌把西欧理性主义危机人格化了。”〔1〕在这种情况下，我们当然不会像帕森斯派的现代化论者那样，用“理性的‘进步’及其意义问题”乐观地图解韦伯丰富而复杂的思想，但也不希望像法兰克福学派中的激进左派那样，用某种单一的视角悲观地化约“韦伯的理性‘进步’及其意义问题”，而是力图在这种双重视角、甚至多重视角的张力中来把握和体现韦伯的思想逻辑和人格特征，特别是“意义问题”在其中的核心地位，并以此来烘托我们自己的问题意识。

一　韦伯的方法论与“进步”概念的使用

韦伯认为，在一定的意义上，世界是由观念支配的。因而，“进步”是由“进步观念”来确定的，而不是相反。所以，首先不是要明确“进步”是什么，而是要明确“进步观念”是什么。

韦伯是在两个层面上来使用“进步”（Progrès）概念的：一个层面是科学对涉及技术的经验领域的研究，一个层面是科学工作本身。对于前者，由于任何涉及技术的经验研究都是有特定前提或目的的，所以要讲明是在何种前提和目的的情况下，存在着“技术性的进步”，但并不追问此种经验研究、此种“技术性的进步”的意义问题。因为具体的经验研究是在科学这个大前提下进行的，科学已被假定为是有意义的，所以具体的经验研究本身

〔1〕 参见《理性化及其限制》，第43—51页。

就是有意义的，它的意义是不言自明的。对于科学工作本身，虽然科学也只是告诉人们“是什么”，而不告诉人们“应当怎样”，但如果把科学工作也看做一种社会行动，把科学工作者也看做一类社会行动者，那么对于科学工作者来说，在他那里还存在着科学本身及“科学进步”的意义问题。而这在现时代是更为重要的问题。这里先说韦伯在第一个层面对“进步”概念的运用以及与此相关的问题，关于第二个层面的问题放到最后去讨论。

韦伯的对“进步”概念的使用与他的社会科学研究方法论密不可分，可以说是他的方法论的产物。韦伯方法论的基本原则，是严格区分价值关联（Wertbezogenheit）和价值中立（Wertfrei）、事实判断和价值判断。[1]韦伯认为，“进步”概念只在不涉及价值评价（对艺术还涉及审美评价）的、只涉及技术的经验领域适用。由于两者极容易混淆，所以要注意加以区分。如果只涉及技术的经验领域，“进步”这一概念意味着同孤立的被观察的某些具体变化过程的“持延”（continuation）相一致，那么就可以完全非评价的方式运用这个概念。但在大多数场合下，情况并不如此简单，“进步”往往同价值判断存在着复杂的关系。韦伯举了几个领域的例子，来说明这种关系所体现的最为复杂的情形。

1. 情感及其表达上的“进步”概念的使用

韦伯认为，就我们自己主观行为的情感和表达感情的内容来说，其可能的反映方式，其数量的增加和质的变化，与任何评价无关，也可以叫做心理“变化”的进步。“（但）它并不像人们相信的那样总是真的出现。对感情上细微差别的过于敏感的反应——有时是由于生活的过分理性化和理智化，有时是由于个人

---

〔1〕 参见韦伯：《社会科学方法论》，朱红文等译（北京：中国人民大学出版社，1992），第1、20页等处。

赋予他的所有行为（即使最没有意义的）意义总量的增加——常常会引起对进步演变的错觉。当然这种反应既能表示又能促进这种进步的演变。”[1]因而，人们是否将进步的演变说成“进步”是术语上方便的问题，并不能由任何经验学科来确定。无论谁想对演变本身的事实做出价值判断，并且寻求一种据以能做出价值判断的观点，都将遇到有关为这个过程所付出的代价问题。

“总而言之，在主观经验评价的领域内，‘进步演变’应当被认为同仅仅是在自我意识增加和表达与交流能力增加的唯理智主义意义上的‘价值’的增长是一致的。”[2]

2. 艺术领域中“进步”概念的使用

对艺术可以进行审美评价，也可以进行经验分析。

> 就把艺术作品看做有意义的实现的美学评价而言，艺术中自然没有进步可言。美学的评价不能通过经验方法提供的手段达到，美学的评价的确完全超出于经验方法范围之外。艺术的经验历史学只能运用技术的、理智的“进步”概念，这种运用产生于如下事实，它把自己完全局限于技术方法的确定上了，一旦目的被明确确定，某种艺术冲动就可应用这种方法。[3]

就此，韦伯以哥特式建筑风格、西方音乐史和绘画为例展开了讨论。接着，他进一步指出：

> 评价领域和经验领域之间的所有区别特别以如下事实表

[1] 韦伯：《社会科学方法论》，第25—26页。
[2] 同上书，第26页。
[3] 同上书，第27页。

> 现出来，某种特别“进步”的技术的应用丝毫不能使我们对艺术品的美学价值有所了解。即使用非常“简单”的技术所制作的艺术品——例如，对透视法完全无知而绘制的作品，在美学上完全等同那些纯粹由理智的技术手法所创造的作品……创造新技术主要意味着变化的增加，并且仅仅提供了在提高其价值的意义上，增加艺术品的“丰富”性的可能性。实际上，新技术常常产生对形式感受“枯竭”这种相反的作用。[1]

因而，“真正‘完美的’艺术品是绝对无法超越，也绝对不会过时的。个人或许会以各种不同的方式评判其重要性，但任何人也不能说，一件从艺术角度看包含着真正‘完美性’的艺术品，会因另一件同样‘完美’的作品而相形见绌。”[2]

对艺术品除了用纯粹的审美评价方法和纯粹经验—因果的方法处理外，还可以用第三种方法，即价值—解释的方法。就价值—解释方法的逻辑结构来说，它是不同于经验方法的。但艺术史的经验研究必须建立在价值—解释研究的基础之上，无论谁来做这种研究，都必须对艺术品加以“理解”，如果没有这种能力，他的研究是难以想象的。而且这种研究与经验方法一样，也需要在价值评价面前止步。与“审美评价”不同，当艺术史家开始“价值评价”时，因果分析几乎总是让位于偏见而停止了，所以他在最重要的任务，即“理解”的任务上失败了。很显然，这一点对于一般的历史学家和各种专门史家都同样适用。

---

〔1〕 韦伯：《社会科学方法论》，第30页。

〔2〕 韦伯：“以学术为业”，《学术与政治》，冯克利译（北京：生活·读书·新知三联书店，1998），第27页。

那么，除了审美评价以外，与价值—解释方法相联系，人们还可以在何种意义上谈论艺术史中所涉及的“进步”问题？韦伯认为，由于“进步”的概念来源于文化的价值关联，尽管对于这一概念并不是每种历史都绝对必须使用的，但就同一文化的价值关联而言，它适用于各种历史。

3. 关于理智的社会行动的“进步”的评价

这里的问题是，在何种意义上可以判定理智的社会行动是进步的？首先，韦伯把理智的行动分为主观上“理智的”行动和客观上理智的“正确”行动。主观的理智行动指个人的主观意图完全有计划地倾向于对特定的目标来说是正确的手段，客观上理智的“正确”行动则指某人根据科学知识使用客观上正确的方法而从事的行动。显然，主观上“理智的”行动并不等同于客观上理智的“正确”行动，因而，行为的一种进步的主观合理化并不必然等同于理智或技术上“正确”行为方向上的进步。例如，巫术正像物理学那样已经被系统地合理化了，从形式上说，这种早期有意识的治疗确实具有同现代疗法中最重要的发展一样的很理智的结构，但不应把这种魔术式治疗看做是趋向于“正确”行为方向上的进步。

进而言之：

> 在使用“正确”方法方面，并不是任何“进步的”步伐都是通过主观理智方面的“进步”而取得的。主观上理智的行为的增加能够引起客观上更为“有效的”行为，然而这并非必然。……如果人类行为的任何方面（不论这种行为是何种类型）是按着技术上更正确的方式而不是它原先的方式加以调整的，那么就存在技术的进步。只有把标准作为明确给定的东西来接受的经验科学，能够确定是否存在“技

术进步”。

> 假如给出一个特定的结果，那么就有可能在运用手段的意义上使用“技术的正确性”和“技术的进步”这些术语，这样就不存在任何不可克服的含混不清的危险。只有当一个特殊条件被作为一个标准时，我们才能够在给定的技术领域，如商业技术或法律技术领域谈论进步。我们必须明确，即使在这种意义下，“进步”这一概念也只是近似的精确，因为各种技术上理智的原则是彼此相互对立的，一种妥协的方法绝不能通过某种“客观”的观点来实现，而只能通过当时的关于具体利益的观点。[1]

需要说明的是，韦伯在这里所说的“技术”是在它最广泛的意义上使用的，即作为一般意义上的理智行动在所有领域的表现，包括政治、社会、教育和宣传对人类的操纵和统治。

4. 关于经济“进步”的评价

韦伯在同样的意义上讨论了经济“进步”。首先要有一系列的假定，假定在给定资源的条件下，存在给定的需求，所有这些需求及其排列秩序已被接受，并且最后还存在着一种给定的经济秩序。尽管如此，韦伯还是提醒我们，关于这些需求满足的持续时间、必要性和彻底性的偏爱，可能常常是相互冲突的。

> 纯粹经济学的理论构造对于分析的目的来说是有用的，但却不能变成实际价值判断的根据。……只有当明确给定了经济目的和社会局势，剩下的工作就是对各种经济手段进行

〔1〕 韦伯：《社会科学方法论》，第33页。

选择时，只有当这些手段仅仅就必然性、快速程度和数量增殖来说有不同，而在任何其他价值关联方面完全相同时，只是在上述情况下，评价才是明确的。只有在这些条件被满足时，我们才能将一种特定的方法评价为“技术上最正确的”，并且只有在这时，评价才是清楚明白的。在任何其他情况下，即在每一种不是纯粹的技术问题的情况下，评价不会是清楚的，而且仅仅通过经济分析不能决定的诸种评价就会粉墨登场。[1]

那么，关于经济进步的最终评价的明确性，是否可以通过确定严格经济领域的技术评价的明确性而获得呢？当然不是。“一旦越过技术标准的领域，我们将会面临各种可能的评价的无穷多样性的问题……这一点毫无例外地适用于所有理性行为，甚至包括诸如银行业这种明显的技术领域。”[2]

在对上述几个领域的例子所使用的“进步”概念加以区辨的基础上，韦伯做出了如下总结：“进步”这个概念绝不能把自己抬高到“最终”评价的领域内，只有“当‘进步’概念指的是‘技术’问题，即是指达到一个明确地给定的目的的‘方法’时……使用这一概念才是合理的”。但是，韦伯最后强调，即使在“进步”概念的经验上无可辩驳地适用的有限范围内，它的这种用法仍然是很不恰当的。[3]因此，韦伯特别提醒那些相信能够运用“进步”概念来分析社会变革的人，要谨慎运用这一概念，因为有限的甚至孤立的而非真正详尽的经验观察，不能成为评价进步与否的必要的事实基础。

---

〔1〕 韦伯：《社会科学方法论》，第35页。

〔2〕 同上书，第35—36页。

〔3〕 同上书，第36页。

这样一来，以非评价的方式因而一般也不容易引起非议地使用“进步”概念，其范围就十分狭窄了，一旦超出它的合理的适用范围，就涉及价值判断，因而就会变成一个十分具有相对意义的概念，就会引起混淆和争议，即使根据特定的需要做出各种各样的限制和说明，也难以避免这一困难。显而易见，韦伯没有也不可能把自己的思想置于“进步”思想的行列；非但如此，为了避免人们误解，正像我们随后即将看到的那样，他总是一再明确强调自己的研究不是以“进步论”为预设前提的；而且，只要稍加留意就会发现，即使他在使用“进步”一词时，也几乎都是带引号的。我们正是在韦伯本人的“进步观念”的意义上来理解韦伯关于理性的“进步”及其意义问题的。[1]

---

[1] 在此，我们不妨通过引用伯瑞（John B. Bury）关于“进步观念”的观点，来加深对韦伯的“进步观念”的理解。伯瑞把观念分为两类。一类观念表达了人类的目标，其实现依赖于人的意志，如自由、平等、社会主义等。这些观念中的有些已经部分地实现，而且我们相信它们会最终得以实现。赞成或反对这些观念是因为人们认为其为善或为恶，而不是因为它们或为真或为伪。另外一类观念，它们在决定或指导人类实施行为的过程中发挥着重要作用，但并不取决于人类的意志，而是与生命的神秘性有关，诸如命运、天意或个人不朽。它们关涉事实问题，对其接受或拒绝并非因为人们相信它们有用或有害，而是由于人们相信它们为真或为伪。人类的进步观念即属于这后一类。“这一观念意味着文明一直朝着一个理想的方向发展，而且现在如此，将来亦复如此。然而，为了确定我们是否正朝着一个理想的方向发展，我们必须确切地知道目的地为何。就大多数人的理解而言，人类发展的理想结果将会是这样一种社会状态：全球范围内的所有居民都享受无以复加的幸福生活。但是，人们不可能确保文明正为实现这一目标而朝着正确的方向发展。……简言之，我们无法证明人类正在向其进发的那一未知目标是否是理想的。发展或许是进步，但也许是朝着一个令人厌倦的方向发展，因而也并非进步。这是一个关于事实的问题，这一问题亦如个人不朽的问题一样目前尚无法解决。它是一个与生命的神秘性相关的问题。”如关于人类的知识连续进步的假设，人类道德和社会可完善性的假设，都还只是建立在有限经验基础上的假设，都还无法证明。因而，“对进步的信念是一种关于信仰的行为”。约翰·伯瑞：《进步的观念》，范祥涛译（上海：上海三联书店，2005），第1—2页。

二　理性“进步”的绝对性和相对性

1. 理性进步还是理性进化？

韦伯在为其宗教社会学文集所写的总序中，开篇就明确提出了他毕生关切的根本问题：

> 身为近代欧洲文化之子，在研究世界史时，应当提出如下的问题：即在——且仅在——西方世界，曾出现（至少我们认为）具有普遍意义及价值之发展方向的某些文化现象，这到底该归诸怎样的因果关系呢？[1]

“某些文化现象”就是韦伯接下来历数的西方的科学、艺术（主要是音乐和建筑）、现代“国家”（包括合理制定的宪法和法律，以及据此办事的专门官吏所负责的行政），尤其是最具影响力的近代资本主义；“具有普遍意义及价值之发展方向”就是指这些文化现象走上了“西方独具之合理化（Rationalisierung）的轨道”。然后他问：“为何资本主义营利心在中国或印度就不曾发生同样的效用？何以在这些国家，一般而言其科学、艺术、政治以及经济的发展皆未能走进西方独具之合理化的轨道？”韦伯的回答是：“实际上，在上述的一切例子中，问题的核心是西方文化独见的、特殊形态的‘理性主义’（Rationalismus）本质。”[2]

就中国的情况而言，韦伯在《中国的宗教》中特别谈到了清代中国“最出人意表的现象”：“人口与物质生活虽有高度的

---

[1] 韦伯：“资本主义精神与理性化”，《韦伯作品集Ⅴ：中国的宗教　宗教与世界》，康乐、简惠美译（桂林：广西师范大学出版社，2004），第448页。

[2] 同上书，第459—460页。

成长，但中国人的精神生活却仍然保持完全静止的状态；经济领域里虽存在极有力的条件，但就是不见有任何朝向现代资本主义发展的端倪。”“一般而言，在技术、经济、行政等各个领域里，都未见到有欧洲人所谓的‘进步’的迹象。”[1]对此该作何解释呢？简单地说，最具解释力的因素，就是韦伯所谓的中国人面对世界的“心态”（Gesinnung）所固有的法则——理性主义与传统主义（Traditionalismus）的结合。[2]也就是说，中国文化的理性主义远不够彻底，因而也不像西方文化的理性主义那样“具有普遍意义及价值”。

据此，韦伯容易被人视为骨子里带有“线性历史进步论”和“西方文化优越论”的倾向。而韦伯的这一“倾向”恰恰又被帕森斯派的现代化理论所正面肯定和吸收，使韦伯的“理性化”思想成为现代化理论的例证或图示。那么，深受“线性历史进步论”和现代化理论影响并对现代化建设基本持支持态度的中国学者，到底应该如何看待韦伯，并通过韦伯来反观自己呢？

首先，我们需要弄清楚，“理性（化）”对韦伯究竟意味着什么？韦伯说：

> 理性（Rationalität），就其逻辑上或目的论上的“首尾一贯性”而言，不管是采取知性—理论立场的理性，或采取实践—伦理立场的理性，无论古往今来都一直强烈支配着人类——尽管这股支配力在面对其他历史力量时显得多么地有限与不稳定。[3]

---

〔1〕 韦伯：《中国的宗教》，第102—103页。

〔2〕 参见上书，第六章“儒教的生活取向”，“结论：儒教与清教”。

〔3〕 韦伯：“中间考察”，《宗教与世界》，第507页。

显然，韦伯十分重视理性的作用，当然这不是在价值判断意义上的。但韦伯对理性的重视有更深层的原因。根据苏国勋老师的研究，韦伯深受黑格尔的影响，他把理性看做是一切现实事物的“内在规律和本质”，理性是包罗万象的、普遍的，因而“合乎理性的东西”就成为理解和考察“现实的东西”的关键。合理性就是社会演进过程中的内在规律和本质，由于其内在必然性和普遍性而成为现实性（譬如在西欧）。于是韦伯就把宗教改革以降的西欧社会生活的整个现实全部理性化了，赋予了西欧整个社会过程以一种有秩序的运动，符合理性、合目的性的色彩。[1]

但这是否能推出韦伯相信“线性历史进步论”，进而相信“理性进步”，进而持“西方文化优越论”的结论呢？问题也许并不如此简单。这首先在韦伯关于“理性（化）”和“理性主义”含义的多重性和相对性上体现出来。

那么，韦伯所说的“理性主义”究属何意呢？因为诸多截然不同的东西皆可借助这一术语来加以理解。韦伯在明确他的研究主题并给出初步的答案后，马上对“理性主义”一词作了极富辩证性的解释。

> 例如有神秘冥想之“合理化”，换言之，一种从其他生活领域的观点看来特别“非理性”的行为方式也有其“理性”，正如经济、技术、科学工作、教育、战争、法律与行政的“合理化”一样。再者，所有这些领域皆可从许多不同的终极观点与目的上予以“合理化”；从此一观点视之为“合理”者，从彼观点看来却可能“不合理”。因此，极为不同的合理化曾存在于所有文明的各个不同的生活领域中。想从文化史的观点来区别其特征，该提出的基本问题是：哪

〔1〕《理性化及其限制》，第225—226页。

个生活领域是合理化了的？朝向哪一个方向？[1]

可见，韦伯所说的“理性主义”并没有一个单一的维度和确定的含义，而是处处被相对化的，是“理性”还是“非理性”，是“合理”还是“不合理”，端赖于其依据何种终极价值或目的。毋宁说，“理性化”包含着各种极为不同的合理化之间的内在张力。

对此，我们可以把韦伯关于社会行动类型的思想与“理性化”思想联系起来进一步理解。我们知道，韦伯把社会行动分为四种纯粹类型：（1）目的理性式（zweckrational）；（2）价值理性式（wetrational）；（3）情感式（affektuell）；（4）传统式（traditional）。[2]前两者属于合理性行动，后两者属于非理性行动。但这种分法是非常相对的。传统式行动“由于和习惯的联系在不同程度与意义下可以被有意识地加以维持”，而接近于价值理性式行动；当情感式行动乃是有意识地使情绪得以纾解而成为一种升华时，它便朝着目的理性式行动、朝着价值理性式行动或两者兼有的方向移动；如果涉及“对于彼此竞争或相冲突的目的与结果间做抉择”，目的理性式行动就可以是带有价值理性的指向的，这时行动只有其手段部分属于目的理性的范畴。目的理性式和价值理性式的指向之间存在着各式各样的关系，但是，从目的理性的观点而言，价值理性始终是非理性的，而从价值理性的观点而

[1] “资本主义精神与理性化”，《宗教与世界》，第460页。

[2]《韦伯作品集Ⅶ：社会学的基本概念》，顾忠华译（桂林：广西师范大学出版社，2005），第31—32页。其中第32页注释对目的理性式与价值理性式的区辨颇为得当。此处还进而说明：韦伯在他的分析过程中有逐渐转移这两个概念含义的倾向，“价值理性”于是用来泛指一套终极目标的价值体系，而不论其绝对性究竟如何；“目的理性”则指称一切有关选择目的与手段的考虑，即使某种目的（如获取金钱）又会是其他目的的手段。

言，目的理性式也往往是非理性的。[1]这一对合理性行动的矛盾运动，对于“理性化”的发生和实现来说显得尤为重要。

按照韦伯的界说，社会学所着重研究的是那些实际上的规律性可被观察到的行动，即“行动过程会在一种典型地相似的主观意义引导之下重复地发生”的行动。社会行动取向的规律性，或者由于顺从“习俗”而发生，此即属于传统式行动；或者是“受利害状况所制约”而形成，此即属于目的理性式行动。就理性自身的性质而言，目的理性式行动是理性化程度最高的，是理性行动的原型。因为纯粹理性的特点就在于“意识里和内心的无拘无束”，社会行动过程中体现的明显规律性，既非决定于任何有效的规范，也非基于风俗，而是完全取决于行动者“尽量配合他们主观的正常估算下的利益，并将行动倾向于这种主观的想法和知识。……当他们愈严格地依目的理性来行动，则会愈同样地对既定情境做出反应，因此便出现了行动和态度上的一致性、规律性与持续性”[2]。从行动的理性化的意义上来说，对目的理性式行动这种规律性行动之实现和扩张构成最大障碍的，就是以风俗习惯为作用机制的传统式行动这另一种规律性行动。就此而言，“行动的‘理性化’过程中，一个最重要的元素便是把内在未经思索地接受流传下来的风俗习惯，替换成深思熟虑地有计划地适应利害状况。”[3]

但韦伯进一步指出：

---

〔1〕 参见《韦伯作品集Ⅶ：社会学的基本概念》，第33—34页。

〔2〕 同上书，第40页。关于这种纯粹意义的理性行动，韦伯在另一个地方的解释也许更清楚。他说：“所谓理性地从事的行动，即清晰地判断出没有物理的和心理的‘强制’，没有情感的‘影响’和‘偶然的’干扰。在这种行动中，我们借助按照我们的认识的程度，即按照经验的规则完全适当的‘手段’，追求着一种被清楚地构想的目标。”质言之，纯粹的理性行动就是“自由的”理性行动。《社会科学方法论》，第117页。

〔3〕 参见《韦伯作品集Ⅶ：社会学的基本概念》，第40页。

> 此一替换过程当然不足以穷尽行动"理性化"概念的所有含义。因为除此之外，理性化可以有着不同方向的变化：它可以积极地朝向有意识的"价值理性化"，消极地却也可以朝着牺牲风俗习惯、牺牲情感式行动甚至最后不利于价值理性式行动，而只是为了成全一种弃绝任何价值信念的纯粹目的理性式行动的方向前进。[1]

我们知道，韦伯所研究的西方理性化，正是最终替换了传统式行动，并消极地朝着"一种弃绝任何价值信念的纯粹目的理性式行动的方向前进"的。这显然不是韦伯所愿意看到的。

我们还可以把韦伯关于形式理性与实质理性两种理性类型与"理性化"联系起来考察。韦伯一般在社会行动层面上使用目的理性和价值理性，在经济行为和经济、法等社会秩序层面使用形式理性（formale Rationalität）与实质理性（materiale Rationalität）。[2]正像在目的理性和价值理性之间的紧张和冲突所蕴含的"合理性的非理性"悖论一样，从"形式理性"角度看存在着"实质非理性"，而从"实质理性"角度来看则存在着"形式非理性"。在此我们仅以韦伯所分析的经济生活中的货币计算为例来说明这一矛盾现象。比如，纯粹从技术上看，货币是最完善的经济计算手段，即经济行为取向的形式上最合理的手段。然而，"货币计算形式上的合理性本身丝毫不说明事物的实质分配的方式。……形式上的合理性只有与收入分配方式相结合，才能说明物质供应的方式，这在任何情况下都是适用

〔1〕 参见《韦伯作品集Ⅶ：社会学的基本概念》，第40—41页。

〔2〕 参见韦伯：《经济与社会》（上卷），第106—107页；《经济与社会》（下卷），第138页以下，约翰内斯·温克尔曼整理，林荣远译（北京：商务印书馆，1997）。

的。"[1]再如，"资本计算在形式上合理的最高程度，只有使劳动者屈从于企业家的统治的时候才是可能的，这是经济制度的另一种特殊实质上的不合理性。"[2]因此，"形式上的和实质上的（不管以什么样的价值准则为取向的）合理性，在任何情况下，原则上都是分道扬镳的，尽管在无数的情况下，它们在经验上同时出现。"[3]

苏国勋老师把韦伯的形式合理性和实质合理性区分的实际意义概括为两个方面。首先，"形式合理性概念强调西方社会秩序的合理性是'独特的和专有的'：它把社会秩序的理性化即具有最大程度的可计算性视为'目的'"。其次，这种区分"主要是为考察和分析现代社会秩序的特殊紧张冲突关系，特别是来自资本主义经济中强调功能、效益的形式合理性与从平均主义和博爱价值观上看是实质非理性之间的紧张冲突关系服务的"。而这一点是更为重要的。因此，对韦伯来说，合理性概念就具有了二元性，合理性的二元性以及伴随而来的人的两难处境贯穿在经济、法律、政治各个社会生活领域，统摄了整个社会生活。由此，现代西方世界到处充斥着"形式的合理性和实质的非理性"，实际上就是"理性化导致了非理性的生活方式"。[4]固然可以说，西方文化的理性化恰恰因形式合理性与实质合理性的紧张冲突而获得动力，并不断走向"进步"，但这种理性的"进步"最终有何意义？这恰恰是令韦伯长期感到困扰和痛苦的难题，同时也深表忧虑和失望的根由。

通过对上面的一系列概念的含义及其关系的梳理，我们可以说韦伯在一定程度上是相信历史进化论的，而历史进化论并不必

---

〔1〕《经济与社会》（上卷），第129页。
〔2〕同上书，第161页。
〔3〕同上书，第129页。
〔4〕《理性化及其限制》，第229—230页。

然导向历史进步论。就“理性化”问题而言，也就是说，在特定的情势下，理性是遵循着自身的逻辑，在一定时期朝着一定的方向，按一定的趋势演化的；演化到一定程度，其方向和趋势就可能会发生变化。其中尽管人的理性（有意义的）行动起着非同寻常的作用，但这绝不意味着理性的这种演化是完全目的论的，也不是具有完全的确定性的，因而也是非线性的。由于理性进化的这一性质，使这一概念不像理性进步那样带有价值判断色彩。所以，与他对“进步”概念的严格限定相一致，韦伯意义上的理性“进步”并非真的是理性进步，其实是理性进化。作为理性进化意义上的理性“进步”是绝对的，而在“进步”概念的规定性上，则理性“进步”必须相对化，如何相对化则取决于它与人的生命意义问题的具体关系状况。这时，理性“进步”与否并不重要，重要的是它对人的生命意义意味着什么。理性本身不能规制和确定人的生命意义，但理性化的程度和方向，却对人的生命意义有着至关重要的影响。根据韦伯的研究，“反者道之动”，西方理性化最终走向了它的反面，它所带来的最严重的后果，就是人的整体生命意义的迷失。对于此一问题，容后细说。因此，说韦伯有根深蒂固的“西方文化优越感”，是令人匪夷所思的。

当在“进步”的规定性上来使理性“进步”相对化时，意味着只有对各类理性或理性的不同方面，比如目的理性和价值理性、形式理性和实质理性，依据自身的价值给定了明确的前提和条件，并按照各自的妥当的可用于进行明确比较的标准，只对自身加以衡量，比如只对目的理性这同一类中的具体的目的理性，或只对价值理性这同一类中的具体的价值理性，加以衡量，只有在这个意义上，才可以说这一具体的目的理性或这一具体的价值理性是否“进步”。但即使是做出这样的限定，“进步”概念的使用也仍然是十分可疑的。而一旦跨出某一类理性自身的范围，用于与之相对立的理性类型的衡量，要做出是否“进步”的判断，则必然南辕北辙，毫无结果，只能得出“合理性的非理性”悖论。当然，可以说“合理性的非理性”是理性化自身的逻辑，但这其实也就等于完全取消了“进步”概念的适用性。

2. 是同一理性化过程程度上的差异，还是不同理性化过程方向上的不同？

让我们继续来看韦伯的西方理性化研究计划。如上所说，他研究西方理性化的重点在于“这到底该归诸怎样的因果关系”。韦伯首先承认经济因素的根本性作用，但同时强调观念因素的不可或缺。

> 因为，经济理性主义的起源，不仅有赖于合理的技术与法律，亦且（一般而言）取决于人们所采取某种实用理性的生活态度的能力和性向。一旦此种实用理性的生活态度为精神上的障碍所阻挠，则经济上合理的生活样式亦将遭遇严重的内在困境。在过去，在世界任何地区，构成人类生活态度最重要因素之一者，乃巫术与宗教的力量，以及奠基于对这些力量之信仰而来的伦理义务的观念。〔1〕

于是有了韦伯的建立在世界诸大宗教伦理比较基础上的宗教社会学，他的宗教社会学论文就是来讨论这些神秘的和宗教的力量的。

在这里，韦伯再次对“理性主义”的诸多含义进行了解说。根据某种宗教意识最主要担纲阶层的性格，理性主义主要分为两种：一种是以知识人为主要担纲者的较为理论性的理性主义，其

---

〔1〕“资本主义精神与理性化”，《宗教与世界》，第460页。

特点是“以越来越精确的抽象概念为手段，越来越能理论性地支配现实”；一种是以工商阶级为主要担纲者的较为实践性的理性主义，其特点是“以越来越精确地计算合适的手段为基础，有条理地达成一特定既有的现实目的”。但若从生活样式的理性化来看，其形态则变化多端。〔1〕韦伯还对比了儒教理性主义与边沁及其他所有西方的实际理性主义，并认为意指一种“计划性安排”的各种方法也是理性的，包括静修苦行之法、巫术性禁欲之法、最彻底形式的冥想之法或后期佛教所施用的祈祷机械（即转轮藏）。而这些不同理性主义形式又有共同的特征，即“一般而言，一切有系统地、毫不含糊地指向无可移易之救赎目标的实践伦理，都是‘理性的’；其之所以是‘理性的’，部分在于皆含形式的方法性，部分在于皆区分出‘妥当的’规范与经验性的既有之理”。〔2〕

其中，韦伯把世界诸宗教之经济伦理的研究放在了突出地位，因为在西方文化各领域中，作为合理劳动组织形式的资本主义对现代人的命运最具影响力。所以，在韦伯从世界诸宗教伦理之比较的角度对西方理性化进行的研究中，他更关心的问题是“宗教特征与经济的理性主义有怎样的关联”。世界诸宗教在与经济伦理的关联上具有重要性的那些特征，基本上就是在这个特定的观点上引起关注的。具体地说，韦伯“所指的是自16、17世纪以来即已支配着西方，成为西方世界所固有的市民生活合理化之部分现象的‘经济理性主义’”。〔3〕

但韦伯立刻声明：“无论从哪一个观点来看，我们都无法简单地将世界诸大宗教整合成一条类型的锁链；每一个都意味着一

〔1〕 韦伯：“比较宗教学导论——世界诸宗教之经济伦理”，《宗教与世界》，第476、492页。

〔2〕 同上书，第493页。

〔3〕 同上书，第491—492页。

个新的‘阶段’。所有的大宗教都分别是具有高度复杂性格的历史个体。”[1]由此可见，韦伯是非常自觉地抛弃西方启蒙时代以来流行的“线性进步史观”，而明确肯定世界诸大宗教各有其特殊价值的。

同时，韦伯声言，他对于世界诸宗教之经济伦理的研究也说不上是一种纯粹的历史研究，其论述之“类型论”，遵循的是“理想类型”（Idealtypus）原则，而不是对世界宗教提出一个完完整整的面貌。“在知识分子的理性意图之下所形成的宗教性世界观与宗教伦理，强烈地以首尾一贯性之必要为诉求。理性的效用，特别是实践要求在目的论式的导引下所引发的作用，对所有的宗教伦理而言，可以说确实是不容忽视的，并且无比强烈。”基于这样的实质理由，韦伯的研究策略和方法是运用权宜建构能够妥当地体现理性主义的宗教理想类型，“以现实所可能的最理性的形态为出发点，试图探求出某些理论建构下的合理结论能够在现实中实际发生的程度有多大”。[2]也就是说，概念的建构只不过是为求扩大视野与使用术语之便而设的一种技术性的辅助手段，而不在于宣示其本身的哲学。“理想类型”的建构对于理论分析的优越性是毋庸置疑的，但也很有可能使历史和现实现象为了适应“理想类型”的需要而被削足适履，扭曲变形。

如果按照“最理性的形态”的标准，就可以判定不同理性主义的“理性化水平”的程度差别。韦伯判断一个宗教所代表的理性化水平，主要运用两个相互关联的主要标准：“其一是这个宗教对巫术之斥逐的程度；其二则是它将上帝与世界之间的关

〔1〕《宗教与世界》，第491页。

〔2〕“中间考察”，《宗教与世界》，第507页。关于韦伯把“理想类型”作为其方法论的基本原则的系统讨论，参见《社会科学方法论》，第84页及以下。

系及以此它本身对应于世界的伦理关系，有系统地统一起来的程度。”[1]这样，一方面各宗教可按自己的终极价值标准说明其合理性，另一方面又可以按这一判教标准对各宗教做出理性化水平高低的判断。

令我们感兴趣的是韦伯对儒教与基督新教两种伦理的比较。他认为这两种伦理精神里皆含有“理性主义”，但它们的取向却存在着基本差异：

> 儒教的理性主义意指理性地适应（Anpassung）世界；清教的理性主义意指理性地支配（Beherrschung）世界。[2]

> 这两种伦理都有它们非理性的本源，一个是在巫术，另一个则在一个超俗世上帝的绝对不可臆测的决定。但是从巫术那儿推衍出来的是传统的不可动摇性——传统被当做是已经证明的巫术手段，以及最终，所有自传统而来的生活样式都是不可变更的——如果要避免鬼神震怒的话。然而从超俗世上帝与现世——存在被造物的罪恶与伦理上非理性的现世——的关系上，却造成传统之绝对非神圣性的结果，以及要将既有的世界从伦理与理性上加以驯服和支配的无尽的任务，此即“进步”的合理客观性（die rationale Sachlichkeit des “Fortschritts”）。此外，将世界加以理性的转化的工作，与儒教的适应于世界恰恰相反。[3]

根据上面提到的韦伯的判教标准，当然可以说，清教的理性

---

[1]《中国的宗教》，第309页。

[2] 同上书，第332页。

[3] 同上书，第324—325页。

主义的理性化水平确实明显比儒教的理性主义为高。但若从儒教与清教各自的终极价值来看，不论是“适应”世界，还是“支配”世界，都各有自己的合理性理据及其发展方向，无分伯仲，说“适应”世界远不够理性，而“支配”世界就彻底理性，显然毫无道理。

正是在上述意义上，正是在做了上述一系列的限定和说明后，韦伯才说“在——且仅在——西方世界，曾出现（至少我们认为）具有普遍意义及价值之发展方向的某些文化现象”。也只有在这样的前提下，所谓西方的“理性化”进程，才是西方理性的“进步”过程。韦伯的理性“进步”，在很大程度上同样是其方法论的产物，不论合理性行动类型划分，还是宗教类型划分，都主要是用于理论建构的“理想类型”，都主要是方法论意义上的，这些类型在严格意义上并不是描述性的，更不具有规范性含义。抛开这样的前提，所谓西方理性化的问题便不成立，也谈不上西方理性的“进步”。就西方理性化的“发生学”来说，似乎体现着西方理性的“进步”；而就其归宿来说，西方理性的“进步”则走向了它自己的反面。毋宁说，西方的理性化只是按照自身的逻辑体现为一种长期发展的“趋势”，到一定的限度就会发生拐点或逆转，转化为另一种“趋势”，而不是直线式地无止境的“进步”。正因为如此，韦伯的西方理性化研究才充满了悲情。

《社会学的基本概念》的一条英译注释值得我们注意，这条注释表达了这样一种观点：鉴于韦伯反复强调“理性化”概念的多重含义，并对此加以经验上的相关验证，这事实上已构成了他的宗教社会学系列研究的核心主题，因此有理由做出这样的推测，即，由于韦伯发现可以赋予理念，尤其是奠基于巫术与宗教信仰的伦理义务理念因素在行动决定上的重要作用，这时“不同的理念系统之间的差异，与其说是理性化程度上的差异，倒不如看做是个别的理性化过程在方向上的差异”。韦伯曾说对于“理性化”概念的进一步分析将留待最后，但这一提示所指为何已无从认定，考虑到宗教社会学系列研究到韦伯去世仍未完成，这很可能是指韦伯设想要写但终未完成的结论部分。[1]如果是这样，随着各理念系统和各宗教文明的交流和采借，长期困扰着韦伯的问题很有可能得到调整纾解，其紧张而悲观的心情也许会变得豁然开朗。毕竟韦伯表达过这样的想法：从理论上建构相冲突的“生活秩序”，只是想要显示在某些情况下这样那样的内在冲突是可能而“适切的”，并不表明设法在更高的综合下将冲突解决掉的立场不存在。[2]

韦伯在研究西方理性化的发生和进程时，秉承他所一贯倡导的价值中立立场，我们在阅读他的著作时，也确实能够深深感受到他那极度克制的“学术禁欲”品格。但实际上，在有的时候，在一些具体问题上，尤其是对“西方理性化”所着重作的“发生学”研究，他很难完全做到不渗透自己的价值取向。更主要的是，“西方理性化”这一选题已带着鲜明的价值关联，尽管这完全符合韦伯的方法论原则，但由于事关世界各大宗教和各大文明的比较，在这种价值观中已自觉不自觉地带上了“西方中心论”的价值偏见，不能不在整体上损害着他研究的客观公正性。比如世界诸宗教伦理的比较研究，一开始就是自觉不自觉地建立在“泛灵论—多神论—一神论”这一西方式的宗教线性进化论的前提预设基础之上的，在韦伯的心目中，包括印度宗教和中国宗教在内的亚洲宗教，自然就比主要属于西方的犹太教和基督教落后。正如叶启政老师曾经指出的，任何社会学的知识都有一定的“存有预设”作为后盾，这些预设涉及人与社会之本质性问题。“我们担心的不在于从事解析时带有价值色彩的预设，而是在于

[1] 参见《社会学的基本概念》，第 41 页注释。

[2] “中间考察”，《宗教与世界》，第 506 页。

连自己都不清楚自己的立场何在，甚至迷信自己的态度是绝对客观，而且可以保持中立的价值。”[1]

当然，从客观因素上讲，正如韦伯自己明确声明的那样，由于他所掌握的资料的局限，尤其是关于中国的资料更是缺乏，同时由于他对有些领域还缺乏研究，在这样的领域他并不是行家里手，所以他对自己的研究，尤其是关于中国和亚洲的研究，并未妄言获得了成功，而是谦逊地说只具有一种暂时的性质，注定是要被代替的。[2]就此而言，他确实有着十分清醒的自知之明。

三 理性“进步”及其意义问题

1. 生命意义之追求：理性化之发生

韦伯认为，人对生命意义的追求是一种永恒的现象。这种追求本身就是人具有理性的表现，因而可以说，从人对生命的意义开始追求那一刻起，理性化的进程就开始了。作为观念形态的宗教是理性化地追求生命意义的反映，它所许诺的就是对人的灵魂的拯救。它要解决人们希望“自何处”被拯救出来、希望被解救到“何处去”，以及“要如何”才能被拯救的问题。在这方面，韦伯列举了许多极为不同的可能的意义。“凡此种种可能的背后，总有一面对现实世界——特别让人感觉到‘无意义’——的态度；相应于此所隐含的要求则是：世界秩序整体无论如何会是、可能是也应该是个有意义的‘秩序界’

〔1〕 叶启政：“对社会学一些预设的反省：本土化的根本问题”，《社会理论的本土化建构》（北京：北京大学出版社，2006），第106页。

〔2〕 韦伯：“导论”，《新教伦理与资本主义精神》，于晓、陈维纲等译（北京：生活·读书·新知三联书店，1987），第16—17页。

(Kosmos)。”这种对有意义宇宙的形而上学要求，是纯正的宗教理性主义的核心要求。[1]只有将拥有一时的救赎状态升华为永恒的“救赎”信仰，也就是

> 只有当救赎的理念所表示的是一个有系统且合理化的“世界图像”(Weltbildes)并且代表一种面对世界的态度时，此一观念才具有了独特的意义。这是因为救赎的意义及其心理性质——无论是意图的还是真实的——都有赖于这样一个世界图像与态度。直接支配人类行为的是物质上和精神上的利益，而不是理念。但是由“理念”所创造出来的“世界图像”，常如铁道上的转辙器，决定了轨道的方向。[2]

在这种救赎宗教中，韦伯赋予先知及其预言以极为重要的地位和作用。

> 先知预言或命令的意义即在于组织化与理性化生活样式；有就个别事例的组织化和理性化，也有整体生活样式的组织化和理性化。一般而言，所有真正的“救赎宗教”，亦即许诺将其信徒自苦难中解救出来的宗教，都是进行整体生活样式的组织化与理性化。……这就是救赎宗教的理性目标，亦即：保证被救赎者达到一种神圣的救赎状态，且因而永居于圣化的境地；利用此一方式以取代依靠迷醉、禁欲或冥思等方法暂时达到的那种剧烈的、非日常性的神圣状态。[3]

---

[1] “比较宗教学导论——世界诸宗教之经济伦理”，《宗教与世界》，第478页。

[2] 同上书，第477页。

[3] “中间考察”，《宗教与世界》，第511页。

从拥有一时的救赎状态升华为永恒的“救赎”信仰，从个别事例的组织化和理性化扩展为整体生活样式的组织化和理性化，这正是理性的“进步”的两个关键步骤。而之所以说这是理性的“进步”，实是因为它提升了人的生命意义，或者说使人的灵魂拯救获得了永久的落实。

由此，我们可以进一步理解，韦伯为什么特别强调观念，尤其是基于巫术和宗教信仰的伦理义务的观念，对人的行动，进而对社会秩序变化的根本性作用；同样，我们也可以进一步理解，韦伯为什么把社会学的研究对象主要确定为有意义的社会行动，因为这行动背后有着宗教动机。

2. 生命意义之紧张：理性不断“进步”的不竭动力

然而，韦伯认为，正是上述救赎宗教对于理性化发生尤具重要性的这一层面，与现世及其秩序之间，存在着一种不仅尖锐而且持续不绝的紧张关系。

> 每当救赎意义及先知教示的内容一旦发展成一种伦理之际，就会产生这种情形；此一伦理原则上越是合理性，越是指向以内面性的救赎财为其救赎手段，紧张性也就越大。……因为，人与各个价值领域——无论其为内在的或外在的、宗教的或俗世的——之间的关系，经历过理性化与自觉性升华的过程后，各个价值领域独自内在的法则性便油然被意识到；因此，各个领域之间的紧张性——在原先与外界的素朴关系中隐而不显——及不容分说地显现出来。[1]

其中，凡是救赎宗教创建出宗教共同体之处，首先面对的冲

〔1〕《宗教与世界》，第512页。

突力量就是原生的氏族共同体，因为其伦理要求总是指向一种普遍主义的同胞意识，因而必然与基于血缘共同体的特殊主义伦理相对立。这种宗教性的同胞意识总是与现世的秩序和价值发生冲突，这既典型地体现在具有理性性格的经济、政治、知性领域，也包括本质上属于非理性的或根本就是反理性的审美和性爱领域。为了使一再显现于各种宗教伦理中的这种典型现象得以解说得明白，韦伯对这一连串的价值领域作了探讨。

由于所有现世领域的理性行为都与宗教性同胞伦理处于紧张关系之中，并且也在理性行为内部产生深刻的紧张性，致使人的行为选择处于两难困境。其中，最为首要的问题是，“就个别情况而言，一个行为的伦理价值，要从何得到决定？从其成果？或是从行为本身所具有的某种（伦理上的）内在固有价值?”[1]在韦伯看来，不论依据哪一方面而行动，从另一方面来看都是非理性的。这就是韦伯在其他地方所讨论的“信念伦理”与“责任伦理”之间的冲突。对此，我们后面还要涉及。

正是所有现世领域的秩序和价值与宗教性同胞伦理之间的尖锐而持续不绝的紧张关系，以及理性行为内部蕴含的深刻的紧张性，才使理性化的发展即理性的“进步”获得了源源不断的内在动力；反过来，理性化越是发展，即理性越是“进步”，这种紧张性就越剧烈。而这种紧张性的实质是人在寻求生命意义时陷入了撕裂、破碎、焦虑的状态，理性在“进步”的同时已经意味着“反动”。

不过，虽然任何一种以其理性的、伦理的要求而与世界相对立的宗教，都会发现其自身同样地与世界的“非理性”处于一种紧张的状态，但对于各个宗教而言，这些紧张性表现在各个相当不同的重点上，紧张性的本质与强度也因而各有分别。

---

〔1〕《宗教与世界》，第524页。

这里再以韦伯对清教与儒教的对比来加以说明。清教伦理与世界形成一种巨大的、激烈的紧张对立，韦伯呈现给我们的上述形象，显然是以此为典型来勾画的。而儒教则“将与此一世界的紧张性降至绝对的最低点——无论是对现世采取宗教性的贬抑，还是实际上的拒斥，都减至最低的程度”。因为对于儒教来说，“这个世界是所有可能的世界中最好的一个；人的本性被赋予伦理性的善。……他们在原则上都足以完全履行道德律令”。[1]中国人没有“原罪”（Sünden）这个概念，非但如此，儒雅之士都会觉得这个概念有损尊严，并断然拒绝背负这一重担。所以，

> 正确的救赎之道在于适应那永恒的、超神的世界秩序——道，以及适应于顺从宇宙和谐而来的社会共同生活的要求。虔敬地顺服于俗世权力的固定秩序便优先于一切之上。对应于此，个人的理想便是促使自己形成一个在各方面普遍调和均衡的人格，亦即意味着一个小宇宙的形式。……达到此一目标的适切手段是戒慎而理性的自我控制，以及抑制任何凡是可能动摇心静平衡的、非理性的情欲。[2]

这便是我们熟知的儒家的理想人格——君子及其修养功夫。站在儒家伦理立场，成就典雅得体的君子人格，与清教徒始终处

---

〔1〕《中国的宗教》，第310—311页。不过值得注意的是，杨庆堃认为：儒家并未接受任何“既有的”世界，其所接受的世界是儒家正统所“诠释”的世界，儒教伦理与现世之间也存在相当程度的紧张和对立。“儒教的理性主义与禁欲主义源自于‘道’与现实世界间的紧张性与乖离……在儒教以及一般的中国道德传统里，存在着将既有的世界转化为理想之境——往往隐身于‘道’或‘古典黄金时代’的名目下——的压力。”杨庆堃：“导论”，同上书，第365—366页。

〔2〕同上书，第311页。

在"紧张"的救赎之道上相比，未尝不是更适切的人生。正如叶启政老师所说："人与社会结构并不是始终处于对决性的对立状态中。情形可以是，人把社会结构作为一种随制'条件'而予以灵活运用。问题只是在于，到底人们可以孕育出怎样的基本态度以作为行事的'根据'。"而这种生命态度的塑造与养成，正是"修养"所具之社会学意义的问题。[1]

3. 整体生命意义之迷失：理性"进步"的逻辑结局

韦伯发现，在上述与宗教伦理相对立的现世诸价值领域中，宗教意识在面对理智认知的领域时所产生的自觉性紧张关系，是其中意义最为重大且最具原理性的一环。即基于升华生命意义和拯救灵魂的世界除魔工程，最终却放逐了人的灵魂和生命意义。

> 伦理性的宗教意识本身所诉诸的是理性的认知，而此种认知所遵循的乃是其本身自律性的、现世性的法则。由此所缔造出来的一个真理自在其中的秩序界，却与理性宗教伦理的系统性原理主张再也没有丝毫关联，并且也与以下的归结毫不相干：现世之作为一个秩序界就必须满足某种宗教伦理的要求或证示出某种"意义"。相反地，理性的认知在原则上势必要拒绝这样的要求。以自然的因果律为依据的秩序世界与基于伦理的报应因果律之要求所缔建的秩序界，彼此处于无法互相和解的对立关系上。[2]

然而，韦伯注意到，除了伦理性罪过的重负之外，附着于现

[1] 叶启政："'个体化'社会的理论蕴涵——迈向修养社会学"，《社会理论的本土化建构》，第242页。
[2] "中间考察"，《宗教与世界》，第545页。

世文化价值身上的，还有某种更足以断送其价值的事物，亦即生命的“无意义性”（die Sinnlosigkeit）。“一个文化人纯粹现世内的自我完成，因而俨然也就是认为‘文化’得以被还原的终极价值，在宗教思想看来，是无意义的。”这也就是说，特别是从宗教入世的观点来看，死亡显然是没有意义的。而死亡的无意义性所证示的，“正是加在生命本身的无意义性上的一道决定性的印记”。〔1〕

韦伯对这个问题的看法受到托尔斯泰的启发。他把托尔斯泰晚年围绕着死亡是不是一个有意义的现象这一疑问所作的沉思，看做是“对这一问题最纯净的表达形式”。托翁以为回答是肯定的，而文明人则以为否。“文明人的个人生活已被嵌入‘进步’和无限之中，就这种生活内在固有的意义而言，它不可能有个终结，因为在进步征途上的文明人，总是有更进一步的可能。无论是谁，至死也不会登上巅峰，因为巅峰是处在无限之中。”古代农人处在生命的有机循环之中，他的生命由自身性质所定，所以“年寿已高，有享尽天年之感”。

> 而一个文明人，置身于被知识、思想和问题不断丰富的文明之中，只会感到“活得累”，却不可能“有享尽天年之感”。对于精神生活无休止生产出的一切，他只能捕捉到最细微的一点，而且都是些临时货色，并非终极产品。所以在他看来，死亡便成了没有意义的现象。既然死亡没有意义，这样的文明生活也就没有了意义，因为正是文明的生活，通过它的无意义的“进步性”，宣告了死亡的无意义。〔2〕

---

〔1〕《宗教与世界》，第545—546页。

〔2〕“以学术为业”，《学术与政治》，第29—30页。另参见韦伯：“中间考察”，《宗教与世界》，第545—547页。个人本位而又丧失信仰，必然如此；而家庭本位，个人为他人而活，则不必如此。

可见，在托尔斯泰那里，“进步”不但本身无意义，还由于导致死亡的无意义，而最终导致整个人生的无意义。

“由此看来，所谓‘文化’即是指人类从自然生命的有机循环中解放出来一事。正因为如此，文化每前进一步，似乎就注定要更往前蹈入更具毁灭性的无意义境地。”[1]在韦伯看来，“现世之所以会如此丧失价值，无非是理性的要求与现实之间、理性的伦理与部分是理性、部分为非理性的诸价值之间互相冲突的结果。随着存在于现世里各专门领域之独特性质的缔建，此种冲突就更加激烈，更加无法排解。”[2]

而韦伯似乎正是深深地被“有力地拉动了他心弦”的这种人类命运的历程所动，“至关重要的是深为这一事实所动：一个观念在它的流行过程中总是会到处与它的原始意义背道而驰，最后走向自我毁灭。”[3]让我们再次重温韦伯在《新教伦理与资本主义精神》的结尾所写下的那些令人惊心动魄的篇章：

> 实现同时意味着绝弃，一种与追求完整的和美的人性时代的分离。
>
> 清教徒想在一项职业中工作；而我们的工作则是出于被迫。……对圣徒来说，身外之物只应是“披在他们肩上的一件随时可甩掉的轻飘飘的斗篷”。然而命运却注定这斗篷将变成一只铁的牢笼。

---

〔1〕“中间考察”，《宗教与世界》，第547页。韦伯的这一看法与他的朋友西美尔关于“客观文化与主观文化的矛盾”的思想如出一辙。参见西美尔：《货币哲学》，陈戎女等译（北京：华夏出版社，2002），第363—364页。

〔2〕同上。

〔3〕玛丽安妮·韦伯（Marianne Weber）：《马克斯·韦伯传》，阎克文等译（南京：江苏人民出版社，2002），第384页。

> 自从禁欲主义着手重新塑造尘世并树立起它在尘世的理想起，物质产品对人类的生存就开始获得了一种前所未有的控制力量，这力量不断增长，且不屈不挠。今天，宗教禁欲主义的精神虽已逃出这铁笼，（有谁知道这是不是最终的结局？）但是大获全胜的资本主义，依赖于机器的基础，已不再需要这种精神的支持了。启蒙主义——宗教禁欲主义那大笑着的继承者——脸上的玫瑰色红晕似乎也在无可挽回地褪去。……在其获得最高发展的地方——美国，财富的追求已被剥除了其原有的宗教和伦理涵义，而趋于和纯粹世俗的情欲相关联。[1]

韦伯认为完全可以这样来评说这个文化发展的最后阶段："专家没有灵魂，纵欲者没有心肝；这个废物幻想着它自己已达到了前所未有的文明程度。"[2]韦伯对于西方理性化发展的逻辑结局，对于他所处的时代，所抱持的如此深重的忧虑和失望，赫然纸上，力透纸背。

当然，我们并不能完全凭此来确定韦伯的态度和气质，还要看他对未来持怎样的看法。那么未来会怎样呢？在韦伯看来，未来是不可知的：

> 没人知道将来会是谁在这铁笼里生活；没人知道在这惊人的大发展的终点会不会有全新的先知出现；没人知道会不会有一个老观念和旧理想的伟大再生；如果不会，那么会不会在某种骤发的妄自尊大的情绪的掩饰下产生一种机械的麻木僵化呢，也没人知道。[3]

---

〔1〕《新教伦理与资本主义精神》，第142—143页。

〔2〕同上书，第143页。

〔3〕同上。

未来不可知也就意味着可能性：也可能是以目的理性式行动为标志的理性化会更极端地继续发展下去；也可能是新的先知或卡里斯玛横空出世，打断并逆转这令人窒息的理性化进程，重新赋予给人们行动以终极意义；也可能是某种与西方式理性化构成对立并被摧毁的传统的伟大复兴；也可能是这种理性化本身已无任何动力，最终也退化为一种僵化的传统。

当未来意味着可能性时，未来才成为了真正的未来，历史才成为了真正的历史，因为它是开放的，而非封闭的。这正是“进步”能否成立的关键之一，因为所谓“进步”一定是要通向无止境而又确定的未来的。同时，对于韦伯，我们也不能无限放大未来的开放性和可能性，否则，就违背了他的理性化悖论的逻辑。[1]当一个人对未来抱持有限制的可能性看法时，无论是进步论，还是退步论，抑或是循环论，无论是乐观主义，还是悲观主义，都不能准确地刻画他的精神气质。就韦伯来说，由于他深为理性化悖论的绳索所束缚，关于未来的可能性的看法，并不必然对他现在的生活产生实质性的影响，他不可能践行在儒释道三教合流互补的文化熏陶下很可能容易践行的中国式超越的达观主义人生，有的只是“紧张”。而面对当下的生活，他只能“以行动化解紧张”。[2]

4. 官僚体制化对自由的吞噬：理性化丧失其正当性基础

尽管人的整体生命意义最终因理性的高度“进步”而迷失，但在韦伯的宗教社会学中，却始终贯穿着超验的彼岸世界与日常

---

〔1〕 阿格尼丝·赫勒（Agnes Heller）认为：“现代性不应被视为一个同质化和总体化的整体，而应被视为一个有着某些开放但并非无限制的可能性的片段化世界。”阿格尼丝·赫勒：《现代性理论》，李瑞华译（北京：商务印书馆，2005），第96页。

〔2〕 参见《理性化及其限制》，第17—32页。

生活的此岸世界之间的紧张关系，并以此构成理性化不断发展的动力。但在韦伯的支配社会学中，这一紧张关系则消失了，因为“权力及权力的威吓之成功，终究完全仰赖于实力关系，而非仰赖于伦理‘正义’”。[1]我们此处特别关注韦伯关于官僚体制化与人的自由之间的极端对立关系。自由作为人的生命意义之核心，既是纯粹理性行动的前提，也是它所指向的目标，然而作为理性化高度发展的最高成就之一的官僚体制化，却肆无忌惮地吞噬了人的自由。而这反过来也使理性化丧失了其正当性的基础。

我们知道，韦伯把有效统治建立在人们对正当性的信仰的基础上，进而把依据正当性的统治划分为三种纯粹的类型：合法型统治、传统型统治、魅力型统治。其中，合法型统治属于现代统治的典型形式，它的最纯粹类型，就是那种借助官僚体制的行政管理班子进行的统治。[2]纯粹的官僚体制的行政管理，纯粹从技术上看可以达到最高的完善程度，是实施统治形式上最合理的形式。[3]

但是官僚体制的高度形式上的合理性往往伴随着实质上的非理性，它对人的自由构成了前所未有的威胁。“凡是彻底实行行政管理的官僚体制化的地方，那里就建立一种统治关系的实际上牢不可破的形式。”[4]从职业官员个人方面来说，他不可能摆脱他所属的机构，他的整个物质的和精神的生活都与他的工作紧紧地联系在一起。绝大多数职业官员只不过是在官僚机构这台机器上赋予专门化任务的一个环节，机器无间歇地运转着，为他规定一个基本上要受约束的行进路线。从被统治者方面来看，一旦存

---

〔1〕“中间考察”，《宗教与世界》，第519页。此处的观点归于李猛的贡献。参见《韦伯：法律与价值》，第132—133页。

〔2〕《经济与社会》(上卷)，第238—245页。

〔3〕同上书，第248页。另见《经济与社会》(下卷)，第296页。

〔4〕《经济与社会》(上卷)，第309页。

在了官僚体制的统治机器，既不可或缺，又无可取代。这台机器倘若停止工作，或者工作受到极大的妨碍，结果就一片混乱，从被统治者中间就很难临时安排一种替代物来克服混乱。[1]

“因而，一方面是‘文书档案’，另一方面是官员的纪律，也就是说，在他们习惯的工作之内，官员们倾向于精确地服从，不管在公众机构也好，还是在私人的企业也好，都日益成为整个秩序的基础。”如果行政秩序因各种原因被破坏，都可以通过官员和被统治者已经养成的习惯顺从地屈服于那些秩序，而重新使被破坏了的秩序得到恢复，就像被打乱了和解散了的军队队形的任何重新整队一样。[2]这样，现代“理性人”同时就是“秩序人”。

韦伯在这里特别强调了纪律对于塑造“秩序人”的意义。那么，什么是纪律呢？

> 在内容上，纪律无非是彻底理性化地，亦即有计划训练地、准确地、无条件地放弃任何自己的批评地去执行得到的命令，而且仅仅针对这一目的不断地在内心调整自己的态度。除了这个特征外，还有另一个特征是被命令的行为形式上的相同……起决定性作用的是合理地形成很多人的听从。[3]

一般的“纪律”，以及它的最为理性的产儿：具体的

〔1〕《经济与社会》(上卷)，第309—310页。大概有一个例外，即“只有在‘经济的’领域里，私人经济的有关利益者的专业知识，优于官僚体制的专业知识，……因此，在资本主义时代，政府机关对经济生活的影响受到严厉的限制，国家在这个领域里的措施往往脱轨，滑入到没有预计到的和无意考虑的轨道上去，或者由于有关利益者的专业知识优势，而使国家措施成为幻影”。同上书，第316—317页。

〔2〕同上书，第310页。

〔3〕同上书，第490—491页。

官僚体制，都是一些“实际的东西”，并且以明确无误的“求实性”供任何谋求使纪律为其服务且善于制定纪律的政权服务。[1]

因而，纪律本身在其最内在的本质上对于个人魅力和等级的，尤其是封建的荣誉是陌生的，而具有机械化、理性化、非个性化的特征。这在现代资本主义工厂企业里最为直观和典型，韦伯结合众所周知的美国的“科学管理制度”，对此进行了具体分析。

“群众的实质的命运愈来愈受日益按照官僚体制安排的、私人资本主义经常性的正确运作的约束，这样一来，有意排除这种可能性的想法越来越成为乌托邦。”[2]韦伯认为，官僚体制化是跨越意识形态和社会制度的，不仅资本主义，而且社会主义，也不能摆脱官僚体制。即使假定私人资本主义有朝一日成功地被铲除了，那也绝不意味着现代职业劳动的钢筋铁壳被摧毁，国有化了的或者被接受到某种“公有经济”里的企业劳动也将变为官僚体制的。

然而，他们更不自由，因为任何反抗国家的官僚体制的权力斗争都是毫无前途的，而且因为没有一个原则上反对国家的官僚体制和对他们的权力感兴趣的审查机构可以诉求，

---

〔1〕《经济与社会》(上卷)，第491—492、499—500页。韦伯虽然特别强调了纪律的作用，并做了大量论述，但对韦伯思想有所继承的米歇尔·福柯（Michel Foucault）似乎更敏锐地意识到了纪律所蕴含的巨大的社会理论潜力，并对其着力加以挖掘和发挥。福柯在《规训与惩罚》（北京：生活·读书·新知三联书店，1999）等书中为我们展示了一个由（话语和）纪律所形塑的现代社会形态，即“规训社会”。这个社会对生活于其中的人来说，与其说如韦伯所形容的“铁笼”，还不如说是“铁屋”。

〔2〕《经济与社会》(下卷)，第310页。

而这对于私人经济是可以做到的。这也许就是整个差异。倘若私人资本主义被铲除，国家的官僚体制就独自统治。现在相互平行的和——至少有可能——相互对立的，因此无论如何在某种程度上相互钳制的私人的和公众的官僚体制就会融化为唯一的一个等级制度。[1]

"正如从中世纪以来，所谓的迈向资本主义的进步是经济现代化唯一的尺度一样，迈向官僚体制的官员制度的进步是国家现代化的同样是明确无误的尺度。"[2]二者在本质上不仅形式是完全相同的，而且在历史上，"迈向官僚体制的、根据合理制定为章程的法和合理设想的规章、执行司法的和进行行政管理的国家的'进步'，也与现代资本主义的发展息息相关。"[3]因此，对韦伯来说，"现代化"也就主要意味着"资本主义化"和"官僚体制化"。针对马克思等人期望通过社会主义来超越"现代化"即理性化的弊端的观点，韦伯认为这只能是不切实际的幻想。

面对官僚体制化倾向的这种压倒优势，韦伯提出了一个他没有也无法回答的问题："如何还有可能去拯救在某种意义上'个人主义的'活动自由的任何残余呢?"[4]

李猛通过对韦伯社会理论中的"英国法"问题的解读，对韦伯的上述困局有所深化和超越。李猛首先将韦伯的问题域锁定为"理性化与自由"，然后分析理性化与自由之间的关系在韦伯思想历程中的变化。韦伯在宗教社会学研究中，提出"新教伦理命题"，通过社会理性化与伦理理性化的关联来体现理性化与自由的相反相成。到支配社会学研究阶段，社会理性化与伦理理性

[1] 《经济与社会》(下卷)，第754页。

[2] 同上书，第736页。

[3] 同上书，第738页。

[4] 同上书，第755—758页。

化分离，理性化与自由之间的二律背反的关联丧失了。面对这一困境，韦伯尝试提出了卡里斯玛的观念和“民族主义”思想，其目的都是用一种充满激情的否定性力量，来冲破理性化的牢笼，为自由留出活动空间。但韦伯同时意识到，这两种自由方案都没有为每一个“自助”的人的性格留下任何位置，因而都是危险的。那么，既然如此，是否就没有“出路”了呢？李猛从韦伯社会理论的基本思想出发，通过比较英国的“法治”（the rule of law）和德国的“法治国”（Rechtsstatt）、普通法和大陆法，认为无论形式方面还是实质方面其理性化程度都较低的英国法，对于理性化与自由的两难困境的化解，意味着另一种可能性。

德国的“法治国”是一种国家主动干预性的法治，英国以普通法为核心的法治则是助人自助取向的治理。就像在审判“疑难案件”中体现的技艺理性那样，这种法律管理，主要是借助个人的司法行动来完成的，因而“能够运用个人的自主性行动来创造自由的空间，而同时又能够运用法律的程序技术，来维持法律的稳定性和中立性”。[1]

李猛由此进一步将价值或权利与价值或权力的实践技术区分开来，并强调了后者的积极意义。在韦伯所谓的“诸神之争”的时代，“尽管价值之间不可妥协，但相互冲突的价值的各种实践方式却可以‘权衡’和‘斟酌’”。“人的基本权利仅仅是一种可能，各种相互冲突的价值同样也只是一种可能，它们都是人们行动的潜在背景，而真正的以制度化的从不是含糊但却趋于绝对的这些彼此冲突的权利，却是实践权利的技术。”[2]

不过，作为技艺理性的司法理性的“普通法心智”，也只是

---

〔1〕 李猛：《除魔的世界与禁欲者的守护神：韦伯社会理论中的“英国法”问题》，《韦伯：法律与价值》，第191页。

〔2〕 同上书，第184、185页。

在18世纪以前得到典型的展现，此后普通法本身也已日益实定法化，并具有实质化倾向。因而，韦伯式的“理性化与自由”的两难困境仍然挥之不去，个人为自由而斗争的困难至少同样艰巨。尤其是对于我们的国度来说，“我们今天所能守护的希望，和韦伯当年一样，并不比绝望更多”。[1]

四　科学“进步”及其意义问题

我们现在得再次回到韦伯关于“进步”这个概念的用法上来。在本文的开头，我们已说明韦伯在两个层面上对“进步”概念的使用：一个是科学对涉及技术的经验领域的研究，一个是科学工作本身。对于第一个层面，前面已经做了考察。至于韦伯所着重研究的“理性化”问题，由于涉及价值判断，由于涉及以世界各大宗教为代表的各大文明的比较，所以本不适合使用“进步”这一概念，但我们从中国的当下语境和汉语学界对韦伯思想“接受”的实际出发，根据韦伯关于“进步”与事实判断、价值判断和审美评价的复杂关系的讨论，还是作了理性“进步”及其意义的考察，也算作“进步”概念在第一个层面上用法的延伸。现在让我们转向第二个层面，即科学本身的“进步”及其意义问题的讨论，而这个问题既是理性“进步”及其意义问题的特殊组成部分，也是它的延伸。

在“进步”概念的运用中，科学与艺术的对比最为鲜明。根据韦伯的看法，在艺术领域，除了技术性的进步，是不存在其他意义上的进步的，而科学工作则受进步过程的约束。每一位科

〔1〕 李猛：《除魔的世界与禁欲者的守护神：韦伯社会理论中的“英国法”问题》，《韦伯：法律与价值》，第241页。

学家所取得的成就，会随着时间的流逝而过时。当然，科学作品由于具有一定的艺术性，或作为一种教育手段，会在很长时间里持续发挥重要作用。但是，在科学中的不断赶超，不但是我们每个人的命运，也是科学的命运，更是我们共同的目标，是科学工作的真正意义所在。从原则上说，这样的进步是无止境的。但是在这里，关键不在科学的进步性和进步过程，而在科学及科学进步的意义问题。韦伯问道："某件事情是否由于服从了这样的规律，它本身便成为有意义和合理的事情，这显然不是不证自明的。人们为什么要做这种在现实中没有止境也绝不可能有止境的事情呢?"〔1〕

在韦伯看来，科学的进步既是理性化过程即理性"进步"的一部分，当然也是它最重要的一部分，又是理性化的动力。韦伯先对"理性化"究竟意味着什么作了经典解释，进而通过追问这种理性的"进步"的意义问题，来回答科学事业的意义问题。

韦伯认为这种由科学和技术而产生的"理智化和理性化的增进，并不意味着人对生存条件的一般知识也随之增加"。比如我们对我们的生存条件并不比印第安人或霍屯督人有更多的了解，我们对自己乘坐的有轨电车几乎没有、也无须任何知识，而他们对自己的交通工具的了解则是我们无法比拟的。

> 但这里含有另一层意义，即这样的知识或信念：只要人们想知道，他任何时候都能够知道；从原则上说，再也没有什么神秘莫测、无法计算的力量在起作用，人们可以通过计算掌握一切。而这就意味着为世界除魅（Entzauberung）。人们不必再像相信这种神秘力量存在的野蛮人那样，为了控制或祈求神灵而求助于魔法。技术和计算在发挥着这样的功

〔1〕"以学术为业"，《学术与政治》，第28页。

效，而这比任何其他事情更明确地意味着理智化。[1]

既然如此，“那么，这个在西方文化中已持续数千年的除魅过程，这种科学既隶属于其中，又是其动力的‘进步’，是否有着超越单纯的实践和技术层面的意义呢？”[2]或者说，“除了技术的目的之外，‘进步’也有公认的自身意义，使得为它献身也能成为一项有意义的职业吗？然而，以信奉科学为业的问题，亦即以科学为业对于献身者的意义问题，已经变成另一个问题：在人的生命整体中，科学的职业是什么，它的价值何在？”[3]

对于这个问题的看法，过去和现在形成巨大的差异。在西方，随着科学理性化的进程，科学在古希腊（通过观念和演绎法）是“通向真实存在之路”，在文艺复兴时代（通过实验）是“通向艺术的真实之路”和“通向真正的自然之路”，在 17 世纪（通过更严密的方法）是“通向真正的上帝之路”，在 18 世纪（通过技术及其应用）是“通向真正的幸福之路”。就是说，在过去，不论何时，不论科学的目的指向哪里，不论科学的目的如何变化，科学都是有意义的，因而以科学为业也都是有意义的。但是，在韦伯生活的 19 世纪，尤其是在德国，由于叔本华、尼采的唯意志论哲学和弗洛伊德的无意识精神分析心理学的影响，过去的这些所谓“意义”，如今都被作为幻觉驱逐一空，年轻的一代纷纷要求从科学的理性化中解脱出来，科学理性遭遇到了空前危机。于是，科学和以科学为业的意义问题成了唯一重要的问题。对此，韦伯认为，科学本身不会给出答案，而任何科学都有预设的前提，它虽不能用科学方法来证实，却可以诉诸终极意义

---

〔1〕《学术与政治》，第 29 页。

〔2〕同上书，第 29—30 页。

〔3〕同上书，第 30 页。

进行解释。而对于终极意义，每个人必须根据自己对生命所持的终极态度，或是接受，或是拒绝。

科学的预设前提正是价值关联的反映，而世界上不同的价值体系有着相互冲突的立场。在现代社会，神圣、真、善、美诸种价值多元而分立，各有自己的评判标准。

> 有些事情，尽管不美但却神圣，而且正是因为它不美且只就它不美而言，才变得神圣。……有些事情，不仅是它尽管不善而成为美的，并且只从它不善这方面看，它才是美的。……有些事情虽不美、不神圣，却可以为真，此乃一项尝试。这些现象，不过是不同制度的神和价值相互争斗的最普通的例证。……对于每个人来说，根据他的终极立场，一方是恶魔，一方是上帝，个人必须决定，哪一方是上帝，哪一方是恶魔。生活中的所有领域莫不如此。[1]

这是文化分化自主的逻辑，也是我们每个人不得不面对的命运。如果你信奉以科学为业，“形象地说，你将侍奉这个神，如果你决定赞成这一立场，你必得罪所有其他的神。因为只要你坚持忠实于自己，你必然会达到这样一个终极的、有着内心意义的结论”。[2]做出这样的选择，就是勇于正视我们的命运。

韦伯相信真理是存在的，因而追求真理是有意义的，而科学正是以此为预设前提、以追求真理为使命的一项事业。在世界已经除魔的时代，科学事业及科学进步的意义就来自它本身的先定价值，而不是来自其他价值领域。韦伯以自己的工作，对科学的理智活动的这一意义做出了肯定的回答。

---

〔1〕《学术与政治》，第39—40页。

〔2〕同上书，第44页。

> 今天，作为“职业”的科学，不是派发神圣价值和神启的通灵者或先知送来的神奇之物，而是通过专业化学科的操作，服务于有关自我和事实之间关系的知识思考。它也不属于智者和哲人对世界意义所做沉思的一部分。这是我们的历史环境中无可逃避的事实，只要我们忠实于自己，我们便不可能摆脱这一事实。[1]

即使如当时在知识界流行的那样，把科学的理智活动憎为头号恶魔，韦伯借用《浮士德》的一句箴言“你别忘了，魔鬼是位老者，要认识它，你们得变老”，然后指出：“如果你想驱除这个魔鬼，你就不能像今天人们常做的那样，从他身边逃之夭夭。而是必须从头到尾看透它的伎俩，以便发现它的长处和弱点。”[2]

韦伯进一步明确指出：“我们这个时代，因为它所独有的理性化和理智化，最主要的是因为世界已被除魅，它的命运便是，那些终极的、最高贵的价值，已从公共生活中销声匿迹，它们或者遁入神秘生活的超验领域，或者走进了个人之间直接的私人交往的友爱之中。”因而，对于那些无法正视和接受这一时代命运的人，“他最好还是静静地回到旧教堂那敞开的慈悲宽厚的怀抱之中”，只要他“以某种方式做出‘理智的牺牲’”。韦伯认为，这种为了无条件的宗教献身而做的理智“牺牲”，同那些学院先知们有意躲避理智上的真正诚实相比，更值得尊重。[3]

这需要联系到韦伯在另一篇演讲“以政治为业”中对“信念伦理”（Gesinnungsethik）和“责任伦理”（Verantwortungs-

〔1〕《学术与政治》，第45页。

〔2〕同上。

〔3〕同上书，第48—49页。

ethik）所作的区分。韦伯强调："这并不是说，信念伦理就等于不负责任，或责任伦理就等于毫无信念的机会主义。当然不存在这样的问题。但是，恪守信念伦理的行为，即宗教意义上的'基督行公正，让上帝管结果'，同遵循责任伦理的行为，即必须顾及行为的可能后果，这两者之间却有着极其深刻的对立。"〔1〕根据这一区分，科学应当恪守"信念伦理"，它有一种无条件的禁欲主义态度，从不追问它自己的意义和它行动的后果。它是没有责任的，它也应该没有责任。与此相对立，以暴力为决定性手段的政治，遵循的则是"责任伦理"。

但是，问题并未到此完结。韦伯继续把我们引到了如何从伦理上对"进步"所必须付出的代价进行评价的困难关口。他说：

> 这个世界上没有哪种伦理能回避一个事实：在无数的情况下，获得"善"的结果，是同一个人付出代价的决心联系在一起的——他为此不得不采用道德上令人怀疑的、或至少是有风险的手段，还要面对可能出现、甚至是极可能出现的罪恶的负效应。当什么时候、在多大程度上，道德上为善的目的可以使道德上有害的手段和副产品圣洁化，对于这个问题，世界上的任何伦理都无法得出结论。〔2〕

韦伯以此为政治和以政治为业的人，为行动和以公民身份行动的人遵循"责任伦理"提供了更为充分的依据。

但正像后来有评论指出的那样："马克斯·韦伯通过自己的思想和影响而否定了自己假定的科学与政治的区分。这个区分也不符合他的一个社会学论点，即建立在劳动分工基础上的现代科

〔1〕 韦伯："以政治为业"，《学术与政治》，第107页。
〔2〕 同上书，第108页。

学受制于工业生产的结构法则，因而被组织成为一台权力机器。”韦伯引进责任概念“只是为了重新确立起我们几乎还未曾克服的不成熟”。其实，启蒙了的意识一开始就认为，实现理性的途径一是必须由人来支配世界和进行变革，因此，二是必须由人自己担负起对世界的真正责任。〔1〕

如此说来，韦伯按照“信念伦理”对科学工作及科学“进步”的意义问题所做的肯定回答，只是表示着他在侍奉着自己的“神”。而对于今天我们这些“以科学为业”的人来说，鉴于科学既作为理性化的最主要部分，又作为其动力，面对科学（及其应用形式“技术”，各种正面的或负面的）影响日益扩大，事关人类命运走向的严峻挑战，随着科学与权力隐蔽的内在联系及由此而来的独断的“支配”性格和作为“意识形态”的幽暗心理日益明朗化〔2〕，以及科学的“知识生产机制”和“规训机制”逐渐浮出水面〔3〕，尤其是我们发现我们似乎难以逃脱科学既制造、又定义、还解决着风险的“风险社会逻辑”〔4〕，科学及其“进步”的意义问题——还是那句话，科学是否“进步”并不重要，重要的是它对于我们的生命意味着什么——仍然是唯一重要的问题，并迫切需要我们做出自己的判断和选择。这并不因

〔1〕 格奥尔格·皮希特（Georg Picht）：“什么是启蒙了的思维？”载《启蒙运动与现代性》，第377—378页。

〔2〕 参见马克斯·霍克海默（Max Horkheimer）、特奥多·阿多诺（Theodor Adorno）：《启蒙辩证法》，洪佩郁、蔺月峰译（重庆：重庆出版社，1990）；赫伯特·马尔库塞（Herbert Marcause）：《单向度的人——发达工业社会意识形态研究》，张峰、吕世平译（重庆：重庆出版社，1988）。

〔3〕 参见福柯：《规训与惩罚》；华勒斯坦（Immanuel Wallerstein）等：《学科·知识·权力》，刘建芝等编译（北京：生活·读书·新知三联书店，1999）。汉语学界这一脉络的研究，参见汪晖：“科技作为世界构造和合法化知识”，《死火重温》，第190—296页。

〔4〕 乌尔里希·贝克（Ulrich Beck）：《风险社会》，何博闻译（南京：译林出版社，2004），第190页。详见该书第七章“科学超越了真理和启蒙吗？”。

为像我们的国家还是“发展中国家”，我们国家的科学还不够“先进”，而对我们国家的科学工作者还不构成“唯一重要的问题”。

结语

纵观韦伯的理性“进步”及其意义问题，其中贯穿着“世界除魅”和“世界附魅”一先一后、一主一次、一明一暗两条线索，充满了各种张力和紧张。韦伯特别用信念伦理和责任论理这对范畴，集约地表达了他的立场：世界已经祛除巫魅，文化诸俗世领域分离自主、价值分立冲突，整体生命意义已经迷失，而执掌诸文化领域价值的各路新神又纷纷粉墨登场，在这样的时代，我们可以且只能通过自己的选择和行动去侍奉某一位或某几位“神”，在整体无意义的世界中获得意义，尽管这生命是被分割的，其意义是破碎的。这是我们时代的命运，作为现代人，我们只能正视这一命运，自己创造人生意义。

但是，我们不要忘记，上面所概括的理性“进步”及其意义问题，是韦伯在做了诸多限定后所考察的“西方理性化”的问题，尽管他认为西方文化的“理性主义”具有独特而又普遍的意义，尽管西方文化的“理性主义”（在他身后出乎其意料地）因日益征服全球而似乎使其独具而又普遍的意义得到更大范围的应验和强化，但他从未否认从不同的观念体系和终极价值出发，各种非西方文化的“理性主义”的独特价值，也未排除它们在未来所具有的各种可能的意义。这为我们拓展和超越韦伯的问题留下了认知的和实践的余地，并在全球化的背景下增加了新的可能性。

就此而言，叶启政老师关于社会理论本土化建构的策略是极富启发意义的。他认为，首先我们得承认，“‘西式现代化’所蕴含的理性逻辑，早已把整个世界塑造成为一个紧密关联的‘全球化’体系，并且成为主导人类文明社会的文化‘传统’基素。”而这正是启蒙理性之内涵所衍生的历史理路。在这样的情形之下，当处于劣势地区的我们对社会理论进行“本土化”建构时，不可能、也不应该把“西式现代化”所架设出来的“全球化”之既有的基本结构理路完全颠覆掉，因此，实际而有效的做法，是以本土的资源和体验与其相互对照辉映，以具有搓揉性质的“回转”方式和功夫，起到脱胎换骨的涤清作用。具体来说，“在现阶段，使用足以把中国文化传统一向强调具阴柔包容特质之搓揉行事理路彰显出来的词汇，实有翻转‘西式现代化’所内涵那具阳刚、对立、攻击性格之文化理路的历史意义。”而落实“本土性回转”的基本实践要件，就是“重塑哲学人类学存有预设前提和身心状态”。[1]这样，就必然要落实到本地常民之日常生活的行为模式和生存意义上来。如果让我们再返回到韦伯思想的话，他的世界诸大宗教之比较系列研究，至少就我们更感兴趣也相对熟悉的清教与儒教的比较研究来说，其实正蕴藏着许多可用于这种“回转”和“重塑”的宝贵资源和通幽曲径。

参考文献

——，1987，《新教伦理与资本主义精神》，于晓、陈维纲等译，北京：生活·读书·新知三联书店

韦伯，1992，《社会科学方法论》，朱红文等译，北京：中国人民大学出版社

〔1〕 叶启政：“全球化与本土化的搓揉游戏”，《社会理论的本土化建构》，第82、85、89页。

——，1997，《经济与社会》（上、下卷），约翰内斯·温克尔曼整理，林荣远译，北京：商务印书馆

——，1998，《学术与政治》，冯克利译，北京：生活·读书·新知三联书店

——，2004，《韦伯作品集Ⅴ：中国的宗教　宗教与世界》，康乐、简惠美译，桂林：广西师范大学出版社

——，2005，《韦伯作品集Ⅶ：社会学的基本概念》，顾忠华译，桂林：广西师范大学出版社

阿格尼丝·赫勒，2005，《现代性理论》，李瑞华译，北京：商务印书馆

赫伯特·马尔库塞，1988，《单向度的人——发达工业社会意识形态研究》，张峰、吕世平译，重庆：重庆出版社

华勒斯坦等，1999，《学科·知识·权力》，刘建芝等编译，北京：生活·读书·新知三联书店

李猛，2001，《除魔的世界与禁欲者的守护神：韦伯社会理论中的"英国法"问题》，载于《韦伯：法律与价值》，上海：上海人民出版社

马克斯·霍克海默、特奥多·阿多诺，1990，《启蒙辩证法》，洪佩郁、蔺月峰译，重庆：重庆出版社

玛丽安妮·韦伯，2002，《马克斯·韦伯传》，阎克文等译，南京：江苏人民出版社

米歇尔·福柯，1999，《规训与惩罚》，刘北成、杨远婴译，北京：生活·读书·新知三联书店

苏国勋，1988，《理性化及其限制——韦伯思想引论》，上海：上海人民出版社

汪晖，2000，《死火重温》，北京：人民文学出版社

乌尔里希·贝克，2004，《风险社会》，何博闻译，南京：译林出版社

西美尔，2002，《货币哲学》，陈戎女等译，北京：华夏出版社

叶启政，2006，《社会理论的本土化建构》，北京：北京大学出版社

约翰·伯瑞，2005，《进步的观念》，范祥涛译，上海：上海三联书店

詹姆斯·施密特编，2005，《启蒙运动与现代性：18世纪与20世纪的对话》，徐向东、卢华萍译，北京：生活·读书·新知三联书店

象征交换与“正负情愫并存”现象

叶启政

一　重解马克思与弗洛伊德之论述的当代意义

尽管，无论就思想承继渊源、理论架构设定、指涉对象层面或书写风格表现等等的角度来看，马克思与弗洛伊德的论述都有着相当明显的不同，但是，对于人性与人之社会行为的讨论，他们两人分享着一个共同的基本立场。这个共同基本立场简单地说即是：肯确人所具“生物”需求特质乃讨论人本身（或社会关系）之问题的起始基点。倘若转换成为霍布斯的命题旨趣来说，马克思与弗洛伊德关心的，基本上是人基于最低程度的“自我保全”欲望所开展之由“动物性”跳跃（或过渡）至“人文性”当刻的移位（轴）问题，而非已从“动物性”跳跃（或过渡）出来以后的“人文性”如何进一步成就的“自我证成”问题。摆回整个西方社会思想发展的历史进程来看，这样特别架出“自我保全”（self-preservation）[1]的基本需要以作为人之所以存在的哲学人类学存有预设、并强调由“动

〔1〕 源自17世纪的Hobbes（1998）。有关作者对Hobbes的论述对当代社会思想的意义，参看叶启政（2010a）。

物性”跳跃（或过渡）到“人文性”的重要性，乃呼应、也彰显着深刻的特殊文化—历史意义，值得在这儿再度从事结论性的摘要阐述。

对马克思而言，19 世纪以来的资本主义发达社会里，就“人类”这样的类属存有体（species-being）而言，由“动物性”过渡到“人文性”之最为严肃的课题莫过于是，体现在以工人为历史型之无产阶级的最低程度“自我保全”的基本需要严重地受到阻碍。对这些“悲惨”的无产阶级来说，他们所欲求的只是维持作为生存动物体之“人”的基本“生理”要求而已。这样的要求相当卑微，因为他们要求的（或替他们要求的）只是一个人作为“人类”这样的种属存有体由“动物性”过渡到“人文性”时之基本欲望的“临界”满足问题而已。无疑地，这是界定一个人之存在所不能再化约的最低底线。

其次，就弗洛伊德来说，马克思这样之由“动物性”过渡到“人文性”的问题其实只是被打了一个转，被导引到如何妥善地处理以性欲为主导的利必多驱力（libido drive）与人类天生具有的攻击性（aggressiveness）上面[1]。准此，人类社会里所常见之以“阳具”为基础的男人中心主义，转而成为弗洛伊德论述人类之欲望受到压抑现象时的心理人类学的源起状态，而其显示的恰恰正是文明由“动物性”过渡到“人文性”的临界点所彰显的课题。因此，整个问题的核心还是一样的，并没有改变。

诚如鲍德里亚（Bandrillard，1975，1981，1990a、b）指出的，马克思与弗洛伊德的如此一般论述，乃共享有相同的认识论基点的。基本上，他们乃从具特殊历史质性之“交换价值”的立场来确立（并论述）“使用价值”（即物质或性欲的满足乃是

〔1〕 有关作者对弗洛伊德的讨论，参看叶启政（2010b）。

人的基本欲望）作为理解、诠释和证成人类社会行为之终极依据的至高性。因此，所有的价值（包含交换价值）乃以“使用价值”是否能够充分体现来定夺、并予以证成。这样的思考模式彰显的，基本上即是重述着霍布斯的基本命题（即由“动物性”过渡到“人文性”的问题），并且必然是以人的基本实质需求（如“自我保全”的需求）作为不可或缺、且不可化约的基础。对马克思来说，“交换价值”指的是在资本主义私有财产制的历史形式主导下以创造剩余价值的“营利”交换逻辑，而“使用价值”指向的则是种种的“物质”（也正是工业资本主义体制所生产的物品），因为它们是用来满足所有“人类”存有体（当然，包含工人无产阶级）之普遍基本生理需求（表现在食衣住行上面）的必要手段。因此，一旦这些用以维持一个人之最低程度“自我保全”的基本生存“使用价值”的物质条件被剥夺掉，用以确立此一物质条件的社会交换形式就得被检讨、甚至予以更换，而依附此一社会交换形式的“交换价值”也就跟着有被批判或乃至撤销的必要了。

至于对弗洛伊德而言，简单来说，在他的观念里，人类都是受着欲望的驱使，特别就性的欲望来说，对任何性器官成熟的人，不论男的或女的，都有一定的性冲动欲望，性器官（甚至整个身体）的“使用价值”即在于满足这样的欲望（当然，除了传宗接代之绵延种族的功能之外），而具有着终极性（finality）。因此，单就性关系的刚性具体而积极的表现而言，在传统以父亲权威主导之男性中心主义所塑造的文化模式的支配下，男性的阳具所具有满足性欲的“使用价值”，在文化意义上乃有着居绝对优位的至高性。处在这样的文化氛围里，女性代表的则仅是一种“虚空”的“弱者”状态，没有自身的历史性，一切均得依着男性为中心来予以衍生定义。准此前提，根据弗洛伊德的见解，简单而具体地说，在日常生活世界里，父亲权威阴影笼罩着一切，这使得人们（特指子女们）一直受到害怕阳具被阉割（指男性）或感到已被阉割（指女性）的心理情结所绑架着。因而，在这样心理与实质权力关系双重受到绑架的情形下，人们之社会互动（特别是与社会权威体的互动）中的种种关系表征所体现的“交换价值”总是以“道德化”的悬空、转移或升华等等的形式予以证成（如尽孝道、妇道、守贞操等等），文化蕴含的实质（特指道德伦理）内容因此乃是以具“负面”性的“压抑”作用（如压抑性欲与具攻击性的行为）来呈现，尽管具“正面”实现“使用价值”（如性满足）意义的“交换价值”（如男女因相爱而交媾）还是可以看得到。

没错，作为一种具肉体身躯的存有体，人所具有的基本身心构造其实是早已注定着的，他的确是无法完全摆脱“使用价值”的考虑，因为，作为人，他至少是需要应付吃、喝、穿与住等等的基本需求的。尤有进之的，在人所需求的物质绝大部分均仰赖着“生产”来供应的一般情况下，这些基本需求的必然存在乃意味着，“使用价值”与“交换价值”以某种文化—历史方式相互搓揉摩荡着，乃是不可避免的现象。在这样的前提下，对人类来说，不管是处于怎样的时代场景里，现实上，基本需求是否与如何满足的问题始终是存在着。只是，对处于所谓“后现代状况”的我们而言，问题的重点不是人类的种种需求不存在或变得不重要，而是它可能变得像空气一样，人要生存是需要仰赖着它，但是，在正常的情况下，我们是有着足够的新鲜空气可供我们呼吸使用，并不特别感得到它的必要性，因此，在考虑人实际生活着的社会情况时，它不足以成为具有着特殊文化—历史意义的“立即紧要”条件。无怪乎，在批评弗洛伊德之精神分析的基本内涵时，鲍德里亚会认为，导引着当代人存在的核心动力，不是19世纪西方人所想象作为能量与理法之欲望的推动力量本身，而是对着世界进行着的游戏与诱惑。对人们来说，这是一种游戏与被游戏的激情，乃游走于幻觉与表象之间，非来自当事人的自身，而是来自其他地方或他人的脸色、语言、姿态等等外显的表象。基本上，它只是一种没有任何前置状态（因而，没有历史）之特殊事件的诱惑（Baudrillard，1990b：138 －139）。

准此，“需求”仅是对人类所预设之具生物性的生存基础，在当今充满着“符码”之象征交换的时代里，这自然难以成为理解与诠释当代人的适当文化—历史要件。情形显得重要的，相对地来说，毋宁是符码本身的结构原则问题以及人面对着种种符码时所采取的态度。因此，我们得以把“需求”（尤其具终极性的“使用价值”）倒转过来，由过去所具之“解释项”的角色转为“被解释项”，而且还得依存在符码的结构原则下来予以理解，才可能获得到具有妥帖之启发性的意义定位。或者，推到极端，我们甚至可以把“需求”的概念完全予以悬搁而不论。

二　“象征交换”的哲学人类学存有源起预设基础——曼纳与神圣性的经营

在人类文明发展漫长的历史进程中，倘若“象征交换”具有着哲学人类学存有论上的崇高意涵的话，回到初民社会（特别是节庆）之集体欢腾（effervescence）的“礼物”[1]互惠交换场景，长期以来被西方（特别法国）社会理论家视为是一种源起状态（也是“文化”得以孕生）的基本社会机制。在此场合里，

〔1〕就哲学人类学的立场来看，诚如 Mauss（1989）在《礼物》一书中所企图意涵的，礼物交换即是象征交换形式的典型，因此，具有深刻的隐喻作用。

“无工具价值设准的社交性（sociality）”乃是互动自身的目的，也是人作为主体存在的社会基础。于是乎，集体欢腾具有着引发激情状态以张扬社会至高性，乃被视为是人类透过制度化过程形塑集体意识的社会心理前置状态，更可以说是人类由动物性“跳跃”至人文性之心理上的临界场域，对理解人的社会世界与其行为，一直具有着必然且具至高性质的地位。

19世纪的尼采即主张，在最初始的时期，人类与其他的野兽原本都是一样的，乃依着本能来宣泄情绪，并以野蛮战斗的方式行事。他继而认为，当人类处于此一情形之下时，其所张扬之心理状态的元神比较接近希腊酒神狄俄尼索斯（Dionysus）内涵的精神—激情与陶醉，而其基本的经验即不断创造着令人感到非凡而例外的惊奇。尤有进之的是，这种充满着激情与陶醉的酒神精神，可以说正是宗教经验和神圣性得以形塑的心理基础，并且是人类经营文明的基架（参看叶启政，2008：10—23）。特别值得注意的是，尼采此一特别强调酒神精神作为探讨人类（尤指西方）文明源起的主张，乃为后来法国的“日常生活”学派〔1〕特别倚重、并视为核心概念。

就概念的内涵而言，当我们说心理状态的元神是酒神精神时，这乃意味着，它是人类原先禀赋具“本能性”的感性特质，不是经过理性经营出来的人为“文化”作用结果。这也就是说，当我们说“人类是一种动物”时，人本能具有着激情冲动的能量力道，正是动物性的典型体现〔2〕。体现在西方社会思想的发展过程中，对霍布斯或弗洛伊德等人而言，文明发展的原始激发

---

〔1〕 特别指 Lefebvre、Bataille 等人所创之“社会学学院”（the College of Sociology）的成员、Debord 为主的“国际情境主义者”（the Situationist International）以及 Maffesoli 等人。有关作者个人对此一学派的看法，参看叶启政（2008：231—253）。

〔2〕 假如借用 Maffesoli（1996a）的用语，即是法文的 *puissance*。

动力正是来自于这样的动物性。只不过，人类与其他动物不同，他懂得让此一动物性在人文性的洗礼下有着“恰适”的“文明”表现。正因为如此，由“动物性”转化为“人文性”的“临界点”为何，于焉变成为重要的课题。就人类文明发展史的角度来看，在此过程中，简单地说，所谓曼纳〔1〕(mana) 现象的孕生、以至于神圣性的塑造，可以说即是彰显此一转化“临界点”之人文性的机制要件，而这再次地意涵着激发孕生酒神精神所内涵的激情乃是核心的课题。易言之，曼纳的引生与神圣性的营造，都是以引发激情作为基本前提，任何的理性作为基本上都是为了证成激情的一种人为努力。

曼纳激情支撑下的神圣性是非凡而例外的，需要与平凡而例行的“世俗”特别地加以区隔开。这也就是说，神圣与世俗之间有着门槛，更是有着自己的守护者（譬如，寺庙乃至家中的大门有着门神守护着），禁止敌人、魔鬼、邪恶或不喜欲的力量侵入，因此，此一门槛基本上是宣示着神圣与世俗之间是“断裂”着，不可任意逾越（Eliade，2002：75）。人们若要跨过这个门槛，需要透过仪式（ritual）的方式（譬如，进入寺庙时，行跪拜顶礼）来圆成。进而，透过仪式来展现和保证具曼纳力道的神圣性，更是意味着人们需要透过“物”的形式（如神像、神主牌、焚香或八卦图等等）作为媒介来营造，曼纳“神显”的象征意义才得以体现。因而，神圣性与“物”总是需要彼此互为表里地镶嵌，才落实地被塑造着，也才得以对世界进行着一种赋予某种新生命象征意义的受造过程（如借着祭典确立一个特定地

〔1〕 简单说，通常，曼纳乃指，在某种宗教信仰里，人们相信世间存在有一种超自然的非凡力量，它被认为是集中在某种神祇、神圣物或人物身上，但是，威力却是蔓延散及整个世界，而且可以承继或传递下去。根据涂尔干（Durkheim，1995）的意见，此一力道特质因而具备着源起意义，乃代表着宗教信仰（因而，也是社会得以形成）的最初形式。

方——神坛——的不可侵犯性）。

透过“物”的媒介所营造的仪式，基本上可以说是一种对“神圣”赋予例行化的过程。如此对“非凡例外”予以“平凡例行”化的“仪式化”过程必然是要存在着，因为这使得神圣性不只获得了适当的解释，更是经由仪式作为“索引”得以一再重复地呈现、并保证着，“理性”更是因而才得以顺利介入来导引人们的行为[1]。借用塞利格曼（Seligman）等人的说法，此一仪式作为“非凡例外”所创造的“理性”例行化现象，基本上是创造了一种“犹如”（as if）或“可以是”（could be），而非“实然如是”（as is）的状态。在这样的情况下，显然的，仪式是必须摆置在人类所假设的世界与其实际经验的世界之间产生裂罅的情形下来看待，才有获得理解的可能（Seligman，Weller，Puett & Simon，2008：23，25，27）。

我的理由是：假若文明是起于对人所处之环境的“惊奇”经验[2]的话，那么，无疑的，孕生具共感共应的“曼纳”情愫乃是符应（或谓应对）着惊奇所带来之种种恐惧、敬畏或崇敬等等心理压力的基本动力。透过曼纳情愫对“惊奇”经验所营造的神圣感，于是乎成为主导着人们如何认知世界的基轴。这么一来，倘若具“犹如”或“可以是”特质的仪式是证成神圣性的机制要件的话，人们总是以一种充满酒神特质的“理想”想象图像来彰显现实实在。这也就是说，假若人们是透过仪式来体验社会自身作为存在实体的话，其所参照的基点基本

〔1〕 无疑的，例行化过程必然产生的局势，势必使得神圣性原先具有强烈的激情魅力被削弱，变成为苍白的“行礼如仪”贫血现象，难以在人们当中引起强烈情绪的共感共应的。所以，为了保持仪式背后蕴含的神圣性得以在人们的情绪感受上保持共感共应的新鲜度，不时有着节庆的安排，实具有着“保鲜”的作用。

〔2〕 有关的讨论，参看叶启政（2008）。

上乃来自对这种具“犹如”或“可以是”之假设语气的状态引起的共享感觉而孕生之无止尽的梦幻世界。此一仪式所营造的梦幻景象需要一套隐喻体系以不断重复的方式来支撑，否则的话，其标杆性会丧失。如此，隐喻体系内涵之可让人们产生共感共应的神圣性更是才得以有所支撑、并让其曼纳能量维持活鲜状态，以俾不断地孕育足以把人们凝聚在一起的能量。

赫伊津哈（Huizinga）在其著《游戏人》（*Homo Ludens*）一书中曾经指出，象征的运用是任何游戏的基本要旨，仪式（与迷思）正是其原型，而且是一种神圣的游戏。初民即以游戏的方式来证成其自身的存在，因此，游戏乃构成为文明的原始基础。对初民而言，游戏并无所谓假装（make-believe）的意涵，更是没有当代人面对的认同（identity）问题，有的只是有关奉献神祇之神圣牺牲的象征问题[1]（Huizinga，2000：4－5，25－27）。这样的说法呼应着上面的论述，乃意味着：在游戏活动过程中，人们彼此之间的互动所彰显的，基本上是立基于（特别是对大自然引发之）惊奇而孕生诸如崇敬、敬畏、愉悦或亢奋等等心理感受所带引出来的“纯粹”象征交换。这样的象征交换，本质上不是基于某种特殊个人（或群体）目的（或利益）而刻意经营之具理性认知的“意义”（如谋求个人财富或集体福利）。在这种“象征交换”本身即是目的的场景里，仪式（特别是魔术与咒语）的威力，毋宁地是如鲍德里亚所认为的，在于清空了一切具特定历史旨趣的定型“意义”，而让人们得以孕育、并成就无限的想象与感受空间，神圣“神祉”的符码正可以从中孕生，

〔1〕 Huizinga 认为，就源起状态而言，人类任何的社会活动（包含艺术、哲学与科学在内）本质上都是游戏的形式，所以文明根植于高尚的游戏，重视的是风格、仪式与尊严。但是，自从理性化以后，意识形态的道德化使得现代西方人的社会互动丧失了这样的游戏特质（Huizinga，2000：206，210，211）。

不必接受理性的“逻辑”检验与查证。于是，在神圣的塑造仪式当中，意符（signifier）基本上是虚空的。此刻，语词既无固定内容、也无特定指涉对象，可以让人们有着充分发挥自我实现（或自我防卫）预言之权能的契机，其可能内涵的纯粹引诱（seduction）基本上是充分解放着的（Baudrillard，1990a：75）。这也就是说，象征交换的纯粹形式意涵着，交换本身即是目的，甚至可以说无所谓的目的，若有的话，那也只是仪式性自身所可能散发具魅诱性质的曼纳力道了。于是，在“纯粹”的象征交换过程中，虚空的意符可以让人们产生炫惑。此时，尽管空与有、生与死可以是对反（opposite）着，但却又是同时纠结在一起，形成一种正反情愫并存（ambivalence）的状态。其间没有真理可言，有的只是不断地以秘密的方式进行感知的衍生与孕育〔1〕。

在这样的象征交换的社会过程中，诚如上述的，仪式以“索引”的姿态一再重复呈现，使得神圣的时间本质上是可逆转的，它是具原初秘思（myth）性质的时间，临现于当下此刻。这是本体性的永恒时间，是一种永恒的现在（如节庆的循环出现），时间藉由每次更新的创造重获新生。因此，节庆是实现神圣时间的一种结构模式，它总是发生在起源的时刻，而人们在节庆期间所展现的行为，便是重新整合了起源与神圣时间，以与之前和之后的行为有所差异（Eliade，2002：116，121，131，134）。在这样以节庆来安顿“非凡例外”，尤其透过把种种的“物”予以神圣性，乃为人们的行为确立了一定的客观性（如过年时的种种具仪式性的行止），而非突破“客观

〔1〕 基本上，这样的“正反情愫并存”缺乏如弗洛伊德所说之精神官能症患者身上看得到的强烈情绪反应（如因压抑带来的焦虑、紧张，乃至强迫行为），因而，经常缺乏严肃的禁忌感，无法在潜意识里累积能量，以致其所引生之曼纳的力道常常是不足的。

性”地任由个人主观意愿来界定。因而，时间的绵延被重复呈现的事件（如节庆）予以平准化，并非构成具“差异”意义的重要判准。

伊利亚德（Eliade）使用“宇宙”与“历史”两个概念来区分人类对时间此一概念的掌握。他认为，前者属于初民，而后者则多见于受（特别是科学）理性支配的现代人身上。体现在宇宙型的世界里，时间是循环的，无限地自我再生着，而现代型的则是“一种有限的时间，两个非时间永久点间之片段（虽然它自身也是循环性的）的接续连结”（Eliade，2000：101－102）。因此，前者表现的是一种永恒的回归，一再地重复循环再生，时间显得是可逆的，人们看到的是一种“原型”的不断流变，但是，万变却是不离其宗。在这样的认知模式下，具特殊风格的“独特不二”的“历史”于是乎不是被泯灭掉，就是对特殊历史事件赋予后设的意义〔1〕（Eliade，2000：128）。

在具这样之人类学的存在背景的支撑下，伊利亚德指出，初民并不将自己视为历史存有，有着不断演进（乃至进步）的必要，也拒绝对记忆和非常态事件（即不以原型为典范的事件）赋予任何价值。他们有的，经常只是让具体的时间绵延由诸多非常态事件以不断循环的方式迭积形成（如一年到头的祭祀典礼）（Eliade，2000：74－79）。这也就是说，让原型事迹透过象征仪式予以净化，使之得以重复呈现，乃形构神圣性，并使得时间再生的基本策略。在这样的过程中，（具特殊性的）历史与时间被悬搁起来，有的只是“反”历史与时间的永恒“宇宙”观念不断回归摆荡。这样的宇宙观经常是透过暂时让既有例行而平凡的

〔1〕至于后者，呈现的则经常是以线性的方式向一个方向前进，只能有一次而已。因而，时间是不可逆反的，流变是充满着存有的状态，但却是不可复归的状态。

日常生活形式予以悬搁，而由非凡而例外的社会场合（如戒斋、节庆）来加持、证成。此刻，例行而平凡之日常生活的“正常”形式在狂欢沸腾而放肆的“浑沌无序”状态之中暂时地“解体”。伊利亚德认为，这即是一种超乎特定历史时间观制约之“宇宙”世界的开始，“正负情愫并存”则是其所展现的基本特征（Eliade，2000：56）。

当人们处于节庆（特别是情绪狂欢沸腾）的非凡例外场合而有着共感共应的时刻，此一共感共应心理的生成毋宁地是来自情境所可能引发的情绪感染，继而，孕生了有着较具持久性的“情愫”（sentiment）。这一切感应的生成，基本上不是、更不必经过人们彼此予以同意，也不需要求人们特别地以“意志”来加强，因此，无涉于在人与人彼此之间形成“至高性”（sovereignty）的生成问题。巴赫金（Bakhtin，1998）论中古世纪拉伯雷（Rabelais）的诙谐怪诞文学中有关“降格”的问题时即曾指出，在节庆欢腾的场合里，人们陷入集体共感共应的“神入”状态，忘情的狂欢使得人们在平时具有的种种差异（如地位与身份的层级）被平准化。此时，例外（如国王）被“降格”成为例行（如百姓），特殊也被“降格”成为一般。于是，一般平民可以种种方式（经常是降格到以具“动物性”之与性和排泄有关的人体下部器官和随伴行止，如性交）揶揄尊贵的国王与贵族。于是，欢腾以喧哗混乱的方式倒转地分享着“死亡”所意图体现的“平静与虚空”的平等，情形就有如在地狱中帝王与奴隶、富人与乞丐一样，都是裸露着身体（骨头），并且，以平等的身份互相发生亲昵的接触。在这样的场景里，“例外/例行”、“非凡/平凡”、“特殊/普遍”、“富有/贫贱”与“尊贵/低贱”等等原先对反的双元样态相互引诱着，彼此以“正负情愫并存”的状态生生不息地交融攻错着。此一双元样态作为人的基本心理认知和感受基架，虽是对彰着，彼此之间却一直是“断而不断”，而绝非处于“断而再断”之“非此即彼”的二元互斥对立冲撞争夺状态的。

三 “正负情愫并存”[1]的社会学意涵

自古以来，人类活在社会里，经常即是经验着爱恨交织的场景。譬如，爱情之所以被人们视为伟大而歌颂着，经常是因为它可以让人们经验到一种生与死、喜与怨、聚与离，以及爱与恨等等之情愫交错并存的缠绵状态。没错，这样充满着暧昧、未定与滑溜的交织状态，固然带来焦急浮躁的不安心理，折磨着人们，但是，却也同时激荡出渴望、期待和思念的强烈欲念活力，让人们有着经验到生与死交错浮现之永恒“再生”的奇妙感觉，可以一直保有着欣喜、愉悦和活鲜。其实，这样的爱与恨交织的“正负情愫并存”情形一向被（特别西方人）认为，并不只是局限地发生在人们的爱情关系之中，乃遍及人们日常生活中的各个面向。它更非如鲍曼（Bauman，1991：197）所认为的，其由公众领域[2]移转至私

---

[1] 就现代西方学术发展史的立场而言，“正负情愫并存”乃是 Bleuler 在 1910 年提出的概念，而弗洛伊德在 1915 年开始援用，之后，遂成为讨论精神官能症的核心文化概念（Freud，1915）。Bloom 即因而认为，弗洛伊德所碰触之有关精神疾病的课题，其实即是有关“正负情愫并存”的现象（Bloom，1982：57－58）。

[2] 对鲍曼而言，“正负情愫并存”的公众现象指的是如德国纳粹时期的犹太人心境与所遭遇的经验，而对欧洲人来说，犹太人的集体经验是彰显“正负情愫并存”作为一种具集体性之社会现象的最佳写照。鲍曼认为，自由有利于“正负情愫并存”的产生，因为自由助长未确定性，无法保证任何事物，以至导致一些心理上的痛苦，而这亦即意味着恒定地暴露着“正负情愫并存”的现象（Bauman，1991：244）。准此，鲍曼似乎把“正负情愫并存”等同于“暧昧模糊”（ambiguity）一概念看待，个人认为，如此看法实有斟酌的必要，因为前者指向的基本上是人的情绪感受，而后者本质上则是有关认知的问题，两者实有分殊的空间，虽则，当人们处于“正负情愫并存”的情况之中时，他们很可能因而有着“暧昧模糊”的认知，引来了情绪性的不安与焦虑（参看 Weigert，1991：17）。

人领域，乃发生在现代社会里的特别现象。对此，弗洛伊德的论述可以说是最具有代表性。

在此，姑且不论其理论性的观点是否妥当贴切，基本上，弗洛伊德认为，“正负情愫并存”的现象是普遍存在于人类的历史进程里的，人类的文明甚至可以说正是源起于这样之情愫矛盾交织的心理状态。激发人们之集体意识的曼纳力道，即是因为人们处于“正负情愫并存”的心理状况下才使得两股矛盾并存的力量得以“汇合”，并让超级力量酝酿出来。

对弗洛伊德而言，体现“正负情愫并存”感受最为明显的，莫过于是人们对父亲所具有的爱与恨交织的潜意识情结，即所谓仇父的恋母情结（Oedipus Complex）（Freud，1950：60）。由于大家早已熟悉这样的说法，在此，就不再多加叙述了。弗洛伊德同时指出，在初民社会里，这样类似子女对父亲的“正负情愫并存”情形亦发生在人们对酋长的感觉上面。其情况大致是如此：在部落社会里，对一般人来说，有些事物被视为是禁忌，不能任意接近，但是，酋长却拥有其他人视为禁忌之事物的接近特权。这使得部落里的人们不敢任意接近酋长，但是，他却又有着可接近的魔力（Freud，1950：39，47 –48）。于是，酋长与其子民之间存有着一种“正负情愫并存”的关系，既远又近，既敬畏又亲近。弗洛伊德甚至更进一步地论证，即使针对的是敌人，人们的心态基本上还是“正负情愫并存”着。这也就是说，人们对敌人是既恨、但又同情（remorse）或甚至是赞赏（admiration）着，以为杀他是一种坏的意识。

除了类似弗洛伊德一般地把“正负情愫并存”看成是一种心理现象之外，诸多当代西方社会学家则视“正负情愫并存”是一种具社会学意义之结构性的机制现象，而在“现代性”内涵的价值与意义多元化的激发促成下，此一现象的浮现则又是特别地明显[1]（如 Berger，1980：20；Weigert，1991：7－9，20－26）。在众多的论述中，默顿（Merton）的说法可以说最具有着代表性。他即认为，“正负情愫并存”乃内含在一个社会结构中之角色、角色组或地位的矛盾规范性期待之中。他为“社会学的正负情愫并存”做了这样的阐明：

> 以最广义的方式来说，社会学的正负情愫并存指的是，与社会中某个地位（如一个社会位置）或一组地位相关联的态度、信仰与行为有着不兼容的规范性期待。而以最严格的方式来说，社会学的正负情愫并存指涉的则是，具体表现在具某单一地位的某单一角色中不相容的规范性期待（譬如，医生作为治疗者所扮演的角色是不同于他或她所具之地位的其他角色扮演——如研究者、行政者、专业同僚、专业学会的参与者等等的）。（Merton，1976：6）

准此，很明显的，社会学的正负情愫并存基本上是涉及社会结构的本身，而非某种人格特质所展现的感觉状态（Merton，1976：6－8）。在默顿的心目中，社会学的正负情愫并存之最严格的核心样态，于是乎乃是“为与某单一社会地位相关联的社会角色所赋予具社会定义性之冲突的规范性期待”（Merton，1976：8），

〔1〕有关“正负情愫并存”成为（美国）社会学家讨论之课题的简扼描绘，参看 Weigert（1991：第二章），同时参看 Seeman（1953）、Goffman（1959）、Cohen（1960）、Coser（1966，1976）、Zielyk（1966）、Hajda（1968）、Bardwick & Douvan（1971）、Room（1976）、Merton（1976）、Heilman（1979）、Berger（1980）、Mills（1983）、Levin（1985）、Smelser（1998）与 Warner（2004）等。

而这一直并未被人们注意到[1]。总之，不管怎么说，就默顿的立场来说，承认社会学的正负情愫并存现象的存在等于命定人们必然是要“客观地”使得自己的角色期待处于“正负情愫并存”的情境之中的，于是，人们必须学习在冲突的规范期待中从事迁就结构理路的适当“调适”选择。

显然的，在启蒙理性作为“基准”的历史潮流的推动下，社会学家们基本上认为，“正负情愫并存”有着负面的功能，是不能容忍的，必须予以“纠正”，尽管我们可以发现它有时是有着正面的社会“功能”[2]（如 Berger，1980；Weigert，1991；Smelser，1998；Warner，2004）。因此，假若当代社会的两难情境所彰显的亦是一种“正负情愫并存”的话，现代理性要求的“逻辑一致”乃使得人们对此一现象有了不同的认知与期待。韦格（Weigert）即采取了“认知论”的立场，以为此种情绪之所以产生，基本上乃因人们知识不完整，导致对既有的社会实在有着多元、乃至矛盾的理解和解释而促成的。推衍到弗洛伊德毕生的论述来说，当代（西方）人所患的精神官能症，基本上可以说是源自于此一从古老部落社会就已看得到的心理现象作祟使然的。

---

〔1〕 根据 Merton 的说法，尚有五种其他类型的“社会学的正负情愫并存”现象。一是同一个人所具有的不同地位所具体表现之旨趣与价值间产生的冲突；二是与某单一地位相关联之诸多角色间的冲突；三是社会成员所持有之矛盾文化价值的展现形式；四是文化所赋予的期望与实现此一期望之社会结构性的管道间有了落差；五是来自不同社会的人们同处于一个时空下，因有着不同文化价值所引起的“正负情愫并存”现象（Merton，1976：9－12）。

〔2〕 譬如，Weigert 即认为，就社会结构的面向来看，一个优秀的医生可以以相当温馨的态度对待病人，但是，在治疗时却必须冷静而理性地遵循医学规范。因此，就社会而言，“正负情愫并存”可以具负面功能，也可能具正面功能。但是，就个体的层面而言，Weigert 则认定“正负情愫并存”是一种典型地彰显不幸苦恼的情绪状况，人们一直力求解脱（Weigert，1991：22，31，50－51）。

毫无疑问的，此一与人类文明源起即共存共生的心理现象，所以在现代文明里、但却未在往昔的部落社会里构成为“问题”，基本上乃因启蒙时期以来的“理性”意识发酵，形成为一种具“规范”作用的社会动力，在认知上要求人们的行为必须有着逻辑一致性而促成的一种心理“并发症”。换句话说，这样的说法乃预设着，当人们处于“正负情愫并存”的情况下，情绪必然是困扰着的。精神状态所以出“问题”，那是因为人们所持有的知识不完整，以至于使得他们无法透过理性的认知逻辑来妥善地处理自己的情绪困扰的缘故。于是，“理性”地认识自己（包含处境），既是避免精神状态“出问题”，也是“治愈”精神疾病的万灵丹。

毋庸置疑的，启蒙理性侧重认知上的“逻辑一致性”作为人们在日常生活中指导行事是否“正常”的文化判准模式，基本上是一种“理性认知至上”论的思考模式，严重地忽略了情绪的引生本身（特别是对“正负情愫并存”感受）所可能内含的人类学意涵，尤其指向源起状态的想象而言。回顾人类文明发展的进程，无论就源起或当今的现实状况（指后现代场景）来看，事实上，知识的不完整顶多只是理解“正负情愫并存”感的一个具历史—文化意涵的前置背景条件而已，特别是摆在启蒙理性文化机制下来考究的历史质性。韦格（Weigert，1991：36，42）即认识到，既然“正负情愫并存”不是单纯的认知现象，而是一种情绪状态，因此，只有在认知了此一现象是处于“冲突矛盾”的状态，并且有了情绪反应，“正负情愫并存”作为“负面”问题的条件才具备。这也就是说，纵然承认默顿所指陈的社会“正负情愫并存”情境是具结构性地“客观”存在着，我们还是不能够保证人们必然会有了“正负情愫并存”的心理；此一心理情绪要发生，必得是人们对此一社会情境先得有所感知、且以特定的“理性”意识来理解。尤有进之的，我们还得探究人们是以怎样的“心情”来感受。

斯梅尔塞（Smelser）从历史的角度来理解“正负情愫并存”作为一种心理预设的社会学意涵。他洞视到，过去西方社会学界盛行的“理性选择”说，着实是过分看重了人所具有自由选择的机会与工于精算的理性能力。他进而指出，固然自由主义的传统确实为人们增添了更多的自由机会，并且把它制度化，而且，科学理性与资本主义体制也有利于人们发展精算的理性能力，但是，事实上，人还是一直需要依赖的（dependent），自由与依赖总是并存着，以至于使得“自由/依赖”并立的社会情境特质成为孕育“正负情愫并存”的温床，而且是无以逃脱（Smelser，1998）。因此，就人存在的历史处境而言，“正负情愫并存”一直就是存在那儿，它本质上关涉的是情绪与情感，而不是认知的问题，人透过所谓的“理性”是否能够完全予以处理，甚至是否应当运用“理性”来处理，或保守地说，“理性”应当如何运用，着实值得进一步探索。

再者，“正负情愫并存”的困境基本上还涉及象征的问题，而这归根到底是有关语言的问题〔1〕。鲍曼即从语言的特质来分析“正负情愫并存”概念所提出的说法，极具启发性，值得在此特别加以讨论（Bauman，1991）。首先，鲍曼认为，分类即是从事着“区分开”的赋名（naming）工作，而此一工作之所以可能且必要，乃意味着世界包含着各自独立、可区分的实体，并假设每个实体属于一群相似或邻近实体、且与其他实体相对反着。尤有进之的，这样的实体有着一些特定的行动模式与之对应。因此，赋名的分类即是赋予世界以“结构”，操弄其或然性，确立某种事件较易发生的几率。准此，语言基本上是用来支

〔1〕 无怪乎，Weigert认为，宗教是一种以象征来化解“正负情愫并存”的重要社会机制（Weigert，1991：121－122）。

持秩序，或谓，用来否认或压制随机与随制性（contingency）的。这样的见解因而多少意涵着，语言必须有着清晰且相对明确的特定意涵，“正负情愫并存”则因赋予一个事物或事件多重的赋名分类范畴，以至于无法在语言上履行基本要求，带来了因语言特定出来的失序现象（a language-specific disorder），因而，“正负情愫并存”是分类工作的附带产品，我们需要致力于更多的分类努力（Bauman，1991：1，3）。易言之，由于处在“正负情愫并存”的情况下，我们无法获得逻辑一致与语意和谐感，以至于我们经验到不舒服与威胁的感觉，也混淆了对事件的精算，使得人们记忆中之行动模式的关联面混乱掉（Bauman，1991：1－2）。对鲍曼而言，假若最为典型的现代操作，也是现代政治、心灵与生活的质体（substance）是生产“秩序”的话，“正负情愫并存”的现象无疑地是力求符号透明之生产过程留下的有毒“垃圾”副产品，需要努力予以根除，尽管二者都是现代性实作的产物（Bauman，1991：7，15，100）。

基本上，认为“正负情愫并存”涉及语言的问题，是毋庸置疑的说法，但是，问题的关键在于人们以怎样的态度与心境来面对这样的语言情境，也涉及由“我如何解释我所属的世界，我在其中是什么”转至“它是哪个世界？在其中如何安顿？我的哪个自我与之有关？”的问题（Bauman，1991：100）。显然的，在相信“理性”、且认为“理性”可能实践的时代里，这样之问题意识轴线的转移，使得人们对“正负情愫并存”之人类学意义的困惑强度减弱了，而且必须予以化解。这也就是说，当追求“理性”的逻辑一致性乃是确立行为之合理性的基本准则时，由于理性要求的是方正的“纯净”，棱角明确，不能有含混、且显得暧昧的圆融，更不容许有任何杂质存在着，“正负情愫并存”同时兼具的正性与负性的面向于是乎是一种问题，而且是深具压力的问题，必须化解。就象征语言的立场来说，运用矛盾修饰法

(oxymoron)消除“正负情愫并存”的负性面向以使得正性面向全然展现，基本上，即被认为是化解之道，而且是可能予以完成的。在这样的情形下，“正负情愫并存”的心理情境于是乎逐渐丧失了（在初民社会里常见到之）作为推动人们发展文明的动力，相反的，成为阻碍文明进展的障碍。

然而，在今天这样的后现代场景里，我们发现，整个社会与初民社会里分享有一些类似的基本特征，尤其，启蒙理性所具正当性的社会意涵一再备受质疑着。在这样的情形下，人们是否有着重展“正负情愫并存”之社会心理与文化—历史意义的可能（和必要）？

四　引诱与现代场景里的象征交换

诚如在上文中援引鲍德里亚所指陈的，处在后现代社会里，落实在人们所具之实际生理构造的基本需求（自从霍布斯以降，如马克思与弗洛伊德所强调的）已经不再是考虑人之社会行为的必要基础概念了。因此，在解释当代人的社会行为（特别指涉讯息互动的行为）时，过去依附在“生产”概念下强调“使用价值”、“交换价值”，乃至“符码价值”的“价值说”也就随之显得是失效了。此时，取而代之的是以消费为主轴经营起来的概念，诸如引诱与象征交换等等。底下，就鲍德里亚所提出这样的见解作为基本命题，让我们从“引诱作为引动象征交换之机制”的立场来考察“正负情愫并存”的社会心理与文化—历史意义是否有着重新翻盘的可能。

根据鲍德里亚的意见，在人类文明孕生的早期，具双元性(duality)的符码规则(rule)与仪式(ritual)主导着社会秩序的形塑，仪式性(rituality)是经营文化的主调，而引诱(seduction)[1]则是基本的机制（参看 Baudrillard，1990a：155）。换言之，诚如上节中提及的，在“象征交换”本身即是互动的目的的场景里，仪式（特别是魔术与咒语）本身清空了一切的“意义”，符码本身于焉即具有着无比的魅力引诱着人们，让人们有着无限的想象与感受空间可以自由游荡着。就哲学人类学的存有论预设立场来说，引诱伴随着符号与仪式的秩序而来，乃是以曼纳能量经营起来的神圣性作为后盾以“后天”的姿态予以诱发出来，非归属于自然原初的秩序[2]。

准此，凯尔纳（Kellner）说的或许没错。他认为，针对鲍德里亚来说，基本上，“引诱”是具有着哲学人类学的存有论性质，乃用以刻画当代社会，也是逃逸社会决定逻辑[3]的另类贵族式行为（应是特别意指着部落社会）的基本范畴（Kellner，1989：148）。尽管我不同意凯尔纳以另类的贵族式行为是“逃逸社会决定逻辑”这样的说法，但是，以为鲍德里亚的“引诱”概念具有着存有论性质这样的论点，却可以说是贴切的。只不过，凯尔纳认为，鲍德里亚这样的说法却是矛盾的。他说：

---

〔1〕 Kellner 认为《引诱》（*Seduction*）一书表现的是鲍德里亚后期思想的核心，他企图以“引诱”一概念取代之前的“象征交换”作为批判与反击以“生产”为焦点的（资本主义）世界观（Kellner，1989：143）。纵然接受 Kellner 这样的诠释，我个人还是认为，鲍德里亚提出引诱一概念的最重要意涵，基本上乃是用来进一步地圆满“象征交换”之哲学人类学的存有源起意义，以俾使后现代社会场景的特点得以撑张出来。

〔2〕 这也就是说，譬如，亚当与夏娃在伊甸园中受到蛇的引诱而吃了禁果之有关“自然原始”秩序的说法，在鲍德里亚的心目中，并非他使用引诱一概念的意涵。事实上，回顾西方的历史，就宗教上的意涵而言，引诱乃魔鬼运用的策略，也是爱的魔术师，因而，它是“人为”，不是“自然”的。同时，在此，特别值得一提的是，在西方哲学传统中，引诱一直被视为只是表面的（appearance，相对于实在〔reality〕而言），乃常误导了人们的行止，是哲学家（如柏拉图）眼中具争议的问题目标（Kellner，1989：143）。

〔3〕 就此而言，Kellner 似乎意涵着，Baudrillard 所说的“自然”与“生产”的现代假设，是形成社会的基本共同逻辑。

一方面，引诱描述了社会运作，它是我们的命运，也是（后现代）世界的方式。另一方面，这是鲍德里亚的理想，乃是相对生产的另类选项，也是他用来替代象征交换以作为行为的特有形式。从此观点来看，引诱是对着实在之严肃性的否定，是生产、意义与真理的急需要件（exigencies）。它涵摄着单纯的游戏与表面化之仪式的魅力，而正是此一力量深刻地暗损了对生产、意义与道德的要求。然而，鲍德里亚的理论—政治企划变得陷入自己之策略的陷阱，因为，针对着用来刻画后现代社会的冷引诱（cool seduction），他无法真正地描绘出另类的引诱感。再者，他企图激猛化（valorize）引诱以取代生产和其他相关概念，但是，他却愈来愈怀疑后现代社会的冷引诱是我们的命运。总之，……鲍德里亚自己最后被他分析的对象完全引诱住，以至放弃了至高性与主体性的根本原则。……鲍德里亚以引诱取代象征交换作为他喜欲的选项，可能是因为象征交换会让人联想到前资本主义的原始主义，而这将使得鲍德里亚被控诉为对已消逝的年代有着怀旧症，退回到社会的更早形式，而予以理想化。于是，引诱以后现代之新贵族的理想凌驾前现代的原始理想。此一新贵族的理想保留了象征交换所强调的可逆性（reversibility）、游戏，以及处于象征、耗尽与浪费、过度和美学展示之层次的交换（后现代多过前现代）。准此，鲍德里亚的贵族美学主义激猛化了引诱乃是象征行为的一种可欲形式。（Kellner，1989：148－149）

依我个人的意见，由于鲍德里亚描述引诱现象时，并没有清楚地把自己整个思想背后的基本假设与期待有所交代，以至于无法把他心目中对“引诱”的基本理念意涵与后现代社会中被“物化”（因而背离了原始理念）的引诱现象清楚地区隔开，遂导致读者产生混淆，引来误会。譬如，凯尔纳认为引诱取代象征交换，成为鲍德里亚理论的焦点，就是在这样的情形下而失了真。依我个人意见，其实，鲍德里亚只是进一步地以“引诱”来刻画“象征交换”作为具本真性之互动形式的基本特征（或谓心理机制），因此，并无“取代”的问题，有的，只是不同阶段的论述焦点的转移问题。其实，更因为凯尔纳未能充分洞识到鲍德里亚的论述背后涉及涂尔干以降之法国社会思想界所内聚的基本“集体意识”情结，即：对初民社会（特别在节庆时）对神圣符号所彰显之消费性集体欢腾现象的情有独钟（尤其是Lefebvre的思想），以至于无法对“引诱”与“象征交换”之间的哲学人类学的关系展现具启发性的评论。

没错，鲍德里亚是质疑着运用传统主体哲学的诸多概念范畴（诸如意志、表征、选择、自由、知识与欲望等等）来理解当代媒体与信息社会的有效性。其所以有着这样的主张，一则当然是企图反映上面提及之涂尔干以降法国社会思想所内聚的基本“集体意识”情结，并认真地与之对话；二则却是立基于对后现代社会场景的“经验”观察，希望“实征”地落实于当代的社会—文化结构来看问题。在此，他是否关心着人类文明的人类学源起状态（如列维－斯特劳斯），当然是一个可以讨论的严肃课题，然而，就本文的写作脉络而言，这个问题并非重点，可以存而不论。不过，至少就社会思想发展史的角度来看，以初民社会的社会理路对照着后现代场景来铺陈论述，倒是延续地响应着涂尔干以降法国社会思想内聚之基本“集体意识”情结的重要历史意涵，值得予以肯定与重视。

当我们说诱惑乃属于具符码性的仪式秩序时，诚如上述的，它意味的不是一种能量秩序，不能以霍布斯以降强调人所具实体性质（特别是生理性）的“需求”概念来理解的。反过来，既然它涉及的是有关神圣世界的象征交换戏局，根据涂尔干的“集体欢腾”论的论述传统来说，充满着眩晕而狂喜（ecstasy）[1]的挑战性，乃成为必须关照的基本特质（Baudrillard，1990a：119－120；同时参看Baudrillard，1990b：9）。就此而言，透过具集体欢腾特质的仪式性象征交换，体现在初民社会里的“引诱”挑动着人们情感、并带来狂喜的情绪，具有着足以引动具共感共应之“共同体”意识的社会效果，不但营造了让大家可以不断地以互惠回转方式来分享具有凝聚成为“共同体”的集体意识，更是形塑出种种彰显“共同体”的集体表征。然而，在资本主义的市场逻辑主导的现代社会里，特别是透过大众传播媒体（尤其因特网）作为中介，象征交换的进行基本上并不是等性（如情感）的交换，而是以“类”（in kind）为标杆的“等值”交换，这注定了不可逆转、也不可转换，其所呈现的“符号交换”价值观是一种只肯定不断滋长蔓延、但却是“绝然断裂”，无法延续，也不拟延续的“生成”，剩下的只是当前此刻的实时性。

鲍德里亚相当有洞见地指出，在具现代性的社会情境里，具极化性（polarity）的法则（law）替代了传统社会重视的规则，形塑的是强调出如正义、公平、阶级、权力等等的所谓社会性（sociality），以至于使得仪式性愈来愈没有着力点，引诱成为致命的“邪恶”污染必须避免的。如今，当人类文明更进一步地迈进以模拟（simulation）为主导力量的所谓后现代场景之际，具数字性（digitality）的规范（norm）与模式（models）进而取代具极化性的法则，成为优势原则。尽管，对当前此一为具数字性之规范与模式的社会理路所主导的“模拟社会”，鲍德里亚找不到一个可以与形容前现代社会的双元性与现代社会的极化性相

---

[1] 依Baudrillard（1990b：8）的说法，炫惑（fascinating）因此并不是诱惑的基本内涵。

匹对的适当词汇来形容，但是，他提出的一些说法却是相对明确，值得进一步予以援引。

简单地说，数位性内涵的是无相互搓揉之回转契机的武断二元性（如计算机语言中的“0”与“1”）是主导人们行为背后的基本行事理法。特别值得一提的是，在今天这样一个大众媒体主导着人们之日常生活的后现代场景里，意符（signifier）原本就是缺乏稳固的指涉而显得飘荡着，意义对彰（如美/丑）的必然性于焉跟着消失，剩下的是诸如在令人炫惑之“时尚”这种极端形式中所彰显之意义（假若有的话）的无限膨胀、移转、飘荡或蔓延。套用鲍德里亚的语言来说，处在这样的情境里的大众，剩下的只是命定（fatal），毫无产生辩证[1]的机会（Baudrillard，1990b：96）。

此时，人工模式所树立的权宜“规范”是把引诱作为一种社会机制的契机又恭迎回来了，但是，过去在人类文明（特别如初民社会）中常看得到之具伦理或美学意涵之对彰地相互搓揉摩荡的二元性却不见了，因而，在初民社会里见到之挑动集体欢腾狂喜的象征交换现象跟着也就流失掉。借用莫菲索尼（Mafessoli，1996a、b）的语言，这即是所谓“新部落主义”（neo-tribalism）变得嚣张起来。这也就是说，表现在当代文明中最为典型的，莫过于是体现在诸如演唱会、球赛、电影院，乃至时尚上面那种人们彼此分享、但却又只是各自感受（即不具共鸣性质）着类似情绪的情形。进而言之，这意味着，过去具决斗、竞赛，且赌注极大化的“炙热”引诱，被软化，变得冰冷，成为一种被情欲化之无赌注的氛围（ambience）所包围的“冷引

〔1〕易言之，在鲍德里亚的心目中，意义的对彰乃是以“辩证”的方式进行着。这样之黑格尔式的论证，个人有所保留，使用援引自《易经》的“搓揉”或“摩荡”来形容，因为这样的说法似乎比较可以避免内涵着“非此即彼”的两元互斥对立的对彰状态，而有着相互扣摄导引的“余刃”空间。

诱”状态。与过去（特别初民社会里）所常见的炙热引诱一样，冷引诱依旧是游戏的形式，但却是缺乏准头（ludic），并不具有任何的挑战性（Baudrillard，1990a：157）。退一步来看，这样的“冷引诱”纵然有时可能会发热，但是，仅及于个人或少数的人，同时，时间既短，稍现即逝，热度更是不够，不足引起具狂喜特质之“炙热”的集体共感共应情愫，有的顶多只是引来具有着分享“微温”之“愉悦”情愫的“情绪共同体”[1]感受而已。

显然的，诚如鲍德里亚一再告诫我们（也是上文中一再提示）的，在资本主义之市场理路的支撑下，大众传播媒体以异化[2]的姿态充斥于人们之日常生活世界的场景里，以“冷引诱”的致命策略方式对大众进行着引诱。如此，当代大众的象征交换互动已无任何足以产生具神圣仪式性的诱惑的契机，有的只是，诸如透过诸如电视（或网络）的介体，人作为“端点”（terminal）的一种自我管理（或谓自渎），于是，自我引诱成为一个体系或网络中充电粒子的规范，而且是冰冷的规范（Baudrillard，1990a：166）。这样的引诱缺乏面对面互动时所可能激发勾引对方之具挑战性的激情，无怪乎，正如鲍德里亚控诉的，当媒体引诱大众而大众引诱自己时，“在此，诱惑一词的使用是无比的肤浅和陈腐”（Baudrillard，1990a：174）。引诱于是乎变成顶多只是滑润人际互动的一种交换价值，丧失了引发一再让神圣激情回转的动能，更遑论产生永恒的激荡。实际上，引诱只能紧靠着互动两造之间（或共同社会处境本身）偶然触发的情绪来支撑（如时尚、球赛）。在这样的情况下，整个互动既

[1] 借用自 Mafessoli（1996a，b）。

[2] 借用左派的这个字眼，我所意图强调的是，它无法充分贯彻表诸初民社会之“引诱”所可能彰显的源起样态（即引动集体欢腾与缔造共同体感）。

无危险，也没有致命的吸引力，随时可得，也随时可弃。然而，诚如鲍德里亚所形容的，这样的互动却经常是挟持着认同（identity）的名号对人们进行勒索，情形有如恐怖分子与人质的关系一般[1]，而且是彼此交替循环着。在这中间，互动作为交换的形式，愈来愈无东西（赌注）可资交换（Baudrillard，1990b：39－40，47）。于是乎，这使得一切成为不可能，也同时成为可能，以至于可能与不可能之间的界线模糊掉，更是变得不重要，不必在乎。

德波（Debord，1983）曾经形容消费社会是一种深具“异化”特质的景观社会（the society of the spectacle），鲍德里亚认为，这并不足以恰适地刻画出强调信息与沟通之媒体（特别是网络）世界的真正场景——一种充满着猥亵（obscenity）（尤其自我猥亵）的“愉悦”世界。他的理由是：这样的社会还不足以让一切透明化，因为在初民社会常可以看到的“场景”（scene）还存在，只有当“场景”完全不再，猥亵才得以浮现。“场景”带来的是狂喜激情，而透明的“虚空”所带来的猥亵只是迷惑（fascination）；前者是前面提及的“炙热”引诱，乃是引诱的哲学人类学存有的原型，具有着投资、表现与竞争等等的特质，而后者（猥亵的迷惑）则是“凉”或“冷”的，是侥幸的（aleatory）、眩晕的（vertiginous）的同义词（Baudrillard，1990b：67，69）。

在当代这样媒体以“冰冷”姿态引诱大众而大众进而透过媒体来引诱自己之结构“个体化”的历史场景里，人不自主地具有自恋情结[2]，总是让自己处于歇斯底里地进行着不断自我

---

〔1〕这样的关系既非黑格尔所说的“主人/奴隶”关系，也不是马克思所强调的“支配/被支配者”关系。于是乎，很明显的，人们之社会关系的历史属性改变了。

〔2〕有关作者对当代人之自恋情结的阐述，参看叶启政（2008：170—178）。

亵渎的情况之中，既拒绝引诱别人，也拒绝被别人引诱（Baudrillard，1990a：119－120）。这种拒绝，若是理性的，则显得是冷感、无能；要不，就是以非理性的单向方式投入，互动的对方总是掩遮在电磁波抖动的不知处，既无远近之分，也没有脸面。推动端点来看，它充其量只是整个媒体（或网络）介体中的另一个介体次元（如迷于网络游戏或facebook），充当着有响应能力的对象，不需要有过去，也不在乎有未来，更不在意知道他（她）的真实。双方以隐形人的姿态，透过炫惑的符码，邂逅于无形的气体空间之间，相互充当着“道具”。在这样的情况下，孕生于象征交换当中的引诱，当然是唤不起转彻回荡震撼之欢腾狂喜能量的共感共应，更是根本没有这样的意图，有的，只是以对方作为介体，挟持着几率性的期待，各自谋取情绪上的自我“干爽”，并私自地进行着“自我亵渎”。准此，博尔赫斯（Borges，2002）在《巴比伦彩票》（*Lottery*）这篇小说中所描绘的情景：人们以“几率”的方式进行着互动，就不会只是完全虚构的故事，而是可以在当今的现实世界里找到。

五　个体化社会中道德伦理意识的式微与转化

17世纪以来，自由主义和资本主义巧妙地结合着，体现出麦克弗森（Macpherson，1962）所谓之“持具个人主义”（possessive individualism）主导的局面。自此，西方人一贯地以“持具有”的方式证成人的充分外控能力，并以此支撑着追求“自由、平等、独立而自主”的信念。西方人所追求如此一般的信念成就了“个体性”的概念，并且努力地力求透过高度体系化的制度予以保证，因而产生了Beck与Beck-Gernsheim（2000）所谓的

"制度化的个人主义"（institutionalized individualism）。于是乎，"个体化"成为形塑社会结构的基本原则，也就是说，贯彻"人乃自由、平等、独立而自主的个体"，是法制化任何社会制度的基本指导原则。在这样的历史动力的推波助澜下，原本看似二元互斥对立彰显的个体性与集体性吊诡地相互搓揉着，个体性并没有展现完全消灭集体性的任何"意图"或契机，正相反的，它却是仰赖具集体意涵的社会"体制"来保障，整个社会体制也以实现完成充分"个体化"为目标。

经过三个多世纪的折冲，这样之以充分证成"个体性"作为形塑社会结构的原则，终于导致"个体性"逐渐呈现出过度肥肿的现象，体现在以消费（特别是消费象征符号）为导向的当代社会里显然的是特别明显。在这样的历史场景里，人们有了更有利的客观条件可以透过自由表达意念与采取行动来证成个体性，让充满着特殊、多变且流动不居的心理要求，有着更多满足的机会。于是，这是一个总是为个体留下无数空间的时代，禁欲主义与纵欲主义并行，剥削与施恩比邻而居，宠溺与尊重仅是一丘之貉，同性恋者可以纵横于异性恋者之中而被接纳。凡此林林总总，不一而足。

在这样的情况之下，不是诸如欲望、认同、权威、伦理道德等等的现象（与问题）不存在，而是被"个体化"的结构力量予以区域化，它们不再是强调共感共应之"共识"意义的集体性问题，而仅是个人的问题，顶多大家呈现着相同的感受，但却总是个别享用或承担着。推到端点来看，人们既不需要权威（如精神医师或知识分子）来帮助确认，更是不需要由自己来争取确定的正统性。倘若人们需要（或展现）过度决定，那不是"社会"的要求使然，而是个人努力促成的——一种显得"泛滥"之各自定义、且基本上是互不相干的过度决定，我们一般却是以诸如多元、自主或自由表述（与行动）的尊重来称呼。甚至，所谓的“理性”也成为一种立基于以个体的认知作为最后判准的代名词。

17世纪的笛卡儿提出有名的“我思故我在”来推崇理性，尚且还得把上帝给抬出来，告诉我们，人类所具有的“理性”是上帝的恩赐，上帝还是最后的裁判。今天，过去以上帝作为判定的最后归依不再被众多的人们接受的，对人之理性思维与情绪感受的正当性，总是回归到个体自身确立，甚至，也不是以体现在人与人互动关系中具互惠性的“主体互通性”（intersubjectivity），以显灵默会（但却具社会集体性意义）的方式予以保证。回顾西方的历史，我们可以明确地看出来，逻辑与科学方法取代了上帝在人的身上发威，成为确立理性与否的判准，甚至被认定是唯一的判准。于是，“抽象”的原则成为最后审判理性的依据，而其间所意涵具社会性之显灵默会性质的“主体互通性”一直以藏镜人的姿态隐着形。这意味着，逻辑与科学方法只是提引人本来就具有之“理性”潜能的“道具”，是一种药引子而已，展现“道行”的最终能耐还是来自人本身。到头来，这为人类整体成就了一种带着浓厚集体自恋性之唯我至上的个人主义，“理性”被认为是普遍而同质地在人们身上找得到，至少，普遍地存在于具“常态性”的“均值人”的身上。

再往前推展地来看，特别是体现在资本主义社会里的人们社会互动的则是，“自私”以维护自我利益乃基本生存权利的名号成为一种伦理，并获得到正当性（进而合法性）。尤其，一旦理性与享乐结合在一起，消费成为一种环绕着个体（特指身体）自然而然孕生的价值，人们于是乎强调以健康、适体、生活质量等等为名号的自我管控，其间，以科学为基础的“理性”知识成为制造自恋强迫症状的底层基础。这么一来，理性与主体权利交会在一起，利益取代责任，恣意放纵的自主性自由取代自我节制的仁慈关怀，对自我的道德伦理要求于焉被降到最低程度。这一切意味着，当代人并没有把“秘思”（myth）完全去除，而只是换了一件更形神秘、也更为炫惑而华丽的外衣披上。在逻辑与科学方法以及科技进步观的加持下，以个人独立自主而自由作为理性的基本人文意涵，成为新的“秘思”。在这样的历史情境下，Weber 所提到具“去神圣化”之“除魅”的世俗化，事实上即是一种把“神圣性”巧妙地予以隐藏之另类“神圣化”的魔术表现手法。

扣联到前文中伊利亚德的论述，他即相当明智地指出，现代人之所以排斥周期概念，追根究底说来，是放弃重视“原型”与肯定“反复”的古代观念。基本上，这样的观念转变是对“自然”的抵抗，人类企图以“历史人”的姿态肯定自主性的意愿与可能。伊利亚德更进一步地告诉我们，依现代人的看法（譬如黑格尔）：

> 原型本身即构成“历史”，因为它们是由事迹、行为与天命组成。这些虽然被认为曾显现于“彼时”，但既然是“彼时”，所以它也是显现于，亦即诞生于时间之中，它和任何历史事件一般地发生，两者并没有两样。……古人排斥历史，他们拒绝置身于具体的、历史的时间之中，这是一种早熟的倦怠征候，他们畏惧运动与自主自发的作用。一言以蔽之，在接受历史处境及其风险，以及重新认同自然的模式之间，他会选择后者。(Eliade，2000：138 -139)

总之，在伊利亚德的眼中，现代人是无可救药的，因为他们认同历史与进步。尤其，只要历史与进步是一种堕落，它就是彻底抛弃了原型与反复所营造的乐园（Eliade，2000：131，137 -138，144）。就此，伊利亚德对历史主义的必然正当性提出质疑，并进一步地认为，现代西方世界里循环论必然地有着复苏的迹象，也就是说，人类必然需要一种存在原型[1]。伊利亚德所以会如此说乃基于坚信着，人们对神圣的渴望基本上是对存在本身的一种乡愁情思（Eliade，2002：138），而且是集体性的乡愁，是无可回避的。但是，我个人却认为，当个体化成为形塑社会结构的原则之后，对被高度个体化的“理性”现代人而言，这样之对神圣的想象所引发的集体存在乡愁早已经不再了，若有，顶多只是属于对个人（或初级团体）记忆的乡愁——一种个人的沮丧、失落、无奈、或甚至是无所谓。或许诚如伊利亚德点明的，过去，苍天以它自身存在的模式显示出超越性与永恒性，是崇高、无限、永恒、且充满着能量（Eliade，2002：161）。但是，当人类只相信自己、且以为人定胜天之后，苍天早已失去了创造或体现神圣性的要件，人们不再畏天而敬天了，敬的是自己，畏的是野心勃勃的其他人。尤其，当世俗所经营出来的人为成就（如 101 高楼、百货广场、iPad、iPhone）成为具“神圣性”的“实体”，神圣的超然、永恒与崇高性是受到挑战，该大打折扣的。

再说，具集体性的社会结构被“个体化”后，以具绝对理性设计之“客观性”的节庆形式（如演唱会、世界博览会、球赛等等）来安顿“非凡例外”，原本就是失去了足以引发集体狂喜欢腾情愫、并营造曼纳力道的条件了，一切变得是任由个人主观意愿与感受来界定，纵然，我们发现，人们彼此之间的情绪感

[1] 就 Eliade 的意见，现代人是奢言自由创造历史的，这个自由对所有人类是一种幻觉，因为人所剩下的自由至多只是两种立场中做选择：（1）反对一小撮人制造的历史（他的自由选择只能在自杀和放逐之间作一抉择）；（2）苟全于一种没有人性尊严的生存或逃亡避难。相反的，古代文化人可以自豪于他的生存模式，而这样的模式使他能够有所自由与创造。他可以自由地不当昔日之我，自由地以周期性的泯灭时间与集团再生，来废除自己的历史。这更是使得古代人变得“纯粹”，完美如初，持续地生活在永恒之中（Eliade，2000：141）。因此，古人不受限于历史，而是创造历史。

受或许是“一样”的。显然的，就这样的实际历史场景来看，我们可能如怀着浓厚左派情愫的法国日常生活学派一般，期待透过节庆来重创“集体欢腾”的情愫，以俾达成改造社会的炙热期待吗？显然的，这将是错误地选择了消逝的历史场景的一种“失真”回应。若此，那么，我们可能以怎样的态度面对人类未来的文明前途呢？为此一提问寻找可能的“答案”，基本上是一项吃力不讨好的艰具工程，因为不可能有着共同接受的见解的，在此，我所能做的只是表达个人的意见，仅此而已。

首先，我要指出的是，对当代人来说，启蒙理性所孕生的现代性依旧还发酵着，至少磁滞效应依旧存在。这也就是说，追求“自我”的证成依旧是人们关心的课题。人们还是问着：到底“人”可以是、应当是什么样子？如何可以不被“命运”完全摆布，有着一定的自我决断？过去，韦伯（Weber，1978）曾经企图以“科学”与“理性”进行“生活经营”（*Lebensführung*）[1]的营造，并以此来安顿人的存在意义。显然的，对身处在强调“修辞”与“感性”的后现代社会里，这样企图强化“理性”来从事“生活经营”，乃与力求回归初民社会透过集体狂喜欢腾之“感性”曼纳力道来重振神圣性的社会效果一样，毕竟是难竟全功的。鲍德里亚回归到初民社会的场景来加以审视、并认定：对一个群体或个体的生存，人们不能只图自己的好处、利益与理念，而必须有另外的目标，情形就像日本武士道所强调的，武士必须走向中心的边缘，或跨越中心、或走离中心。企图在诸如“利益”与“理念”两个原则中间寻求妥协基本上是无用的，任何的复制（duplicity）作为仅是策略性的（strategic），也是命定

〔1〕一般英译为“生活风格”（life style）（参看 Swedberg，2005：150f）。根据张旺山的意见，life style 适合用来等同 Lebensstil。因此，把 Lebensführung 译成 life style 显然是错误的（张旺山，2008：72，注 7）。有关韦伯此一主张的讨论，除了参看韦伯（1978）的原著外，尚可参看张旺山（2008）。

的（fatal），并不能为人们开启更宽广的道路。对鲍德里亚来说，一个社会具有非凡的集体炫想与对牺牲的激情毕竟是需要的（Baudrillard，1990b：77－78），但是，问题的关键即在于“如何经营”？

假若情形是如此的话，我们将可以怎么做呢？首先，让我还是借助鲍德里亚的说法来破题，因为他的见解运用到后现代场景特别具有启发性，值得细嚼。鲍德里亚指出，人类文明的进步不是来自道德（morality）或社会里之正面价值体系的推动，而是来自于对不道德（immorality）与恶行（vice）的翻转。譬如，竞争就强过道德，它是不道德的；时尚也强过美学，一样的，也是不道德的；引诱更是强过关爱与旨趣，它是不道德的。所以如此，乃因为恶行的能量是一种分裂与断裂的形式，其魔力基本上是来自符码所具有到处飘荡的魅力乃是以游戏的方式诱惑着人们，使得人们难以形塑责任意识，因此，几乎无法抵挡（参看Baudrillard，1990b：72－74）。尤其，在这样的符码游戏的“赛局”里，一旦符码所创造的过度真实（hyperreal）现象细腻地侵蚀着人们的灵魂，过度真实与真实的界线变得相当模糊，甚至，前者抢过后者的位置，人们在其中所做的任何的努力都因无法获得踏实（尤其具物质性）的事物作为最终的依靠，而仅让飘荡而易变的符码带来之短暂而变动不居的“愉悦”一再浸润着，实作表现所架出的“主体”感无疑地是相当脆弱，或甚至消失殆尽，一切只成为自我呓言。总结地来说，上述之鲍德里亚的见解暗示着我们，在后现代社会里，当竞争、时尚与引诱等等“不道德”的呈现已经是“常态”，甚至是结构性的理路，假若伦理道德还是需要、且有重建的契机的话，那么，我们需得超越传统“伦理道德”意识的专断所孕生的情绪性情结，以“非伦理道德”的心态翻转“不道德”与“恶行”来开始进行“改造”。诚如瑞夫（Rieff）的“心理人”概念所欲揭橥的，他认为，特别是在人为科技文明昌盛的这个时代里，人们关心的是内在心灵的理法（Rieff，1979：356－357）。易言之，处在这样超越伦理道德意识是必要、也是不可回避的历史场景里，内在心灵的理法涉及的，首在于人们超越（特别是具外控性之）伦理道德后之内心武装能耐的问题。这涉及的，基本上即是东方文明传统强调之自我修养所形塑的自我操控能力的课题，而它所具有的特殊时代意义即在于追求具审美特质的“生命良质意境”。或许，这也正可以运用来对韦伯之“生活经营”概念所具的“后现代”意涵从事另类的解读吧！

六　暂结语：“修养”作为理解当代人的历史—文化意义

处于17至18世纪之交之日本的山本常朝在《叶隐闲书》一书中论及日本武士道时，即曾对武士的生死观提出一个令人省思的说法，值得特别在此援引以作为此一“暂结语”的楔子。山本常朝是这么说的：“所谓武士道，就是看透死亡，于生死两难之际，要当机立断，首先选择死。……死就是目的，这才是武士道中最重要的”（山本常朝，2007：1）。这也就是说，武士的“德行”在于，“生”的时候，行事要有断念式的果断，把“死”当成所以“生”的一部分，甚至是证成“生”的一种表现形式。最具典型的莫过于是，体现于日本武士道极为重视的“自裁”以及“自裁”时所彰显至极富神圣性的仪式行为。套用中国式的说法，人的生死乃由“神”而非“理”来决定，于是，生与死是以相互搓揉摩荡的方式激发着感应的“神情”，并以此为基础来创造着存在的意义。

其实，诚如上文所提示的，就文明发展进程的角度来看，人类持有着类似山本常朝所形容之日本武士这样对生与死的“正负情愫并存”态度，其实，早已可以在初民社会里头看到其原型，日本的武士道只不过是予以“文明化”，赋予更丰富、更多层的象征意涵而已。让我们从人们所显现的社会“关系”的特质出发，对此一态度（或现象）的“存”与“消”略加阐明。

简单地说，生活在类似初民社会的“共同体”场域里，人们的关系基本上是以“自然的”（甚至“超自然的”）姿态来呈现，纵然彼此之间是有着极大的“不平等”（如贵族与平民之间）。此时，人们的存在意义乃直接地镶嵌在“关系”本身所体现的社会特质（如透过节庆所展现的集体欢腾和集体消费）之中。继而，当文明往前推进后，这样的“自然”关系经常是靠着一些迹近归属性（ascribed）的力量“自然化”地予以证成，譬如，古希腊之“主奴”、欧洲中古世纪的所谓“领主—侍从”与此处所提及之日本战国时期的藩主与武士的关系。在此，纵然单就后来西方文明企图脱离这样之“自然化”关系的发展轨迹来看，我们发现，即使到了古希腊雅典时期，希腊人肯定自由、平等与自主，人们基本上还是以直接镶嵌在“关系”本身的社会特质来定义自己的存在，只是，此时，换成以“公民”为基础的“政治性”关系成为诉求的基本关照点。这也就是说，“关系”本身还是具有着作为界定一个人之社会存在的哲学人类学存有论的地位，是理解人之社会存在的根本基础。

让我们直接跳到17世纪欧洲的历史场景，情形则大致上是如此的：固然霍布斯以降所开展的契约论确实是重视个人意志，但是，当论及社会组成时，强调的还是“关系”，只是，此时换成是以立基于个人意志之彼此相互同意（consent）所形成的义务（obligation），而且，更形重要的，这可以（甚至应当）是经由个人自由意志所引发的一种共同责任意识。譬如，康德即认为，只有在自己能够承担对自己的责任的条件下，才可能对别人尽义务（引自 Lipovetsky，2007：45）。准此，假若，诚如奥克肖特（Oakeshott，1962）提示的，基于个人意志的同意是一种个体性的成语（idiom of individuality），那么，基于个人自由意志所引发的共同责任意识，无疑地则是被“个体化”的集体性的成语了。倘若我们就政治是展现权力的一种制度形式的角度来看，义务基本上乃是内涵在权力的有效强制运作范畴里头，而责任则未必是如此的，因为它不具有强制的内涵。易言之，行动主体需要以具一定程度之激情情绪的伦理意识来支撑自我，责任意识才可能出现，因此，它需要作为社会成员的“个体人”以细致的态度和意识来予以经营。这即意味着，我们需要以“关照”个体自我作为核心的特定“文化”价值观来加持，否则，责任意识是难以形成，也不容易被证成的。同时，承认“个体性”的存在与其具有至高的价值，就哲学人类学的存有论预设而言，遂成为界定人之社会存在的必要命题了。

只有当人们把彼此分开而相互割离时，个体性才浮现，平等的问题也才跟着出现，因此，具个体性的“自我”观念乃始于人有了分离与割裂的感觉和状态。这可以说是，以强调持具个人之自由主义的启蒙理性，为整体人类所带来的历史“成就”。特别是在以“人民”为历史主体的民主信念发皇之后，均等与同质等等的特质被确立并赋予正当性，同一（identity）作为一种“应然”的形式于是乎有了崭新的指涉意涵，尽管它可能显得相当吊诡。简单地说，同一乃需得在承认“差异”，也是创造“差异”以呈现与证成自我之“个体性”的前提下被承认。于是，在“同一”与“差异”巧妙地相互搓揉摩荡的历史场景里，“差异”以种种个人“成就”特质作为现实根柢被撑了出来，“层级”也顺着被承认和接受，在人的世界里有了正当性。就在承受着这样之认知模式浸润的历史条件下，人们外显的成就于焉被用来充当证成自我个体性的社会形式，自由主义信念所带来诸如均等与同质等等证成“同一”的属性，却也随之沉潜地被往旁边移，岁月的流逝更是使得它布满着厚厚的灰尘，以致被淹没掉，其与“差异”的文化内涵所衍生的种种可能矛盾与暧昧，因而被稀释、甚至渐渐地被冲销了。

特别是在于资本主义所衍生之消费导向的趋势导引下，强调“差异”作为确立价值的基础，乃与重视个体自由、自主与享乐的文化产生了结构性的亲近关系。基本上，这样的文化是无法接受以抽象的绝对理念所主导的伦理思想来作为规约行为的机制的。简单讲，情形毋宁地是，权利（基本人权、财产权或乃至信息临近权）的行使与保障，成为伦理的核心议题，而且，更加值得特别提示的是，人们认可与强调的，多的是朝向“否定”（不能做）的面向，而不是“肯定”（应该做）的面向，亦即：凡是没有禁止的，都是可以接受，也是权利施及的范畴。

在这样的情况下，一旦责任被当做为制约权利之行使的基本伦理理念依据，它是有着可能无限膨胀的风险，若缺乏配套措施，其所可能开展的伦理效应是可疑的。这也就是说，一旦伦理必须以个体自身的“诚服”作为前提来架设的话，“责任”是一种具道德意涵之自我判断后的自我承诺与期许。既然判断、承诺与期许都是源自个体“自我”，而非具外在制度性的强制规约，个人心中内化的价值观与伦理意识的重量与质地，无疑地具有举足轻重的决定作用。于是乎，在这个强调个人自由而自主的权利是塑作伦理之基础的时代，这一切乃意味着，我们所将面对的是道德以“既无约束也无惩罚”的姿态呈现着。在这样的历史格局里，如何形塑个人的“责任意识”遂成为不能不重视的严肃课题。

在此，让我援引利波维茨基（Lipovetsky）的一些说法来响应此一提问。他指出，在现代社会里，“善行”并不是立基于一种普遍而严格的道德命令，而是一种具“治疗性”与“同化性”

之自我追寻的结果。因此，它关涉的，本质上是一种生活方式（风格）的选择与确立（Lipovetsky，2007：152）。譬如，我们可以看到，愈来愈多的人们开始强调传统被人们赞美的“爱与关怀”，然而，其实，这往往只是被用来证成个体化的自恋人格而已。人们仅是希望透过具“爱与关怀”意味的行止来“圆成”自我的形象，却未必有着强烈的“神圣”情愫感受作为后盾。尤其，在英雄主义的意识衰落与强烈责任意识隐没之后，诚如前述的，以纯粹的约束理念命令作为基础的德性早已失去了产生作用的社会现实基础，人们总是以疏远一些重要的参考体系为出发点来形塑“德行”（假若还有的话）。这也就是说，一切以自己之主体权利为中心的个人主义所可能引发的，多的，却偏偏是对人的冷漠。在冷漠的氛围之中，以不侵犯到个人权益作为前提（如严惩盗窃、杀人等可能侵犯权利），对大众种种行为（如同性恋）维持某个底线的“宽容”，于是乎形成为一种无痛的“德行”（Lipovetsky，2007：158－159）。对反的来说，即使人们是“正面地实践”着“爱与关怀”的传统美德，但是，它实际体现的却经常只是一种具“时尚”意味的准“伦理”实作，缺乏一向认为内涵在“爱与关怀”之中的炙热感应情愫作为不可或缺的要素。显而易见的，当人们以如此的方式致力于展现“个体性”以证成“主体性”的时候，推到端点来看，关系则成为只是一种手段——或许是一项无以规避的手段，乃用来完成“个人”渴求的一切。在这样的状况下，“个体性”的证成与彰显是人们努力的目标，甚至是最终而唯一的目标。

然而，回顾到前面提示过的论点，我们可以说，当“关系”本身作为终极目的时（甚至如黑格尔所谓的主奴关系），个人将只是体现“关系”之文化内涵的“介体”，完全接受“关系”之文化内涵所界定的意义，而不是在关系中争取以个人为主的最大“利益”。因此，关系作为终极目的开展出来之种种实践“程序”

（如前述之武士道强调的“忠于主人”）乃是应当被确立的（经常是透过习惯与民德等等机制），人们成就的神圣性，跟着也就不是任意、易变、放肆的，更是不能任意地予以更改。假若我们借用瑞夫的说法，情形即是：“神圣”乃要求人们把服从伸展至对反真理的临界点上（Rieff，1979：379）。当人们处在这样之神圣性彰扬发皇的临界接口下，“正负情愫”感蕴含的对彰二元状态在人们心中乃产生着相互搓揉摩荡的作用。正是这样之处于临界点的相互搓揉摩荡处境，为人们酝酿着磅礴澎湃的感应能量而牵引出神圣性来。然而，一旦这个对反真理被架空，“神圣”性即丧失着力点，顿时烟雾消散在空中，而这正是我们所处之时代的文化基调，必须予以正视。

延续着上面曾经提到的论述理路来看，当“个体性”乃用来作为证成“主体性”之至高准则的时候，推到端点来看，关系显然地成为只是一种手段，甚至是一项无以规避的手段，乃用来完成“个人”渴求的一切。尤其，在深受启蒙理性影响的历史格局里，再次诚如前面提示的，“理性”所内涵二元互斥对彰的逻辑，要求一切二元对彰的感受情愫都得以“断而再断”方式切割开，而只允许“非此即彼”的情形存在着。一旦人们被严格地要求以二元互斥而对立的对彰“理性”格局来看待世间的事物的时候，这样身处临界点之“正负情愫”感受相互搓揉摩荡以作为推动人们生存动力所可能累积的内在能量，显然是不被允许的，因为，此时人们只能二中择一，“正负情愫”感所蕴含的对彰二元状态根本没有在人们心中产生相互搓揉摩荡的任何契机，因此难以在人群之间酝酿磅礴的感应能量而让神圣性得以形塑。于是乎，譬如，“死”即被认为充满着未知，乃必须与活鲜亮丽的“生”的念头硬生地被隔离开着。人们更因为对“生”有所坚持、眷念，使得“死”的绝望恐惧必然是会来临的。显然的，这样把“死”往“生”的门外推的“理性”要求，绝对是不允许正负情愫一直并存，更别说让它们相互搓揉摩荡着。无疑的，在如此一般之“理性”主导的文化基架的支撑下，以具共感共应（因而，共感共识）的情愫作为基础来创造具“神情”味道的象征系统，并不受到鼓励。施及于人们彼此之间的感受，此时，人们有的只是各自的感受，顶多只是他们的感受彼此之间有着共同的素质。因此，人们或许有着共感，但却未必会是共应着。在这样的情况下，是难以期待引发具有形塑集体意识（或情操）的集体欢腾现象。

总的来说，纵然力图经营具集体欢腾氛围、且展现曼纳力道的“神圣性”确是重振人类文明的必要条件[1]，现实上，我们还是必须接受（特别是“理性”的）“个体化”作为形塑社会结构的核心原则乃是一个不可否认的历史场景，人类的文明已经无法返回到类似初民（甚至西方的中古世纪）社会浸润在共感共应之集体欢腾（与亢奋）、并承接着它创造神圣性的场景的。尤其，启蒙理性对人类文明早已带来极其巨大之不可回避的影响，容或人们也已经对此一理性有所反省检讨、并力图修补或甚至扬弃，但是，它毕竟有着可观的磁滞作用，不容忽视的。因此，即使所谓后现代性已经展现无比的威力，冲撞着既有的社会结构，也左右着许多人的日常行为，人类的未来可能（或应当）如何发展，还是不可能完全溢出启蒙理性的理路框架来思考的，这是极其现实之具随制性质（contingent）的历史—文化条件。

处在这样的社会情境里，人们并不是完全没有“共享”欢腾与营造“共感”的条件，只是，在整个社会结构日益趋向“个体化”的一般情况下，人们的确是愈来愈丧失了创造足以激

〔1〕 换言之，我个人认为，身处经过启蒙理性主导之现代性（特别社会结构“个体化”）洗礼后的所谓后现代场景里，这样的命题用来建构（与理解）人类文明的发展，是否绝对必要，是可以质疑的。这其实即是下文所要讨论的重点。

挑具集体欢腾亢奋的共感共应契机。“理性”更是一再地扞格着人们透过“正负情愫并存”的搓揉摩荡带动集体共感共应的效果。尤其，经过资本主义之“理性化”市场机制的催动（特别透过传播媒体与种种人为安排的聚会，如演唱会、球赛等），符号（甚至象征）被商品化。人们在象征交换当中是有着情绪与情感的抒发，甚至也可能展现着正负并存的情愫，但是，在市场理路细腻的操控下，它却是绵密地被包裹着，成为毫无机会创造自我灵魂的傀儡，只被充当为一种“兴奋剂”。

然而，不管其所可能呈现的情形会是怎么个样子，诚如鲍德里亚提示的，象征交换可以说是处在后现代社会之人们的一个重要互动现象。倘若这样的说法可以接受的话，那么，在象征交换的过程中，难道价值与意义必然是完全地被予以悬搁了吗？倘若我们可以接受“正负情愫并存”乃是象征交换所必然承载的基本特质的话，那么，身处如此一般之以（特别是“理性”的）“个体化”作为结构原则的时代里，我们如何善处（或谓化解）“正负情愫并存”，可以说是需要面对的课题。就此而言，在象征互动中，我们实在没有绝对必要的理由必须把价值与意义完全地予以悬搁，在哲学人类学的存有论层次上面，供奉某种价值或认可某种意义，甚至可以说反而是需要的。只是，在这样的情境里，人们乃以个体化的“冷”美学形式来引导情感的抒发、化解“正负并存的情愫”、并进而经营个体化的“曼纳”来塑造“神圣性”，应当是一条值得重视的可行途径。这也就是说，人们以持续而冷静（而非实时兴起与消散的激情荡漾）的方式“各自地”处理情感的抒发（尤其正负并存的情愫）、并进而经营象征交换，将是一种值得特别予以注意的施为行事。

环顾人类当前的处境，一旦人类不是一再地追求以“自我”为核心的“进步”，而是肯定人彼此之间有着“爱与关怀”以及学习对自然予以尊重的话，它体现的毋宁地是一种极具意义的价值。准此，以此作为个体化社会之象征交换的基本历史—文化形式，毋宁地是一项甚为值得考虑的课题。此时，人们展现象征交换的最主要场域，已经不在于引发粗豪、即发、激动而立消之集体亢奋的嘉年华会，而是两个人或少数人（绝非一大群人）之间（特别在私领域中）引动的感情交流，它不是集体的激情亢奋，而是丝丝的情感与情绪的互惠感应，是细腻、延宕、持续的，它的社会特质是一种具有着消解或超越人类之既有“历史”状况、并得以创造积极自由的伦理，而且是“审美化”的伦理。准此，人们最需要最用上心的毋宁地是，透过“修养”以缔造可以反复浮现的精神原型，纵然它是属于个别的人的。呼应着上述的论述，“修养”于是乎更是证成具自我判断、承诺与期许之责任意识所不可或缺的一种自我努力，乃形塑个体化伦理观的必要心理机制。在这样的情形下，人们所遭遇到的，往往没有绝对的对错区分，有的只是“君子”与“小人”的分辨而已，重点在于战胜“自己”，而不是响应来自他人之外在规约的强制要求。

参考文献

山本常朝，2007，《叶隐闲书：日本武士道第一书》，田代阵基笔录，李冬君译，台北：远流出版公司

张旺山，2008，“批判的决断论：韦伯的‘生活经营’的哲学”，《政治与社会哲学评论》第26期，55—95

叶启政，2008，《迈向修养社会学》，台北：三民书局

——，2010a，“霍布斯（Hobbes）之嗜欲说的社会学启示”，未发表论文

——，2010b，“重读Freud的原欲说”，未发表论文

Bakhtin，Mikhail M.，1998，《巴赫金全集　第六卷：拉伯雷研究》，

李兆林、夏忠宪译，石家庄：河北教育出版社

Bardwick, J. M. & E. Douvan, 1971, "Ambivalence: the Socialization of Women," In Vivian Gornick & B. K. Moran, eds., *Women in Sexist Society*, New York: Basic Books, 147 -159

Baudrillard, Jean, 1975, *The Mirror of Production*, Translated by Mark Poster. St. Louis, Mo.: Telos Press

——, 1981, *For a Critique of the Political Economy of the Sign*, Translated by Charles Levin. St. Louis, Mo.: Telos Press

——, 1990a, *Seduction*. Translated by Brian Singer, New York: St. Martin's Press

——, 1990b, *Fatal Strategies*, Translated by Philip Beitchman and W. G. J. Niesluchowski, New York: Semiotext (e)

Bauman, Zygmunt, 1991, *Modernity and Ambivalence*, Cambridge, England: Polity Press

Beck, Ulrich and Elizabeth Beck-Gernsheim, 2000, *Individualization: Institutionalized Individualism and Its Social and Political Consequences*, London: Sage

Berger, Peter, 1980, *The Heretical Imperative*, New York: Doubleday Anchor

Bloom, Harold, 1982, *The Breaking of the Vessels*, Chicago, Ill.: University of Chicago Press

Borges, Jorge L., 2002, "巴比伦彩票", 《波赫士全集：Ⅰ》(*Obras Completas*), 王永年等译，台北：台湾商务印书馆，609 -614

Cohen, W., 1960, "Social Status and the Ambivalence Hypothesis," *American Sociological Review* 25: 508 -513

Coser, Rose L., 1966, "Role Distance, Sociological Ambivalence, and Transitional Status Systems," *American Journal of Sociology*, 72: 173 -187

——, 1976, "Authority and Structural Ambivalence in the Middle-class Family," in Lewis A. Coser & B. Rosenberg, eds., *Sociological Theory*, New York, Macmillan, 566 -576

Debord, Guy, 1983, *The Society of the Spectacle*, Detroit, Michigan:

Black & Red

Durkheim, Emile, 1995, *The Elementary Forms of the Religious Life*, New York: Free Press

Eliade, Mircea, 2002,《圣与俗——宗教的本质》, 杨素娥译, 台北: 桂冠图书

Freud, Sigmund, 1915, "Instincts and Their Vicissitude," *The Standard Edition of the Complete Psychological Works of Sigmund Freud*, Volume 14, Edited by James Strachey in collaboration with Anna Freud London: The Hogarth Press and the Institute of Psycho-analysis, 117 -140

——, 1950, *Totem and Taboo: Some Points of Agreement between the Mental Lives of Savages and Neurotics*, translated by James Strachey, London: Routledge and Kegan Paul

Gallop, Jane, 1987, *Men in Feminism*, ed. by Alice Jardine and Paul Smith, New York: Methuen

Goffman, Erving, 1959, *The Presentation of Self in Everyday Life*, Garden City, N. J.: Doubleday

Goshorn, A. Keith, 1994, "Valorizing 'the Feminine' While Rejecting Feminism? -Baudrillard's Feminist Provocations," in Douglas Kellner, ed., *Baudrillard: a Critical Reader*, Oxford: Blackwell, 257 -291

Hajda, J., 1968, "Ambivalence ans Social Relations," *Sociological Focus* 2 (2): 21 -28

Heilman, Samuel C., 1979, "Inner and Outer Identities: Sociological Ambivalence among Orthodox Jews," *Jewish Social Studies* 39 (3): 227 -240

Hobbes, Thomas, 1998, *Leviathan*, edited with an introduction and notes by J. C. A. Gaskin, Oxford, England: Oxford University Press

Huizinga, Johan, 2000, *Homo Ludens: A Study of the Play-Element in Culture*, London: Routledge

Kellner, Douglas, 1989, *Jean Baudrillard: From Marxism to Postmodernism and Beyond*, Cambridge: Polity Press

Levin Donald, 1985, *The Flight from Ambiguity*, Chicago, Ill.: University of Chicago Press

Lipovertsky, Gilles, 2007,《责任的落寞——新民主时期的无痛伦理观》(*Le Crépuscule du Devoir*: *L'éthique Indolore des Nouveaux Temps Démocratiques*),倪复生、方仁杰译,北京:中国人民大学出版社

Macpherson, Crawford B., 1962, *The Political Theory of Possessive Individualism*, Oxford, England: Oxford University Press

Maffesoli, Michel, 1996a, *The Time of the Tribes*: *The Decline of Individualism in Mass Society*, London: Sage

——, 1996b, *The Contemplation of the World*: *Figures of Community Style*, London: Sage

Mauss, Marcel, 1989,《礼物:旧社会中交换的形式与功能》,汪珍宜、何翠萍译,台北:远流出版公司

Merton, Robert, 1976, *Sociological Ambivalence*, New York: Free Press

Mills, Edgar W., 1983, "Sociological Ambivalence and Social Order: the Constructive Uses of Normative Dissonance," *Sociology and Social Research* 67 (3): 279-287

Oakeshott, Michael, 1962, *Rationalism in Politics*, London: Methuen

Rieff, Philip, 1979, *Freud*: *The Mind of the Moralist*, (3rd ed.) Chicago, Ill.: University of Chicago Press

Room, R., 1976, "Ambivalence as a Sociological Explanation: the Case of Cultural Explanation of Alcohol Problems," *American Sociological Review* 41: 1047-1065

Seeman, Melvin, 1953, "Role Conflict and Ambivalence in Leadership," *American Sociological Review* 18: 373-380

Seligman, Adam B., Robert P. Weller, Michael J. Puett & Bennett Simon, 2008, *Ritual and iIts Consequences*: *An Essay on the Limits of Sincerity*, Oxford: Oxford University Press

Smelser, Neil, 1998, "The Rational and the Ambivalent in the Social Sciences," *American Sociological Review* 63: 1-16

Swedberg, Richard, 2005, *The Max Weber Dictionary*: *Key Words and Central*

Concepts, Stanford, Calif. : Stanford Social Sciences

Warner, R. Stephen, 2004, "Enlisting Smelser's Theory of Ambivalence to Maintain Progress in Sociology of Religion's New Paradigm," in Jeffrey C. Alexander, Gary T. Marx & Christine L. Williams, eds. , *Self*, *Social Structure and Beliefs*, Berkeley, Ca. : University of California Press, 103 -121

Weber, Max, 1978, *Economy and Society*: *An Outline of Interpretive Sociology*, edited by Guenther Roth and Claus Wittich, Berkeley: University of California Press

Weigert, Andrew J. , 1991, *Mixed Emotions*: *Certain Steps Toward Understanding Ambivalence*, Albany, N. Y. : State University of New York Press

Zielyk, Ihor V. , 1966, "On Ambiguity and Ambivalence," *Pacific Sociological Review*, 9:57 -64

社会学理论与社会学本土化

黄厚铭

一　前言：从群学争鸣谈起

由中央研究院社会学研究所与台湾大学社会学系等台湾社会学界的中坚学者，在谢国雄的组织下，合写了《群学争鸣——台湾社会学发展史：1945—2005》一书，企图藉由“勾绘台湾社会学发展史‘以便’一方面掌握前辈学者的研究成果，另一方面将我们对这些成果的理解传递给下一代的台湾社会学家”。因此选择“先针对战后台湾社会学较有成果的课题，邀集相关的同仁来回顾”。(谢国雄，2008：1—2）也正如汤志杰引述谢国雄的话所指出的，这本书所要批判性地回顾的是台湾社会学“实质的”研究课题（汤志杰，2008：554）。而这也是谢国雄所谓的“具体、实质的议题”（谢国雄，2008：6）。作为一本企图藉由批判与回顾“台湾社会学较有成果的课题”来建立台湾本土社会学传统的书籍，却没有包括社会学理论方面的论文，这一点本身就是令人感到可惜的。但单就此一结果本身而言，或许只是偶然的原因造成的，而没有更深层的理由与价值判断。因此，值得进一步探讨的，反倒是前述所谓“具体、实质的”研究课题所蕴含的区分标准，以及相应的对有关社会学本土化的看法。

简言之，在此所谓“具体、实质的”研究课题，当然是相对于“抽象、形式的”研究课题而言，而“抽象、形式的”所意指的是没有内容的，进而，所谓的没有内容，其实是指没有经验内容，而只是理论上的研究课题。[1]因之，理论方面的研究在这本书中的缺席，或许有助于凸显台湾社会学主流的思考方式与评判标准，以及描绘台湾社会学界对社会学本土化的诸般不同想象。

而这也展现在台湾社会学主流两大学术期刊对于理论研究方面论文的态度。在中央研究院与台湾大学社会系合作发行的《台湾社会学》总共出刊的15期中，没有任何理论性质的论文被收录于研究论文，研究纪要至多仅有一篇可以说是理论性质的文章，这篇文章是由主要是进行质化研究的柯志明所发表谈论社会学与历史学关系的论文；而另创的文献述评则仅有两篇文章，一篇是有关全球化与福利国家的论文，另一篇则是关于福柯与后殖民方面的论文。也就是说，对《台湾社会学》而言，理论性质的论文仅能被归类为研究纪要或文献述评，而不算是有实质研究内容的论文。而出刊多年已有41期的《台湾社会学刊》，在台湾社会学界尚未如此建制化的早期尚有不少理论性质的研究论文。但如果从另创“研究议题讨论”此一文类以后开始观察，我们将会发现，从此，少数能够刊登于该期刊的理论性质论文要不和初探、回顾类的文章一同被归类为“研究议题讨论”，而“研究纪要”并没有理论方面的论文，此外就仅有叶启政、张维安、洪镰德与周桂田的理论性质论文以研究论文刊出。从台湾社会学主流的两大学术期刊定位理论研究论文的做法来看，除了少数已经

[1] 这可见于汤志杰文中不断地把理论研究与“实质研究”（汤志杰，2008：622）或“实质内容”（汤志杰，2008：557—558、615）、“实际研究”（汤志杰，2008：613）相并置的措辞。

在学界取得一定权威或地位的学者之著作以外，理论研究的论文大多仅仅被视为“文献述评”、“研究议题讨论”。而从此一分类所使用的词汇来看，正足以显示出如此归类的原因乃在于理论研究只能算是述评或讨论罢了，而不具有实质的经验内容（请参见文末附录表）[1]。

循此，我们发现，正是因为对何谓“经验的”或“具体、实质的”持有极为狭隘的界定，使得台湾社会学主流无法接受一个社会学家或思想家以其个人的日常生活经验或是长期置身学术体制本身的了解作为经验基础来进行不论是对社会世界、日常生活，还是对学术体制与社会学本身的思考，以致将之视为抽象的、形式的，乃至于是空想、玄想的、没有根据的，也就是哲学的或理论的。但正如叶启政所屡次指出的，没有理论是没有经验内涵或经验基础的，因此郑祖邦与谢升佑（2009：299）在阐释叶启政对社会学本土化的贡献时指出，“叶启政认为，‘经验（实证）研究’与‘理论研究’的二分图像，乃是一种狭隘的实证主义观，凭着实证典范的数据取得程序，来界定‘合法的’经验对象。（叶启政，1996：17—19）事实上，稍加反思就能明白，任何理论必然都有经验指涉的内容，假如‘理论’是一种没有经验内容的‘空洞形式’，那根本就没有被理解的可能。换言之，实证论的态度不过是不同意‘理论研究’所涉及的经验不可被其操作程序所验证罢了。”无奈的是，台湾社会学主流将所谓“经验的”与“实质的”窄化为经由特定社会科学研究方法所收集到的有关研究对象的记录，显然此一判准也一向是台湾

[1] 本文并非着眼理论性质的论文刊登在台湾社会学界两大主流学术期刊的数量，而是关注于刊登的文类，藉以呈现台湾社会学主流对所谓“研究论文”乃至于研究、实质研究的定义。理论性质的论文之所以很少在上述期刊中刊出或发表的原因并非本文的焦点，因此也无涉于其他不同期刊是否收录更多的理论研究论文。

量化研究取向的学者评价质化研究的依据。但正如作者曾经指出的，面对理论研究时，台湾社会学界的质化研究的学者却往往和量化研究的学者一样，批评、贬抑理论研究的缺乏经验基础、不客观，乃至于是空想、玄想，因而是前科学的哲学在社会学中所错误地遗留之不良影响（黄厚铭，1999：409—410）。

究其实质，质化研究学者之所以能够和量化研究学者在面对理论研究时暂时搁下暗潮汹涌之社会学科学性质诠释权竞争，而对理论研究给出一致的评价，其原因恰恰在于，台湾社会学主流中的质化研究其实与量化研究分享着一种实证主义或帕森斯（Parsons）所谓经验主义的见解与标准〔1〕。在表面上似乎是贬抑理论研究的推论和演绎性质，并称之为论说文，实际上则是以一

〔1〕 在此附带一提的是，结构功能论，尤其是Parsons与实证主义之间的关系，并不像汤志杰文中几次提到的那么简单与直接。一方面是，基于其新康德主义与分析实在论的立场，Parsons（1968）在其《社会行动的结构》一书开头，就展开他对实证主义与经验主义的批评，其中他对实证主义与经验主义的区分方式，或许和现今大多数学者不尽相同，其所谓的实证主义指的是一切研究皆须以能够被客观观察测量得到的经验为基础，也就是当时盛行的行为主义的主张，而经验主义则是在理论的形成上，主张理论是由经验的累积与抽象化所得到的。但正如Parsons也说实证主义与经验主义密切相关，这两种Parsons所抨击的见解也在今日结合在一起，成为（台湾）社会学主流对经验研究、对科学客观的看法，也就是说，唯有藉由科学方法收集到的经验资料之累积才可能逐渐归纳出理论。但这立场实际上却与Parsons着重理论演绎的做法南辕北辙。另一个证据是，C. Wright Mills（2000）在《社会学的想象》一书开头，分别以《巨型理论》和《抽象经验论》为题批评当时的两大社会学研究取向。但Parsons却是在《巨型理论》这章中被其引述来加以检讨。相对地，跟实证主义较为相关的《抽象经验论》所指的却是Parsons所不赞同的Lazarsfeld。实际上，不谈Merton是否能够单独地代表结构功能论，是Merton（1968）的中程理论与经验主义、量化研究者的结合才促使实证主义成为美国社会学的主流。因此，黄瑞祺也曾指出，Merton所谓的理论，也就是中程理论，与美国社会学主流的“经验理论”并无二致（黄瑞祺，1981：25—26）。亦即，除非我们将结构功能论与Merton等同，而无视于Merton与Parsons之间对于社会学理论的归纳或演绎性质之差异，否则实在很难如此简化地说结构功能论是导致美国社会学研究实证主义化的根源。

种特定的与狭隘的对经验之界定，来否定理论研究所具有的经验内涵与根据，并据此主张理论研究不是“实质的”，而是形式的、空想的与哲学的。而本文的目的就在于，说明即便是台湾社会学主流的质化研究，亦是一种实证主义式的质化研究。循此，其所构想的社会学本土化也是实证主义式的社会学本土化。其本土化构想虽有别于量化研究学者素朴的“研究对象本土化”，而不只是以本土经验验证与修正西方理论（杨弘任，2009：368），但在理论与经验之间关系上，仍是一种经验归纳的本土理论构作方式，因此才大力推崇扎根理论等研究方法。所以，本文主张，并非所有的质化研究都是反实证主义的。当然，理应也并非所有的质化研究都是实证主义式的，可惜的是，台湾的部分质化研究者虽自以为在对抗实证主义，却不自觉地接受了实证主义者的标准，但也因此只能被量化研究者视为是次等的、没有验证效果的经验研究，仅能作为探索性研究而已〔1〕。

二　实证主义对理论与经验之间关系的构想

在此，本文当然有责任清楚界定何谓实证主义，以便作为进

〔1〕这一点是作者本身在台湾社会学界的学术生活中所见证的经验，但在此并不打算举出实际的例证。仅以叶启政（2003：3—4）的一段话来响应可能的质疑：“话说回来，其实，对于一个二三十年来一直在台湾社会学界里打滚的人来说，有些现象是不需要借助什么实际的具体‘经验实证’数字资料来支撑，就可以与同仁们分享感知的。此时，所谓‘经验实证’资料，说起来，只是犹如一个医生开给神经过敏之无病病人的维他命丸一般，充做心理治疗用的‘安慰剂’而已。或者说，它的作用毋宁地更是徒具仪式性质的成分较多，乃用来强化一个没有自信的信心或安稳住一个只相信数据之顽固者一碰到没有数字的情况就会引起的无名焦虑。”并在稍后会引述 Merleau-Ponty 与 Luhmann 对所谓“经验”与科学客观的经验之间关系之看法来间接响应。

一步检讨台湾社会学主流（包含量化与质化）的实证主义立场之依据。尽管后人在诠释涂尔干（Durkheim）思想时，会依据他在《宗教生活基本形式》（1965）中有关集体亢奋等概念的说法，主张涂尔干的思想中所蕴含对非理性因素在人类社会中地位的肯定，甚至据此主张涂尔干思想与后现代思潮的亲近性（Mestrovic,1991：37 –53，75 –94）。但涂尔干却曾经明确指出："我们唯一接受的〔称呼〕是理性主义者。其实，我们主要的目的是，从过去的经验来看，证实人类行为可以被化约为原因和结果的关系，而这个关系可以借着一样的理性的操作被转化为未来行动的规则，以藉此拓展科学理性主义的视野到人类的行为。被称为我们的实证主义的，只是这个理性主义的结果。"（Durkheim，1982：33）也因此，涂尔干试图证明，在过去被排除在科学研究对象以外的道德与宗教都可以纳入科学的研究领域，甚至涂尔干也极为类似于高举实证主义大纛的孔德（Comte）一样，认为可以藉由科学研究来建立理性的道德与宗教，进而成为公民道德教育的方针（Durkheim，1961）。

循此，他明确主张："现实中没有任何事物是我们能够将之视为基本上是超乎人类理性的视野之外的。"（Durkheim，1961：4）并且，不仅就主体的认识能力而言，理性展现了其无远弗届的威力。就认识的对象而言，涂尔干也深信自然的现象就是理性的现象（Durkheim，1961：5）。一切现象在"本质上"就是受到因果律所支配的（Durkheim，1982：81）。亦即，现实在本质上就是受到因果法则所支配的，而科学的目的就是运用理性所蕴含的因果解释能力来揭露此一因果法则。自然的就是理性的，也就是受到因果法则所支配的，而以理性能力为基础的科学就是掌握此一本质的不二法门。并且我们以因果法则为核心所建立的科学知识，其真实性的判准就是在于能否符应现实的自然本质。也因此，尽管涂尔干也曾因认为社会学必须独立于哲学之外而排拒实在论的称呼（Durkheim，1982：34，36）。但卢克斯（Lukes）在为涂尔干的《社会学方法论》导读时，却仍称之为知识的绝对概念之实在论者（Lukes，1982：11）。随之，正如前引涂尔干所言，实证主义的立场只是涂尔干理性主义信仰的结果，那么，扣除理性、因果法则这部分的语汇之后，涂尔干思想中的实证主义色彩就能够更清楚地凸显出来。也就是说，涂尔干对知识的真理性判准抱持着一种符应观的想法，有一个客观外在的现实，而我们的科学知识就是要设法掌握这个现实。展现在其社会学方法论的立场，就是有一个客观外在的社会事实作为科学知识逼近的目标，而此一客观外在的现实也是对同一现象之不同研究间利害攸关的唯一是非对错判准。因此，正如他在《自杀论》（Durkheim，1951）或《宗教生活基本形式》（Durkheim，1965）里对其他解释进路的批驳所显示的，对于社会事实的解释若有差异，其中必然只有一个说法是正确的，因为也仅有一个客观外在的现实。涂尔干思想中所蕴含的真理符应观、唯一客观外在的现实，以及经由经验研究来建立科学知识以掌握此一现实，就是本文所谓的实证主义。

帕森斯在《社会行动的结构》（1968）的开头也明确地界定他所谓的实证主义与经验主义，而为了清楚说明自己与实证主义行动理论的差异，他在本书的第一章与最后一章都把讨论的重心放在理论与经验事实之间关系的问题上（Parsons，1968：6－15，728）。紧扣本文上一段的说法，其讨论的重点在于，理论与经验之间关系是否为一种符应关系，经验事实是否为客观外在的，而理论则是要设法符应于此唯一客观外在的经验事实，并且，这也是理论的真理性与用途之唯一判准。对此，帕森斯（Parsons，1968：6）指出："有一种较为隐而不显而根深蒂固的观点，认为科学知识的进步基本上在于'事实''发现'的持续累积。知识被认为完全是数量的问题。唯一重要的事情是观察过去所未曾观察到的。根据这个观点，理论仅只在于，在有关事实的知识整体能够证成什么概推的命题意义下，概化已知的事实。理论的发展完全在于对这些概推命题的修正过程，以便涵括新的事实之发现。更有甚者，事实的发现被认为基本上是独立于‘理论’的整体，而是‘无聊的好奇’这一类冲动的结果。”也就是说，帕森斯所反对的是，把理论构想为毫无观点预设之经验事实累积后概推的结果。相对地，他明确主张：“理论是科学发展的自变项”（Parsons，1968：7）。而经验事实的重要性不在于检证理论是否符应真实，反而是和理论结构的关系才凸显出特定经验事实的重要性（Parsons，1968：7）。也就是说，尽管帕森斯也认为理论与经验之间有着交互的关系（Parsons，1968：9），但两者之间关系是理论先行、理论优先的，有什么样的理论才有什么样的经验事实。“从而，一般而言，对经验事实感到兴趣的方向首先是受到理论体系的结构所约限。某个关于事实的问题之重要性是内在于体系的结构。唯有事实对问题的解决是相关的，我们才对之有经验兴趣。理论不只表述我们所知，也告诉我们，我们想要知道什么，亦即，需要解答的问题。”在此一基本立场上，帕森斯展开他对经验主义（Parsons，1968：10）与实证主义（Parsons，1968：11）的批评，并以其意志性的行动理论区别于功利主义的实证主义体系。而他所谓的经验主义，指的是“一个既与的科学之具体特定命题，不论是理论的还是经验的，其意义等同于他们所指涉的外在现实被科学地认识到的整体。亦即，他们认为在具体可经验的现实与科学命题之间有着直接的对应性。而且仅有此一对应性存在才有有效的知识。换言之，他们否认理论抽象的正当性”（Parsons，1968：23）。既然理论发展的目的就是要符应真实，当然理论的形成也就一定要以经验事实为基础归纳得出。这就是本文所谓的实证主义，实际上帕森斯在书中也以实证主义式的经验主义一词来指出实证主义与经验主义之间的密切关系（Parsons，1968：70，728 −729）。而此种真理符应观也呈现在本文前引的涂尔干社会学方法论上，因此本文才以涂尔干的说法为起点来说明何谓实证主义。

也因此，叶启政（2006：60）指出："一般，持实证主义之社会研究者总是有意无意地奉自然科学的认知模式为确立真理的圭臬。他们相信（或假定）有一个可披露、也可验证之'实在'客观地独立于人的主观认知世界而自存着，虽然至今没有任何人可以明确而肯定地告诉我们这个实在的本貌到底是什么，也无法在人们之中形塑共识。但是，这无关紧要，因为他们相信，以仿真自然科学研究的认知模式、程序与工具的使用，从事以感官经验为基础的所谓数据收集、分析和验证，既是科学的，也是客观的，而其所营造呈现出来的结果现象即等于是'实在'之本貌的真切符应。以这样的方式保证'实在'本貌得以'客观'而'真切'地符应呈现，基本上是企图以方法论为优位来确立真理的一种认知模式。"事实上，帕森斯（Parsons，1968：61）也指出，所谓实证主义就是认为实证科学是人类与外在现实之间唯一可能具有意义的认知关系。由此可见，实证主义者不仅藉此窄化经验事实的内涵，甚至也将科学（science）在字源上的认知、知识原意化约为自然科学。稍后我们也将会了解，深受扎根理论等方法所影响的台湾社会学主流质化研究，也是承续了这样的想法，因而与实证主义的量化研究者共享了一套对经验事实、对理论与经验之间关系，以及对所谓科学客观的看法。相对于实证主义的立场，很明显地，正如本文在前面所说的，帕森斯虽然也认为理论与经验事实之间有着交互作用，但无论如何是理论先行的，理论并非经验资料的累积、归纳所得，反倒是经验事实发现的指引。也因此，帕森斯才以其毕生的学术生命致力于理论体系的演绎。而默顿（Merton，1968：68 -69）中程理论的提出与米尔斯（Mills，2000）对抽象的巨型理论之批评，也恰恰是针对帕森斯庞大的演绎性理论体系。乃至于，相对于一般在哲学与科学之间的二分，帕森斯（Parsons，1968：24）还指出："正如哲学有科学方面的含意，一样真实的是，科学也具哲学上的含意"，并引述康德的知识论来展开他对方法论与方法之间关系的讨论〔1〕。

相较之下，汤志杰虽然也认为行为主义与实证主义企图"透过归纳追求普同的法则"（汤志杰，2008：572），但如果他也注意到结构功能论与实证主义、行为主义的差异，以及帕森斯本人对前述两种立场的批评，当不会认为他所屡次提及的结构功能论和实证主义、经验主义或行为主义有这么直接的接续关系。另一方面，他却又用默顿的隐性功能概念来说明，结构功能论者亦会藉由揭露隐性功能来进行批判而有别于实证主义（汤志杰，2008：555—556）。但此一论点也多少有问题。简言之，隐性功能并不等同于反功能，亦可能是正功能，因之，隐性功能的揭露未必不会合理化现状，未必就是批判。而没有隐性功能概念的帕森斯却也反对实证主义。亦即，汤志杰把实证主义与结构功能论等同，来和冲突论的批判传统相对照，再用隐性功能来说明结构功能论亦可以有批判性，这两个论证策略都是有问题的。

但无论如何，本文认为，冲突论的传统，尤其是批判理论的传统，确实与实证主义有极大的对立关系，这一点可见于霍克海

〔1〕 在这一节当中，本文以 Durkheim 与 Parsons 对实证主义的界定为讨论的主题，以便在随后剖析台湾社会学主流质化研究的实证主义色彩时有所依据。本文也清楚科学哲学中对实证主义的界定仍有或多或少的差异，但就本文的篇幅与目的而言，本节以 Durkheim 和 Parsons 为主，是着眼于两位学者在社会学中的重要性与代表性。再者，只要他们对实证主义的界定，在基本核心的部分，尤其是理论与经验之间关系的说法，若是没有错误，就应该可以作为本文后续讨论的适切基础。底下仅再征引一位非社会学家对实证主义的界定以为呼应：奥地利学者 Rudolf Haller 在《新实证主义》一书中指出，实证主义的几大特色，其一是仅有一种实在，也就是感官可以把握的对象；其二是感官知觉也是人类知识的唯一泉源；其三是基于知识与科学的统一性，因而不可能有本质上不同的认识方法；最后则是否认非逻辑—分析的陈述在科学中的地位（哈勒，1998：18—19）。

默（Horkheimer，1972）以《传统理论与批判理论》为题，行文讨论两者对理论与经验之间关系的回异看法。简言之，传统理论所持的实证主义立场认为理论就是得符应现实，或是接受现实的检验，要不予以肯定，要不予以否证，而借着是否符应现实来决定理论的价值。至于理论之所以必须用是否符应现实为标准，接受经验数据的检验，其原因就在于理论本身就是由经验归纳所得，为了确立理论的普遍适用性，也就是客观科学的真理性质，就得让理论一再地和经验接触，接受更多经验证据的考验。但传统理论的实证主义立场，对霍克海默而言，却是合理化现状的开端[1]。反之，对批判理论而言，理论的价值并不在于符应现实，反而是在于与现实的张力所展现的批判性。而这个对传统理论与批判理论的分殊，也构成了哈贝马斯（Habermas，1971）后来藉由建构知识与人类旨趣之关系来划分自然科学、诠释学、批判理论各自知识特性的基础。其实利用哈贝马斯知识与人类旨趣的分类来给予实证主义的知识和其他类型的知识各自的定位，以便在实证主义的构想之外确立另一种意涵的社会学本土化构想，这一点早在 1982 年，高承恕在讨论社会学本土化时就已经提出来了（高承恕，1982）。扣紧本文的主张而言，既然理论与经验的关系不仅有因果解释与分析的面向，还可能有批判颠覆的关系，那么社会学在理论层次上的本土化，自然也不应只有建构可以捕捉与符应本土社会特色的理论。否则，我们又该如何定位霍克海默

---

〔1〕 有关实证主义合理化现状这一点，作者本人并不全盘接受。并且，必须声明的是，不同于 Horkheimer 等人，本文所使用的实证主义一词并没有贬抑的意涵，而只是藉此凸显非实证主义式研究、尤其是理论先行的理论研究模式，有别于实证主义式研究的正当性基础与经验根据而已，正如随后提到的 Habermas，既然区分了三种知识旨趣，当然这三种类型的知识在人类与现实之间的认知关系上都有各自的正当性与根据。此外，这里还涉及实证主义与非实证主义对所谓“经验根据”的内涵有不同的界定，这一点本文稍后会引述 Merleau-Ponty 的说法来加以厘清。

这篇著作，或是哈贝马斯《知识与人类旨趣》这本书这一类探讨社会科学知识特性的理论性著作呢？这类针对社会科学知识性质的抽象、形式化讨论，是否该因为没有经验基础而被排除在社会学之外呢？

三 理论在社会学中的地位：社会学理论与社会理论

针对社会学本土化，汤志杰的论文主张，社会学有别于其他社会科学之处在于其整体观点，亦即社会学是社会的自我观察、自我描述。但循此，本文还要进一步主张，理论在社会学中的功能，不仅只是对社会现象的观察与描述，不管是整体的还是局部的，同时，理论在社会学中的功能也在于它是社会学的自我观察中不可或缺的一部分。因此，本文把社会学中对社会进行观察与描述的理论称为社会理论，而将有关社会学的自我观察与描述，乃至于用反身性的措辞来说，作为社会学的自我反省的理论，称之为社会学理论，其中也包括了所谓方法论的著作〔1〕。这一点，

〔1〕 作者深知此一区分与概念界定并非通说。但此一区分的用意在于凸显理论研究在社会学的自我观察与自我反省中不可或缺的重要性，即便理论也可能是社会的自我观察、对社会现象的分析，进而藉此肯认本文所谓的社会学理论以社会学学术体制为思考或研究对象的地位。更重要的是，此种思考反省或研究的经验基础未必要是实证主义构想下的经验数据收集，这一点本文稍后会加以处理。再者，既然本文的概念区分并非通说，既有对社会学理论或社会理论的理解当然就经常是混杂着对社会现象的分析解释、对社会本体论的构想，以及对社会学方法论的探讨。但概念区分的提出，其关键在于界定是否明确，以及概念区分的效用，而不在于经验上是否如此判然二分。否则 Weber 的理念型早就因为在现实中找不到如此纯粹的现象而被经验事实所否证了。而这个注释也凸显出本文的一贯立场，亦即理论或理论性概念建构不是用以接受经验事实的检证的，而是理论有助于发掘经验事实，正如本文对社会理论与社会学理论的概念区分凸显出理论研究在社会学的自我观察与自我反省之地位一样。

汤志杰在对其分析架构中的“反省”做说明时，也指出反省经常是属于理论取向的研究的（汤志杰，2008：556）。此时，我们将会发现，至少在韦伯与涂尔干、齐美尔等古典社会学家的理论中，本文所定义的社会学理论都具有极为重要的地位。如韦伯有关理论在社会科学知识中地位、社会科学知识客观性、社会学对社会行动意义的研究等论述，涂尔干社会学方法论与集体大于部分总和之类有关集体表征的著作，以及齐美尔对于社会如何可能、社型的讨论等等，都属于这方面的著作。而这些著作的共同点，也如同汤志杰的论文本身的特点一样，就是并非针对外在于研究者的社会现象进行研究，而是在于讨论社会学应该如何研究其研究对象。也因此，这部分的讨论被称为方法论方面的著作，甚至有社会本体论（ontology of society）的哲学性质，乃至于还有叶启政所谓哲学人类学的意涵。而作者相信，我们也无法轻易主张，马克思所使用的辩证法与人学，和齐美尔形式社会学特有的辩证思考，以及涂尔干关于人性二元论的主张，以及相应对认识范畴（谢国雄，1997：339；2003：292）将之概括为关于基本分类范畴的讨论之社会来源的见解，都是来自经验归纳。

因此，虽说汤志杰的文章呈现出很扎实的经验资料收集，而与前述古典社会学大师的社会学理论（包括方法论）著作有差异，但无碍于这些著作所共有的社会学理论性质。甚至，这些古典社会学大师之社会学理论著作，其经验基础未必是以实证主义者所谓的客观科学的研究方法所收集到的经验资料，乃至于背后还有浓厚的例如康德或黑格尔哲学等哲学思想的背景。这正足以显示，前述论述的经验基础不仅不是实证主义者狭隘定义下的经验数据，反倒有深厚的哲学思想作为指引。而这些在社会学理论背后发挥作用的哲学思想，其根据却也绝非应用科学客观的研究方法进行数据收集后归纳得到的。也正如汤志杰（2008：555）的文章一开头就引述卢曼（Luhmann）的功能/成效/反省概念区分与库马尔（Kumar）和阿特尔（Atal）的观点所提出的结构、实质内容与理论三层次作为分析架构（汤志杰，2008：555—558）一样，这些架构并非卢曼、库马尔或阿特尔等学者经验研究的成果，而更像是理论预设。

进而，针对何谓经验，以及所谓科学客观的经验，梅洛-庞蒂（Merleau-Ponty，1962：viii）曾经指出："我对世界拥有的所有知识，即使是我的科学知识，是来自我自己的特殊观点，或是来自某些对世界的经验，没有这些经验的话，科学的象征符号将变得毫无意义。整个科学的宇宙是建立在直接被经验到的世界，并且如果要让科学自身接受严格的审视，并达到对科学的意义与视野的精确评估，我们必须从唤醒这对世界的基本经验着手，而科学只是对此的第二阶表达。就作为我们所感知的世界之存有形式而言，科学在本质上，尚未也不可能具有相同的意义，只因为科学是此一世界的理路（rationale）与解释。"也就是说，所谓科学客观的经验，不只仅仅是经验的一种而已，并且科学客观的经验还必须植基于梅洛-庞蒂所谓的基本经验。但实证主义者却用狭隘的科学客观的经验来否定作为其基础的基本经验，以及建立在这种更根本的经验之知识。但这种基本经验却恰恰是前述思想家们的凭借[1]。

然而，本文底下所要指出的是，由于接受了实证主义狭隘的对经验之界定，谢国雄与汤志杰所谓的理论本土化，已经失落了

[1] 诚然，理论与经验之间孰先孰后的问题似乎是复制了哲学史上认识论的观念论与经验论之争议，也因此时至今日尚有 Sayer（1992；2000）与 Bhaskar（1978；1986）等人提出批判实在论或科学实在论等观点试图加以解决，但却也未必就此定于一尊。同理，理论与经验之间关系的见解是否应该这么轻易地统一在实证主义的立场下，当然也就值得讨论。如此，接下来的问题便是，社会学是否应该接受关于此一议题的讨论为正当的研究？还是将之视为光说不做的清谈，而弃如敝屣？更重要的是，作者引述 Merleau-Ponty 的说法所要肯定的是，除了科学客观的科学经验以外，基本经验也是理论研究的正当经验依据。

本文所谓的社会学理论的面向，而只剩下社会理论的本土化。换言之，其文中所谓的理论本土化构想，仅仅是一种沾染了实证主义色彩的社会理论本土化，而无视于像叶启政所致力的对西方社会理论或社会学理论背后的哲学人类学预设进行挖掘与检讨的著作在社会学本土化中的重要性，以致忽略了在社会学理论的层次上“进出”西方学术传统背后思想基础的重要性。对我来说，叶启政（2004）的《进出“结构—行动”的困境》这本书恰恰是在这方面做出贡献，并进而成为其晚近修养社会学（叶启政，2008）方面论述的分离点/起点（point of departure）。

实际上，本文甚至认为，在新康德主义的思想脉络上影响了帕森斯和韦伯，对理论与经验之间关系的构想也不同于实证主义对理论与经验间关系的构想。他在《论社会科学与社会政策知识的“客观性”》这篇文章的后半部，开始讨论理论与理论性概念建构在社会科学中的意义，而提出理念型的概念。在说明理念型的概念性质时，他以发生学概念（genetic concept）和属类概念（generic concept）为对照，后者是自然科学以属加种差的方式建构出来的本质性概念，而前者所蕴含的因果解释则促使韦伯将讨论指向历史的多因性。以致社会科学的研究者必然只能基于其价值关联，选择有兴趣的因果关系来建构研究对象的理念型。也因此，韦伯明白指出，针对同一个研究对象可以建立无数的理念型。韦伯这部分的讨论说明了，是理论与观点才让我们从无穷的事象中看到我们所看到的，并且，理论不是现实的摹写。甚至，是在新观点的引导下，才会产出新的研究、新的经验现象（Weber，1949：85 −112）。极其类似地，帕森斯在凸显对残余范畴的注意在学术进步中的地位时也指出，事实可以被视为在周遭一片黑暗中被手电筒照亮的光点。而要是没有移动手电筒，我们就看不到光点以外的事实，乃至于不是所有的事实发现都有科学的价值，而必须是这些事实可以在某个理论体系里得到定位（Parsons，1968：16；另请参阅 7—9）[1]。这就是本文所要强调的，非实证主义式理论与经验的关系，亦即，前述理论先行、理论优先的立场，以期凸显出社会学理论在社会学本土化的重要性。

四　实证主义式质化研究与实证主义式社会学本土化

而本文认为，恰恰是因为汤志杰与谢国雄所持的社会学本土化构想，都是实证主义式本土化，因而只考虑本文所谓社会理论层次上的本土化，以致将社会学理论层次的本土化努力排除在外。用汤志杰（2008：558）的措辞来说，实际上他与谢国雄所谓的理论本土化只是概念架构的本土化，而缺少了后设理论的层次。或是说，只期待本土化概念架构的建立，而忽视了后设理论层次上的破与立。

例如他引述吴文藻的话指出："以试用假设始，以实地试验终；理论符合事实，事实启发理论；必须理论和事实糅合在一起"（汤志杰，2008：561），并以此来说明当时社会学在理论上的本土化。随后，在提及费孝通在本土化上的贡献时也如此介绍："强调结合理论与田野"（汤志杰，2008：562）。以及"提炼出差序格局、长老统治（权力）、理治秩序等本土概念来建构理论，对中国社会提出一套自己的描绘和解释"（汤志杰，2008：562）。实际上，汤志杰所提及的理论，用他自己的措辞来说，都仅限于概念架构这个层次，也就是本文所谓的社会理论的本土化。前述的本土化构想甚至都有浓厚的帕森斯所谓之经验主

〔1〕当然，至少是从 Parsons 自己的眼中来看，他的分析实在论立场和 Weber 对社会科学方法论的见解还是有所差异（Parsons，1968：730）。只是两者之间的差异不在于本文在此所引述的部分。

义色彩，也就是现今所谓的实证主义色彩。而毫无区分地就以此作为理论本土化的指标，则将使得社会学理论，也就是后设理论、哲学人类学上的本土化失去应该受到的关注。

也因此，汤志杰在最近两篇关于社会学本土化的文章里都提到："直接从理论与观念的层次反省西方理论或自身传统的预设，固然是可能的，更有其不容忽视、不可取代的重要性与贡献。但社会学终究是门经验的科学，就是理论多少也必须要有经验的指涉——这自然不限于狭义的实证论式的经验指涉——才能说服学界的一般大众。如果我们始终只是在抽象理论、概念的层次上打转，而无法说清楚传统或当代社会的结构为何，实际上究竟是如何运作的，那么这对许多人来说将是难以进入的，因而再多的反省也无法获得扩散。换句话说，我认为理论反省与实质研究两者可以是并进互补的。"（汤志杰，2009：335—336）这段引文的措辞也恰恰证实了本文开头主张台湾社会学主流的本土化构想，是以实质/形式、具体/抽象等区分，作为界定社会学本土化的重要内涵之一。以及汤志杰在批评台湾社会学界的反实证论述时指出："结果，反实证论述在批判实证论篡夺科学之名的同时，却也将'经验研究'拱手让给它。问题是，社会学自始便是经验科学，不再是社会思想、社会哲学，也不是人文学。当强调理论取向者没做出说服人的经验研究，不免沦为一时的流行，无法有持久的影响力与累积。"（汤志杰，2008：601）在这段引言中，我们可以看出，当汤志杰说社会学是经验科学，其所谓的经验，是经由经验研究而得的经验，不包括学者在其日常生活中的体验，并且，理论研究必得落实为前述特定意义下的经验研究才算是本土化，从而藉此将社会学和非属经验科学的哲学区分开来，也因此落入了本文开头引述叶启政的说法所指出的，在此狭隘的对经验之理解上，区分了理论研究与经验研究，并以此来批评理论研究没有做出经验研究来。

相对于此，我们不妨看看卢曼（鲁曼，2005：34）如何说：“……因为，社会学几乎将自己理解为经验科学，但是却将‘经验性’这个概念极狭隘地理解成独特的资料调查与分析，也就是理解为对一个自成的实在的诠释。这样一来，社会学就失去了一个可能性：以变异多样的理论构想、其他的区别经由不同的方式来描述公认的诸事态。或许正是这个方法——这方法当然是以一个极高度的理论技术知识为前提——可以为我们的论题带来较多的收获。”在此，卢曼指出，所谓经验不应该被化约为特定数据收集方式之所得，这段话也呼应了前引梅洛-庞蒂在基本经验与科学经验之间的区分。本文藉此要提醒读者留意的是，卢曼反对将社会学所面对的经验窄化为所谓“独特的资料调查与分析”，就本文的措辞而言，此即实证主义观点下的经验资料。再者，他不仅否认一个“自成的实在”，亦即否定独立、外在于理论观点的实在，同时也明白指出社会学的进步在于能够“以变异多样的理论构想、其他的区别经由不同的方式来描述公认的诸事态”。换言之，是变异多样的理论构想才让我们能够拥有不同的方式来描绘经验。最重要的是，此一目标的达成是以“极高度的理论技术知识为前提”，就这一点来说，卢曼和帕森斯一样，皆主张理论的创发是经验研究进展的自变项，而非依变项。此外，帕森斯也曾指出，对人类行动的理解应该要有更多元的理论系统（Parsons，1968：730）。而这恰恰和本文所谓的实证主义式本土化相反。更清楚地说，理论与经验研究之间的关系，不只不是藉由后者验证、订正前者，也不是经由经验资料的归纳形成新的理论观点，而是形塑具有新观点与进路的经验研究，进而让我们洞见新的经验事实。这一点也和前述韦伯对理论在社会科学知识中的定位并无二致。

谢国雄也曾区分理论与经验的关系的两种可能性，一种是解释经验现象，另一种是重新概念化现象（谢国雄，2008：14）。

但对我来说，这两种理论创造的模式仍是以经验研究为前提，因此是不同于卢曼，而与汤志杰对本土化的主张相近，以致遗漏了汤志杰所谓的后设理论的层次。相较之下，杨弘任则对社会学本土化的意涵有更进一步的厘清。他区分了研究现象的本土化、研究概念的本土化，以及研究典范的本土化。并认为质化研究，尤其是扎根理论基于经验事实的归纳来创造新的概念与理论，将会使得本土化被粗率地等同于“实证”。而杨弘任（2009：368）则主张：“这样的取向要求高度具备在地感的概念，而概念的创造，像是平行于实证、借着实证资料做概念的诱发、超越实证归纳而又与实证资料时时呼应的一种进路（Willis，2000；杨弘任，2007b）。简言之，实证不再是直接提取概念的原料库房：实证如今像是刺激研究者更深入本土现象而尝试更大胆构想所处社会特质的催化剂。也就是在‘研究概念的本土化’超脱单纯的实证归纳时，我们才能更细致地推想，所谓‘研究典范的本土化’可能的意义与途径。”亦即，杨弘任明白反对藉由经验资料的收集归纳理论是社会学本土化的唯一做法，并期待在研究概念的本土化以外，还能够朝向研究典范的本土化迈进[1]。

相对于此，谢国雄在《纯劳动》（1997）一书中，虽然批评扎根理论“相当平面、不够深刻。集焦点于微观行动的命名、分类，从而忘记‘孰以致之’的大环境”。乃至于他接着批评扎根理论“即便是在对微观行动的分析中，也因为没有深刻的理论所引发出来的问题意识做向导，所以使得分析的深度有限。”（谢

[1] 正如作者在稍早的注释中已经声明并不否定实证主义式研究的价值，本文也并非主张理论研究为社会学本土化之唯一途径，套用杨弘任的措辞来说，与实证主义构想较为亲近的研究对象本土化和研究概念本土化都是本土化的一环，但必须强调的是，研究典范的本土化与前述两种本土化路径的关系并非累积性进步的关系，而是相互平行的。此外，本文稍后还会对杨弘任所谓的研究典范本土化之内涵加以进一步发挥。

国雄，1997：342）但谢国雄也承认扎根理论对他的影响，并在他对扎根理论特性的归纳中还特别提及，“立基式理论”（按：即扎根理论）的分析将焦点集中在“概念”的提炼：从数据中萃取出立基于经验的概念。（谢国雄，1997：341）其实了解扎根理论的读者必定知道，这指的正是从经验资料中归纳出概念、理论来。但谢国雄所没有处理的是，如果扎根理论的概念创造仍不够宏观，那么前述能够补充扎根理论不足之处的“深刻的理论”究竟要从何处得到？是来自另一层次的科学客观的数据收集，还是来自理论研究与思想推论的启发？或是，这些宏观理论观点所据以成形的经验，恰恰就是不受限于这些社会科学研究资料收集方法的基本经验，当然也就不限于扎根理论所企图标准化的质化研究方法所得的经验数据？例如，谢国雄在把《纯劳动》（1997）放置在马克思《资本论》对劳动的讨论之发展脉络，但指引马克思对资本主义体制运作逻辑进行分析的黑格尔辩证法，究竟是从经验归纳而来，抑或是使经验对象成为可能的引导〔1〕？

也因此，谢国雄虽主张社会学的本土化涉及了精确掌握台湾社会运作的机制，指出台湾社会的特殊性，以及社会学理论的创新三个层次。并认为这三个层次在实际操作上相互影响。不仅没有运作机制、社会特殊性的层次，理论创新的层次就不可能；没

---

〔1〕 此外，本文还想追问，若是读者与本文作者之间为文争论 Marx 的《资本论》是否蕴含了 Hegel 辩证法的思考方式，这之间所涉及的阅读、研究、论文撰写与发表，究竟是否属于社会学学家的分内工作，还是该被划归为社会哲学，而不应发表在社会学学术期刊？乃至于，这争辩及其产出算不算是社会学本土化的一环？本文认为，如果汤志杰可以接受蔡锦昌早期对社会学本土化的主张，认为将外文社会学著作翻译为中文也是本土化不可或缺的一环（汤志杰，2009：348），也就应该肯定社会学理论的研究亦是社会学本土化的基础之一。反观台湾社会学主流惯常以“只是在引介西方理论”来否定理论研究的贡献，即使不谈这样的论断是否合乎事实，此一论点却也否定了翻译外文社会学著作的价值。但如此一来，我们就无法理解国科会的经典译注计划的意义，及其对社会学本土化的作用了。

有理论创新的层次，视野也会受限而无法凸显台湾社会的特殊性（谢国雄，1997：347）。但正是这种循环、相互为用的措辞与说法，使得谢国雄不必面对理论创新与经验研究之间优先性的问题，而不自觉地在衡量本地以社会学理论研究为职志的学者时，仍落入实证主义的陷阱，以狭义的经验现象否定社会学理论研究的“实质”，及其在社会学本土化、乃至于社会学研究的正当性与贡献[1]。尽管他原意是以对质化研究的深刻思考来响应量化实证主义的质疑（谢国雄，1997：305），却忽略了他所引述的扎根理论（谢国雄，1997：341；2007：20）之实证主义色彩，并以此实证主义式的标准来否定社会学理论研究在社会学本土化所有的贡献。乃至于在论及田野工作的意义时，谢国雄（2007：46、62）也抱持着必须“如实”以及“‘理论’（其实是立基在经验研究之上的重新概念化）”等看法。特别值得注意的是，“立基”一词正是谢国雄对扎根理论的翻译，而把理论化约为“立基在经验研究之上的重新概念化”只是杨弘任所谓的研究概念本土化而已，甚至还清楚表达出实证主义式由经验归纳出理论、概念的想法。进而，他说：“质化分析的基础工作是提炼概念，更精确地讲，是要提炼有力的概念。”（谢国雄，1997：344）此一说法也和汤志杰所谓的炼砖，都是经验归纳，乃至于是狭义的经验数据收集方式所得才算数，尽管汤志杰很清楚地声明，他在将社会

[1] 就这一点而言，我认为前引杨弘任有关概念本土化的说法也多少有理论和经验相互循环的意思，而有所不足。尤其，当他用三个步骤来说明研究现象本土化、研究概念本土化与研究典范的本土化之间关系时，又变得像是以经验为基础的层层归纳了，以致研究典范的本土化似乎得以更具经验内涵的前两者为前提（杨弘任，2009：368）。所幸，在他以叶启政的研究成果来阐释研究典范的本土化时，能够说明在哲学人类学预设与思考模式上的进出西方传统才是本土化的最高指导原则，而使这个本文所谓社会学理论层次上的研究工作有其独立于狭义经验研究的地位。但也因此，本文稍后将藉由对何谓典范的讨论，来清楚说明研究典范的本土化构想相对于实证主义式本土化构想的典范转移意涵。

学称之为经验科学时，并不认为此处的经验是实证主义意义下的经验（汤志杰，2009：335）。但汤志杰并没有说明此种非实证主义意义下的经验研究为何，尤其是在理论与经验之间关系上有何不同于实证主义的看法，反而在评价理论取向的反省时，却经常以“做出说服人的经验研究”来要求（汤志杰，2008：601）。而不像杨弘任一样，说清楚理论与经验的关系不再是归纳的关系，并将社会学本土化的目标指向更高一层的研究典范的本土化，进而以此来衡量、诠释叶启政在“哲学”人类学上的讨论对社会学本土化的贡献。乃至于谢国雄所谓的“深刻理论”和汤志杰所提倡的巨型理论与整体观点也颇为相近。可惜的是，这一类社会学理论的研究与创造都无法在两人对社会学本土化与理论和经验间关系的构想中得到确定的、正面的、肯定的定位。

进而，就研究典范的本土化而言，根据库恩（Kuhn，1970）的说法，所谓典范，就是一种世界观。而库恩认为典范转移与科学革命并不来自累积性的进步，而是建立在世界观的断裂。并且，是典范转移所蕴含的世界观改变，才触发一整套研究问题、研究假设、研究方法，乃至于测量工具的转变。相对地，根据既有的典范所进行的经验数据收集，与常态科学的累积性进步，充其量只会是一场解谜的游戏。也就是说，典范转移不来自经验资料的累积，不是从经验归纳理论、概念，再从中发展新典范的过程。而是在既有的典范出现重重危机后，逐渐凸显出世界观改变的必要性，进而，有了新典范才有新视野、新理论、新的经验研究与研究对象。也因此，本文认为，只有清楚掌握典范概念的意义，才有办法凸显杨弘任在研究概念本土化与研究典范本土化做出区分的意义，并藉此与其三步骤的累积性说法更彻底地决裂。相对于此，汤志杰（2009：352）所谓的炼本土概念的砖与盖大厦的隐喻，则比较接近在实证主义式质化研究的典范下之累积，以致仅及于研究概念本土化的层次而已。

其实，谢国雄也提到延伸个案法，并且与他所屡次提及的扎根理论形成一奇特的结合。作为延伸个案法的鼻祖，布洛维（Burawoy，1998）在阐释延伸个案法的特性时，认为有两种各有所长也各有所短的科学模型，因而这两种科学模型是互补的。其一是实证科学的模型，以调查研究为代表，藉由和研究对象的距离来确保研究之客观性，因而推崇信度（reliability）、可复制性（replicability）与再现/代表性（representativeness），而贬抑反应性（reactivity）。其背后的预设则是科学研究对现实的如实再现。相对于此，以参与观察为代表延伸个案法所采用的则是反身科学的模型。相对于实证科学的模型，反身科学的模型是“我们借着将自己立足于引导我们和参与者之间对话的理论，而使自己坚定。波兰尼（Polanyi，1958）详细地精致化这个观念，拒绝建立在‘感官数据’的实证客观性，而倾向于对理论‘合理性’的承诺，而此一理论就是我们藉以掌握世界的认知地图。此一‘立足于’理论是我称为科学的反身模型之根基，这科学模型所拥抱的不是抽离，而是涉入，作为知识的进路。预设了我们对我们所研究世界的参与，反身科学展开多元对话来达至对经验现象的解释。反身科学从虚拟或真实的、在观察者与参与者之间的对话出发，将此对话镶嵌在在地过程与外来力量的另一个对话之间。而此另一对话又只能经由另一个理论与其自身的延伸对话来得到理解。客观性不是由确保精确描绘世界的程序来衡量，而是由知识的增长来衡量，也就是对理论的想象性与细致性重构，以便适合于异常现象”（Kuhn，1962；Popper，1963；Lakatos，1978）。因此，“延伸个案法把反身科学应用到民族志，以便从特殊抽取普遍，从‘微观’迈向‘巨观’，以及在对未来的预期中将现在连接到过去。一切都是建立在既存的理论。”（Burawoy，1998：5）由此可见，其实延伸个案法的背后理应是理论先行的构想，也就是本文所谓非实证主义的构想，因而反对科学真理是对现实的摹写等科学为自然之镜的想法。亦即，不论是量化研究或质化研究，其是否为实证主义的关键在于，调查研究和参与观察各自背后体现的预设与态度，而非方法自身。故而，参与观察并不等同于反实证，而必须考虑其背后的预设与想法。循此，尽管谢国雄所从事的田野工作与参与观察看似与布洛维以参与观察为主的延伸个案法极为相似，但谢国雄的“如实”以及“理论乃立基在经验研究之上的重新概念化”等想法，与其所引介的扎根理论[1]，却与布洛维对延伸个案法背后预设的说法南辕北辙，反倒更接近布洛维所谓的实证科学模型。

更清楚地说，本文所要指出的是，质化研究并不等同于反实证主义，相反地，质化研究也可能是实证主义式的。而实证主义与非实证主义的差别就在于，前者不论是以经验来检证、订正理论，还是基于经验资料的收集与累积来创造理论（此即谢国雄与汤志杰所谓的重新概念化现象或概念架构的本土化），都是以卢曼所谓狭义的对经验资料收集与分析为优先，而不同于本文或卢曼、乃至于帕森斯以理论观点的创新为前提、自变项。相对地，极为类似于前引卢曼的话中对社会科学的进步之构想，本文主张，有更多新的理论观点才是社会科学进步的关键所在。而实证主义式的本土化构想，所指的不仅只是杨弘任所谓量化研究的研究现象本土化，试图以本土经验来验证或修正西方的理论，还包括希望藉由诸如扎根理论、田野研究等质化研究方法所得的经验资料归纳，来建构本土化社会理论的企图。实证主义式本土化构想之所以会让本土化等同于实证，正是因为此一实证主义的立场否定了学者个人的体验与理论思考的经验性质，因而尽管承认理论与经

〔1〕 当然，本文也注意到 Strauss 对扎根理论的构想与另一位扎根理论的创始人 Glaser 也有所不同。而本文所针对的只是谢国雄所引介的那个没有理论预设，藉由经验资料收集累积、抽取出概念与理论的版本，而非包括 Glaser 在内的扎根理论。

验之间相辅相成的循环关系，却绝不可能接受理论概念的发展终究是经验研究进展的前提与自变项，并否定建立在有别于实证科学方法的经验基础，所构作的社会学理论，及其相关的研究。反而将社会学理论上的反省与建构贬低为社会哲学或社会思想〔1〕。

相对地，如前所述，不仅帕森斯已经指出科学与哲学之间的紧密关系，他也藉由对经验主义与实证主义的讨论，指出理论与经验之间的关系是理论先行，并在此一信念上致力于构作一个演绎性的理论体系。此外，我们也可以看看极为重视田野工作的人类学家格尔茨又如何看待理论与经验之间的关系。

格尔茨在《文化的诠释》中主张文化概念是一个符号学的概念。文化就是人类自行编织的意义之网，在文化的脉络中，社会事件、行为、制度或过程可以得到理解。因此，对文化的分析不是寻求法则的实验/经验（experimental）科学，而是探求意义的诠释科学。文化的解释所追求的是析解（explication），也就是分析解释表面上神秘莫测的社会表达，分类甄别其意指的结构（Geertz，1973：5，9）。更重要的是，文化的解释并不等同于当事人的解释，而是研究者所进行之第二度、第三度的解释，因此是一种构作（fiction）的产物。格尔茨特别回到这个字的原始意义，指出构作不应被理解为非真实的、虚假的，而只是指研究者的第二度或第三度解释（Geertz，1973：15－16）。藉此，格尔茨凸显了研究者的角色（Geertz，1973：15）。由于这个学者所构作出来的作品未必与当事人的认知相符，其评价优劣的标准也就不取决于是否“如实”捕捉到当事人的意义建构。反之，标

〔1〕 或许，当汤志杰反对污名化巨型理论或整体论时（汤志杰，2008：615），也可以想想，在C. Wright Mills与Merton眼中的巨型理论——Parsons的结构功能论，以及Luhmann的系统理论是从何而来？以及台湾社会学主流实际上是如何看待Luhmann的研究，就不难看出实证主义式社会学本土化的主张处处讲究经验研究、否定社会学理论研究的狭隘之处了。

准在于此一作品是否能够降低我们对陌生行为的困惑。其说服力在于将我们与研究对象连接起来的科学“想象力”（Geertz, 1973：23）。在此，理论仍居于枢纽的位置，而发挥着指引想象的作用。所以，理论建构并不是为了寻求普遍的抽象法则，而是为了提供一套深具启发性的观点与词汇使得行为背后的意义之网得以彰显出来，也就是使得深描（deep description）成为可能。不是超越个体进行概括，而是在个案中进行概括（Geertz，1973：25 –27）。故而，文化的解释永远是不完整的，其进步不是累积性地朝向一致的结论，而是不断地运用既有的理论于新的现象，探索其极限与特长，并加以精练，或是加深我们对现象的理解，并立足于精确性之上，以期达到辩论的精致化（Geertz，1973：25，27，29）。于是，进行非实证主义社会研究时的理论应用，就像是隐喻的运用一般，是兼具想象力与细节的过程，既需要从我们所熟悉的理论出发，又要从隐喻的使用当中探索此一理论面对新现象时所具有的启发性与限制，从而再精练理论。进一步来说，非实证主义社会研究的意义不在于对客观外在事实的掌握，而在于格尔茨所谓的对话（Geertz，1973：13，29 –30）。由此可见，不论帕森斯或格尔茨，都不认为理论与经验的关系是藉由经验资料来检验理论，或是经由经验归纳来形成理论。循此，所谓的炼砖，需要炼的，就应该不是藉由狭义的经验研究来炼本土概念的砖，而应该优先炼理论体系的砖。并且是藉由让理论接触更多经验事实来探索其极限，以便进一步精致化理论的概念细节。因此，正如郑祖邦与谢升佑在诠释叶启政的本土化思想时所指出的：“这么说来，所谓‘透过经验归纳过程形成新理论的企图’，是必得先预设特定理念作为观察的向度和起点，并需要一些先行概念作为理论建构的‘砖块’。”显然这里所谓的砖块，不会是由狭义的经验研究炼出来的。至少，若是我们不再持实证主义对经验事实的狭隘定义，那么这些理论砖块的经验基础就应该包括学者的日常生活体验、阅读、推理与思索。故而，叶启政（2006：64—65）亦明白指出："……知识并非只是从经验事实中归纳而来；人们尚可以运用想象力、观察洞识力，透过对历史与文化特质的掌握，发挥拟情（empathy）的诠释能力来捕捉发生在周遭之诸多事件的蕴含，而这才是知识之所以为知识最可贵的地方。"此一说法也呼应了前引梅洛－庞蒂对科学经验局限性的讨论与对基本经验的强调。

五　结论：社会学本土化：群学争鸣？或是定于一尊？

总之，本文所要指出的是，汤志杰与谢国雄所谓的本土化，只是社会理论的本土化，而无视于在社会学理论、乃至于恰恰就是在社会哲学、哲学人类学的层次上进出西方学术思想传统的企图对于社会学所可能有的贡献。

再者，汤志杰（2008：602）也指出："毕竟，社会学源起于响应传统到现代的剧变，因此有机械连带/有机连带、封建/资本主义、社群/社会……等二分出现，借对比过去和现在来确认现代社会的一般组织原则，以及此一社会变迁过程的一般原则。尽管古典社会学的这种过去感是种没有历史的历史主义（Abrams，1972：24），并未认真考虑时间和历史，把注意力从最需要分析的、处于时间及文化脉络中的结构转型过程转移开来，而且种种二分常是粗糙不符史实的推论，但不容否认的是，正因有这些结构类型学做参考架构，后继学者才能不断修正，提出有社会学意涵的研究结果，丰富我们的理解。反观我们，除陈绍馨的大胆套用外，迄今连对自己传统社会类型命名的能力都还没有，表示我们对它实是一无所知。若是误认建基于西方历史经验的理论已帮我们设好处理此一问题的架构，大可直接援用而不需修正，无疑是极危险的。要能建立这样的类型学，除了投入本土历史研究，恐怕别无他途。”倘若此一说法为真，那么台湾社会学本土化的正途，除了谢国雄所提倡的田野研究以外，就只剩下历史研究而已。相对地，叶启政所长期从事的是，挖掘西方思想传统，尤其是社会学传统的特殊思考方式，藉由认清西方思考模式的特殊性来否定其普世性，进而在此一基础上，探索建立本土的思考方式之可能。用杨弘任（2009：371）的话来诠释，此即他所谓“本土化的策略游戏”，他说：“我们认为，叶启政所主张的‘身心状态的本土化’，亦即尝试找出非西方状态下的另类哲学人类学之预设，进而建构另类的研究典范，其实就像绕了一个弯，虽是身处非西方文化所谓异文化局内角色，却应和了西方社会科学自身的内省趋势。”而“我们认为，这样的‘本土化’并不是将非西方的东方文明单一典范化，也不是同时本质化了西方性与东方性。这样的本土化，毋宁是一种策略游戏，在借力使力情境下，借用了西方的内省趋势，以本土化来提供全球性的另类典范可能出路”（杨弘任，2009：371）。[1]无论如何，叶启政“进”与“出”西方思想传统的成果，都不是等着被直接用来接受经验检证的概念架构，甚至也不是可以简单、直接地套用来分析本土社会的运作，尤其是其理解西方与批判西方的部分更是如此。但若是从实证主义式本土化的标准来看，这些研究成果却都将被归类为一点也不本土化。

其实，汤志杰是我很尊重的学术同僚，而他在这篇文章中也

---

〔1〕 我可以想象台湾主流社会学家对诸如“借力使力”、“搓揉摩荡”、“身心状态”等措辞的批评，但如果社会学本土化包括了建构一套适合于凸显本土社会文化特色的概念架构或理论体系，那么这些最能彰显本土实作逻辑与文化传统的词汇，其使用不就正是社会学本土化的基础吗？并且，无论如何，这些概念架构也不是植基于实证主义狭义的经验事实资料收集，而是包含生活经验、体会、反省等更宽广意义下的经验。但这恰是实证主义者所不能接受的。

很勇敢地指出一些台湾社会学主流的问题，诸如："处于此一社会现实，既得利益者很少会搬石头砸自己的脚，鼓吹或从事不利于自己的本土化，而是偏好引进中心国最流行的观点，以维护自己的不可替代性。这自然助长了模仿和移植的倾向，再生产并巩固了国际学术上的中心/边陲阶序。"（汤志杰，2008：574）或是"尤其，新的理论取向虽炫人耳目，但台湾当时的留学生或学者对西方文化传统多半没有整体及深入的了解，且常欠缺哲学的基础，要跟上新潮流，不是件容易的事。何况，随着统计技术1950年代以来的突破，社会学跨出以相关取代因果的窘境，能进行多变项的因果分析（Bernett，1983），旧典范对台湾留学生和学者来说，也已够新、够炫，不但符合他们以往在实证论传统影响下抱持的科学意象，大有助于提升他们的自信和社会学的学科正当性，而且光要掌握这些日新月异（原文误为'益'）的统计技术和计算机操作，常已耗掉大半的心神。所以，中心国学风转变造成的影响，要到1970年代晚期才慢慢浮现"（汤志杰，2008：578）。更何况这些论述在当时是出于一位助研究员之手，无论如何都是非常值得敬佩的，况且越是勇于说出事实的人，往往也越容易两面不讨好，里外不是人。所以，本文虽以汤志杰和谢国雄对社会学本土化的构想为对话对象，但实际上是希望藉由社会学理论层次上的对话来推进社会学本土化的进展。

此外，正如汤志杰认为丰富多元与有好坏判准的平衡是未来台湾社会学本土化的挑战，本文也仅是希望藉此避免台湾社会学本土化的发展，不会只是以一个独尊一家的新霸权取代另一个旧霸权而已，而期待以社会理论与社会学理论的区分，来丰富我们对世界的了解与世界本身。正如汤志杰所指出的："因为，当我们能多做出一组有意义的区分，也就多获得了一些讯息，多看到之前看不到的一组有意义的差异，从而也就对世界获得了更深的理解，因此从眼中看到的世界也就变得不一样了。”（汤志杰，2009：319）而基于社会学理论是社会学的自我反省，肯定社会学理论研究在社会学本土化的贡献，也才真正呼应汤志杰给反省工作留下空间的呼吁（汤志杰，2008：622—623）。再衡诸理论研究在台湾社会学主流学术刊物的处境，更不应轻易主张“若是一天到晚全在认同的问题上打转，不但反省无法取代实质研究，而且还会陷入自我指涉的套套逻辑”。而只需要“少数人从事此看来不事生产，徒然享有螳螂捕蝉、黄雀在后的‘特权’……”（汤志杰，2008：622—623）相反地，赋予社会学理论研究正面、肯定的意义，以及更宽广的空间才是真正呼应叶启政与卢曼对多元与差异的强调，而没有先尊重多元、让差异充分发展的好坏判准却只会成为扼杀想象与创造力的打手。正如现行台湾学术评鉴制度的后果一样，只是压缩了发表与对话的空间，及至连核心期刊也脱期，而没有达成集中稿源，进而增加核心期刊发行频率的预设目标（黄厚铭，2005：43）。

附录表

《台湾社会学》“文献评述”

期　数	作　者	题　目
2	吕建德	从福利国家到竞争式国家?：全球化与福利国家的危机
6	姚人多	傅科、殖民文化与后殖民文化研究

《台湾社会学》“研究纪要”（理论性质文章）

期　数	作　者	篇　名
3	邓建邦	接近的距离：中国大陆台资厂的核心大陆员工与台商
	龚宜君	跨国资本、族群与劳动控制：台商在马来西亚的劳动体制
6	王宏仁 张书铭	商品化的台越跨国婚姻市场
7	王金寿	瓦解中的地方派系：以屏东为例

续表

期　数	作　者	篇　名
8	徐永明 陈鸿章	地方派系与国民党：衰退还是深化
10	柯志明	历史的转向：社会科学与历史叙事的结合
14	黄敏雄	班级内与班级间数学表现差异：跨国与跨年级比较

《台湾社会学刊》“研究论文”（理论性质文章）

期　数	作　者	篇　名
17	张维安	现代资本主义精神：韦伯与宋巴特观点之比较分析
20	洪镰德	纪登士社会学理论之评述
21	周桂田	现代性与风险社会
28	叶启政	生产的政治经济学到消费的文化经济学：从阶级作为施为机制的角度来考察
	张震东	评论：人性、文化与社会实在的另类诠释
	叶启政	回应：“人性预设”，当然有；“历史—社会理路”的认识可能性，才是重点

《台湾社会学刊》“研究议题讨论”（篇名与作者整理）

期　数	作　者	篇　名
17	余坤东 徐木兰	企业伦理研究文献的批评与回顾
19	陈介英	经济生活的层级化与近代西方文明之特质——对布贺岱（F. Braudel）《文明与资本主义》的初探
22	陈杏枝	台湾宗教社会学研究之回顾
23	蔡明璋	台湾的工业化与均等：巨视过程观点的检讨与再分析
27	黄树仁	台湾都市化程度析疑
29	方孝谦	解释乡镇企业变迁的制度与关系理论：社会学的利基何在
30	萧苹	或敌或友？流行文化与女性主义
31	周桂田	从“全球化风险”到“全球在地化风险”之研究进路：对贝克理论的批判思考
33	何明修	文化、构框与社会运动
34	林季平	台湾的人口迁徙及劳工流动问题回顾：1980—2000
35	蔡明璋	台湾的新经济：文献的回顾与评述

参考文献

哈勒，1998，《新实证主义》，韩林合译，北京：商务印书馆

高承恕，1982，《社会学“中国化”之可能性及其意义》，载于《社会与行为科学研究的中国化》，杨国枢、文崇一编，台北：中央研究院民族学研究所，31—50

黄瑞祺编，1981，《现代社会学结构功能论选读》，台北：巨流图书公司

黄厚铭，1999，《社会学与自然科学的纠葛：从涂尔干与韦伯谈社会学研究的光谱》，载于《“社会科学理论与本土化”学术研讨会论文集》，嘉义：南华大学应用社会学系，407—462

——，2005，《SSCI、TSSCI与台湾社会科学学术评鉴制度》，《图书馆学与信息科学》，31（1），34—44

汤志杰，2008，《本土社会学传统的建构与重构》，载于《群学争鸣：台湾社会学发展史，1945—2005》，谢国雄编，台北：群学出版社，553—630

——，2009，《本土观念史研究刍议：从历史语意与社会结构探索、建构本土理论的提议》，载于《社会科学本土化之反思与前瞻：庆祝叶启政教授荣退论文集》，邹川雄、苏峰山编，嘉义：南华大学教育社会学研究所，313—366。

谢国雄，1997，《纯劳动：台湾劳动体制诸论》，台北：中央研究院社会学研究所筹备处

——，2003，《茶乡社会志：工资、政府与整体社会范畴》，台北：中央研究院社会学研究所

谢国雄编，2007，《以身为度，如是我做：田野工作的教与学》，台北：群学出版社

——，2008，《群学争鸣：台湾社会学发展史，1945—2005》，台北：群学出版社

杨弘任，2009，《地方知识与在地范畴：本土化的一种进路》，载于《社会科学本土化之反思与前瞻：庆祝叶启政教授荣退论文集》，邹川雄、

苏峰山编，嘉义：南华大学教育社会学研究所，367—380

叶启政，1996，《台湾地区社会学理论的发展及其潜在问题》，载于《两岸三地社会学的发展与交流》，萧新煌、章英华编，台北：台湾社会学社，17—38

——，2003，《台湾社会学的知识—权力游戏》，《政大社会学刊》，35：1—34

——，2006，《社会理论的本土化建构》，北京：北京大学出版社

——，2004，《进出“结构—行动”的困境：与当代西方社会学理论论述对话》，台北：三民书局

——，2008，《迈向修养社会学》，台北：三民书局

鲁曼（Luhmann，也译卢曼），2005，《对现代的观察》，鲁贵显译，台北：左岸文化

郑祖邦、谢升佑，2009，《叶启政主义与台湾社会理论的本土化》，载于《社会科学本土化之反思与前瞻：庆祝叶启政教授荣退论文集》，邹川雄、苏峰山编，嘉义：南华大学教育社会学研究所，289—312

Bhaskar，Roy，1978，*A Realist Theory of Science*，Hassocks：Harvester Press

——，1986，Scientific Realism and Human Emancipation，London：Verso

Burawoy，Michael，1998，“The Extended Case Method，” *Sociological Theory* 16：1，5

Durkheim，Emile，1951，*Suicide*：*A Study in Sociology*，trans. John A. Spaulding and George Simpson，New York：Free Press

——，1961，Moral Education：A Study in the Theory and Application of the Sociology of Education，trans. Everett K. Wilson and Herman Schnurer，New York：Free Press

——，1965，*The Elementary Forms of Religious Life*，trans. Joseph Ward Swain，New York：Free Press

——，1982，*The Rules of Sociological Method and Selected Texts on Sociology and its Method*，trans. W. D. Halls，New York：Free Press

Geertz, Clifford, 1973, *The Interpretation of Cultures : Selected Essays*, New York : Basic Books

Habermas, Jurgen, 1971, *Knowledge and Human Interests*, trans. Jeremy J. Shapiro, Boston : Beacon Press

Horkheimer, Max, 1972, *Traditional and Critical Theory in Critical Theory*, trans. Matthew J. O'Connell, New York: The Seabury Press

Kuhn, Thomas, 1970, *The Structure of Scientific Revolutions*, Chicago: University of Chicago Press

Lukes, Steven, 1982, "Introduction" in Emile Durkheim *The Rules of Sociological Method and Selected Texts on Sociology and its Method*, New York : Free Press

Merleau-Ponty, Maurice, 1962, *Phenomenology of Perception*, trans. Colin Smith, London: Routledge & Kegan Paul

Merton, Robert K., 1968, *Social Theory and Social Structure*, New York: Free Press

Mills, C. Wright (Charles Wright), 2000, *The Sociological Imagination*, Oxford, New York: Oxford University Press

Mestrovic, Stjepan Gabriel, 1991, *The Coming Fin de siecle: An Application of Durkheim's Sociology to Modernism and Postmodernism*, London, New York: Routledge

Parsons, Talcott, 1968, *The Structure of Social Action: A Study in Social Theory with Special Reference to a Group of Recent European Writers*, New York: Free Press

Sayer, Andrew, 1992, *Method in Social Science: A Realist Approach*, 2nd ed., London: Routledge

Sayer, Andrew, 2000, *Realism and Social Science*, London: Sage

Weber, Max, 1949, *The Methodology of the Social Sciences*, trans. and ed. Edward A. Shils and Henry A. Finch, Glencoe, Ill. : Free Press

心的概念与文化自觉的社会学

——从苏、叶两位老师的近期观点谈起

徐　冰

以我理解所限，苏国勋、叶启政两位老师至今为止在社会理论中最后表达的观点都是关于道德修养的，而且在他们的这类讨论中“心”或者心灵（mind）是个基础概念，只是他们没有把这一点明确地说出来。费孝通先生晚期讨论中国社会学的“位育”功能，这也是关于道德修养的，这时他明确地说心是一个基础概念。费、叶和苏都是社会学“中国化”、“本土化”或者“文化自觉”探索的发起者、倡导者或者实践者，在社会学脉络中中国化、本土化和文化自觉等几个概念的意思是相近的，以它们为名的探索是连续的。我这里不拟仔细区分这几个概念，而以费先生晚期提倡、苏老师近期参与的文化自觉来概括这一系列探索。我觉得这个概念可以表达叶老师所说的本土化的主旨，即凸显文化的主体性问题。费先生提出“心”是中国社会学中的基础概念，原因也是它是中国表达主体性的基础概念。同时，文化自觉这个概念还能表达文化的特殊性与社会理论的普遍性之间的辩证关系。如费先生指出的，对心的阐释可能是中国社会学对国际社会学做出特殊贡献之处。费、叶、苏最后或者近期的观点是否说明，在文化自觉的社会学中，“心”是不可回避的基础概念？

这个问题是我十多年来一直关心的。我对心的概念的重视可能与自己先后在心理学和社会学系学习有关，但我觉得这不是根

本原因。根本原因是，汉语中的“心”，英语中的 mind（常译为心灵）或者 heart（有人认为它更接近汉语中的心，它常出现在强调情感是人类存在基本状态的文献中）是探讨主体性和存有论的基础概念。正因如此，西方学者把心灵哲学（philosophy of mind）或者心理哲学（psychological philosophy）称为第一哲学。费先生指出心是中国人表达主体性的基础概念，叶老师则指出的社会（学）理论不可避免地涉及存有论问题。

我自己曾写过一些文章表达心的概念与文化自觉的社会（学）理论之间关系的观点，也看到费先生晚期的类似观点。我自己学养有限，难以对社会（学）理论进行系统的检讨。费先生的观点高屋建瓴，有大家风范，但是他的观点在理论上还有待澄清。因此，我觉得这个观点远未表达清楚。就是在我所接触的从事社会学理论研究的同行之间，这个观点也常被误解。这些误解可能在两种观点之间徘徊。一种观点认为心是心理学的基础概念，如果以它为基础社会学就将失去自己的特色。另一种观点承认社会学需要心理维度，但是认为只要从主流心理学中引进一些概念就能立起这个维度了。

事实上，因为（经验主义的）实证主义的严苛统治，主流心理学一度排斥心灵问题。是反思（经验主义的）实证主义的当代社会理论把文化和心灵一起推到跨学科的舞台中心的。在文化与心灵关系的探讨中，文化自觉的社会学和心理学是相互重叠的。在描述和阐释心所指涉的“内在”经验及其潜力上，心理学有其所长。同时，此“内在”是与“外在”相辅相成的。而社会学在描述和阐释这个具有内/外维度的空间上有其所长。因此，文化自觉的社会学不仅不能回避心的概念，而且能为这个概念的阐释做出特殊贡献。

苏、叶两位老师的近期观点可以引出我的上述观点，因此我想从他们的讨论开始继续阐释这个观点。下文第一、二节将分别引述他们的观点，以说明心是文化自觉的社会学所不可回避的基础概念；第三节围绕一个诠释学的道德地形学，把两位老师涉及的几个问题置于一个整体想象之中，来讨论心的概念和社会学的空间想象之间的关系。

一

《进出“结构—行动”的困境》（2000）是颇能体现叶启政社会学理论功底的著作，而这本书的最后一章谈的是孤独与修养。乍看上去，这一章的主题不像是社会学中的题目，它和前面十多章关于社会或者社会结构的讨论也有所距离。经过分析可以看出叶氏的用意。孤独与修养是关于主体性的，而突破西方社会学传统中社会结构和主体性之间的二元对立正是他的目的。他说：

> 孤独所意涵的，就社会关系而言，并不意味即是离群索居……它所企图凸显、且为重要的，毋宁地是面对着“社会”时的一种心境、一种态度，而且更是一种挑战，其意义是透过心理的自我导引而臻至产生一种社会性的自我超越。（叶启政，2000：565）

孤独指的是一种心境或者心理状态。他认为最能刻画这种心境的社会意涵的莫过于东方人所说的禅，因此他分析了一个日本小说中一段关于禅的故事。可能为避免禅的空灵和一般社会学者所理解的社会结构之间的距离过大，在分析那个故事之前他提到他的学生的几个研究，内容涉及受中国思想（包括儒、道、兵、法等诸家）所影响的心的修养。这些心境要在社会互动中体现出来，内容包括用“计”之变理，在“时”、“势”和“事”中把握“机”，以及在行事中的拿捏分寸等。从这些例子可以看出，受中国或者东方思想影响的孤独心境可能成为突破西方社会理论中社会结构与主体性的相互对立，最终前者吞噬后者的心理条件。

可以把叶氏用孤独与修养的词汇所指涉的“社会性的自我超越”看做是一种心学。如果用现代学科概念来说，它就是社会心理学。它不是20世纪的“传统”社会心理学。这种“传统”社会心理学常被看做是“传统”社会学和心理学之间的交叉学科，而这交叉的部分在这两个“传统”学科中都处于边缘位置。这种“传统”指涉以经验主义的实证主义为主流方法论的领域，其中由心理学和社会学中的边缘部分所构成的社会心理学常常关心一些琐碎问题，而尽量回避这两个学科的理论基础。相反，叶氏的社会心理学恰是关于社会学的理论基础的。它也是关于心理学的理论根基的，只是这不是叶氏讨论的重点。一句话，它涉及跨学科的社会理论的核心问题。在20世纪多数时间里，它常常被排斥在主流社会科学之外。在这样的传统之中，它隐而不显。因此，当费孝通（2003）提到“心”的概念时，认为它是在拓展社会学的传统界限时所必需的概念。而叶氏倡导的探索甚至不是一般的拓展。他这本书的副标题是“与当代西方社会学理论论述对话”，而他所评述的“当代西方社会学论述”涉及一个远非以几十年为限的传统。在与这个传统对话中，与其说他是在水平层次上要拓展这个传统的界限，不如说他是深挖这个传统的核心区域。正是在这个核心区域，他引入中国或者东方思想来建构中国或者东方社会学传统，并以这个传统来为国际共享的社会学做出贡献。这时，社会心理学在社会学中处于核心而不是边缘位置。

叶氏要与之对话的传统包括经验主义的实证主义，但是其范围远比这个方法论大。这个传统远比费氏所说的深远，它指涉已有两个多世纪历史的启蒙理性，乃至启蒙理性所从由转化的西方古代思想。在主要由西方学者贡献的当代社会理论中，反思经验主义的实证主义的理论文章已是汗牛充栋，反思启蒙理性的观点也成为流派，但是把反思延伸到作为启蒙理性之所由从衍生与转化的西方古代思想的研究却并不多见。而叶氏的反思涉及这一层，这可以在他最后的观点中看出。

他最后以“有”和“无”（以及“虚”或者“空”）作为一对关键概念，来反思西方社会学传统中的哲学人类学预设。这里，“有”和西方理性有重叠的意涵。他所谓西方理性首先指启蒙理性，但又不限于此。“有”既指一个视角，又指从这个视角所看到的，包括物质、（体系化的）社会结构等。在这个视角与它所看到的之间有循环建构的关系。这个视角所看到和所建构的，还包括世界的起源（如基督教的上帝）、语言或者符号（这可能是西方古代的逻各斯观念的延伸），以及占有的欲望，等等。从这些词汇可以看出，“有”与理性可以指基督教乃至古希腊传统。

在这本书的“自序”（叶启政，2000：1—7）中，叶氏说，这本书不是一气呵成，而是从酝酿起历经十年，就是从动笔起也有四年。他这些年的思考与积累是有一个连贯的主题的，而且这个主题可以追溯到他幼年的疑问，人为何存在？为回答这个问题，他考入台湾大学哲学系。一年后“在糊涂和聪明的模糊意识交界里”转了系，毕业时获得的是心理学学位。后来到美国又“阴差阳错”地进入社会学系，最后获得社会学博士学位。在这个学习的经历中，他没有放弃幼时的疑问，但是尝试回答的方式是迂回的。在西方哲学中，这个问题最后要还原到存有论的基本预设上。这个认识使他关注存有论的问题。而学科的转移，使他并非如哲学家那样直接就存有论的预设展开系统的讨论。而是转而问“人如何存在着”的问题，透过对人所生存的现实环境，即所谓“社会”的剖析来间接回答“人为何存在”的存有论问题。与酝酿和写作时间跨度较大和思考方式的转折相关，这本书的理路是曲折的。

在这本《进出“结构—行动”的困境》出版之后，叶氏对它最后一章的关于修养的内容以及整本书的论述理路感到不满，因此他又写了一本名为《迈向修养社会学》（2008）的绪论。这本绪论有两个意图。一个是填充“结构—行动”与修养之间的裂隙，以消除读者的突兀感觉。另一个也是更深的意图是进一步检讨西方社会学的思想传统，把这个思想传统中的一个基本线索突出出来，那就是以发挥“个体化”的主体性的自由潜力为宗旨。叶氏指出，沿着这个线索走下去，修养就会对当代人有特殊意义，这时东方或者中国思想就可能是开辟新出路的资源。但是，这本新书并不讨论修养功夫，而是把这个题目留给未来。因此，它的主题不是“修养”本身，而是“迈向修养”的线索。比较这两本书，前一本的主要部分更偏重评述“社会”或者社会结构的理论，后者则更偏重把主体或者“人”的线索勾勒出来。但是，这两本书都是以西方社会学理论为论述对象的，而在这些理论中社会结构始终是主要概念，虽然后一本更偏重突出主体性的线索。在这两本书之后，叶氏继续勾勒西方现代乃至后现代“人”的概念的形成线索，从笛卡儿、霍布斯的近代开端到尼采、海德格尔的后现代开端。他最后要与尼采对话，在后现代的人的概念困境中凸显东方或者中国之修养的意义。他指出，这是对西方（后）现代“人”的概念的知识社会学检讨，而这个“人”的概念的线索勾勒是本土化的理论准备。只有在这样的检讨中才能理解社会学本土化的价值；本土化不仅可能开出一个与西方不同的社会学传统，而且可能反过来给西方社会学带来启发，为国际社会学做出突出贡献；本土化要揭示社会学理论的主旨——参与对“人”的概念的理解和建构，而这个主旨有时被社会结构的讨论所淹没。

从《结构—行动》到《迈向修养》再到这两本姐妹篇之后与尼采的对话，叶氏讨论的重心在由社会学所擅长的结构概念向思想史的“人”的概念转移。然而这个转移是有限的，社会结构始终是他的主要概念资源。这个转移及其限度与社会学的双重旨趣有关。一方面这门学科有整合社会科学的旨趣，因此它要对这些科学所共享的“人”的概念进行深度探讨。另一方面社会学有自己的特殊视角，结构是张开此视角的主要概念。从社会学的结构概念到各门社会科学所重叠的“人”的概念的深度追究，这个过程是曲折而艰苦的。这里的“人”的概念关乎叶氏在《结构—行动》“自序”中所说的存有论问题，社会学的特性使他不是直接而是“绕个弯”（通过对关于社会结构的理论的对话）来触及这个问题。他在这本书的最后谈到的孤独心境即关乎存有论问题，而心理状态与存有论之间关系也是传统上社会学所不擅长甚至排斥的问题。因此即使在《迈向修养》中他也只在最后两章之末各用一节涉及这个问题，并称之为社会心理学的问题。就是，社会学对心理状态与存有论关系的不擅长甚至排斥在他绕的弯中又增加了曲折。正是这双重的曲折导致《结构—行动》的论述理路不够清楚，他自己都不满意。而这些曲折是文化自觉的社会学的探索者所共同面对的问题。因此这本书最能突出西方学者贡献最大的社会学的所长和困境。这也是本文主要引述这本书的原因。

这双重的曲折与一个贯穿社会学发展的线索有关，那就是“社会学转化”。这个转化的起点是笛卡儿的思维图像，它为后来二百年的（个人主义的）主体性与心理哲学奠定了基础。马克思、涂尔干、韦伯等社会学奠基者批评这个以个人之内的心灵图像，把社会与文化作为人的存有论条件。现代心理学和社会学都是关注经验的科学，在争取成为独立的科学之际它们都试图摆脱哲学。但是，它们之间也曾有所对立。涂尔干、韦伯都是在与心理学划清界限的同时阐述他们的社会学观点的。在后来的发展中，社会学曾不断整合一些心理学观点。但是涂尔干的社会的（集体的）决定个人的（心理的）观点持续在社会学中产生影响，直到当代（后）结构主义理论。因此；一方面“社会学转化”张开了阐释人类心灵的社会空间，另一方面这个转化因排斥心理属性而限制了对心灵的理解。这后一方面就是叶氏所说的二元对立的理性思维之局限。社会学、心理学这两门经验科学与哲学的对立和这两门经验科学之间的对立是叶氏这本书难以形成一个清晰理路的更大学术背景。叶氏在曲折的探索中追本溯源，最后提出关乎存有论的社会心理学问题，这恰是他的贡献所在。

叶氏的讨论还牵涉出存有论与宇宙论关系的问题。他所说的心境中的“无”的特征似与道家有关，如此则这个心境中的“无”便与作为宇宙之“道”的源头的“无”联系着。社会学似乎并不长于探讨这样抽象的问题，但是这个问题牵涉社会学所关心的事实（实然）与价值（应然）之间的关系问题。如果持道家的宇宙论，便会把孤独的修养看做回归实然，而不是向应然的方向提升。叶氏（2000：575）在举与道家有些接近但又有所不同的禅宗的例子时，便弱化“应然”，而倾向“实然”。只是社会学的讨论不能抽象地在心境和宇宙之间建立联系，而要把社会结构纳入其中。这个例子说明，可能被当作表面现象的心境，其实与“人”的乃至她或他置身其中世界的本质有着内在联系。因此，关于此心境的社会心理学不在社会学的边缘，而是居于核心位置。

二

苏国勋（2007）引用哲学家牟宗三的观点来纠正韦伯中西

文化比较观点的偏颇，而他所引述的观点是关于心的。

他指出，在改革开放之初，中国人是带着更多地了解和学习西方的态度接受韦伯的。而三十年后的今天，我们对韦伯的思考则已进入消化、反思的阶段，应更多地表现中国人在对外文化交往中的文化自觉。这时，韦伯的一个基本观点对我们仍有启发，那就是，儒家（韦伯称儒教）的理性主义意指理性地适应世界，清教的理性主义意指理性地支配世界。但是韦伯误解或者低估了中国文化中的“内圣”或者“内在超越”功夫，因此只强调儒家使科学认知和民主政治无法得到长足发展的一面。这是一边倒地认为西方文化长于中国文化的观点，具有西方中心论的倾向。而牟宗三关于中西文化之区别的观点则更为公允。那就是，中国文化偏重“内在超越”，西方文化偏重“外在超越”。两相比较，各有所长，各有所短。儒家与现代化并不矛盾，它不只是消极地适应现代化，而且可能积极地实现现代化。

内在超越的概念最早出现在1950年代唐君毅、牟宗三的论著中，后因在1980年代在国际论坛上进行宗教对话而在学术界引起广泛注意。在这个概念的阐述中，牟宗三的观点最为明确和连贯。而牟氏提出这个概念的出发点是儒家的心性之学，这也是当代新儒家由内圣开外王的切入点（郑家栋，2000：129）。也是在1950年代，牟氏提出关于中西文化之区别的另外两对概念，“综合的尽理之精神”与“分解的尽理之精神”、“理性之运用表现”与“理性之架构表现”（同上：79—80）。这两对概念和内在超越性与外在超越性是相互联系、相互支持的，它们分别对应着实践理性（或者价值理性、道德理性）与理论理性（或者知识理性、观解理性）。苏氏就是从这两对概念开始引述的。

他（2007）引用牟宗三的论述说，运用表现（functional presentation）发自德性，即禅宗所说“作用见性”，宋明儒学的“即用见体”，易经所说的“于变易中见不易”。其中的理性指康德意义上的实践理性，人格中的德性，或者内圣功夫。架构表现（constructive presentation，frame-presentation）是知性层次的表现，其中的理性是失去人格中的德性，即实践理性之意义，而转化为非道德意义的理论理性。架构表现背后的精神是分解的尽理之精神。此表现亦可称为概念的心灵（conceptual mentality），它具体表现在国家制度、法律体系、民主政治、逻辑、数学和科学等。而运用表现背后的精神是综合的尽理之精神，它的特征是以仁统智。因此，如何由综合的尽理之精神转化出分解的尽理之精神，由理性之运用表现开出理性之架构表现，从儒学的内圣中开出科学民主的新外王，这是儒学复兴必须解决的三个相互联系的问题。牟氏认为，从内圣、道德理性的运用表现中直接推不出民主与科学来，必须经过一个曲折。道德理性只有经过自我坎陷、自我否定的“曲通”办法才能成为观解理性，使仁让开一步，使智在仁智合一的文化模型中暂时脱离仁，开出智的独立系统，具体地开出民主与科学。

苏氏认为牟宗三比韦伯更加公允，主要指牟氏同时承认中西在理性之运用表现与理性之架构表现两方面的长与短。他把这两方面的总和看做理性表现精神发展的“全部”意蕴及其关节。牟氏关于中西文化各有所长的观点似乎与梁漱溟关于中国文化是理性的早熟的观点相似，好像都是在承认中国文化有所不足的情况下为之辩护。但是牟氏认为这两个观点很不相同。他认为早熟的说法并不恰当，因为它没有揭示出上述“全部”意蕴。这里，“全部”一词的使用与黑格尔的哲学有关。牟氏相信上述两方面的总和是人类理性的完满表达，与黑格尔的绝对精神相似。以这个全部的观点为基础，可以看出中西文化各自长于哪里、短于哪里，以及这两种文化如何相互取长补短。因此，中西文化的差异是偏于两种表现之一的长短问题，而不是早熟与否的问题。他指出，中国文化偏重运用表现，其不足在于有道统而无学统与政统。所谓学统与政统，即是科学与民主，它们属于一种中间架构。他主张否定那些阻碍在中国产生、形成的不利因素，以解决儒学中如何由内圣开出新外王的问题。同时，他指出，偏重运用表现的中国文化也有其所长一面，那就是，它有很高的境界。论境界，运用表现高于架构表现。所以中国不能出现科学与民主，不能近代化，乃是超越的不能，不是不及的不能。在中国文化进行道德理性的自我坎陷的时候，西方文化未尝不可从根上消融一下，在分解的尽理之精神中融化出综合的尽理之精神。

苏氏参考牟氏的"辩证思维"指出，韦伯批评中国文化缺少超验的制度与世俗的制度之间的紧张和对立，没有产生科学与民主，这正是综合的尽理之精神之缺憾。但是，韦伯没有看到综合的尽理之精神的长处。所谓"综合"是指"上下通彻、内外贯通"，"尽理"涵盖尽心、尽性、尽伦、尽制。"尽心尽性"是从内在一面说的，"尽伦尽制"是从社会与政治一面说的。这两方面都属于道德政治之事，不是自然外物的；是实践的，不是认知的或观解的；是属于价值、"应然世界"的事，而不属于自然、"实然世界"的事。而这个"综合"的长处要联系它的意涵来理解。

在这段引述中，苏氏把尽心尽性和尽伦尽制两方面都说成是价值而非自然的事。这似乎不是古代儒家的说法，因为儒家强调自然和人伦之间的统一性。把自然和应然区分开来，这个观点可能与牟氏对儒家思想的重新阐释有关。而牟氏重新阐释儒家时所"比照"的西方哲学家，如康德，可能对苏氏的价值与自然之分影响更大。苏氏原本是要与西方现代事实与价值之区分的传统进行对话，但是，他自己也有意无意地实用了西方这个传统中的区分方法。这种做法在文化自觉的社会学探索中并不罕见。因为我们不能完全抛开西方社会学或者社会科学而另起炉灶，所以我们不可避免地要使用一些西方学者所创造的关键术语，并因此有意无意地接受一些具有西方特征的概念。

苏氏这篇文章在引述西方关于事实与价值的观点时涉及不同历史时期与范畴的观点，例如西方古代的自然法（natural law）观念、犹太—基督教的信仰与自然对立观念、科学哲学中新出现的外理性（arationality）等观点（它们是对传统科学哲学的反思，而与中国文化的某些说法相似）、列奥·施特劳斯归纳的现代二元论（即自然科学上的非目的的宇宙观和社会科学上的目的论的宇宙观）以及韦伯的价值与事实和价值关联与价值中立之区分，等等。但是，他似乎并没有给出一个把握这些层次的框架，在引述这些观点的时候也不是按照时间先后与范畴大小等顺序。而是，在比较牟氏和韦伯的观点，特别是引述牟氏的观点时，把上述不同层次的西方观点引入作为对照的。他的重心是指出韦伯以及反思韦伯的施特劳斯的局限，并指出牟氏的观点可以为突破这个局限提供启发。

苏氏最后的观点似乎仍然是建立在事实（自然）和价值（信仰）二分的基础上的，进而他把重心移到价值层面上。他认为韦伯和施特劳斯都在价值层面上限于西方中心主义，虽然他们具体观点还有不同。韦伯的讨论跨在他所谓工具理性（形式合理性）和价值理性（实质合理性）之间，他关于事实和价值之间的观点是难以简单概括的，他关于价值关联和价值判断的区别更是可以引出无尽的讨论。但是他在中西文化比较上的偏颇是可以指出的。他认为西方现代文化或者文明，其主要特征是理性主义。此理性主义是普遍主义的，因此西方现代文化或者文明是普遍主义的。西方现代理性主义的纯粹类型是工具理性，但是因为此工具理性是由价值理性的转化而促成的，所以关于这种文明的讨论不可避免地会牵涉出价值问题。他的中西文化比较也是为了讨论为什么具有普遍主义旨趣的西方现代理性主义只在西方（之中的新教群体中）产生。在讨论文化价值与工具理性的亲合关系时，他对西方文化的评价便高于对中国文化的了。施特劳斯在事实与价值之间的区分更彻底，苏氏认为他骨子里秉承启示神学的绝对主义立场。无论是以工具理性来牵涉文化价值，还是以启示神学为绝对起点，这些做法都会在文化价值之间进行非黑即白、非高即低的判断。这两种做法都把应然的问题与实体化的东西联系在一起，要么是工具理性所指涉的自然或者制度，要么是上帝。而牟氏所阐释的中国文化的“综合的尽理之精神”在应然的问题上就更具有包容性。

苏氏认为心性和伦制两方面都是价值而非自然之事。进一步地，这两方面可以用“心”的概念统一起来。为说明这一点，苏氏引述了牟氏的一段话。这段话是关于内在超越与外在超越之区别的，但是它不是关于这两个概念的简明定义，而是通过中西方之心灵的描述来凸显两种超越的不同特征。

> 中国（文化）首先把握生命，西方文化生命的源泉之一的希腊，则首先把握“自然”。他们之运用其心灵，表现其心灵之光，是在观解“自然”上。……中国人之运用其心灵是内向的，由内而向上翻；而西方人则是外向的，由外而向上翻。即就观解自然说，其由外而向上翻，即在把握自然宇宙所以形成之理。其所观解的是自然，而能观解方面的“心灵之光”就是“智”。所以西方文化，我们可以叫它“智的系统”，智的一面特别突出。（牟宗三，1988：169）

无论在中国还是西方，心灵都与人的内在经验与本质属性有关。谈到心灵的超越，无论中西方人，都会有向上的意味。以内外和上下等空间词汇描述道德问题，这是中西方的共性。但是牟氏还要在这共同之中找到不同，继续区分在心灵的运用上中西方人内与外的倾向。这里，他加一个“翻”字，以描述心灵的超越方式的不同。他说西方心灵是由外而向上翻的，指的是西方思想中有从外面看事物以及预设一个在人之外的永恒存在的倾向。他们从外面看到或者在人之外的实在，包括现代科学所认识的“自然”，柏拉图的“绝对理念”，基督教的上帝，等等。这段引文中没有直接概括中国人心灵运用的特点，我尝试着补充一下：中国人则倾向把自己心灵的体会和它所理解的层次与范围联系着说，这种不离“内”或者从“内”而理解的“外”才是我们常说的境界。在引述牟氏的观点时，苏氏最后回到牟氏提出内在超越以及相关概念的出发点以及他在自己思想成熟时期最后阐释的概念——心。

说心是牟氏等当代新儒家提出内在超越及其相关概念的出发点，是因为这些学者是“接着”（冯友兰的术语）中国古代儒学中的心性之说进行阐释的。而心是心性之说的基础概念。同时，心也是牟氏“比照”（牟宗三的术语）西方现代哲学而不断阐释的概念。从1980年代表达相关思想到1990年代直接提出概念，他在自己思想最成熟的时候提出“彻底的唯心论”。牟氏指出，西方哲学里没有唯心论，只有idealism。有时这个西方术语译成唯心论，这个译法不够准确。柏拉图、康德或者贝克莱，都是idealism。西方使用idea，都是作对象看。对象跟心有关系，跟认知心有关系，但其本身不是心。说到彻底的唯心论，只有中国才有。这里，牟氏指的是中国哲学“这一个大系统”，他以思孟陆王的线索为这个系统的正统。值得注意的是，牟氏这个概念中的“唯”字，不是“唯物”、“唯心”之类翻译中的“唯”字的意思。冯友兰曾指出，在后一类用法中的“唯”字有排除什么以外的一切的意思。而牟氏所用的“唯”字，则具有打通、综合的意思（郑家栋，2000：199—222）。

关于牟氏的唯心论一词的特殊涵义，至今也难见到清晰而透彻的阐释。为把苏、叶最后关于“心”的讨论联系起来，我想参考郑家栋的评介来概括牟氏唯心论的存有论意涵。

牟氏认为，吸收西方哲学重铸中国哲学，康德是最好的媒介。他认为康德哲学中包含两层存有论，一层是“超越的理念论”，另一层是“经验实在论”。这两层存有论分别指涉两个世界：noumena（牟氏译为本体界）和 phenomena（现象界）。他借用佛教的术语说，经验实在论是“执的存有论”，是识心；超越的理念论是“无执的存有论”，是智心。他要把这两层存有论统一起来。具体地，他把智心从外在于人的本体界拉到人之“内”的“心”中，在人心的活动中谈存在。进而，他以这个在人之内的智心来统摄识心，实现“一心开二门”。他虽然引用了佛教的术语，但是他的“心”的概念是以儒家为基础的。或者，这是一个以儒家为基础、把儒释道结合起来的“心”的概念。他还要把西方认知层次的思想纳入这个“心”的统摄之中。关于这个“心”的“无执的存有论”就是“彻底的唯心论”。牟氏认为这个唯心论可以弥补康德的不足，他认为康德在 noumena 方面开得不好，因为康德的 noumena 是消极的。

从这段粗浅的概括可以看出，心是牟氏阐述存有论的基础概念。如果当代社会理论涉及存有论问题，或者如叶氏指出的，与西方当代社会学理论的对话涉及中国（或者东方）与西方思想中在存有论问题上的差异，那么苏氏引牟氏的心的观点和韦伯对话便不是偶然的了。苏氏没有像叶氏那样勾勒出西方社会学转化的线索，而是直接进入哲学讨论，然后揭示此哲学观的社会学意义。他们殊途同归地提出心的问题，这使他们的讨论形成互补关系。在与叶氏互补的讨论中，苏氏进一步说明在文化自觉的中国社会学探索中心是一个不可回避的基础概念。而在两位方式不同的讨论中所牵涉的不同观点与问题，则可以为我们怎样在文化自觉的中国社会学探索中阐释心的概念带来启发。

叶氏明确提出存有论的问题，却没在哲学上讨论它。而是，他绕个弯，在与当代社会学理论的对话中反观它。在绕这个弯的时候，他没有遵循西方传统哲学的逻辑。苏氏引用牟宗三的观点，它是经过一系列哲学上的逻辑推导而出的。但是，牟氏的观点可以引起哲学上的争议，而这些争议本身不是西方传统哲学的逻辑所能限制的，它们牵涉叶氏绕个弯所讨论的历史经验问题。当苏氏把牟氏的观点引入社会学中时，哲学与社会学之间的逻辑问题会更加明显。

牟氏对康德哲学中两层存有论的概括会引起争议。有人认为他关于康德哲学中"本体界的存有论"一语不能成立，因为康德所谓本体界指的是 noumena，而不是 onto（存有，存在）（郑家栋，2000：141）。牟氏之所以格外推崇康德，是因为他认为康德是西方传统中的例外。他指出，西方传统从观解的形上学来讲最后的本体，而康德从实践理性来讲。就是，康德把本体论问题的切入点转到主体上，而与中国传统思想有相似之处。进而，牟氏认为康德从主体切入谈形上学，缺少功夫实践的心性之学。因此，牟氏在"接着"中国传统的心性之学讲的时候，似乎可以顺理成章地把康德部分思想接过来。在一定意义上，他也是"接着"康德讲的。在"接着"康德讲的时候，他接受了后者的自然与应然二分的观点，把道德主体的心阐释为形上的，以与知性主体的心相区分。而这个区分使得他所阐释的心与中国传统思想中的有所出入。之后，他又受黑格尔的绝对精神概念影响，把人的道德主体的心阐释为可以把握全部真实者。这个观点与《中庸》的费与隐、显与微的思想相左，后者认为人的认识能力是有限的，而与重新阐释弗洛伊德之后的当代诠释学的心灵观有相似之处。

正是基于这个可以把握全部真实的、道德主体的心，他也称"无尽心"，牟氏提出儒家与现代化并不冲突的观点。在他看来，历史乃是此"无尽心"之全部活动转化为精神表现的全部历程。

现代的科学与民主政治是理性的架构表现之成果，而与架构表现相对应的知性主体的心最终摄于与运用表现相对应的德性主体的心。而儒家在德性主体的心的理解上没有什么缺陷，所以只要经过良知坎陷，德性主体的心就会从内部、积极地促成架构表现，实现科学与民主政治。对牟氏的观点，苏氏概括到，这其中包含一种必然性，是一种类似黑格尔之绝对精神外化为客观精神的内在发展的必然性。苏氏的概括可谓一语中的。

以我理解所限，在韦伯对中国文化的讨论中，的确在内在修养的问题上有所误解。对于儒家和道家的内在修养思想，韦伯都称为神秘主义的。他这个观点是有所偏颇的。确如牟宗三指出的，中国传统中（包括儒释道等）关于“心”的思想具有理性成分，只是这种理性与西方传统中的有所不同。中国要建立现代科学与民主政治，是不能不在传统的心的思想中寻求动力资源的。随着改革开放以来中国经济的发展，我们对自己传统中积极的方面越来越自信。在这样的理论与现实脉络中，苏氏引用牟宗三对心的阐释来回应韦伯，可谓剥开繁冗，直指核心。

同时，苏氏的讨论方式可能在社会学中引起争议。

在一定意义上，涂尔干、韦伯都是“接着”康德讲的。涂尔干把理性主义从先验论拓展到社会历史经验之中（《宗教生活的基本形式》的导论表明这一点），把康德知识（指涉事实、自然）与价值二分的讨论转到对同时作为知识与价值承载者的“社会”的描述与阐释上。韦伯则通过新教伦理与资本主义精神之间关系的命题，把价值的讨论从先验层次转到历史经验之中。可以说，他们开创的社会学是对西方传统哲学中理性主义和经验主义的二元对立的一个突破。在20世纪的多数时期，主流社会科学为经验主义的实证主义方法论所统治，而对“经验”有过于狭窄的界定。汉语的心字所指涉的内在经验就不在其中。在文化自觉的社会学探索中，突破经验主义的局限是必要的方法论准备。但是，在突破经验主义局限的时候，可能又较容易回到涂尔干、韦伯之前的理性主义之中。在苏氏引牟氏的心灵观回应韦伯的时候，就似乎有这个倾向。这是因为他一方面有意识要突破康德关于知识（真）、实践（善）与审美（美）三个领域的划分方法和线性讨论方式，另一方面有意无意地接受了康德自然与信仰之二分法。同时，他以黑格尔的绝对精神概括牟氏的心灵观时，又似乎对黑格尔的形而上心灵观持肯定的态度。

他的这种讨论方式可能令一般社会学学生感到突兀，因为他们受到的训练主要是经验主义的实证主义的。站在这种主流方法论的立场，社会学研究是“自下而上”的。带着这样的眼光看，会觉得苏氏的方式是“自上而下”的。他们对苏氏的简单质疑可能是，他的论点缺乏足够的经验证据。当他们这么质疑的时候，他们已经把对历史经验的反思与方法论结合起来了。一百多年来，中国建立现代民主政治的历程历尽坎坷，其中的问题似乎不是“良知坎陷”所能解决的。在方法论上，似乎只有从直接经验起，“自下而上”的证实方式才是可信的。这个质疑中有在经验反思中所得到的合理观点，但是也有理论上的不足。

在这个历史反思中需要对中国这段历史中的问题进行理论概括。而在理论上把握历史经验的时候，可能牵涉中西思想的区别而进入哲学的层次。相关的理论（哲学）观点与历史经验之间要形成吻合关系。但是这个吻合关系不是以一方为绝对起点、以线性逻辑推出另一方的关系，而是在历史经验与哲学观点之间有循环论的关系。自诞生时起，社会学就试图在历史经验中把握规律。而历史经验中的规律是难以绝对的“自下而上”或者“自上而下”方式来把握的。因此，一个具体的研究可能偏重经验材料，也可能偏重理论讨论，它的价值要在它所在的脉络中评价。苏氏这篇文章偏重理论，它旨在指出在新的历史时期韦伯研究的方向。深刻性与启发性是它的价值所在，而没有呈现众多经验材料并不足以否定它的价值。在理论上，苏氏可能引起的争议涉及如何突破经验主义和理性主义所共享的二元对立思维模式和存有论预设问题。这就是叶氏所提到的问题。

把苏氏和叶氏的观点联系起来可以看出，当代社会理论中的深层问题需要在经验和理论之间进行循环的讨论，而难以符合西方传统哲学意义上的逻辑准则。为了突破经验主义和理性主义所共享的逻辑局限，叶氏所说的绕个弯可能是必要的。同时，在绕这个弯的过程中，也要有逻辑或者理路可言。上一节中所说的叶氏的曲折涉及形成新的理路的困难，而苏氏返回哲学的方式是一种理路的尝试。两位老师的差异给我们带来的启发是，文化自觉的社会学探索中的心的概念不应再是线性逻辑的起点，无论这个逻辑被用于经验主义还是理性主义的脉络之中。心是在经验和理论之间进行循环阐释中的基础概念。

三

具体地，文化自觉的社会学中的心是怎样的概念，或者我们怎样在经验和理论之间循环阐释它？这是一个不易简单说清，而需要我们不断探索的问题。从前两节对苏、叶观点的回顾可以看出，这个问题不是孤立的一个难点，而是牵涉一系列难点。对这样牵一发而动全身的问题，宜在一个整图像中进行描述和阐释。而从什么层次切入或者从什么角度来描述这个图像，便涉及当代社会理论所说的进路问题。我觉得诠释学是回答这个问题的有效进路。

诠释学是一个西方概念，当我提起这个名词时，便表明自己在相当程度上受到西方理论的影响。叶启政指出，本土化不是义和团式的运动，而要学习、吸收西方理论。同时，本土化的提出是针对在社会科学中西方过强、东方或者中国过弱的不平衡现状的。因此他鼓励我们在自己本土思想中发掘资源，以免不平衡的持续使我们最终失去生产原创话语的能力。在近期一次海峡两岸社会学理论研讨会上，他还指出，像马克思这样的大家就不拘泥于现有的进路，而是原创性地思考自己所关心的问题。他的话让我受益匪浅。的确，不拘一格的创造对文化自觉的探索具有特殊意义。在接受叶老师开导的同时，我还想使用诠释学这个名称。我是带着中国的直觉，其中感受和知识混合在一起，来理解这个进路的。因此，我所理解的诠释学不只是一门西方现代学问，它同样蕴含着中国智慧，并且是有助于理解各文化的进路。叶老师近期着力检讨西方现代"人"的概念，这说明深刻理解西方理论是本土化的必要理论准备。他的这个做法增强了我在中西思想之间选择研究进路的信心。

在中西文化比较中有一个重要观点，就是西方人更重视语言，中国人更强调言不尽意。叶氏所说的"有"的一层意思即指可以用语言表达者，而"无"的一层意思则指难以用语言表达者。但是，一方面，当代诠释学已经把语言范畴扩展为广义的符号，包括绘画、音乐等不同艺术形式，各种社会学与人类学所关心的仪式，乃至心理分析所关心的梦。这般广义的语言已经在不断接近中国人所关心的、不易用狭义的语言所表达的意思。另一方面，中国传统的言不尽意思想指语言不能完全表达人的内在经验，但是并不完全否认语言在表达内在经验上的作用。相反，中国人相信文化的作用。尽管现代汉语中的"文化"一词是引入西方观念之后创造的，它也有中国思想的基础。这个词中的"文"字与语言相关，而"文"所"化"的则是人的意，即情感、意向等内在经验。在中国传统中的言不尽意和西方当代不断拓展的语言观之间，可能提出能够表达人类存在状态及其性质的理论。诠释学就是这样的理论。

日常语言分析和现象学汇聚的层次是关于言与意之间关系的。这个层次也是当代诠释学进路的切入点。从这个层次开始，泰勒（Charles Taylor，1985：15 –57）由浅入深地阐释诠释学的存有论命题，人是自我阐释的动物（self-interpreting animal）。这个命题的意思是，人使用语言对自己内在情感、意向的阐释参与构成了人的存在本身。这是一个具有普遍意义的命题。它与中国思想中关于对人的存在与性质的观点相似，后者可以概括为“人是自我修养的生命”。泰勒进一步指出，社会科学的阐释是在三个层次之间进行。首先，在日常生活中，行动者用语言阐释她或者他的内在经验，这是原初阐释（the proto-interpretation）。其次，行动者在使用语言进行阐释的时候，她或者他便同时受到语言体系的形塑，这是第二层阐释。研究者对前两层阐释的整体进行阐释，这是第三层阐释。因为有第二层阐释，所以诠释学的阐释不限于日常语言分析和现象学汇聚的层次，上面所谓“由浅入深”的“深”是关于文化的。在第一、二层阐释之间的循环中，个人使用语言、创造词语表达独特情感与个人的表达受其所使用语言的形塑之间形成辩证关系。这种辩证的循环是在一个“心理—历史”的时间维度中进行的，这是一个建构文化的主体性过程。对时间维度与主体性的重视是狄尔泰在德国精神科学中建立的诠释学的传统。狄尔泰的诠释学是第一个与实证主义相抗衡的现代方法论，它可以称为现代意义的传统诠释学。泰勒继承了传统诠释学重视时间维度的思想。同时，他把这个维度纳入一个存有论的图像之中。这是受到海德格尔的影响。海德格尔对诠释学进行存有论的转化，此后的诠释学可以称为当代诠释学。把存有论的空间想象与传统诠释学的时间观结合起来，泰勒的当代诠释学进路可以从当前的经验现象开始进行历史的追溯。他的第三层阐释则涉及文化的特殊性与社会理论的普遍性之间的辩证关系。

泰勒把这些诠释学思想形象地展现在一个“自我的道德地形

学”（the moral topography of the self）中。他的代表作《自我的根源》（1989）的主体部分是从这个地形学一个展开的。在此书出版前不久，他（1988）先在一本探讨诠释学和心理学理论之间关系的文集中介绍了这个地形学。这个地形学吸收了海德格尔的思想，不是在个人之内，而是在一个道德空间的想象中描述一种心灵观。同时，这个空间想象是受了社会学的启发。只是这一点还要联系泰勒的思想线索、特别是他近期的观点来说明。这个地形学是普适于人类的，而泰勒要在这个理论框架中追溯西方现代自我的历史形成。这是涂尔干“个人主义是社会地形成”的观点的延续。涂尔干指出，社会从外面决定个人。泰勒则对这个思想进行了诠释学转化。他把涂尔干的集体表征（collective representation）纳入他所谓第二层阐释，以揭示社会的“外”与心理的“内”之间的辩证关系。他指出，个人成熟的自由选择需要特定的社会条件，他把这个条件称为“社会命题”（social thesis）（Smith，2002：145）。他近期（2007）还指出，现代道德秩序是通过社会想象（social imaginaries）而建立的，公共领域以及公共与私人的空间划分都是在通过这些想象实现的。这个空间又成为建构现代自我的条件。

从泰勒的思想线索可以看出，他的地形学把“心理—历史”的时间维度和社会的空间想象结合起来。参考这个地形学，我们可以在一个整体图像中考虑苏、叶所引出的一些突出问题，加深对文化自觉的社会学中的心的概念的理解。

泰勒的地形学是从现象学和日常语言分析所交汇的层次开始描绘的。他指出，各文化中的人们都使用“内”与“外”、“上”与“下”等空间术语，来描述自我的力量源泉。人类是在这些术语所张开道德空间中定义自我的。成为一个自我意味着能够在此空间中找到一个立场、形成一个视角，知道什么是对的，什么是真的值得做的，应该怎样去做，等等。一句话，是成为海德格尔所说的“此在”（Dasein）。

人类常有精神失落的经验，它附着在饥饿、性挫折、疾病、死亡、孤独等痛苦和挫折之上，或者交织其中。迷失、流离、残缺、无意义、脆弱、空虚等词语是用来描述这种经验的。相应地，人类有摆脱失落、寻求完整、充实内心、找回自我的愿望。要实现这些愿望，就要知道心灵整合、精神复原的力量来自“哪里”，复原、整合缘何发生。有人认为力量来自个人之“内”的自然本性，有人认为来自人们“之间”的感情，有人认为来自人们之“外”的“理念”与上帝，等等。这些力量源泉把人和可以“看”到的“理念”、“听”到的“内心声音”，以及“附”在我们身上的圣灵联系在一起。无论持哪种观念，人们总需要一个立体的图像，一个地形学。

有印度教义认为必须打破“内”与“外”、“我”与婆罗门之间的分隔，佛教的目标——涅槃——是“无处”（nowhere）。这些观念试图超越日常生活中自我的空间观念，而这些超越恰恰证实了自我的地形学是内在于日常语言之中的。这个道德地形学不仅是传统教义传下来的，它同时是植根于每时每刻的心理经验之中的。当我们遇到道德困境的时候，我们需要摆脱此困境的精神力量。如果我们相信这个力量，就会问它来自哪里。

因此，道德地形学和日常的自我概念有着内在的联系。道德根源的概念扣连着我们之内是什么或者人类存在的天赋、水平、方面的概念，把人们与这些根源联系起来。例如，把素朴（naive）自然主义者与程序化的推理联系在一起，把浪漫主义者和内心声音联系在一起，把儒家和伦理感情联系在一起，把柏拉图主义者和大写的理念联系在一起，把基督徒和上帝联系在一起，等等。换句话说，道德根源的概念是与语言对人们之“内”的身体/灵魂、理性/欲望、意志/知识、深层自然冲动/表层强加反应的区分联系在一起的，而这些语汇把什么更接近我们的真实存在，什么是更表面的区分开来。道德地形学提供了区分什么是我们的本质的脉络，提供了定义自我的原则。

参考这个地形学和相关社会学想象，我想在以下三个方面表达自己对苏、叶所引出的问题的看法。

首先，在文化自觉的社会学中，现象学和日常语言分析交汇的层次可以成为阐释的心的切入点。语言与内在经验的循环建构关系是普适于人类的，从这个层次开始的文化阐释可以很有包容性和说服力。

牟宗三曾引海德格尔的话说，在西方哲学传统中，康德以前的伦理是“本质伦理”，是康德转而讲“方向伦理”的（郑家栋，2000：112）。这里的“本质”指在人之外决定人的永恒者，如柏拉图的“理念”和基督教的上帝，它们决定道德法则和什么是善的。中国思想中的“天”或者“天道”也具有这种“本质”意味。康德的“方向伦理”是从主体开始说的，这与儒家的主流思想是相似的。在中国传统中，“天命”向下“贯”和人心向上“达”，这两条路线是相互联系的。但是如牟氏指出的，自孔子以降，总体上儒家更强调“下学上达”，虽然朱熹等理学家相对偏重形而上的“本质”。与中国思想相似地，泰勒吸收了海德格尔的思想，形象地描述了“方向伦理”的特征：以自我（主体）在这个地形学中寻找“方向”来定义人的本质。

在这个地形学中以方向定义自我的时候，可能牵涉大写的理念、上帝、天等形而上者，这要依社会、文化或者更具体的脉络而定。这时，可能有基督教的自上而下的方式，可能有儒家自下而上和自上而下两个方向若即若离的方式。同样，在这个地形学中也可能有自认为无涉形而上者的自我定义方式，如素朴自然主义者的。就是，这个地形学体现了普遍性和特殊性之间的辩证关系。

其次，在文化自觉的社会学中，可以在社会空间的想象中讨论存有论问题。联系相关社会学想象，可以对叶启政所说的存有论意义上的“有”和“无”有更清楚的理解。

叶氏所说的孤独的心境中的“无”是一种心理状态的特征。在（后）结构主义的社会空间想象中，也有一种“无”的特征。那里，这个特征是用“零度”或者“零位址”等概念描述的。比较这两种“无”的特征，一方面可以消除将它们混为一谈的误解，另一方面可以启发我们在社会空间的想象中进一步阐释叶氏所谓东方存有论的“无”。

（后）结构主义的空间想象是受了涂尔干的启发的。为了使社会学成为一门独立的科学，也因为二元对立思维的影响，涂尔干竭力与个人主义心理学划清界限。但是，他并没有放弃心灵的问题。他曾在大学期间访问冯特，并受到冯特的民族心理学（Volkerpsychologie）影响。他用心态（mentalities）指涉集体与社会的存在，而与个人主义心理学的心灵相区别。这里的心态与民族心理学的深层心灵大略相当，它们是众多个人心灵经过联合（associate）、混合（intermix）和结合（combine）而成的。它们浓缩了大量的历史经验，负载着大量的知识，而比个人心理（psychic）属性丰富、复杂。心态是由集体表征（collective representation）传递的。集体表征包括神话、图腾、仪式、现代概念与范畴，等等。它们是广义的语言与符号。社会学要透过语言、符号把握实在，理解实在是如何赋予符号真实意义的（Durkheim 1995：1－18，433－440）。这个思想与索绪尔的结构主义语言学相契合，成为社会学与人类学的结构主义的思想源头。涂尔干强调仪式的集体表征性质：它最能突出“社会”的整体性，把图腾、国旗等要素在一个空间中展现出来。

（后）结构主义者把涂尔干的观点极端化，提出“主体性之死”的命题。这个命题意在对抗19世纪的历史主义，而它对抗结构主义的方法则是以空间取代时间的优先性。传统诠释学在时间维度中阐释文化的主体性，它使历史的发展有方向可循。结构主义则以共时性取代历时性，与自然科学一起“封杀”历史。传统诠释学在起源的垂直深度中寻找逻辑，结构主义则在诸多可能性之水平状态下寻找逻辑。为说明时间的停滞，结构主义虚拟了一个“零度”。“零度”指“躲避存在的存在”。诠释学以主体的意向为存在的实质意涵，“零度”则指不存在这些实质意涵的地方。意向与主体的意识相关，而不存在任何意向的地方则是主体完全无意识的地方。这个虚拟的“零度”也称“零位址”，它是结构主义所谓“结构”所在之处。此“结构”与人们看得见的物质结构不同。它是人们所看不见的，也是人们所无意识的（多斯，2004 上：563—575）。

提到无意识会令我们想起弗洛伊德的心理分析。古典结构主义者列维－斯特劳斯说，人类学首先是心理学，其目的是重建支配人类心灵运作的普遍法则。但是，他与弗洛伊德的心理分析划清界限。心理分析包括符号和欲望两个层面，而列维－斯特劳斯只关注符号层面。一旦涉及欲望层面，就会涉及存在的实质意涵。列维－斯特劳斯认为只有符号的形式才是人们完全无意识的，这种无意识才是人类学的研究对象。符号的形式结构具有康德的本体界性质，它把主体彻底排除了。列维－斯特劳斯选择博洛洛人（Bororo）那样小巧而封闭的社会，来揭示时间停滞状态下的符号结构。他把这样的结构称为精神机器的地形学（多斯，2004 上：158；2004 下：576—577）。

这个结构主义空间想象中的“零度”具有一种“无”的特征。这里的“无”指语言的形式结构的一种特征，它在任何心理状态之外而永恒地存在。而叶氏所说的孤独的心境中的“无”恰指心理状态本身的特征。如果这个特征与永恒的“道”联系，这个道也不是语言的形式结构。

后结构主义对“零度”的观点加以转化，在历史脉络中否定时间与意图的重要性。福柯不是在博洛洛人这样似乎冻结不变的小型社会，而是在复杂多变的西方社会中证明启蒙以来的现代主体性之死。他不是预设时间的永远停滞，而是把社会话语隐喻为地质岩层结构，然后对此地质岩层进行水平切割，通过考察不同时间的岩层平面的不同来反对传统诠释学关于内在时间的连续性观点。他使用大量的空间隐喻（方位、位移、场地、野地等）和地理学术语（领土、领地、地平线、群岛、乡土、地缘政治、区域、景观等），以更丰富的空间想象来抗议时间的优先性。他指出，时间的优先性指的是个人无意识，而空间术语则使他能够剔除主体，审视权力关系而无须提及意图。这种分析集中于权力在话语实践中所产生的效果，因此是一种地缘政治学。但是在涉及文化区域时，他并没有证明空间话语的正当性。这可能与他对主体意图的忽略有关。和地质学家研究地形学是如何组织起来的一样，福柯考察了使得他的研究对象成为可能的条件。因此，诊所、监狱、疯癫和性行为都不是研究对象（其历史性和构成需要说明），而是理解某些条件的工具（那些条件允许这些工具被概念化）。好像这些建筑、人和人的行为都只是话语的载体，话语的能指和所指关系的空间分布才是话语地形学的组织方式（多斯，2004 下：578—579）。

叶氏不会认可福柯的观点。如果不同时间的社会话语全然是断裂，而没有任何延续性，传统与现代化就是对立的两极。而这正是他的本土化思想所反对的。福柯晚期把主体纳回，泰勒认为这又为诠释学的对话提供了可能性。可能叶氏与福柯晚期有相似之处，同时他们对主体观仍有不同。叶氏提出东方或者中国的修养概念，意在强调对欲望的节制。经过修养的节制，主体之间可能减少因欲望而带来的对抗。于是，社会互动不是原子论的欲望主体之间的互动，而呈现一种圆融的特征。随着心境的改变，社会空间也随之加大。我的这个理解是否是叶氏的本意，叶氏今后会怎样进一步阐释修养，这些问题需要把心理状态与社会话语联系在一起加以讨论。这种讨论需要一个把主体性的时间维度和社会的空间想象结合在一起的理论框架，而泰勒的地形学就是这样的框架。

最后，文化自觉的社会学应有一个整体论的实践观，而不宜像康德那样预设一个纯粹理性和实践理性二分的观点。泰勒的地形学就表达了整体论的实践观。建构社会空间的话语（架构表现）加入主体的自我阐释（运用表现），二者之间是循环建构，而不是“坎陷”一方才能发展另一方的关系。

费孝通晚期（2003）指出，传统中国人的世界观是用“内”、“外”维度建构起来的：一切事物，都在“由内到外”或“由表及里”的“差序格局”中体现出来。这个世界图像是一个道德空间，而社会空间是其中的重要部分。在这个道德空间中，“心”是“差序格局”的内在基础。费氏鼓励中国社会学者用诠释学的方法来阐释“心”，并认为这是中国社会学可能对国际社会学做出突出贡献的领域。费氏的图像与泰勒的地形学是吻合的，可以把前者看做后者关于中国文化的范例。这个图像本身是一个架构表现。同时，其中对“心”的阐释也是运用表现。这两种表现是循环建构的。

费氏晚期曾对学生们说，“差序格局”是他半个世纪前提出的概念。而在今天，学生们与其继续寻找材料来证实这个概念，不如思考当今中国社会哪些方面还与这个概念吻合，哪些方面发生了变化，还应向什么方向变化。如果接受费先生的建议，我们就可能又遇到苏氏在反思韦伯时所提到的建立中国现代民主政治的问题。

在以经济为中心的改革进入第三个十年之际，政治改革的问题再次引起领导人和学者的关注。引起这个问题的一个原因是，如不进行政治改革中国的经济难以持续发展下去。当前中国经济的问题不是局部的，而涉及整体结构。由少数人组成的既得利益阶层占有和控制了社会的绝大多数资源，这个利益格局不利于由依赖出口向依赖内需、由依赖廉价劳动向依赖知识创新的转变。扭转这个整体利益格局的政治改革是关于利益或者实然的。同时，知识创新涉及人的内在潜力的发挥，而人的内在潜力假设与充分发挥此潜力的政治构想又涉及应然问题。面对这个现实问题，社会学，或者文化自觉的社会学可以做出什么贡献?

在引述牟宗三的心灵观的时候，苏氏的重心在应然上。而现实问题把利益或者实然推向前台。另一位社会学家，孙立平老师则在实然的层次上对这个现实进行了深刻的分析。他在近期一次海峡两岸社会学理论研讨会上指出，社会学只研究实然，而不研究应然。因为对利益的重视，他的描述可以引起广大中国读者的共鸣。而对应然的回避则限制了他对经济格局背后的政治与文化分析。如果把苏、孙的观点结合起来，可能会在当前中国改革的问题上更充分地发挥社会学的想象。

孙立平（2004）指出，中国社会中已经出现一个精英集团，它是在中国从共产主义体制向市场经济转型的实践中形成的。这个实践过程有一个特点，就是意识形态之“名”和具体行动之“实”之间有所距离。有时改革只能做不能说，变通地进行。这里的不能说是为了维护政体和意识形态的连续性。这种连续性使布迪厄所说的经济资本、政治资本和文化资本并不相互独立，它们之间的转换也不是此消彼长的。而是，政治资本保持强势，整个社会的资本以不分化的总体性资本状态而存在。在改革的过程中出现一系列攫取总体性资本的风潮，而每次风潮都加剧了精英集团对总体性资本的占有和控制。这便是精英集团的原始积累。在总体性资本的原始积累过程中，1990年代初的“下海”是一个重要环节。这次“下海”以“圈地运动”为契机，而“圈地运动”的基本媒介是权力而不是金钱，金钱只是结果。这次

“圈地运动”提供了大规模的政治资本与经济资本交换的机会，后来一些大规模民营企业就是在这个时候发展起来的。随后是企业界的成功人士和相当一批政府官员“买文凭”，这样一来原本就拥有政治资本或经济资本，或是同时拥有这两种资本的人，又获得了政治资本。这个占有总体性资本的精英集团人数很少，但是对于社会决策的影响力却很大。在1990年代中前期实行经济紧缩方针时，相当一些房地产商“被套住”。于是一些房地产商赞助了一系列经济发展研讨会，由经济学家出面呼吁实行宽松的财政和金融政策。此后，由知识分子制造的主导型话语更直接地体现了这个群体的价值和主张。就是，知识分子中有话语权的主要部分也加入了精英集团。在孙氏上述描述之后的几年里，房价经过几次上涨，房地产成了整个社会中积累、转移和占有财富的主要载体。高房价也是中国经济结构问题的集中体现。

在孙氏的分析中，经济资本、政治资本和文化资本，以及作为它们之和的总体性资本是关键概念。它们指实然，而这些资本的分配方式则涉及应然。孙氏一直主张利益分配应该向弱势群体倾斜，这个观点本身是有价值关怀的。之所以有总体性资本存在，是因为要保持意识形态的连续性。意识形态关乎上述各种资本的分配格局，它是涉及应然问题的。要解决意识形态之“名”和具体实践之“实”之间的距离问题，不断阐释蕴含社会成员共享价值的意识形态是一个必要条件。从诠释学的立场，政治本身需要价值、理想的支持，对意识形态的阐释需要道德空间的想象。

从诠释学的角度，经济资本、政治资本和文化资本本身也是由人们对它们的欲望参与构成的，而人们在这各种欲望之间的取舍便涉及价值问题。进而，人们在争取这些资本的时候，也会或显或隐地运用价值资源。孙氏指出，1990年代初的“圈地运动”的基本媒介是权力而不是金钱。而当时参与“圈地运动”的并不都是直接掌握权力的官员，其中很大一部分是高干子弟。这是否说明，在既得利益阶层的形成中人们以隐含的方式运用了“差序格局”中的价值资源？

“差序格局”概括了传统中国人道德空间的特征。但是这个空间中有哪些具体价值，它们与中国现代民主政治的核心价值——自由与平等——之间是什么关系？这些问题需要我们在具体历史处境中联系不断地讨论。对既得利益阶层的描述牵涉一个隐含的道德空间想象：攫取总体性资本有一个以掌权者为中心的“差序格局”。可能这个想象是对共产主义、自由、平等以及“差序格局”所牵涉的文化价值的扭曲，纠正这个扭曲需要展开由这些价值所牵涉的其他空间想象。这里需要的空间想象可能比费先生在半个世纪前的具体、丰富得多，这些想象也应该是文化自觉的社会学的所长。这些想象是观解表现，同时它也是道德理性的，它不是“坎陷”而是促进作用表现。中国人的现代心灵正是在这两种表现的循环中建构的。

参考文献

多斯，2004，《从结构到解构：法国20世纪思想主潮》（上下卷），季广茂译，北京：中央编译出版社

孙立平，2004，《转型与断裂——改革以来中国社会结构的变迁》，北京：清华大学出版社

苏国勋，2007，《马克斯·韦伯：基于中国语境的再研究》，《社会》2007年第5期，1—25

费孝通，2003，《试谈拓展社会学的传统界限》，《新华文摘》2003年第9期，13—21

叶启政，2000，《进出“结构—行动”的困境》，台北：三民书局

——，2008，《迈向修养社会学》，台北：三民书局

郑家栋，2000，《牟宗三》，台北：东大图书公司

Durkheim，Emile，1995，*The Elementary Forms of Religious Life*，New York：Free Press

Smith，Nicholas，2002，*Charles Taylor：Meaning，Morals and Modernity*，Cambridge，UK：Polity

Taylor，Charles，1985，*Philosophy and Human Sciences：Philosophical Papers II*，London：Cambridge University

——，1988，"The Moral Topography of the Self，" in Stanley B. Messer，Louis A. Sass，and Robert L. Woolfolk，eds.，*Hermeneutics and Psychological Theory：Interpretive Perspectives on Personality，Psychotherapy，Psychopathology*，London：Rutgers University Press，298 –320

——，1989，*Sources of the Self：the Making of the Modern Identity*，Harvard University Press

——，2007，*Social Imaginaries*，Durham and Landon：Duke University Press

卢梭对现代教育传统的奠基

渠敬东

所谓现代教育传统，与西方古典时期的那种教育传统不同。基姆鲍尔在他的《演说家与哲学家》一书说过这样的看法：希腊人对教育的理解，首先基于对城邦政治的理解，如亚里士多德《政治学》所谓人是政治（polis）动物的基本判断，而对于政治的理解，则是基于对自然秩序（logos）的把握（Kimball，1995）。在哲学意义上，希腊人对自然的理解其实是沿着两个不同的路向展开的：一是指“智者派”，他们从语言（oratio）出发，认为教育是一种说服的技艺（persuasive techniques），这种关于智慧（sophia）的看法，是将古典教育落实在文法和修辞术的培养，通过演说家对语言的确当运用，直接将教育转化为政治实践（Plato，*Gorgias*：502 –522〔1997〕；Kimball，1995：17）。不过，由苏格拉底所确立的传统，却将理智（ratio）作为核心，以自然的整全（cosmos）为本，认为知识高于语言，有关自然哲学高于文法和修辞，教育的最高目标是人的理智德性（Plato，*Republic*：492b –493c〔1968〕；Plato，*Phaedus*：278d〔1997〕）〔1〕，“知识乃是通往德性之途”，“……理智是我们所能拥有的最高品性”（Aristotle，1999：1177a –1179a）。所以，教育必须以有关自然

---

〔1〕 亦可参见布鲁姆在《理想国》英译本序言中的解释（Bloom，1968：397 –401）。

的哲学为基点，用理念的秩序来规定意见。

对于上述两传统，伊索克拉底提出了质疑[1]，他认为智者派用语言直接引导教育的学说，是不着根本的，实是“藉真理之口，授欺诈之术”（Isocrates，1929：291）；而苏格拉底和柏拉图所说的哲学基础，也必须重新回到 oratio 意义上的实践活动（*praxis*）中来，回到城邦政治世界中的最高德性中来；荷马史诗中的英雄们所具有的 *aretē*（excellence or virtue），应作为教育所要塑造的高贵德性（Isocrates，1929：291－293）。在这个意义上，oratio 并不像智者理解的那样简单，而应是高于修辞术的修辞学，是诗学；教育必须要从关于自然的知识向语言的政治实践转换。

一　现代教育的最初奠基

无论我们怎样来看希腊的古典教育传统，都可将古典教育理解为对更高的自然等级秩序的摹仿，而这种摹仿的实质，乃为通过塑造最高德性而来确立城邦秩序生活的政治实践。就这个意义上说，现代教育的原则则有所不同。基督教的超越，首先是确立一种反转的秩序（inverted order），即用天城的观念来取代自然秩序的第一原理（参见黑格尔，1983），而在人的灵魂结构中，基督教则确立了“内在人”（homo interior）的基本状态。这样一来，教育便不再发生在自然之光所投射的现实城邦中，不再是人们意见的对话和论辩，不再直接对应着事情本身。相反，教育发生在每个人的灵魂深处，成为了“提醒”（reminding）。奥古

[1] 莫罗认为，在上述两条路线的斗争中，最终获胜的并不是哲学王，而是诗的路线。希腊教育中的“领风气先者不是柏拉图，而是伊索克拉底；因为从古典教育中兴起的文化（culture），是审美、艺术和文学，而非科学”（Marrou，1956：23）。

斯丁认为，教育的根本，最终来自“内在于我们心智自身中主导性的真理”（Augustine，1995：〔11.38〕45），而这个真理，实现这个真理的“真正教师”即是“基督”。因而，真正的教师只有一个，内在于每个人的心灵之中，我们最终的整全的教育，意味着我们“在内在的意义上是真理的学生”。在这样的教育里，我们内在地信仰的唯一的上帝才是我们的教师，我们内在地建造的“心智的圣庙”才是我们的教室，学习，即是我们灵魂深处的“独白”。（李猛，2009；渠敬东，2005）

奥古斯丁在教育上的这次转换，从根本上构成了现代教育的哲学基础和起点。自此以后，人的灵魂中那个最“隐秘”的部分，便成了教育所要探讨的永久的主题；或者说，自我作为教育的一个新维度，使有关反思性或反身性（reflexivity）的讨论，开始成为探索人心的奥秘的途径。不过，这样一种教育基理，在近代文艺复兴中再次发生了重要的变化。

所谓文艺复兴，是指古典文明在现代的复兴，即是将古典的自然观念再次植入现代人的心灵结构中，从而实现了人的自然，即人性问题的再一次的构建。这样一种转变，首先围绕着质料的概念而展开。意大利教育学家弗吉利奥（Vergerio）曾率先提出通才教育（all-around education）的概念。这个概念起先并没有多少形而上学的涵义，而是将自然理解为我们周遭的一切自然事物，而人的自然构成，在于人如何通过自身的能力（faculties），将生活中的一切具体事物融汇到其自身自然的塑造中来，从质料的角度来克服一切逻辑形式主义对人心的捆绑。这乃是所谓百科全书学派的最初基调。

百科全书学派的原初形态是拉伯雷的博学派，而博学派起先所要复兴的也是古典时代的智者派传统，即凡是由纯粹理念塑造的一切，凡是修道院中现实的规条、纪律和章程，都应该统统打碎；博学派所理解的教义学，同时也突出了灵魂的自由意志学说，认为人在神意论上可以自由全面地发展自己的本性。拉伯雷将自由意志与生活质料联系起来，并把自然当做生活质料来理解。从这个角度来理解，意志与自然之关系的最充分展开，即是文学，即是多样化的生活质料和多样化的人的具体形态，而非理念化的教义形式。在这个意义上，人的自然乃是自然的一切，自然总体全面地（all-aroundly）构成了像高康大和庞大固埃那样的“完人”（hommes complets）。而人的知识形态，也被理解为理论知识和操作知识、自然知识和习俗知识的结合体。

若说拉伯雷所坚持的是知识即善的教育原理，伊拉斯谟则不同意这样的看法，他认为扩大了的自然知识并不能直接达成善的结果，相反，必须将希腊时期从自然知识到德性生活的次序翻转过来，总体知识必须由伦理生活的目的来引导，因此，“教育的首要任务是在青年的头脑里播下虔诚的种子，其次，使年轻人能够热爱和透彻地学习自由学科，第三，使他们为生活的义务做准备，第四，使他们很早习惯基本的礼仪”。（转引自涂尔干，《教育思想的演进》，2003：262—281）。在这个意义上，拉伯雷的教育只能说是一种最终依据自身生活经验的自我教育，而无法实现教育的更高目的。教育所要建立的知识全域（orbem doctrinae），必须由知识内在的道德目标来统摄，知识与善并不能直接相等同，知识必须成为由“善”来引发的纵向体系。这个体系不应像拉伯雷式的知识那样，仅凭个人体验和应用而成为散杂的知识总体，而应由文法、逻辑乃至具体生活中的仪轨和规矩所构成。但这种自由教育（liberal education），并非意味着重新返回到经院哲学的规定，而必须借助古典时代的言辞教育的传统，从文学（literature）入手，通过培养 oratio 的技艺，用语言的活的运用来塑造纯粹形式的规定性。

因此，在伊拉斯谟看来，教育的核心不是博学，不是包罗万象的自然知识，而应将自然的本质理解为其内在的纯粹形式。在这个意义上，拉丁文作为最标准的文学语言，必须成为自由教育通用的唯一教育载体，只有靠拉丁文，文学教育才能达到表达的最高境界，而且在道德上达到至善的境界。对于知识形式的追求，亦可内在地去除人的心灵及其外部自然之中的鄙俗，使人变得优雅而精致，从而将贵族的风格和风范得以有效地传布于整个社会，确立礼貌社会的基础。这恰恰是古典文明通过文化的方式对现世世界的自然救赎，即通过对古典文学的鉴赏和运用，恢复内在于人文和人心之中的“礼”的神圣秩序和道德秩序。上述教育观念与经院哲学的最大差别，乃在于内在知识不再是奥古斯丁所谓“唤醒”的动力，不再是天职（calling），而是借助于古典作品的“激发”（provoking），人的自然的焕发。

文艺复兴运动无论将自然理解为来自外部的直接知识，还是理解为内在的形式知识，都期望能够将自由意志与自然知识再次融合起来，从而确立了现代教育的重要前提。但这种教育观念，首先遭遇了这一阵营的内部的反动。蒙田认为，上述两种学说对自然，特别是人的自然的论调，根本没有触及到人性的本质之处。他痛斥教育所诉诸的人文（文学）形态，实质上只是个人对自然知识的享用，或对自然知识的虚饰。

蒙田指出，文艺复兴运动中的人文主义者所做的贡献，在于他们重新确立了自我的观念，并将自我的激情结构径直指向自然，无论是事物意义上的自然，还是文法意义上的自然。但这样的做法并不能进人古典文明的根本，却很容易将声名或荣耀这样由德性而来的观念，纯粹看做是自身的自然生成，或者更准确地说，将人的实现理解成为人在运用自然的意义上的艺术生成。这样一来，知识很容易沦落成为一种心智的装点，而远离人真正的自然需求（蒙田，2006）。蒙田坚决反对将文学式的愉悦作为教育的基本原则，认为纯粹的知识与智慧无关。知识只有回到人的自然的内在需求，回到与人具有现实关联的生活事物，才能转化为真正的智慧。人若将对自然事物的认识只作为自身的扩充（enlarged），将有关自然的所有想象都理解成为自身，反倒既偏离了自然，也偏离了自己，因而，无论是优美的希腊语和拉丁语，还是精致的古典作品，都必须纳入到人们切身的真实存在的本质，才能获得应有之义。心灵无论用怎样的优雅知识包裹自己，都无法深入到人们心灵的根本处。所以说，是真理，而非语言或语言的运用本身，才应该是一切知识的实质，是对真理的判断，才应该是教育的根本出发点。以往的人文教育，只想着尽可能给心灵充填一些值得炫耀的知识符号，却忽视了每个学生的内在自然的构成及其品性，这种教育充其量也只能说是一种装饰，从根本上难以符合孩子的自然发展的轨迹和规律。

知识未必能够进入人的自然成长，知识未必能够达成关于真理的判断，知识未必能够改善人的现实处境，知识也未必能够实现人类文明的获得和传承。知识的意志和激情只有不偏离于人的自然需求，才能获得教育的确当性，自然知识的寻求，必须符合人对自身自然的认识和把握。蒙田的所有这些教育观念，都极大程度地影响了卢梭对于人文主义教育的检讨，以及对于现代教育问题的核心论述。

二　卢梭的反人文教育倾向

在卢梭几乎所有的著述里，都可以看到一种反智主义倾向（anti-intellectualism）。卢梭的这种倾向，并非意味着将理智（intellectual）连同相关的一切概念都统统抛弃在教育问题之外。更准确地讲，卢梭敏锐地发现文艺复兴以来人文主义教育中隐藏着一种最大的危害，认为若将现代教育简单地理解为古典文化的复兴，那么我们一定会丧失真正发现现代人之内在本质的机会，从而也丧失了发现其内在的道德和政治自由的机会。而这一切，都源于对人的自然基础的重新发现。

卢梭对人文教育的批判，从自然、风尚和政治的多重角度入手，并努力以此为基础，确立从人到物、从人到公民、从自然自由到道德自由，再到公民自由的全面教育学说。众所周知，在卢梭一生著述中最早的文献，即法兰西学院的征文“科学和艺术的复兴究竟会敦风化俗，还是会伤风败俗?”[1]便是一篇尝试对文艺复兴时期的教育观念进行总清算的文章。在这篇文章中，卢梭断言，文艺复兴的思想家们希望将古典文化直接植入现代人心灵的做法，不但没有使人们从现代人的奴役状况中解放出来，反而添加了一种特别的奴役：这种人文主义与中产阶级的趣味（gout）巧妙结合，反倒是形成了中产阶级的专制（despotisme），并通过这种方式成为了构成社会风尚的支配性逻辑。卢梭用几近反讽的笔调写道：“自从学者在我们中间开始出现后，好人就不见了。”（Rousseau，1993：18）今天的诗人和科学家们只知道古典时代好，亦步亦趋地加以效仿，只知道用诸神的样子装点自家门房的柱头上，只知道用戏剧家们华丽的词句硬塞在自己的演说中，却不知那个时代的人与城邦的基础，那个时代自由人的精神实质。由于虚饰的知识越来越游离于人们真正的自然基础之外，而成为人们自我证成和自我实现的重要手段。

卢梭用近似于蒙田的笔调，指出了所谓这种文艺复兴式的“文明化”形态的危险所在。这种危害要比纯粹政治的专制还要可怕，因为声名与炫耀的虚荣既来自于大众的意见，同时又要通过“精致而美妙的趣味”确立文化的差异；这种差异的本质绝不是自由，而是先让自己囚困在文化和声名所塑造的虚幻景象之

〔1〕 原文为“Le rétablissement des sciences et des arts a-t-il contribué à épurer ou à corrompre les moeurs?”（中译本参照卢梭，1997；英译本参照 Rousseau，1993）。

中，投入到大众意见的奴役状态之中，再使自己建造一种趣味的专制，用来奴役别人。进而形成整个社会一般意义上的奴役的循环，因为文艺复兴中的科学思辨和艺术想象所引发的谬误要远远比真理多得多，进而最终形成生产意见的机制，人们的意见越多，心就越烦躁，就越想当主人，越想通过来自别人的意见而成为驾驭别人的主人，因而也就越会陷入奴隶状态；文明化的基础是自恋（amour-propre），而非古典时代的那种由人的单纯性（simplicity）而来的德性状态（参见渠敬东，2009）。

按照朱迪·斯珂拉的说法，文艺复兴的人文教育观实际上去除了人与公民的双重自由的基础，而卢梭将这种状况直接归结为当时在欧洲具有传染性的文化的社会化流弊（参见 Shklar, 1969：Ch. 1）。卢梭认为，从文艺复兴中的科学和艺术中，真正发育出来的是人的自爱的动机，它不由像斯巴达那样的政治共同体来规定，而任由文化所塑造的无限想象而伸展；它并不需要遵从一个更高的普遍的东西，而只沉浸在由诸多个体的意见汇聚而成的舆论里。恰恰是这些，祛除了人的自然平等和政治平等，用纯粹社会的方法建立了一个不平等的世界，这个世界中的人，充其量只是一个人群，“一个集合，而不是一个联合体”（卢梭，1980：21〔译文有改动〕），不具备一点儿超越于个体性质的普遍性基础。更危险的是，这个世界也往往立基于一个虚幻的想象基础上，每个人都借助他所独有的知识和由这种知识来诠释的个人体验，将自己想象成为别人的主人，将自己想象成为操度这个世界的僭主，[1]而这种操度充其量不过是一种自我保全而已。

在卢梭看来，人文主义教育的基本难题，在于它既无视构成

〔1〕“自以为是其他一切主人的人，反而比其他一切更是奴隶”；“当支配以公众意见为基础时，支配本身就成了奴隶”（分别参见卢梭，1980：8；Rousseau, 1979：Book Ⅱ）。

人的自然状态，也无视人的共同体形态中应该具有的普遍的政治属性，而人文主义者最幼稚的地方，恰恰是他们没有认清文艺复兴的实质，并非纯粹是古典文明的复兴，而是文化所依托的现实的社会形态已经发生了根本性的变化。这种社会既非完全由古典政治所谓的政体结构所能确定，也非纯粹的个人文化趣味所能确定；相反，主导现实世界运转的逻辑，已经远远超出了古典文明所专注的自然的逻辑和政治的逻辑。中产阶级的世界，更大程度上具有着孟德斯鸠所说的那种贸易的本性，它根本上是流动性的、传染性的，并不能限定于任何固有的地理区域和制度结构之内，而会扩散至整个世界的每个角落。因此，社会的逻辑才是这种文化复兴的真实基础，整个欧洲正是因为有了这样的基础，人文主义者所谓的文化，才最终按照一种趣味的、礼貌的、装饰的、舆论的方式相互传染，形成一种潮流，一种风尚，一种由所有个体集合而成的流变的舆论，以及在这种舆论中建立起来的主人与奴隶之间的文明化的奴役。

也正是在这个意义上，卢梭反对霍布斯的自然状态学说，他认为霍布斯所谓的自然状态只是言辞上的自然，因为这种自然所刻画的，乃是人们借由激情和想象所确立的人与人的关系，这种关系本质而言已是恶的社会关系了，他并未看到人的原初意义上的意志的自然形态。卢梭在很大程度上也不赞成孟德斯鸠关于社会的论述，孟德斯鸠虽然能够对政治的构成提供古典意义上的理解，但另一方面他过于相信社会意义上的“法”的效力，过于相信通过社会法则来确立现代人的人心秩序的可能性。同样，卢梭也对洛克关于“自然即习惯”的命题提出了根本质疑，他认为习惯非但不是自然，反倒是社会的产物，洛克基于培养良好习惯的教育方案，依然是一种自然对社会的妥协，他由此确立的宗教宽容，只能最终建立在流变的社会秩序上，而无法将教育落实在自然和政治最为普遍的基础上（Rousseau，1979：39）。就此而言，卢梭更愿意将社会性的民情（moeurs，mores）理解成为一种现实的条件（condition），而不是具有实质理论涵义的概念。

三　现代教育的三种构成

显然，卢梭并没有像孟德斯鸠和后来的托克维尔那样，把民情作为一种分析性的概念，同时他也不认为社会契约可以最终落实在习俗和习惯的基础上。卢梭眼中的现实条件，是教育本来所依凭的家庭，如今在中产阶级的形态中，已经变得名不副实了。卢梭之所以选择爱弥尔这个孤儿来做教育的实验，实则出于一种事实上的隐喻，因为在所有的中产阶级家庭中，母子关系和父子关系中的自然已经瓦解掉了，母亲把自己哺育的自然权利让渡给保姆，把亲生孩子与自己的关系转化成一种礼貌性的社会关系，用保姆与孩子之间职责性的社会关系替代了母子间原初的自然纽带。这样的结果，“可以说孩子的心在他还没出生前就死了”（Rousseau，1979：47）。同样，那个作为中产阶级代表的父亲，总是在为他的世俗业务的经营而忙碌，而把他的家庭教育义务撇除在一切社会事务之外，他更愿意把教育孩子的事情看做是一种可以买来的生意，花钱请个家庭教师来，让这个雇来的奴仆“把自己的孩子培养成第二个奴仆”。

因此，所有的孩子在他们幼小的心灵内，都是事实上的孤儿，这即是教育上的现代民情。它抽离了一切自然联系，在孩子一降生下来便将一切自然取消掉，代之以纯粹社会性的关系。这种传染的和流动的社会关系，清除了人的所有创世论意义上的自然基础，成为一切恶的根源。卢梭在《论人类不平等的起源和基础》及《爱弥尔》开篇的这一论断，确实非常重要。他认为，只有纯粹意义上的人与人的社会关系，才会构成不平等的奴役状态，因为这种状态使所有人都偏离于自然人的那些好的属性，也无法建立一种公民意义上的更高的政治属性，人陷入由社会构成的纯粹的私人状态，这也是马克思后来对市民社会的私人性质加以严厉批判的焦点（马克思，1956）。

也正是在这个意义上，卢梭非常怀疑现代教育直接诉诸家庭教育的可行性。在上述民情中，家庭教育的问题已经不再囿限于费尔默与洛克之间有关“父权制”的争论，而沦为实质的社会败坏的影响，家庭教育不再是一种自然教育的结构，相反，它一开始就通过奴役性的结构在孩子脆弱的心灵中设下了不平等的秩序，使孩子被塑造成为两面人（double man）或小大人（man-child）。

由此之故，卢梭认为我们必须为现代人建立一种能够祛除这种社会性败坏的教育结构，教育的根本则是“趁早给你的孩子的灵魂周围筑起一道围墙”，以免被那些违反自然的社会习惯所侵害。对于人而言，教育总归是必需的：对一个弱小的孩子来说，他总要实现自己身体和心智的成长，对于一个初长成人的人来说，总需要进入社会。我们生来没有而长大后所必需的一切，都是由教育赐予我们的。可是，一切的教育却必须始终落实在我们的自然基础之上。卢梭说，用于实现上述目标的教育，可分为三类：一是受之于“自然”的教育，完全不能由我们来控制，它是孩子们的能力和器官的内在发育过程，需要加以保护；二是受之于“物”的教育，只是在有些方面能够由我们来控制，它基于孩子们对外在事物的经验，通过物的自然必然性基础来为孩子的成长提供自然限制；三是受之于“人”的教育，我们或许可以成为这种教育的主导者（masters），为的是使孩子们能够恰当地利用自身能力和器官的内在发育，与外在的事物和人发生关系（Rousseau，1979：38）。

就自然教育来说，卢梭将其看做一种“消极教育”（negative education）。自然教育之所以不能由人为控制，是因为人的自然构造和发育完全是由神意来控制的，不能通过任何人为的方式来僭越。因此，自然教育有两个方面的意涵：一方面，“人生下来就是好的”，教育的首要前提，是靠人的内在自然来对外在社会予以否定，一切教育都必须以符合人的内在自然发育的规律，并通过协调这种发育的方式来促进这种发育。另一方面，自然神论意义上的自然必然性和神圣性，为一切个体的自然发育和人为的社会活动都提供了终极限制；在这个意义上，这种最大的自然也是最大的规定性，若违背这种规定性，便必然得到自然必然性的惩罚。在卢梭看来，自然教育为现代教育提供了两个最绝对的基础，一是自由意志的个体必然作为自然的“一”，个体的自然规定决不受任何社会因素来规定，个体就自然而言即是一个“孤独者”；二是上帝作为绝对的自由意志，是整全的“一”，一切社会都由此规定，而不能对上帝做出规定。自然教育将整体现代教育置于两个限定性的前提下，而不会任由社会来统辖。

不过，单凭自然的双重规定性，自然教育不能完全实现人的成长。人从感觉到知觉、从知性到理性的发育，必须通过外在的中介来实现。这即为“物”的教育的实质涵义。换言之，人的扩展和成长，决不能以社会连带或抽象知识的方式来实行，不能将社会关系作为中介，而必须以具体实在的“物”为中介，人与物的关系并不直接具有善与恶的道德意涵，也不具有社会意义上的等级和奴役关系。因此，“物”的教育的实质，在于通过使用（use）和劳动（work）实现自身的“有”（being），通过运用“物”和改变“物”来扩展自身的知觉范围、知性范围，使与我的自然发生关系的具体的“物”，成为我的实在内容，《爱弥尔》中所讲的种豆子，以及爱弥尔读《鲁宾逊漂流记》的故事，都表明只有通过“物”的教育的中介，人的外部世界，无论是具体形态的东西，还是知识形态的东西，才能成为人自身真实的构成，才能成为人自身的财产/属性（property）。

受之于“人”的教育，在卢梭那里确实是一个复杂的议题，也是现代教育中最具特色的成分。按照卢梭的说法，这部分的教育人或许可以成为主导者，其目的是在孩子自然发育每个阶段的具体过程中，可以严格控制他与外在的物和人发生关系的途径和范围。至少从卢梭的表述中，我们可以看到，任何自然教育和物的教育都不可能是绝对自然发生的，倘若如此，教育也不能算是教育了。教育之所以成为教育，必由人来主导。[1]

那么，什么样的人才能够来主导这样的教育呢？

这个问题，是《爱弥尔》一书中隐含着的最大秘密。在《忏悔录》中，卢梭曾说：他“正着手一件前无古人、后无来者的工作。希望在人类之前放置一个绝对自然的人，此人就是我”；在相近的地方，卢梭又说：“这个绝对自然的人只有我一个而已”（参见 Rousseau，1995：5）。这个“绝对自然的人”，也同样是《爱弥尔》中那个作为爱弥尔导师的让·雅克的形象。在《爱弥尔》的前言中，卢梭指出：这本书既不是一篇关于教育的专论，也不是一本可以直接拿来指导教育的实用指南，更不是一部虚构的教育小说，而是“一个通灵者对教育的幻梦”。这个所

〔1〕 后来，康德敏锐地看到了卢梭这种所谓人的教育的学说本质，他在《论教育》中曾经说过这样两句话：1. “人只有通过教育才能成为人”。2. “人只有通过人，通过同样是受过教育的人，才能被教育”。假若单从字面去理解，我们大体上可以读出这样的意思：1. 教育乃是人之所以成为人，并区别于其他的根本要素：教育即是人性，是人的自然（human nature）；或者按照康德在同一段话中的说法，“除了教育从人身上所造就出的一切外，人什么也不是”。所以，教育从根本上说是人的规定性。2. 任何教育都是人的教育，都由人来执行，教育是依靠“人”来塑造“人”的过程；因此，教育的秘密，在于“已完成的人”与“将完成的人”之间所发生的联系，这意味着，教育不仅是在“教”与“学”之间所结成的一种人际纽带（inter-personal ties），而且，教育必是当前发生的（the present），属于实践的范畴。总之，康德的这个说法，提出了关于教育的两个基本问题：人的自然（nature）和人的社会构成（social construction）。当然，这里的社会构成指的是由人来主导而完成的教育过程（参见 Kant，1904/1971：§7）。

谓的通灵者（visionary），其真实的身份，乃是一个真正能够通晓神意之善意的自然人[1]，能够依然守持纯真的自然状态的人，能够发现在人的世界中神意如何实现的人。作为爱弥尔的导师（Governor），他对爱弥尔的教育，每一步都在显示神意下那个唯一的“自然人”如何造人的图景。

因此，《爱弥尔》虽看似完全以自然教育为其核心的主题，但这种自然教育一开始便在让·雅克这个作为自然人的Governor的控制之下。他是上帝派来的自然的使徒，担负着教育的神圣使命（“noble calling”）；换言之，这种教育的控制，既可理解为自然本身之法则的控制，亦可理解为依凭自然法则的人所实施的控制。前者可归于自然教育本身，而后者却有着卢梭对于政治的独特见解。在这个意义上，卢梭本身就是孩子的父亲，甚至在自然的意义上比孩子的父亲更具有自然的正当性，因为他是自然神的福音；是自然神意，使得他与爱弥尔建立了自然状态下的同伴关系（“pupil's companion”）。而在政治上，他与爱弥尔之间则表现为支配与被支配的关系，但这种关系并不等同于传统的父权制或其他形式的支配关系，而是一种权利的让渡，是他与爱弥尔之间所签订的基于平等的社会契约。因为只有在造物主的手里，人才自然是好的，人才具有他的普遍意志的可能，因而爱弥尔对于让·雅克的权利让渡，完全是他在普遍意志上的更高实现。[2]就此而言，让·雅克似乎成为了柏拉图意义上的新的哲学王，但其哲学基础已经发生了极大的变化（厄尔克斯，2006：83）。

---

[1] 参见“萨瓦神父的告白”中“推理的人”与“通神意的人”之间的哲学对话，卢梭既对于传统的启示宗教进行了批判，同时也对纯粹理性做了批判（Rousseau，1979：300ff.）。

[2] 只有在这个意义上，《爱弥尔》和《社会契约论》才能实现统一，即教育与政治的统一不是在历史目的中，而是在人的非历史的起源中（参见Rousseau，1997：50－51）。

由此而理解，我们才可清楚地认识到，《爱弥尔》一书的真正涵义，恰恰在于此书旨在以自然意义上的“自然自由”与政治意义上的“公民自由”为基础和目的，通过“道德自由”的途径将两者统合起来，并由此返回到民情状态之中，从而改变那个已被文化朽坏了的现代世界。也恰恰是在这个意义上，我们也发现，《爱弥尔》中的教育，已完全不再限定于家庭教育的实质之中，而构成了现代学校教育的理论基点，它内涵着极其明晰的教育逻辑：即现代教育应成为一种遵循自然之法则，并通过道德培育而上升为公民自由的阶梯。

四 道德教育的哲学基础

“萨瓦神父的告白”，是《爱弥尔》教育思想的哲学基础。在这场告白中，萨瓦神父用几近笛卡儿的口吻提出了现代形而上学的“怀疑论”基础，但他也同时对所有有关“怀疑论”的知识论解释提出了批评，指出笛卡儿的怀疑论是生存论意义上的，其目的并非是像古典人文主义那样，将怀疑仅仅理解为理智的建构，而是将怀疑的步骤及其对存在之实质问题的奠基作为对人性的基本理解，从而为以塑造一个人为根本目标的道德教育提供理论的基础。

卢梭认为，现代教育必须由笛卡儿所说的“我思”（cogito）出发，从这样一个基本概念来回答教育最根本的问题：“我是谁？我怎样判断事物是正当的？是什么决定着我的判断？”（Rousseau，1979：270）在卢梭看来，“我在”，是存在论意义上一切现代教育的基本前提，而“我的判断”，则构成了能够将人纳入到正当秩序之中的第一基础。首先，“我存在，我有感觉，我通过我的感觉而有所感受”，构成了“我”的存在原点：“我”是独特的“在”，是“在”的“一”。但与此同时，产生我的感觉的原因却不在我自身内，这往往会造成感觉及其原因无法统一的状况，从而使我的感觉游离散乱，无所适从。所以，“我的存在”不仅确定了我的自然状态的基础，即自然教育的基础，同时又使我的存在不能只维系于我的自然状态，而将我拉入到一个更大的“世界”之中，寻找我的存在的理由。因此，我的“在”的“一”，已从形而上学上确立了一个“孤独者”的形象，自然教育的否定性，恰恰意味着“孤独者”的肯定性。这即是《爱弥尔》一书的最终归宿。

其次，“不仅我存在，而且其他存在，即我的感觉的对象也存在”。因此，“我的存在”与“宇宙的存在”并行存在着：我的感觉指向外在对象，又要通过对外在对象的感觉来确定我自身，两者既要时刻保持独立存在，同时又要避免产生分裂。在这个意义上，我的存在必须通过外在的“物”来构成，通过我与物的统一来确认我自身，这便是“物”的教育的根本涵义。当然，我之所以能够建立外在对象的联系，是因为唯有我自已才能形成这种联系，才能将对各种对象的感觉统合起来，我是这种“力”（faculty/power）的载体，而这种力的生发和形成过程，亦可理解为一个人性的自然过程，教育，即是循此过程为一个人每个阶段的成长而注入恰当的具体内容的实践。

但是，人所面对的并不是一个不变的世界，运动是一切物质的首要性质。物体的运动是自发的，有其内在的动因，它是我们追查所有运动得以产生的根本。因此，我们必须明白，世界上存在着一个自由意志，“能够使宇宙运动起来，使自然具有运动着的生命状态”。这个自由意志构成了一切存在的本原，亦构成了全体自然的“一”，这种作为自然必然性的上帝，为那个作为个体的“一”提供了最大的限度，同时也表明，自然意志的内在秘密，仅靠我的能力是无法认识的，我只能通过意志的活动而非意志的性质来认识意志。因此，人具有认识能力，并非意味着人有无限认识能力，而只意味着人是能动的（渠敬东，2009）。在这个意义上，人并不能获知上帝所造就的这个世界的最终目的，却可以通过他从知觉到理性渐次形成的能力认识和判断这个世界的秩序。因为作为个体的“一”，是由两个部分构成的：“如果运动着的物质向我表明存在着一种意志，那么按照某种法则而运动的物质就表明存在着一种 intelligence”(Rousseau，1979：275)。人的一切判断，及其所形成的道德教育的基础，都来源于人内在的意志活动和理智活动的关联。

这里，卢梭彻底继承了笛卡儿关于判断的重要思想。在现代人那里，所有的判断都来源于通过理智来认识自然世界的运动法则，以及促使这种认识发生的自由意志（参见 Descartes，1985：25－26）。因此，人作为这个世界上最独特的存在，在于只有人才能意识到这个世界是由一个万能的意志支配着，只有人才有自然的能力来认识这个世界。在这个意义上，人具有双重的性质，一是具有意志的自由，二是具有理智的能动性，他既能够按照自己的意愿行事，但同时又无法知晓上帝的性质，所以他只能通过作为自然必然性的上帝的意志赋予他的自由意志，让自己通过使用自己的能力，通过判断来服从于自然运动的法则和秩序。就此来说，人的不幸和邪恶，也恰恰源于他滥用了自己的能力，人的一切道德上的恶（moral evil），皆因为他用自己的意志僭取了自然意志的位置，让自己的意志的任意性突破了自己的理智能力，从而违背了自然秩序，违背了神意，使自由意志走向了自身的反面，而成为对自身的奴役。

卢梭对于人性及其道德教育之本质的上述判断，与古典人文主义和文艺复兴人文主义有关教育的基本看法确实不同。他不认为德性的形成，来源于意志活动对于自然秩序的理智认识的遵从，也不认为将自由意志与作为自然的被充分展开的生活质料结合起来，或者直接通过伦理生活的目的来引导自然知识，就能确立合秩序的道德生活。相反，他认为现代人性中所蕴含的最大张力，在于纯粹的知识（科学与艺术）并不能充分成为道德构成的基础，因为我之存在的自由意志同上述知识一起，才构成了一切判断的条件。在这个意义上，我之存在既构成了道德自由的根基，又构成了道德自由的危险。因为意志的任性与能力的滥用，特别是发生在人与人的社会关系上的任性与滥用，成为了道德上的一切恶的根源。哪怕孩子降生出来啼哭的那一刻，就会产生依赖别人、使役别人的倾向。〔1〕

卢梭的整个教育思想，都是依据上述原理推展开的。意志教育的目的，即是防止孩子的感觉受到习惯的支配，保证通过自然能力的运用赋予他绝对的自由，在自然范围内使他获得自身存在的自足，从而让他勇敢而快乐；想象教育的目的，即通过“物”的运用和劳动，将孩子想象和模仿的范围限定在他力所能及的范围内，防止他的想象越出自然范围而产生更大的痛苦和虚妄观念；智识教育的目的，即通过将孩子的认知锁定在他所接触得到的物的范围内，获得有用的知识和技艺，防止他仅以知识运用为手段而非直接目的去博得他人的赞赏，依靠虚假知识带来的骄傲去寻求对他人的支配；而对他十五岁之后恋爱和婚姻的教育，则是通过遏制自恋所带来的“恶”的危险，将基于“爱欲”的激情引导到向善的良知状态中来，从而进一步用契约的方式使得孩子获得真正意义上的社会自由。〔2〕

五　简短的结论

作为现代教育传统的奠基人之一，卢梭关于教育的基本观念

〔1〕当孩子的心理需求得不到满足时，很容易产生气质性的激动和愤怒，即孩子对在物质方面遇到的阻碍比对意志（will）上的阻碍反应更强烈，进而用意气（spirit）来主导自己的心理，来表达自己的愤怒和反抗（Rousseau，1979：66）。

〔2〕参见卢梭，《爱弥尔》，李平沤译（商务印书馆，1978年），第708—710页。

是：仅凭文化模仿去复兴古典教育传统，仅凭学习知识去融入社会生活，仅凭社会习惯和技术去运作现实政治，都建立不了真正的道德秩序。恶的问题的解决，不能依靠纯粹社会意义上的途径，相反，社会是人与人之间奴役性的不平等关系的根源，因此一切现代教育，必须在孩子的周围筑起围墙，避免孩子过早进入到习俗性的社会生活状态中。

在这个意义上，现代教育必须诉诸于否定性的自然教育，尽可能保持孩子的自然状态，借此对于不平等的社会关系进行抵制。同时，“物”的教育可将孩子的意志和能力发育扩展到外部对象上，通过“物”的运用和劳动，使他们获得具体而非抽象的知识，从而祛除虚妄观念带来的恶的影响。更重要的是，学校教育的本质，在于遵循自然的法则而为教育确立一个更高的政治目标，即教育必须以自然自由为基础，通过个人的道德自由而最终上升为公民的政治自由。

若从人性的构造出发，卢梭认为笛卡儿所说的有关存在论意义上的“我思”和“我在”问题，构成了现代教育学说的基点。作为个体的“一”的“我”和作为全体的“一”的上帝，是一切存在的限定性前提。而“我”的判断能力，乃是我生存状态中的意志活动和认知活动相互作用的产物。在这个意义上，现代教育的核心议题，便是要在肯定意志之自由形态的前提下，将孩子自然发育的每个环节内的那些能力、需求和欲望限定在一个恰当的范围内，防止因他的需求和欲望超出他的能力而出现僭越（僭主）状态，避免使孩子因超出自身的自然范围而陷入社会性的主奴关系之中。

在卢梭看来，只有通过这种教育培养出来的孩子，才能是单纯而勇敢的，他强壮而快乐，能够把自身作为自然的一体，而且与自然融为一体，并努力将人的社会状态转化成为道德的自然状态。他也能够将理智的发育转化成迈向真理的道路，最终获得良知的自由。

参考文献

厄尔克斯、于尔根，2006，《卢梭与“现代教育”意象》，《北京大学教育评论》第1期

黑格尔，1983，《精神现象学》上卷，贺麟、王玖兴译，北京：商务印书馆

李猛，2009，《指向事情本身的教育：奥古斯丁的〈论教师〉》，《思想与社会》第7辑，上海：上海三联书店

卢梭，1997，《论科学与艺术》，何兆武译，北京：商务印书馆

——，1980，《社会契约论》，何兆武译，北京：商务印书馆

马克思，1956，《论犹太人问题》，载于《马克思恩格斯全集》第一卷，北京：人民出版社

蒙田，2006，《论卖弄学问》，见《蒙田随笔全集》，马振骋译，上海：上海书店出版社

渠敬东，2005，《教育中的古与今》，载于《现代社会中的人性及教育》，上海：上海三联书店

——，2009，《教育的自然基础：解读〈爱弥尔〉前三卷》，《思想与社会》第7辑，上海：上海三联书店

伊拉斯谟，2003，《论青年早期的自由教育》，转引自涂尔干《教育思想的演进》，李康译，上海：上海人民出版社

Aristotle, 1999, *Nicomachean Ethics*, trans. Terence Irwin, Cambridge: Hackett Publishing Company

Augustine, 1995, *Against the Academicians and The Teacher*, trans. Peter King, Cambridge: Hackett Publishing Company

Bloom, Allan, 1968, "Interpretive Essay," in *The Republic of Plato*, trans. Allan Bloom, New York: Basic Books

Descartes, René, 1985, *Meditations on First Philosophy*, in *The Philosophical Writings of Descartes*, Vol. Ⅱ, Trans. by John Cottingham, R. Stoothoff, and

D. Murdoch, New York: Cambridge University Press

Isocrates, 1929, *Against the Sophists*, trans. George Norlin, in *Isocrates II*, Cambridge: Harvard University Press

Kant, 1904/1971, *The Educational Theory of Immanuel Kant*, trans. and intro. by Edward Franklin Buchner, Philadelphia: Lippincott Company

Kimball, Bruce A., 1995, *Orators & Philosophers: A History of the Idea of Liberal Education*, New York: College Entrance Examination Board

Marrou, Henri Irénée, 1956, "Classical Humanism," in *Education in Antiquity*, New York: Sheed and Ward

Plato, 1968, *The Republic of Plato*, trans. Allan Bloom, New York: Basic Books

——, 1997, *Phaedus*, Trans. A. Nehamas & P. Wooddruff, in Plato, *Complete Works*, ed. John M. Cooper, Cambridge: Hackett Publishing Company

——, 1997, *Gorgias*, trans. D. J. Zeyl, in Plato, *Complete Works*, ed. John M. Cooper, Cambridge: Hackett Publishing Company

Rousseau, J.-J., 1993, *Collected Writings of Rousseau* vol. 2: *Discourse on the Sciences and Arts and Polemics*, eds. by Masters, Roger & Christopher Kelly, Hanover: Dartmouth College

——, 1979, *Emile or on Education*, trans and intro. by Allan Bloom, New York: Basic Books

——, 1997, *The Social Contract and Other Later Political Writings*, ed. and trans. by Victor Gourevicth, Cambridge: Cambridge University Press

——, 1995, *The Confessions*, trans. by C. Kelly, Hanover: Dartmouth College

Shklar, N., 1969, *Men and Citizen: A Study of Rousseau's Social Theory*, Cambridge: Cambridge University Press

“气”与中国乡土本色的社会行动

——一项基于民间谚语与传统戏曲的社会学探索

应 星

一 导论

关于传统中国人的社会行动，早已有诸多研究。远有民国社会学家的开山，外有华人社会学家的接续，近有本土心理学的兴起，其成果不胜枚举。仅举其大者，其关于“面子”、“人情”与“关系”的一系列研究成果，就已为国内外学界所公认（例如，胡先缙，2004：40—62；黄光国，2004；金耀基，2006：60—81；翟学伟，2005）。这一系列研究有着一个似乎不争的共识：尽力维持人际之间表面的相安无事，是中国传统社会一个显著的特征。

然而，传统中国人真的在大多数情况下都不愿或不敢去撕破脸面、直面冲突吗？忍耐和掩饰矛盾真的是传统中国人之间惯常的相处之道吗？这个问题可能还需要进一步的研究。比如，费孝通（2006：45—48）在其名著《乡土中国》里提出中国是所谓“无讼”的社会。这个说法固然基于他对中国礼治文化的敏锐洞见，但是，这个说法尚缺乏足够的史料考证。海内外关于中国法制史的一些研究倒是让我们看到了这个说法的反面：明清以来健讼之风日盛（夫马进，1998：389—430；黄宗智，1998；邓建鹏，2006；徐忠明，2007：44—72、114—177）。又如，我们现在在民谚里经常能听到“和为贵”、“忍为上”、“气大不养人”的说法，然而，同样在民谚里，我们也能找到“以直报怨”、“人活一口气”那种与此似乎相反的说法。

因此，我们关于传统中国人社会行动的思考，就不能想当然地以对息事宁人的执著为前提。中国社会不仅存在各地民风的差异，而且，即使是同一个地方、同一群人甚至同一个人，也是有的时候会努力避免冲突，另一些时候又不畏正面对抗，故而，问题就在于：传统中国人求取安宁与直面冲突的机制及分界点何在？就此，我们的分析仅仅停在中国人的面子和人情上是不够的。

我曾在研究当代中国乡村社会的集体行动时，发现不少集体上访和群体性事件的发生并不完全是基于利益冲突，而在相当程度上是基于一种伦理的紧张或人格的冲突甚或情绪的爆发。许多积极分子说他们之所以要参与行动，只是因为“咽不下这口气”（应星，2007）。我在那篇文章中称之为“为气而斗争”的图景，以区别于西方社会常见的“为权利而斗争”的图景。另有学者发现，“为气而斗争”的图景不仅常见于农民与基层政府之间，而且也常见于村庄内部的人际关系。今天的人们似乎气性越来越大，日常生活中也弥漫着乖戾之气（陈柏峰，2007）。

这些发现把我的兴趣进一步引向气在中国乡土传统的体现。一面是所谓“人争闲气一场空”，另一面是所谓“不蒸馒头争口气”——气也许正是理解传统中国人求取安宁与直面冲突的一个重要枢纽。而只有理解了传统中国人这种社会行动的微妙之处，才能深刻理解当代中国人在气性上的变化。

气在中国社会的指涉极其繁杂，我在此无法详加辨析，只能根据本文的写作旨趣，离析出“气”在三个层面的用法。在最一般的层面上，气既是中国思想史上一个较为抽象的本原性范畴，[1]又是中国人的日常生活用语。进一步的，在气指涉的日常生活层面上，它既是一个与社会行动主体无甚直接关联的客体运势概念（比如，日常生活中会谈及的经济形势“景气”与否、一个人是否有“运气”，等等），又是一个与社会行动者的主体特征直接相联的社会行动范畴。再进一步，在气作为一个日常生活中的社会行动范畴层面，它既是一个主要由个体人格心理偏差所导出的社会行动范畴（如“喜欢斗气”、“小气”、“负酒使气”这些说法所揭示的偏执、狭隘的个体性格特征），又是一个主要由复杂的社会与文化因素所导出的社会行动范畴。尽管所有这些层面的区分都不是绝对的，每个层面上的因素都会相互影响，但要把气建构为一个可用于社会科学分析的对象，就必须澄清这些层面的差别。本文所研究的气，非常明确地定位在以上这三个层面的后一面向，也即对具有中国乡土社会本色、作为社会行动促动力的气的研究。

关于如何将比较具有中国文化味道的概念应用在社会行动和社会心理的研究中，华人本土心理学已积累了大量成果，[2]本文也将有所借鉴。但同时要指出的是，目前不少的研究偏爱用实证化的方法来解析中国化的概念。比如，华人本土心理学的领军人

---

[1] 在中国思想传统中，气涵括天地四方，为万物之始基、世界之本原，是一个极具中国传统哲学和文化特色的范畴。而与生命相关的气同时具有生理、心理与伦理的含义。气既是人的生命基础（即中医理论中的血气概念），又由这种生命基础（血气）决定了人的种种情感与心理。在儒家看来，由于（血）气的本能性、冲动性与盲目性，人的生命境界还需要通过制与养来加以导引和提升。不过，因为气与志的紧密相通，又使气成为伦理的通道而具有了某种准伦理性。参见李存山（2009），小野泽精一（2007）。

[2] 关于社会科学本土化于1980年代在华人社会中的最初发端，见杨国枢、文崇一主编：《社会及行为科学研究的中国化》，台北：中央研究院民族学研究所，1982年。

物杨国枢先生提出过一个重要概念——“本土契合性”，其在认识论层面的含义就是指以一些具有本土意味的概念（如面子、缘分、孝道等）作为论述线索，用量表的方式把这些概念予以操作化，并进行问卷调查，而后对收集到的资料进行量化分析。[1]我们不能全然否认尝试这种研究方法的价值，不过，正如叶启政老师所指出的那样，本土化研究的贴切与否，很大程度上取决于人们对所研究的情境的经验感知敏感度与体会的共识程度，而不是以西方惯有的科学主义逻辑来进行单纯的经验事实有无的认证问题。实证化的方法实难以掌握根植于本土传统问题且牢刻在人们心灵中的潜意识深处那种基本的、别具特色的思维与行事理路模式。[2]

为此，叶启政老师开辟了社会理论本土化的另一条途径，即反实证倾向的本土化研究方式。他提出将生存论层面的“身心状态”作为本土化的展开主轴。他所谓的“身心状态”是指人作为具有认知、思想、感受和反应能力的行动主体，其长期以来所孕生、呈现的一种具有总体性的惯性状态，这种状态一方面凝聚、创生经验，另一方面又反映出具有相当稳定持续性的禀性；它既具客观性，也表现了主体性。“身心状态”这个概念有三方面的意义：第一，它阐明了人的任何行动都可以看做是当事人自己已形塑的身心状态与外界种种“客观存在”的条件的互动结果；第二，它肯定了人们共处的历史与文化情境有创造出具有类似身心状态的可能；第三，不管是个人的或共同的，身心状态的存在乃意味着人们的任何行动背后必然有一套具有相当程度的共同价值、信仰等生存论预设作为前提，只是人们通常习以为常，

[1] 杨国枢：《心理学研究的本土契合性及其相关问题》，《本土心理学研究》（台北）1997 年总第 8 期。

[2] 叶启政：《“本土契合性”的另类思考》，《本土心理学研究》（台北）1997 年总第 8 期。

未充分意识到而已。因此，叶启政老师所理解的本土化的核心任务就是在哲学的面向上寻找理解与解释人类文明一种另类的、却具有启发性的分离点。表面上看，本土化似乎是成于某一特殊地区的一种例外化，但是从知识建构的角度来看，这样的“例外”却是成就社会研究具有“普遍”面目的历史性源头，只不过由于西方学术传统的霸权，西方文化被视为具有“普遍”意味的唯一知识建构基础而已。[1]

本文受到叶启政老师所提出的着力于身心状态的本土化研究思路的启发，尝试从“气”的角度去贴近对传统中国人日常生活和行事逻辑的理解。

如果要深入理解气的中国意蕴，我们还需要简略地对比西方的相关概念。我们先来对西方的相关概念史做一勾勒。西方最早的一个相关概念应属柏拉图笔下的 thymos（thumos），其含义有点接近后世所说的“激情”。但这种西方古典意义上的所谓“激情”，是就理性—激情—欲望的三分法而言的。Thymos 是人追求尊严的内在驱动力，它表现为对欲望的克服，但它本身不是完整的，应该受到理性的节制（尼科尔斯，2007：16—30）。

Thymos 的语境在现代思想中发生了两次重要的变化。第一次变化以霍布斯为代表，他采用了一个新词——passions 来取代 thymos，把柏拉图的理性—激情—欲望的三分法变成了理性—激情的二分法，并确立了激情相对于理性的优先地位（Hobbes，1991）。

第二次变化发生在 18 世纪。一方面，理性演化为利益（interest）。因为在霍布斯笔下，激情（passions）虽有奠定现代政制之功，但毕竟是一种危险的、不稳定的东西，需要加以驯服。按

[1] 叶启政：“对社会研究‘本土化’主张的解读”，见氏著《社会学和本土化》，台北：巨流图书公司，2001 年，第 123—128 页。也见氏著《社会理论的本土化建构》，北京：北京大学出版社，2006 年。

照赫希曼的研究，当时人们认为驯服激情的方式有三种：压抑或强制；驯化或利用；用相对无害的激情来抵消和制衡更危险和更具破坏性的激情。西方历史的发展最后选择了制衡激情的方式。于是，兼有理性与激情特点的利益以其恒常性与无害性承担了制衡激情的重任（Hirschman，1997；成伯清，2009）。另一方面，激情又演化为情感（emotions，或译“情绪”）。因为霍布斯笔下的 passions 一词以及另一个近义词 affections 其实都渊源于奥古斯丁和阿奎那，因而带有浓厚的基督教色彩。理性时代所开启的世俗化过程开始不断剥离这些概念的神学色彩，而赋予其更多的哲学色彩，并最终赋予其完全的科学色彩。于是，passions 和 affections 先是被 sentiment 和 moral sentiment 替代，最终又出现了将所有这些相关概念包揽其中的 emotions。“情感”（emotions）这个概念最初由休谟在《人类理解论》中提出，而后经过布朗（Thomas Brown）、斯宾塞、达尔文等人的发展，最终在詹姆斯（William James）的《心理学原理》中得到了最后的确认：即对特殊刺激产生的机体变化的知觉（Dixon，2003：20 -25）。

尽管西方思想经历了种种复杂的变化，但我们还是可以看到两条贯穿其中的基本线索。一条基本线索是理性与情感的分疏。无论是古典的三分法，还是现代的二分法，都强调理性与激情之别、利益与情感之别。这种思路体现在社会行动分析上，最典型的例证就是把理性行动与情感行动划分开的韦伯社会理论；更具体地，体现在社会运动理论上，就是情感动员范式与资源动员范式的交替出现（参见赵鼎新，2005）。而在中国人这里，气化身心而归于一体，理性行动与情感行动常常是以一种浑然一体的方式融合在一起的。

另一条基本线索是西方现代性思想中的原子论色彩。霍布斯最早奠定了激情在现代西方社会的指向——自我保存。在国家层面，所谓“用野心来对抗野心”（汉密尔顿，1980：364）的思路最后成功地落实在美国的民主政治制度中；在社会层面，社会行动者的激情更多体现为个人权利和利益而斗争。而与此相对的是，中国社会具有浓厚的伦理本位、关系本位的特点，这也是面子和人情在中国社会具有特殊意义之所在。在中国的政治话语中，所谓“权利”的含义与西方特别是英美传统迥然有别（Perry，2008）。

本文以气为研究视角，即旨在克服在社会行动研究中理性与情感的对立以及权利本位的原子论色彩。

在研究主题上，本文是一项没有前例的探索。不过，在分析材料上，华人本土心理学家已尝试了一些将具有中国文化味道的概念用在日常生活分析中的方法。比如，李敏龙与杨国枢（1998）曾经通过历代流传的谚语来理解中国人的“忍”的内涵，这直接启发了本文。因为，要借助正史来研究乡土社会的小传统是非常困难的。在不少地方志中虽有提及民众的气，却颇多官方意识形态的偏见，充斥着诸如“负气好斗”、“尚气好争”、“戾气犷悍”的评价（徐忠明，2007：114—177）。而谚语是民众生活与思想实践的直接反映，或因其押韵而朗朗上口，或因对仗而便于传诵，从而成为民间观念在空间上传播最广、时间上传承最长的一种形式。尽管传统文人常常参与创作，甚至官绅有时也从中加以改造利用，但谚语仍在相当程度上反映了民间观念（赵世瑜，2002）。比叙事文学更能反映民间传统的传统戏曲则是研究中国社会史与文化史的另一个重要入手点。[1]为此，本文在分析的材料上将综合运用民间谚语和传统戏曲。本文所引的大多数谚语出自温端政（2004）主编的《中国谚语大全》。有学者估计，中国传世的谚语大约有30万条（武占坤，2000），而该书收录了10多万条谚语，当属收录汉语谚语最全的辞书了。本文所引戏曲出自王季思（1999）在明代学者臧晋叔所编的《元曲

---

〔1〕 一些法律学人新近就开始尝试用传统戏曲或谚语来做研究，参见苏力（2006）；徐忠明（2007：1—43）；霍存福（2007）。

选》等基础上进一步整理出来的十二卷本的《全元戏曲》。必须承认，奠基在目前这些材料上的分析还只是非常初步的、启发性的。要把“气”这样一个极具中国味道、却又极其含混的概念真正改造为一个中国社会学的适用概念，还需要长期的、深入的，特别是以田野调查和史料分析为主的经验研究。

二 以忍御气与以气立人：日常生活中的气

由于气的内涵的复杂性和含混性，我在文中先把乡土中国的现实世界划分为日常生活与抗争政治两大类，然后根据材料对气在这两类现实世界中的各类展现形态进行归纳，最后再总结出中国乡土本色的气的内涵。本节先分析日常生活中气的不同形态。

1. 以忍御气

从中国儒家文化的大传统来说，（血）气尽管是人的生命力的基础，且具有自尊自强、富于勇气的心理含义（如晏婴所谓“凡有血气，皆有争心”〔《左传·昭公十年》〕），但还不是人格的至高境界，需要靠志（伦理或良知）来引导和提升。正如孟子所说的：“夫志，气之帅也；气，体之充也。夫志，至焉；气，次焉。故曰：持其志，无暴其气。”（《孟子·公孙丑上》）儒家的这种大传统自然会对民间小传统产生重要影响。因此，民间常常可以见到各种关于“忍”的劝诫和警示，[1]我总括为“以忍御气”。但是，以忍御气在乡土小传统的展现方式并不与儒家文

〔1〕 古人早总结出了专门的《忍经》（许名奎，2007）。而李敏龙、杨国枢（1998）把忍分为十类：欲望之忍、情绪之忍、性情之忍、道德之忍、立身之忍、机运之忍、人伦之忍、对待之忍、富贵之忍、治事之忍。这些类型又被进一步归纳为三类：关于道德修养之忍、关于人际关系之忍、关于社会成就之忍。

化完全重合。

(1) 以忍御气是修身之道

我们首先来看看儒家文化对气产生直接影响的部分。从孔子的“克己复礼为仁”(《论语·颜渊》)到荀子的“凡用血气、志意、知虑,由礼则治通,不由礼则勃乱提僈”(《荀子·修身篇》),强调的都是以礼修身、惩忿窒欲及“和为贵”的思想。民间谚语对此也有相应的反映。

民谚谓“人争闲气伤元气”。何谓闲气、何谓元气呢?另一句谚语说得很明白:“血气之怒不可有,礼仪之怒不可无”。也就是,如果是与礼仪无关的血气之争,都是破坏个体平衡和社会和谐的闲气。君子与小人的区别正在于“君子量大,小人气大”。

谚语中还有另一种说法:“乖气致戾,和气致祥”。乖与和这两种状态表现出两种截然不同的气象。而乖戾之气又是与对中国人至关重要的家运联系在一起的:“家和万事兴”,而“斗气不养家,养家不斗气”。如果大家非要因琐事而闹上衙门,这就被看成是如打虎与别祖先一般危险而叛逆:“打虎、告官、别祖先,三般事情做不得”;“告官打虎,辞别祖宗”。

因此,气是需要养的。“才出于学,气出于养。”而所谓的养,又是与忍紧连在一起的——“为人处世两件宝,和为贵忍为高”,“争气不如忍气”。忍不仅能使自己占据主动,“让几分时也无妨,处世让一步为高”;也不仅可以心宽安居,“得理让三分,高寿享不尽”;而且还可以避祸消灾,“礼让息干戈,能忍者自安”,甚至可以“吃小亏占大便宜”,“和气生财”。

(2) 以忍御气是人情之道

下面再来看与儒家文化相关,但更具乡土本色的一个因素。

众所周知,中国社会是一个重人情的社会。对儒家伦理来说,“何谓人情?喜、怒、哀、惧、爱、恶、欲,七者非学而能。”(《礼记·礼运》)也就是说,人情是人的自然情感,通晓人情的人，能够将自己在各种生活处境中的感受推己及人，这即所谓的“己所不欲，勿施于人”（《论语·卫灵公》）。进一步地说，个人必须与家人讲亲情（特别是孝悌之情），与朋友讲友情，与熟人讲人情，与自己关系越近，人情越重，而与自己毫无关系的陌生人则被排在人情关系圈之外。这正是费孝通（2006：20—25）所说的“差序格局”。

而对于乡土社会，人情的重要性还基于一种特殊的状况：乡土社会的封闭性与不流动性注定了社会关系的长期性。由于人们聚族而居，终身甚至世代相守在一个村落里，他们的关系不一定都是亲密的，但一定是紧密的。人与人被千根线、万根线联结着，人们许多时候是彼此需求的，绝不可能老死不相往来。而且，你今天在村庄得势，未必你或你的子孙今后在村里就会永远保持强势。因此，人们必须考虑日后何以相处的问题，行事不能就事论事，为人不必睚眦必报。所谓“当面留人情，日后好相逢”；“忍一时之气，免百日之忧”。有谚语说“人一状，十年不忘”。实际上，在一个熟人社会里，公开的决裂对人际关系所造成的影响甚至不止十年，而可能会演化为世仇，“一代官司三代仇”。图一时痛快，任气而为，往往是殃及子孙的行为。因此，即使是对对方的行为不得不做出反应时，也须反应适度，做事留有余地，妥协互让。“得放手时且放手，得饶人处且饶人。”如果家人邻里之间发生了纠纷，尽量不要去告官，而是要寻求民间调解，因为“官断不能息，人愿自能息”。究其根本，“树活一张皮，人活一张脸”；“树要树皮，人要面皮”——脸面事关一个人的道德人格与社会地位及声誉，不到万不得已的时候，人们行事不能伤及面子，撕破脸皮。这样做，一方面是防止对方因被伤及根本而产生过激的反应；另一方面，基于中国人“报”的社会运作逻辑（翟学伟，2007），现在给对方留面子，也是为日后对方可以给自己留面子。

（3）以忍御气是避讼之道

关于中国的无讼文化，其说法最早来自孔子："听讼，吾犹人也，必也使无讼乎。"（《论语·颜渊》）在如何能够做到无讼上，儒家采取的主要是规劝教化的方式。但事实上，民众不敢轻启词讼，并不全然是从道德的角度来考虑，更多是出于利害上的计算，是对诉讼所带来的不测、不利甚至是灾难性后果的考虑。所以，与其说民众是"厌讼"，不如说是"惧诉"。徐忠明（2007：33—40）对谚语中透出的民众避诉心态做了很好的总结，我下面直接引用其分析结论，只是增补《中国谚语大全》中的谚语来加以印证。

在民众看来，诉讼所造成的后果是：其一，后果不明，因为"官断十条路，九条人不知"，"打官司凭门多，打架凭人多"，"大官司靠天地，小官司靠运气"；其二，旷时费业，"官司悠悠，三冬九秋"；其三，危及未来利益，"仇宜解不宜结"；其四，身心痛苦，"穷人上堂腿肚子转"，"打官司越打越害怕，过黄河越过越胆大"；其五，经济成本高，"八字衙门朝南开，有理无钱莫进来"，"斗大的官司，要天大的银子"，"一场官司一场火，任你好汉无处躲"，"久打官司光景缩"。这样，就产生了关于民众诉讼心理的一个著名谚语："饿死不做贼，气（饿）死不告状。"

（4）以忍御气是施压之道

不过，在徐忠明对谚语中民众诉讼心态的上述总结中，忽略了一条较为特殊的法谚："会打官司打半截，不会打的打到头。"之所以说它特殊，是因为多数法谚围绕着打还是不打官司这个问题，而它说的却是打半截官司的问题。

为什么说"会打官司打半截"呢？黄宗智（1998：182—185）在清代民事诉讼的研究中发现：大多数诉讼当事人既非不屑于细事诉争的正人君子，也非如同诉棍一般的刁民。他们是本分的平民百姓，为解决争端或保护自身利益而不得已去打官司，仅仅呈状投诉并不一定意味着把官司打完，许多人是把告状当做在纠纷中向对方施压的一种手段，以便在村庄的调解过程中占据上风。因此，以忍御气，并不意味着完全不能去打官司，而是说在选择了打官司后须适可而止，通过施加压力而回到调解妥协之路上来，并非要在诉讼一条道上走到黑。

（5）以忍御气是听命之道

在民众以忍御气的考虑中，还有一个儒家文化付之阙如的因素：命。孔子“罕言利与命与仁”（《论语·子罕》），“不怨天，不尤人”（《论语·宪问》）。但对于普通民众来说，命这个观念是他们在底层苦熬日子的重要支撑，从某种意义上说，正是命的观念使不平、苦难和不公在民众心中合法化，从而安然去承受[1]——“命里有时终须有，命里无时莫强求”。

2. 以气立人

仔细分析材料可以发现，强调对气的克制仅仅是乡土传统的一面。在某些情况下，气的迸发又具有毫无疑义的正当性。我称之为“以气立人”。其表现形态有下面几种：

（1）逼仄的挣扎

儒家和官府劝导民众无争的基本逻辑是不要因小失大，即因鼠牙雀角之争而失去礼义之本。然而，所谓“鼠牙雀角”的断语出自无衣食之忧、居庙堂之上的官绅，但对底层民众来说却未必然。斯科特（2001：1）在其名著《农民的道义经济学》一开篇就引述了另一位学者托尼关于农民生活境况的一个比喻：他们“长久地站在齐脖深的河水中，只要涌来一阵细浪，就会陷入灭

[1] 关于中国底层民众对命的理解，参见韩丁（1980：52）；Harrell（1987：90－109）；明恩溥（2001：141）。

顶之灾”。水深齐颈的确是许多地区农民的基本生活处境。由于物质生存空间的极端拥挤，农民对实际利益的关心远超礼义。许多时候，看似鼠牙雀角，实际却关联着人的物质生存底线。因此，谚语里又有“饿死不如拼死”的说法。

我们以中国古代最著名的戏曲之一——《窦娥冤》为例来做一些分析。窦娥的父亲是个秀才，却是“读尽缥缃万卷书，可怜贫杀马相如”，“只为无计营生四壁贫，因此上割舍得亲儿在两处分”（关汉卿，1999：182—183）。赛卢医行医为生，却也穷困潦倒，仅仅因欠蔡婆二十两银子就起了杀人之心。张驴儿父子本已成功地威逼蔡婆与张驴儿父亲成亲，而蔡婆刚一生病，张驴儿即生毒死蔡婆之意。尽管这些戏剧中的人物有着鲜明的道德褒贬色彩，但我们可以从中看到，窦娥的父亲、赛卢医与张驴儿所同属的社会底层在物质生活上的逼仄，动辄以儿女相送、生死相逼。窦娥虽然的确蒙受了天大的冤，但这冤并不完全来自张驴儿，也不直接来自太守桃杌的徇私枉法，所以，她才说“不告官司只告天，心中怨气口难言”。结果，她受冤发出的毒誓之一就是“着他楚州大旱三年”（关汉卿，1999：206）。正如苏力（2006：125）所指出的，这是一种社会的“连带责任”或“集体责任”，只有一个感到自己被整个社会冤屈和放逐的人才可能对社会有这种强烈抗拒和挑战，才会有这种愤世嫉俗。我们不在这里讨论窦娥发毒誓的道德性问题，只是想借此透视在这个毒誓背后的社会背景，即底层民众相互缠绕在水深齐颈中的生存状态。

（2）直报的儒礼

不过，以气立人更重要的表现形态还在于超出物质利益的因素。我们前文提到过，报的逻辑使中国人行事时常常给对方留面子，以期日后对方给自己面子。学界最早分析“报”这个概念的是杨联陞（2009），他更多强调的是报恩。文崇一（2007）在接续的研究中则更多强调了报仇。其实，报恩与报仇正是报这种运作逻辑的两个方面。

报的逻辑最早还要追溯到孔子那里。关于血气，孔子有一段著名的话："君子有三戒：少之时，血气未定，戒之在色；及其壮也，血气方刚，戒之在斗；及其老也，血气既衰，戒之在得。"（《论语·季氏》）人们很容易以为孔子把血气与戒联系在一起，说明他对血气采取的是否定或抑制的态度。但若仔细推敲，可以注意到孔子用的词是"戒"而非"禁"——戒只是说必须慎用而已。为什么孔子对私斗不持非议呢？这正如钱穆（2004：107、109）所看到的，"儒者终言养勇，言不辱，言复仇，而未尝明斥斗争，则以斗为古礼，儒者循礼，故不知非也"；"在上者虽有和难解仇之法，在下者亦有寻难报仇之礼也"。这也可以解释孔子为什么会说："以德报德，以直报怨。"（《论语·宪问》）何为直？按荀子的说法："是谓是，非谓非，曰直。"（《荀子·修身》）就此，后人对孔子的"使无讼"就有了新解："圣人所谓'使无讼'者，乃曲者自知其曲，而不敢与直者讼，非直者以讼为耻，而不肯与曲者讼。"（崔述：《无闻集·讼论》）因此，我们才可以理解这样的谚语："以直报怨，以义解仇"，"有恩不报非君子，有仇不报非丈夫"。在大恩大仇、生生死死这样的问题上，中国人讲究的是"一报还一报"。

我们同样以一部著名的元曲——《赵氏孤儿》为例来分析。在这部千古流传的戏里，既有知恩报恩的典型——程婴、公孙杵臼，"有恩不报怎相逢，见义不为非为勇"；更有知仇报仇的典型——赵氏孤儿，"谁着你使英雄忒使过，做冤仇能做毒？少不的一还一报无虚误"。既有屠岸贾斩草除根失手的教训；也有赵氏孤儿回手"断首分骸祭祖宗，九族全诛不宽纵"、"把奸贼全家尽灭亡"的决绝。既有韩厥将军舍身释孤的恩举；也有他所谓"是必教报仇人，休忘了我这大恩人"之期盼在二十年后的应验："韩厥后仍为将军"（纪君祥，1999：614、630、615—616、634、609)。《赵氏孤儿》给我们营造出来的就是这样一个关于"直报"的"气场"——谁身在其中，都必为其所融化。

（3）承认的政治

如果民众明知打官司面临种种不利后果，而他们若不是在物质生存上被逼到了绝路，也不是基于在生死之类大事上"一报还一报"的行动逻辑，那么，他们是否还可能为细故琐事而打官司呢？所谓"劝君气死莫告状，赢得猫儿卖了牛"。这是生活中的常理。但我们要问的是：民众是否都会因为在猫与牛之间的算计和掂量而放弃告状呢？所谓"人争一口气，树争一张皮"，又该作何理解呢？

萧公权（1999：858）认为，虽然中国乡村的居民以性好和平而著称，可是一旦基本利益发生危机，或者个人的情绪被激发起来，他们仍然会为任何一种想象得到的事情——从即将收获的农作物被偷盗到干旱时期灌溉的利用；从微不足道的人身侮辱到对个别家庭或家族声望的损害——进行争执和斗争。萧公权列举的这四种争执中，前两种大体属于我们前述的物质生存空间之争，后两者则属于人格和声誉之争。既然中国民众"性好和平"，那么，那些看似"微不足道的"侮辱和毁誉为什么会激怒他们呢？

在泛道德化的传统中国，在安土重迁、世代厮守的乡土社会，人们在纷争初起时，对于自己的权利主张并不敏感，而是讲求好意的互让，讲求能吃小亏。正如寺田浩明（1998：212—213）所说的："认识到自己生业的脆弱性，同时又有一定余力的话，在每日的生活中为了避免暴力冲突而支付某种程度的代价，对于生活在那个空间的人们来说属于一种常识性的选择。对于对方得让且让，自己有理也不要过分——于是，自然而然出现的就是这种厌恶'硬要'、尊重'让性'的社会伦理。"但是，"总让步决不是办法，这也是那个世界里的常识。于是，归属于自己的正当利益之不稳定性和事实状态上的模糊性，反而在另一个方面促成了人们不愿让步、不能让步的倾向。实际上，一旦发生争执，为了保卫自己的利益，人们往往可能作出过分的反应。日常的生活世界于是充满了‘反·互让’的主张和过剩的自我防卫”。也就是说，一方面，中国人强调克己复礼，忍让互容；另一方面，中国人并非一味退让，一味忍气吞声只会使当事者在当地社区中落入人不被当做人的地位。当对方“给脸不要脸”、欺人太甚的时候，当自己无端蒙受冤抑、遭受轻贱的时候，[1]物质利益已经完全不重要，它已触及了当事者的伦理生存底线，于是，克己复礼就会变成忍气吞声，进而变成忍无可忍，他们就会起而为保卫自己的人格尊严、追求基本的社会承认而投入坚决的、执著的战斗（应星，2007）。一旦面子被无情地撕破，人们就会表现出“大丈夫可杀不可辱，大丈夫宁折不弯”、“宁可站着死，不愿跪着生”的坚毅和勇猛，就会展露出你死我活、锱铢必较、从头算账[2]的总体性战争的残酷性。

滋贺秀三（1998：13）把中国人这种性情称为“常识性的正义平衡感”。不过，我更愿意借用霍耐特所谓“为承认而斗争”的说法。在霍耐特（2005：170—171）看来，“社会反抗和

---

〔1〕 当然，有时也会有当事者为引起官府注意而架词设讼、夸大其词的情况。谚语“无谎不成状”就多少描绘了这一状况。参见徐忠明（2006：22—70）。但这种将小事闹大、刻意建构冤抑感的情况并不属于我所分析的承认的政治类型。

〔2〕 在聚族而居、关系紧密的村庄，人们的确不肯轻启讼端，但在鸡毛蒜皮的日常纠纷中所负之气却可能在“面子”和“人情”的遮掩下一点点地积淀下来，凝成每个人心中的账本。一旦到面子被撕破、忍无可忍或被逼得走投无路时，可能就不会就事论事，而是要本着“冤有头、债有主”的记忆，来清算人与人之间、家庭与家庭之间甚或家族与家族之间错综复杂、日积月累的总账，这正如滋贺秀三（1998：14）所指出的，“中国人具有不把争议的标的孤立起来而将对立的双方——有时进而涉及周围的人们——的社会关系加以全面和总体考察的倾向”。

社会叛乱的动机形成于道德经验语境，而道德经验又源起于内心期望的承认遭到破坏”，而“那种先前被化作碎片和私下处理的蔑视经验在这一视界中就可能成为‘为承认而斗争’的集体道德动机”。中国人基于以退为进、底线抗争、绝地反击的逻辑，表现出的是“人活一口气”的决绝。这种活气的逻辑涉及中国人何以立人的根本问题，它表面上与以忍御气相悖，实际上却是它的补充，两者合构起了中国人完整的道德人格与伸缩有度的行动空间。

我们以中国传统戏曲中最有名的清官——包公的一出戏为例来分析。包公之所以在中国传统戏曲舞台上被反复咏唱，就是因为在他身上代表了民众平抑豪强暴行的期盼，他被视为民众“承认的政治”的担纲者。元杂剧中现有包公杂剧 11 种，我们要分析的是其中唯一一部有关民事案件的杂剧——《包龙图智赚合同文字》。之所以专选这部杂剧，是因为民事案件不像刑事案件那样总是事涉人命或夺妻逼婚这样的大事（参见徐忠明，2002：445—462），在那些相对较小的事端上更能体会中国人所谓“为承认而斗争”的意味。

故事发生在北宋年间汴梁郊外的一对兄弟家庭中。因为某年遭灾，田产歉收，官府要求农家分房减口，到其他有收成的地方去谋生（时称“趁熟”）。弟弟刘天瑞自愿带着一家三口背井离乡，临行前与哥哥刘天祥签下一纸合同，表明只是暂时外出趁熟，家私田产均未分。不料刘天瑞夫妇很快客死异乡，留下一个三岁的小儿安柱，后被一好心人收养。安柱长到十八岁，知道父母身世后，就回故乡要求将父母骨骸归葬，却被刘天祥的续弦骗走合同，还被打破了头。我们可以清楚地看到，刘天瑞一家是如何被一步步逼到退无可退的地步的：他们“辞故里往他州，只为这田苗不救”，趁熟虽然是奉官府命令，但做哥哥的刘天祥一家本已欠下弟弟一家的情分；而刘天瑞夫妇“为人离乡贱，强经营生出这病根源”，最后抛下孤儿双双离世，更理应博得世人尤其是兄长一家的同情，但十多年过去了，从不见刘天祥出外打探消息，寻觅亲人——“他可也为什么全没那半点儿牵肠割肚？全没那半声儿短叹长吁？”当安柱“整受了十五载孤独”，为“将骨殖儿亲担的还乡故，走了些偌远路程”，最后终于回到老家时，刘天祥的续弦因为担心安柱来分家产，不仅没有半分认亲之意，反而将安柱手中的合同骗来藏匿；而刘天祥——安柱的亲伯父也稀里糊涂，爱理不理，听任他女人无情无义的行为；到最后，安柱不曾想到，“认我不认我便罢，怎么将我的头打破了?!”安柱虽然生性善良，性好和平，“本为行孝而来”，“又不争什家和计”（无名氏 a，1999：220、221、231—232、238），但终于被无情无义的伯父一家逼到了对簿公堂、为气而斗争的地步。

三　任气行侠：抗争政治中的气

下面要分析的是气在乡土中国抗争政治[1]中的展现形态。与日常生活相较，这里所说的抗争政治有三个特点：其一，日常生活所涉及的基本上是民众与民众之间的关系，而抗争政治主要涉及民众与国家之间的关系；其二，日常生活分析的基本行动主体是单个的个人、家庭或宗族，而抗争政治分析的基本行动主体是多个个人、家庭或宗族组成的群体；其三，日常生活分析的行动基本是制度内的行动（包括打官司在内），而抗争政治分析的行动是制度外甚或反制度的行动。我把气在抗争政治[2]中的总

〔1〕 关于“抗争政治”（contentious politics）这个概念，参见 McAdam D.（2001：7－8）。

〔2〕 抗争政治可具体分为骚乱（包括食物骚乱、抗租抗税等）、叛乱与革命等类型，本文不展开讨论，参见白凯（2005）；王国斌（2008）；裴宜理（2007）。

体形态称为“任气行侠”。其具体含义可以从三个层面来理解：

1. 气的地方性

我们前文所说的以气立人的逻辑有的时候可以跨越民众与国家、个体与群体、制度内行动与制度外行动的界限，从而使抗争政治成为日常生活的自然延伸形态。不过，在更多时候，抗争政治凸显的逻辑与日常生活绵延的逻辑是相背离的。集体抗争行动并非乡土社会的常态，抗争者通常也并非小农社会中“宁为太平犬，莫作乱离人”的主流人群。可以说，在抗争政治涌现的地方，出现了一种特别的气。这种气在整个乡土中国并不具有普遍性，而是特定地域的文化传统、生态环境和社会结构所带来的。这也是孟德斯鸠（2009）意义上的“民风”（moeurs）在广袤的乡土中国的体现。那么，这种有着浓厚地方特色的气到底从何而来呢?

以儒家为主流的中国文化是非宗教的，各地的民间宗教虽以其各不相同的教义和形式盛行于民间，但这些民间宗教基本上是对帝国运作逻辑的隐喻式模仿，并不具有对帝国秩序的颠覆性(王斯福，2009)。中国秘密社会和民间宗教真正的革命性因素在于从佛教传入的千禧年说（魏斐德，1988：140)。最早提出千禧年运动并将之视为社会运动的古朴形式的是著名史家霍布斯邦。他认为，对在千禧年实现对世俗世界彻底改变的盼望、对一个翦除了所有当下缺憾的世界的盼望，这是任何一种革命运动所内在的本质（霍布斯邦，1998：94)。正是千禧年思想的深入，才使得诸如在中国北方流行的白莲教的教义具有了激进性格，并将其教徒引向了与国家的对抗。所以，韩书瑞（2009：3）认为这样的教派其实是非大众化的。也就是说，某些具有千禧年思想的民间宗教在一些地区的流传，使这些地区的农民具备了其他地区的小农一般不具有的激进性。“苍天已死，黄天当立”（黄巾军）、“七十二家开黄道，专等一家来收元”（白莲教）之类的谶语流传，便是这种激进思想的最简明表达。

后来，裴宜理（2007：10—11）在研究淮北的叛乱和革命时，也明确提出了农民抗争政治起源的地方因素说。不过，她所强调的地方因素并非民间宗教和地方文化，而是地方特殊的物质生存环境。在她看来，某些地方农民抗争政治的出现在很大程度上是在特定的生存环境压力下为生活和生存而开展竞争活动的延伸。谚语“穷山恶水出刁民”即道出了几分真谛。

孔飞力则给我们展示了理解气的地方性的第三种渊源。他在对中华帝制晚期历史的研究中，特别强调了人口压力和流动所造成的政治后果。从17世纪末到19世纪中期，中国人口从一亿五千万迅速增长到了四亿三千万。人口剧增对抗争政治带来的影响有两方面：一方面是人口压力通过大量的国内移民而扩散开来。在重血缘宗法的乡土中国，移民在一些地方的出现，使他们处在充满敌意的陌生人的包围中，传统的社会纽带被削弱或割断，只有秘密结社这种虚拟亲属结构才能给移民们以安全、互助和组织安排。而秘密会社在这些地方的发展正是抗争政治兴盛的温床（孔飞力，1993：140—154）。另一方面，人口压力也使一些地方的农民失去土地，成了流民。而失去土地的流民往往放弃了对传统礼法关系的遵从，改变了传统小农怯弱、保守的性格，成为甚易被抗争政治所召唤的社会力量。流传山东境内的谚语“富走南，穷进京，死逼梁山下关东”，说的就是人口压力带来的流民潮。

无论是民间宗教的影响，还是地方环境的压力，无论是秘密结社的出现，还是流民力量的兴起，这些都使一些地方的民风从中庸转为峻厉，从而构筑起抗争政治活动在这些地方不断出现的基础。

2. 气的进攻性

既然抗争政治中的气具有地方性，那么，这种气与日常生活中的气到底有什么样的差别呢？“路见不平，拔刀相助”这条著名的谚语告诉了我们第一个变化：气从一种防御性策略变成一种进攻性策略。

裴宜理（2007：60）把华北农民的生存策略分为两类：以攫取他人财富为目的的掠夺性策略和努力阻止他人进攻的防卫性策略。她这个分类原是分别指贫苦农民与富裕农民的生存策略。我在这里借用这个分类法来区别气在抗争政治与日常生活中的不同形态。日常生活中以气立人的逻辑尽管在行动上也可能表现得比较激烈，但它基本上是一种防御性策略，即为避免自己原有的物质利益、社会地位遭到削弱或剥夺而采取的行动。而在抗争政治中的气，有的时候是出于提高自己的生存境遇或社会地位而采取的行动，有的时候则是出于为别人打抱不平的行侠仗义之举，还有的时候只是图自己的一时痛快。因此，在抗争行动搭建起来的江湖上，既有“以节义为本”的侠气，时常也夹带着几分“以武犯禁”（《韩非子·五蠹》）的匪气。

我们可以来看看元曲里的一部水浒戏——《黑旋风双献功》。在这出戏里，宋江一出场就给梁山好汉的气来了一个集体写照：“家住梁山泊，平生不种田。刀磨风刃快，斧蘸月痕圆。强劫机谋广，潜偷胆力全。弟兄三十六，个个敢争先。”接下来，李逵救宋江老友孙荣、杀陷害孙荣的白衙内及与之勾搭成奸的孙荣妻郭念儿的故事就仿佛是梁山好汉们的一个特写。李逵“从来个路见不平，爱与人当道撅坑”，这次见兄弟孙荣含冤负屈，便化装潜入牢房，“我解放了俺哥哥，则不俺哥哥一个人，我把这满牢房里人都放了”，后来又想到两个作恶者“那一个滥如帽，这一个淫似狗。端的是泼无徒贼子更和着浪包娄，出尽了丑，丑。情理难容，杀人可恶，怎生能够”，于是，“虽则是婚姻注定前生有，到的我黑爹爹一笔都勾”，“再将他衣服上扯下一块来，捻做个纸捻，去腔子里蘸着热血，在白粉壁上写道：是宋江手下第十三个头领黑旋风李逵杀了这白衙内来"，并"将着这二颗头，到梁山泊上宋江哥哥跟前献功去来"（高文秀，1999：551、557、573—574、576—577）很明显，江湖人的快意恩仇与寻常百姓的以直报怨的一个不同就在于他们行动的主动性和进攻性。

3. 气的伦理性

"四海之内皆兄弟"这条谚语则告诉了我们第二个变化：气在抗争政治中从一种准伦理上升为一种伦理。

无论是在中国思想传统中，还是在乡土日常生活中，气本身只具有准伦理性，它要受到儒家伦理的规制。不仅以忍御气以礼治思想为基础，即使是在以气立人的行动中，也或直接、或间接地受到儒家伦理的影响或制约。但是在抗争中，气本身已被赋予了一种全新的、居于至上地位的伦理，气由此演化为义气。千古流传的《水浒传》与《三国演义》就是这种义气最好的诠释。比如，我们在元曲里的《刘关张桃园三结义》可以看到，刘备、关羽和张飞在桃园结义时"宰白马祭天，杀乌牛祭地；不求同日生，只愿同日死；一在三在，一亡三亡"，"结为昆仲义相投，临危同死入坟丘"（无名氏 b，1999：497、500）——江湖这种独特的绿林道德观完全打破了以血缘为纽带的尊尊亲亲的宗法关系，而代之以"八方共域，异姓一家"、"歃血盟誓、义薄云天"的兄弟，义气成为社会行动的出发点和归宿（孙述宇，1981）。

四　小结

现在我们可以对作为社会行动范畴的气在乡土中国的全部内涵做一小结。气在中国乡土传统中既不是一个纯生理的冲动，也不是一个纯利益的反应，它是一种融汇了本能与理性、道义与利益的激情，是中国人在人情社会中摆脱生活困境、追求社会尊严和实现道德人格的社会行动的根本促动力，它从一种需要被克制的激情到一种可以迸发的激情[1]再到一种自我执法的义气，构成了一个充满张力的续谱，其中，以忍御气是主流，以气立人是补充，任气行侠是特例。就以忍御气而言，御气的关键是儒家的礼治伦常以及小农的理性计算；就以气立人而言，也是兼有儒家伦理和小农理性的影响，只是从不同的侧面构成了以忍御气逻辑的补充，构成了中国人塑造道德人格的有机组成部分；再就任气行侠而言，气背后的儒家伦理被颠覆，气在此上升为一种具有至上伦理地位的义气。也因为气与伦理的这种关系，气在以忍御气时得到了良好的调控；在以气立人时，这种气的迸发尽管确有相当的正当性，却也可能造成某种失控；而在任气行侠时，由于气本身被赋予了伦理性，因此，被解除了任何控制和约束而放任自行。[2]

参考文献

白凯，2005，《长江中下游地区的地租、赋税与农民的反抗斗争：

[1] 在这个续谱中，从激情的克制到迸发之间还存在一种中间类型：阳奉阴违。限于篇幅，本书不在此讨论，参见邹川雄（1999）。

[2] 随着乡土中国进入现代所发生的巨大变化，特别是中国革命取得胜利以来，气尽管依然是中国人摆脱生活困境、追求社会尊严和实现道德人格的社会行动的一种原动力，但人情社会的大背景已经发生了重要的变化，而气的作用机制也随之发生了复杂的变化。一方面，气的传统抑制机制逐渐失效，革命精神和权利意识为民众的血气迸发赋予了政治合法性和伦理正当性，在气复杂的续谱中，主流与边缘的位置发生了颠倒，以忍御气退居边缘，江湖义气和宗教伦理被剔除，以气立人上升为主流，新生的革命精神独发异彩。另一方面，以气立人的上升又是有特定条件的，那就是对最高领袖及其代表的国家利益的绝对服从，因此，敢与天斗之气与个人崇拜之风，家庭里权利意识的增长与社会上家长作风的盛行，均平意识的上升与身份等级的隔阂，这些似乎矛盾的现象常常并行不悖。关于这些复杂的变化，需另文再述。

1840—1950》，林枫译，上海：上海书店出版社

陈柏峰，2007，《“气”与村庄生活的互动——皖北李圩村调查》，《开放时代》第6期

成伯清，2009，《没有激情的时代？——读赫希曼的〈激情与利益〉》，《社会学研究》第4期

崔述，1983，《无闻集·讼论》，载顾颉刚编《崔东壁遗书》，上海：上海古籍出版社

邓建鹏，2006，《财产权利的贫困：中国传统民事法研究》，北京：法律出版社

费孝通，2006，《乡土中国》，上海：上海人民出版社

夫马进，1998，《明清时代的讼师与诉讼制度》，范愉译，载王亚新等编《明清时期的民事审判与民间契约》，北京：法律出版社

高文秀，1999，《黑旋风双献功》，载王季思主编《全元戏曲》第一卷，北京：人民文学出版社

关汉卿，1999，《感天动地窦娥冤》，载王季思主编《全元戏曲》第一卷，北京：人民文学出版社

汉密尔顿等，1980，《联邦党人文集》，程逢如等译，北京：商务印书馆

韩丁，1980，《翻身》，韩倞等译，北京：北京出版社

韩书瑞，2009，《山东叛乱：1774年王伦起义》，刘平等译，南京：江苏人民出版社

胡先缙，2004，《中国人的面子观》，载黄光国编《面子：中国人的权力游戏》，北京：中国人民大学出版社

黄光国，2004，《面子：中国人的权力游戏》，北京：中国人民大学出版社

黄宗智，1998，《民事审判与民间调解：清代的表达与实践》，北京：中国社会科学出版社

霍布斯邦，1998，《盗匪：从罗宾汉到水浒英雄》，郑明萱译，台北：麦田出版公司

霍耐特，2005，《为承认而斗争》，胡继华译，上海：上海人民出版社

霍存福，2007：《法谚：法律生活道理与经验的民间形态——汉语谚语的法文化分析》，《吉林大学社会科学学报》第2期

纪君祥，1999，《赵氏孤儿大报仇》，载王季思主编《全元戏曲》第三卷，北京：人民文学出版社

金耀基，2006，《人际关系中人情之分析》，载杨国枢编《中国人的心理》，南京：江苏教育出版社

钱穆，2004，《儒礼杂议之一——非斗》，载《中国学术思想史论丛》卷二，合肥：安徽教育出版社

孔飞力，1993，《清王朝衰落和叛乱的原因》，载费正清编《剑桥中国晚清史》（上），北京：中国社会科学出版社

李存山，2009，《气论与仁学》，郑州：中州古籍出版社

李敏龙、杨国枢，1998，《中国人的忍：概念分析与实证研究》，《本土心理学研究》（台北）第10期

陆思礼，2001，《毛泽东与调解：共产主义中国的政治和纠纷解决》，载强世功编《调解、法制与现代性：中国调解制度研究》，北京：中国法制出版社

孟德斯鸠，2009，《论法的精神》，许明龙译，北京：商务印书馆

明恩溥，2001，《中国人的素质》，秦悦译，上海：学林出版社

尼科尔斯，2007，《柏拉图〈王制〉中的血气与哲学》，尚新建译，载刘小枫等编《血气与政治》，北京：华夏出版社

裴宜理，2007，《华北的叛乱者与革命者》，池子华等译，北京：商务印书馆

斯科特，2001，《农民的道义经济学》，程立显等译，南京：译林出版社

寺田浩明，1998，《权利与冤抑》，王亚新译，载王亚新等编《明清时期的民事审判与民间契约》，北京：法律出版社

史华慈，2006，《中国的共产主义与毛泽东的崛起》，陈玮译，北京：中国人民大学出版社

苏力，2006，《法律与文学：以中国传统戏剧为材料》，北京：生活·读书·新知三联书店

孙立平，2005，《现代化与社会转型》，北京：北京大学出版社

孙述宇，1981，《梁山英雄的义气》，载联副三十年文学大系编辑委员

会编《中国古典文学论》，台北：联合报社

王国斌，2008，《转变的中国：历史变迁与欧洲经验的局限》，李伯重等译，南京：江苏人民出版社

王季思主编，1999，《全元戏曲》，北京：人民文学出版社

王斯福，2009，《帝国的隐喻：中国民间宗教》，赵旭东译，南京：江苏人民出版社

魏斐德，1988，《大门口的陌生人：1839—1861华南的社会动乱》，王小荷译，北京：中国社会科学出版社

温端政主编，2004，《中国谚语大全》，上海：上海辞书出版社

文崇一，2006，《报恩与复仇：交换行为的分析》，载杨国枢编《中国人的心理》，南京：江苏教育出版社

武占坤，2000，《中华谚谣研究》，保定：河北大学出版社

无名氏a，1999，《包龙图智赚合同文字》，载王季思主编《全元戏曲》第六卷，北京：人民文学出版社

无名氏b，1999，《刘关张桃园三结义》，载王季思主编《全元戏曲》第七卷，北京：人民文学出版社

小野泽精一等编，2007，《气的思想：中国自然观与人的观念的发展》，李庆译，上海：上海人民出版社

萧公权，1999，《调争解纷——帝制时代中国社会的和解》，载汪荣祖编《中国现代学术经典·萧公权集》，石家庄：河北教育出版社

徐忠明，2002，《包公故事：一个考察中国法律文化的视角》，北京：中国政法大学出版社

——，2006，《案例、故事与明清时期的司法文化》，北京：法律出版社

——，2007，《众声喧哗：明清法律文化的复调叙事》，北京：清华大学出版社

许名奎等，2007，《忍经·劝忍百箴》，武汉：湖北辞书出版社

杨国枢编，《中国人的心理》，南京：江苏教育出版社

杨联陞，2009，《中国文化中的"报"、"保"、"包"之意义》，贵阳：贵州人民出版社

应星，2007，《"气"与中国乡村集体行动的再生产》，《开放时代》第6期

——，2009，《村庄审判史中的道德与政治：1951—1976 年的中国西南一个山村的故事》，北京：知识产权出版社

翟学伟，2005，《人情、面子与权力的再生产》，北京：北京大学出版社

——，2007，《报的运作方位》，《社会学研究》第 1 期

赵鼎新，2005，《西方社会运动与革命理论发展之述评》，《社会学研究》第 1 期

赵世瑜，2002，《谣谚与新史学》，《历史研究》第 5 期

邹川雄，1999，《拿捏分寸与阳奉阴违：一个传统中国社会行事逻辑的初步探索》，台北：洪叶文化出版公司

滋贺秀三，1998，《中国法文化的考察》，王亚新译，载王亚新等编《明清时期的民事审判与民间契约》，北京：法律出版社

Dixon T.，2003，*From Passions to Emotions*，Cambridge：Cambridge University Press

Harrell S.，1987，"The Concept of Fate in Chinese Folk Ideology，" *Modern China*，Vol. 13，No. 1

Hirschman A.，1997，*The Passions and the Interests：Political Arguments for Capitalism before Its Triumph*，Princeton，N. J.：Princeton University Press

Hobbes，1991，*Leviathan*，edited by Richard Tuck，Cambridge：Cambridge University Press

McAdam D.，Tarrow S.，Tilly C.，2001，*Dynamics of Contention*，Cambridge：Cambridge University Press

Kevin J. O'Brien and Lianjiang Li，2006，*Rightful Resistance in Rural China*，Cambridge：Cambridge University Press

Elizabeth J. Perry，2008，"The Chinese Conceptions of 'Rights'：From Mencius to Mao and Now，" *Perspectives on Politics*，6（1）：37－50

Seybolt P.，1996，*Throwing the Emperor from His Horse*，Boulder，Co：Westview Press

“经术”与“吏事”：中国古代的治理实践
——《官箴书》研究提纲

周飞舟

一

在关于中国古代社会的研究传统中，一直存在着一些相互矛盾的理解。比如，一方面，传统政治的发展被有些学者理解为专制主义皇权的不断加强，到明清时代达到顶峰，官僚制是其专制统治的强有力工具；另一方面，也有些学者发现，传统政权对经济和基层社会的控制是在逐步走向松散。在经济上的表现是基层自由放任的经济制度，在政治上则是皇权和官僚制的逐步缩减，基层社会则变成自治或半自治的状态[1]。又比如，既将政治治理的原则理解为“德治”的，又将政治治理的实践理解为严苛残酷的，并在此基础上，构成了一种新型的“阳儒阴法”式的解释，即儒家强调的道德修养、教化政治实际上是外在的缘饰，政治治理的核心是强调专制、法制和富国强兵理念的法家政治实践[2]。

---

〔1〕关于第一类观点，参见刘泽华等（1988）、王亚南（1981）等；经济上的自由放任观点，可参见赵冈和陈钟毅（2006），政权控制的缩减，代表作为施坚雅（2002），基层社会的自治和半自治观点可以参见吴晗和费孝通（1988）。

〔2〕毛泽东1975年有《读〈封建论〉呈郭老》一诗。诗中的两句“百代都行秦政法”和“孔学名高实秕糠”是这种看法的代表性体现。

这种表面上整体性的理解，实质上仍存在着尖锐的矛盾：如果儒家的政治理念仅仅被作为一种美化的意识形态而存在，那么它如何与法家的政治实践相适应？这其中包含了两个问题：第一，即使我们仅仅将儒家的政治观念视为一种“内圣”之学，一种修身与修养的学说，在具体的治理实践中，饱受儒家经典教育的官员们如何处理这种观念与法家治理实践之间的矛盾？因为两种学说存在着非常尖锐的对立，所以我们很难想象这些实践者可以一方面接受儒家强调修养教化的政治理念，另一方面却顺利无碍地使用严苛无情的法家治理术；第二，儒家的政治学说是否只是停留在观念层面的“道”，而没有发展出进入治理层面的“法”或者“术”？如果答案是否定的，那么这种“阳儒阴法”式的理解就将中国古代的治理实践过于简单化了。

对于第一个问题，中国传统社会的政治实践表现出的复杂形态显示，传统体制表现出的一些重要特征离以“秦法”为代表的法家政治相去甚远。韦伯在《儒教与道教》一书中指出中国古代的家产官僚体制的“疏放性”：“每个行政单位仅有少数现职的官吏”，他认为这是由国家财政上的限制所导致的（韦伯，2003）。黄仁宇在其代表作中指出中国古代行政缺乏“数目字管理”的能力，这与其财政方面的汲取能力有着互为表里的关系（黄仁宇，1997）。实际上，无论在广大的所谓“皇权不下县”的基层社会，还是在官僚体制内部，这种“疏放性”原则的表现都清晰可见。与这种“疏放性”紧密联系的薄弱的国家汲取能力显然不是法家治理实践的结果。早在作为官僚体制开端的秦国，朝廷的军功爵制和地方的编户齐民是统治的基本构架，表现出极端的“严密性”，正是与上述的“疏放性”相对立（杜正胜，1990）。因此，仅仅靠财政能力或者更加笼统的统治能力来理解这种现象显然是不足够的。

对于第二个问题，即儒家在治理层面的影响有一些具体的研究，主要集中在法制史的领域。瞿同祖较早地讨论了中国法律的儒家化的问题，指出儒家的政治理念极大地渗入了立法和司法领域，儒家所强调的“亲亲”、“礼治”这样一些与法律本身相对立的观念融入了司法实践当中（瞿同祖，2003）。黄宗智在研究晚清和民国民事纠纷和刑事诉讼案卷的基础上，提出了“集权的简约治理”的概念，指出这一传统治理遗产的重要性（黄宗智，2007）。这些研究表明，儒家理念不但影响了民事纠纷和司法实践，而且在很大程度上主导了这一治理过程。

虽然许多学者发现了传统治理实践的复杂性，但是大多将儒家观念的影响视为与现代治理观念相对立的部分，而这种“现代治理”的观念则是在参照西方现代法治实践的背景下形成的。简单地将治理实践中的“人治”、“德治”、“亲亲”等因素视为非现代的、非理性化的成分，会阻碍我们从传统政治的本身深入理解传统的治理实践，阻碍我们理解这些实践背后所遵循、奉行的政治理念，是我们最终难以摆脱对古代政治“停滞论”式的简单化理解。例如在司法实践中，我们会发现大量的与现代法治观念尖锐对立的做法，如果将其简单视为“落后的”，将其视为法治建设中的干扰因素，虽然这种理解要比“阳儒阴法”的理解更加深入，但是更加无益于我们理解儒家的政治理念对于治理实践的意义。实际上，有些研究者已经注意到清代国家治理在荒政等许多方面是颇有成效的，但是按照现代治理的观念去考察，我们就会发现这些效果是在把一群“书呆子气的、不实干的和懒惰的文人与邪恶的、狡诈的和不顾道德廉耻的胥吏结合起来”的体制下取得的。对于这种现象，有些学者倾向于用传统政治中的理性化因素去解释，例如认为这个体制实际上是由少数高度理性化的精英主导的，或者强调基层社会的、非国家力量的正面作用，但这些都不是从中国传统政治的本身来进行理解的（魏丕信，1990）。

二

孟子说："徒善不足以为政，徒法不能以自行"。这是说儒家讲的"为政"兼具政治的"道"和治理的"法"两个层面的内容。但是孔孟论为政，多讲仁义为主的为政之道，为政之法涉及甚少。孔子说，"为政以德，譬如北辰，居其所而众星共之"，"政者正也，子帅以正，孰敢不正?"孟子反复申述"保民而王"、"得天下以仁，失天下以不仁"，即使讲井田之制的时候也是说"此其大略也，若夫润泽之，则在君与子矣"。这并不意味着孔孟没有治理之法，而只是强调治理之法能够付诸实际并行之有效，其要害在于为政者的德行。王夫之对此的阐释是："尧舜之治，尧舜之道为之；尧舜之道，尧舜之德为之。二典具存，孔、孟之所称述者不一，定以何者为尧舜之治法哉？命岳牧，放四凶，敬郊禋，觐群后，皆百王之常法。唯以允恭克让之心，致其精一以行之，遂与天同其巍荡。……则法尧舜者之不以法法，明矣。……法依乎道之所宜；宜之与不宜，因乎德之所慎。"（《宋论·神宗》）这里的"法"离开尧舜之道便"不能以自行"。那么尧舜之道是如何体现在治世之法中呢？或者反过来说，如何从具体的治理实践中看到尧舜之道呢？根据王夫之的阐释，这显然无法在儒家经典中找到，而只能从考察具体的治理实践入手。

从传世的文献和资料来看，史部和集部的正史、奏折、笔记、方志等无疑会涉及这个方面的内容，但是分布散漫，整理爬梳非常困难。在这之外，有一类文献集中地体现了此文关心的问题，就是文献中的官箴书一类。

官箴书在四库全书中属于史部职官类，分“官制”和“官箴”两门。广义的官箴书还包括了历代的部分“政书”，这其中既有各种从政指南，又有公牍汇编，内容比较庞杂。如果我们单以单独编纂成书的官箴书来看，则可以说官箴书成于北宋，到明清时代而大行于世，按照不同的分类法，最少的说法是八十余种，最多的是五百多种（赵骞、彭忠德，2009）。

官箴书的内容包括两个大的部分，分为为官之道和为官之法。为官之道的主要内容是“正心”“正身”的儒家理念，另一部分则是具体的为官之法，涉及迎送、御下、催科、刑名、教化等具体的治理实践，一般都是分条目列出。这些条目是作者对于长期担任地方官员的经验和教训的总结，既能反映地方治理的实践性做法，又能看出地方官员对这些做法的用意和解释。

研究官箴书，在两方面有重要的意义。第一是我们可以通过官箴书看到地方行政的体系和实践，第二是我们可以讨论地方的治理实践与其背后的政治理念之间的关系，即地方官员是如何斟酌在具体的行政中体现出其所熟习的儒家政治观念？具体而言，地方官员在处理政务、制定和执行各种规则制度、对待下属和百姓的态度、处理同僚与上级的关系等这些行政中是否会遵循一些类似的原则？这些原则对地方治理又会产生什么样的影响，出现什么样的后果？

“儒术”与“吏事”的结合，始于汉代。《史记·循吏列传》中太史公曰：“法令所以导民也，刑罚所以禁奸也。文武不备，良民惧然身修者，官未曾乱也。奉职循理，亦可以为治，何必威严哉。”从《史记》中循吏的行为看，其特点实际上循理执法，即废除和修改不合于“理”的法令，对于合“理”的法令也采取比较温和而不是威严的方式来执行（陈苏镇，2001）。对于循吏来说，显然有一个高于“法”的“理”需要更加重视，并且用“理”来改造“法”。《汉书·循吏传》则称：“三人（董仲舒、公孙弘、兒宽）皆儒者，通于世务，明习文法，以经术润饰吏事，天子器之。”颜师古注曰：“循，顺也。上顺公法，下顺人情。”循吏首先是通世务、明文法的“吏”，能够“优势理乱”、精于政事。但另一方面，又能通达人情，“以经术润饰吏事”。经术显然是指儒术，“润饰”一方面是指将儒家所强调的“仁义”“孝悌”等高于法令的观念贯彻到政事之中，另一方面也强调这些法令和政事要顺乎人情，不能与人情相悖谬。从《汉书·循吏传》中记载的循吏们的行为来看，执政风格柔和、侧重教化是其共同的特点。其辖区内的“大治”内容也与“民勇于公战而怯于私斗”的法家式的理想治理状态不同，而是“百姓乡化，孝子子弟弟贞妇顺孙日以众多，田者让畔，道不拾遗，养视鳏寡，赡助贫穷，狱或八年亡重罪囚，吏民乡于教化，兴于行谊，可谓贤人君子矣”（《汉书·循吏传·黄霸》）。

循吏一方面成为后世官箴书中的榜样性人物，另一方面也说明儒术和吏事的结合并非脱离现实政治的空想。官箴书自宋以后大为流行，则与文吏和儒生在身份和制度上的关系发生了复杂的变化有关系。

汉代以降，随着从察举制到科举制的变化和发展，地方官员基本上全部是由只熟习儒家经典的儒生担任，他们越来越缺乏文吏所具备的地方行政的专业知识和技能，却要靠一己之力管理一个州县。同时，文吏的地位逐渐下降而为胥吏[1]，基本被排斥在官僚制度之外，出身低贱，不受国家正式的俸禄供养。儒生做官之后，开展地方行政所能够凭藉的除了其政治理念之外，就是其幕友和胥吏。发展到明清时代，州县一级的地方政府实际上是由极少数不熟政务、地位尊崇的长官与执行日常行政事务的幕友

〔1〕 关于文吏到胥吏的变化，可参见宫崎市定（1993）。

和胥吏所组成。这其中，胥吏地位卑贱，幕友与长官保持着类似于“客人”“朋友”之类的关系，但是由于幕友没有正途出身，其地位较长官低下，也属于其下属。

地方政府内部这样的地位结构本身就体现了“有治人而无治法”的儒家理念。在政府的日常行政中，也缺乏成文的制度和法典可以遵循，大多依靠处理政务的经验。所以地方官员在治理中面对的主要对象是“例、吏、利”三个方面。“例”就是行政事务中的惯例或成例，“吏”是指幕友及各类衙役胥吏，“利”则是指如何通过前两者造福于民，又防止下属从政务中渔利。在这种框架下，地方官员不能指望这个地方行政体系可以依照一套制度“自行”运作，因为“例”与“吏”的最大特点就在于长官的裁量和决策极为关键，对行政负有极大的责任，如果诸事委之于吏，由于缺乏规则制度，很容易造成搜刮民财、与民争利的问题，这就是官箴书中时常提到的所谓“官须自做”的道理。另一方面，“官须自做”并不意味着要将自己变成专业行政人员，陷入琐细繁剧的政务细节中，而是要用有“无治法而有治心”的原则统摄行政事务。至于如何统摄，就是许多官箴书的具体内容条目了。

三

从本文提出的问题出发研究官箴书，应该重点考察以下几个方面的关系，这也构成了研究的基本假设。

1. 修身与为政的关系

在大多数官箴书中，开始部分列出的一般都是一些与“正心”有关的修身条目。这些条目看上去和后面的政务实践并没有直接的关系，却总是被反复强调。究其原因，不外乎各类官箴强调的总原则基本上都是“有治人而无治法”或“无治法而有治心”。地方官员没有精力进入事无巨细的政务细节，这一方面是因为地方政府的构架是所谓的“一人政府”（瞿同祖，2003），官员少而胥吏多，长官主要是通过胥吏来执行政务；另一方面也是因为地方事务多依靠成例和变通，并无固定的制度和规则可循，需要行政长官斟酌损益，所以长官个人的见识、修养变得极为重要。而这种地方政治的“人治”构架也是传统儒家政治理念的体现。这种政治理念认为，单靠各种防弊兴利的制度建设来进行治理，必然会造成“法太密”的局面；但这并不意味着单靠长官的个人意志和赏罚之权就可以达成好的治理状态，单纯依靠赏罚，会造成更加糟糕的“上下交征利”的状态。要对这两种情况加以调节，只有靠行政长官的修养德行及其将这种德行体现在治理之中，才有可能达到“风行草偃”的效果。

另外，日本学者佐竹靖彦指出了一个奇怪的现象，即最早的专门官箴书（北宋的《作邑自箴》）比较重视政务，而后出现的自宋至元的一系列官箴书出现了一个明显的从实物走向“道德训诫”、强调官员修养和“正心”的趋势，这种倾向在元代的《三事忠告》中达到了顶峰，此后在明清时代，实务性的、内容琐碎浩繁的官箴书又重新成为主流（佐竹靖彦，2006）。他对此并没有作出很清晰的解释，但是这种现象的原因应该与地方政府行政构架及其治理理念的变化有关系。

2. 人情和法理的关系

人情包括两个方面的内容。一个是“人情世故”的人情，是指地方长官要照顾上下级官员、百姓的情面，还包括自己家人、远方来投奔的亲属的人情。如何在执行政务时处理好这种人情与法理的关系，是官箴书中屡屡涉及的一个问题。这里的复杂之处在于，这些人情往往会牵扯到政务中来，难以将其与公共事务完全分开。虽然有些官箴书中简单地用“私”与“公”的态度来处理这两者之间的关系，要求公私分明、不徇私情，但是也有官箴书会要求地方长官以更加柔和的态度来处理这两者之间的关系，这其中的斟酌、处理的适度恰恰要靠官员本身的修养来解决。实际上，因为有着长期的异地为官的回避传统，地方长官都是其治理辖地的外来者，要能够有效地贯彻国家政令和自己的意志，必须依靠与胥吏、地方士绅的各种正式的和非正式的关系，这是人情的重要内容。简单地以“公”“私”的办法来处理，很难使政令在执行过程中渗入到基层社会的关系中，也难以达到预期的效果。

魏丕信指出，在清代的地方政府，被称为“内衙”的部分（包括长随、家人和幕友）空前变大了，一个大县中，长随和家人会有五六十人，外加十多个幕友（魏丕信，1990）。在宋代的官箴书中，几乎看不到这种“私人”成分，而到清代这种“私人部属”在地方行政中起了极为重要的作用，如何利用“内衙”的胥吏去制约外衙的胥吏，是行政中的重要问题。因此处理人情也成为极为重要的内容。

人情的另一个方面是“通情达理”、“人之常情”的人情，是要求地方长官遵循忠恕之道，体察、体谅下情和民情。人莫不希冀饱暖，地方官的治理实践应该建立在这种体谅的基础上。比如，在催收粮款中，虽然需要设定最后期限、需要惩罚逾期不交者，但是体谅、宽限和对惩罚的赦免无不贯彻于这些政务的运作之中。事实上，许多地方官的催科告示都是将人情放在高于国法的地位，号召官民双方体谅彼此的苦衷（王一鸽，2010）。

3. 教化和效率的关系

在秦汉时期，文吏与儒生看待治理的一个重要差别，就在于前者重视政务效率，后者重视教化，“教化”是儒家政治观念中最为重要的一个方面。在论语中，有一段孔子与子贡的著名答问：

子贡问政。子曰：“足食，足兵，民信之矣。”子贡曰：“必不得已而去，于斯三者何先？”曰：“去兵。”子贡曰：“必不得已而去。于斯二者何先？”曰：“去食。自古皆有死，民无信不立。”（《论语·颜渊》）

在《论语》的其他段落中，也有“富之、教之”的言论。但是值得注意的是，“富之”并非“教之”的先决条件，所以有去兵去食之说。“教之”是“富之”的最终目的，人民如果不能自立，那么单纯的“富之”就没有意义。

儒家之所以强调官员的修身与修养，强调“政者正也”，就是因为有着很多教化上的考虑。当然这并不说明儒家的政治观念不重视钱粮和刑名，只是要求两者并重，而不是片面地强调富国强兵的效率政治。这在后来发展成所谓“抚字催科”的治理观。

韩愈在《顺宗实录》中记载过一位名叫阳城的地方官员：“（阳城）出为道州刺史……一不以簿书介意，税赋不登，观察使数诮让。上考功第，城自署第曰：‘抚字心劳，征科政拙，考下下。’”抚字指教化，催科指政务，两者不应偏废。大量的官箴条目都讲到了如何处理二者的关系。虽然在许多官箴书中，我们都看到了官员以说教、训诫来教化下属和百姓，这在催科告示和判决文书中相当普遍和常见，但是也有许多官员提倡“寓抚字于催科之中”，再到后来有人提到“催科不扰，即是抚字”。但是如何“寓抚字之意”，“如何不扰”，这其中的细节都要从官箴书中去考察。

在官僚体制中，强调效率和政绩是有利于管理的，因为管理本身也有个效率问题。但是更关键的问题在于，“教化”这个最为重要的政治目标完全无法纳入官僚制的目标管理体系中去。在儒家看来，“霸者之民欢娱如也，王者之民皞皞如也”，是所谓“日迁善而不知为者”。更进一步讲，在百姓的日常生活中，父子有恩，长幼有序，朋友有信，大部分人讲求孝悌忠信，虽然这是儒家政治的最终目标，但是从表面上这是“帝力于我何有哉”，几乎不可能予以考成，所以也是阳城之所以“考下下”的原因。这涉及了我们考察官箴书所关心的另外一个问题，明清时代的官僚体制既然将“抚字”的地位提得很高，那么是如何在考成和体制运转中来顾及这个因素的呢？

4. “防弊”和“有为”的关系

如果考虑到上述几个因素间的复杂关系，在具体的行政事务上，官箴书表现出的普遍态度是保守和谨慎。首先，防弊比有所作为要重要得多；其次，防弊并不能单纯靠“变法”的办法实现，这就是强调“无治法而有治心”的意思。单纯依靠变法除弊，则容易除一弊而另生一弊，所以有弊无百害不除之说。由于行政体系的运作本就是以“人治”而非“法治”为基本框架的，所以弊端本身不能单纯通过变法来消除是很明显的。要除弊兴利，除了制度、规则上的变革之外，还需要正人君子的参与，否则便不会成功。在明清时代的官箴条目中，正人君子已经成为各种治理事务的基本前提，是制度能够正常运作的不可缺少的基本要素。这就是为什么官箴书都要首先强调修身正心的意思。

通过上面的讨论，我们可以看到，古代地方行政的框架既严重依赖于地方长官的道德修养，而地方官员也必须具有较高的道德修养，否则很容易变成贪官污吏，地方政治便一塌糊涂。但是具体而言，这两者之间的关系在日常行政中如何表现、出现了怎样的后果，还需要对官箴书进行细致的考察。

参考文献

陈苏镇，2001，《汉代政治与〈春秋学〉》，北京：中国广播电视出版社

杜正胜，1990，《编户齐民：传统政治社会结构之形成》，台北：联经出版事业公司

宫崎市定，1993，《王安石的吏士合一政策》，见刘俊文主编《日本学者研究中国史论著选译》，北京：中华书局

黄仁宇，1997，《万历十五年》，北京：生活·读书·新知三联书店

黄宗智，2007，《集权的简约治理——中国以准官员和纠纷解决为主的半正式基层行政》，《中国乡村研究》第5辑

刘泽华、汪茂和、王兰仲，1988，《专制权力与中国社会》，天津：天津古籍出版社

瞿同祖，2003a，《中国法律与中国社会》，北京：中华书局

——，2003b，《清代地方政府》，北京：法律出版社

施坚雅，2002，《中华帝国晚期的城市》，北京：中华书局

王亚南，1981，《中国官僚政治研究》，北京：中国社会科学出版社

王一鸽，2010，《抚字催科：清代州县政府征粮的实践与原则》，北京大学社会学系硕士论文

韦伯，2003，《儒教与道教》，北京：商务印书馆

魏丕信（Pierre-Etienne Will），1990，《明清时期的官箴书与中国行政文化》，《清史研究》1990年第1期

吴晗、费孝通，1988，《皇权与绅权》，天津：天津人民出版社

赵冈、陈钟毅，2006，《中国经济制度史论》，北京：新星出版社

赵骞、彭忠德，2009，《三十年来我国古代官箴研究述论与展望》，《中国史研究动态》2009年第4期

佐竹靖彦，2006，“《作邑自箴》研究”，《佐竹靖彦史学论集》，北京：中华书局

研讨会总结发言

叶启政：

我想首先借这个机会表达一下谢意，谢谢中国政法大学提供这次机会，让我和大家一起分享我们的思想。我虽然是出生在日治时代，即出生时国籍是日本，不要骂我是汉奸啊。（笑）国民党来之后也经历了后来的二二八事件，尽管我当时是四岁，也感受到了那种情景，家里不让出门，外面机关枪在哒哒地响，特别是之后从左邻右舍亲朋好友那里听到了不少故事。到了 1949 年开始进小学接受国民党教育，一路下来我曾经梦想能够进入北大读书，因为国民党宣传：一年准备、二年反攻、三年扫荡，没有四年，五年成功。在我们的印象中似乎就是这样发展的，所以我一直期待能到北大读哲学系，准备做个哲学家。当然结果并不是这样，我就进了台大哲学系。

所以我一直对北大有个莫名之状的感受，后来在 1993 年或 1994 年的时候，有缘认识了到台湾访问的王思斌、杨善华，当时北大社会学系的系主任和副系主任。杨善华在 1994 年的时候告诉我叶老师你愿不愿意到北大上课，我一口答应了。所以我给李猛他们上课的时候，说过我当不成北大的学生，也没有缘做北大正式的老师，但是可以有客串的缘分，我非常珍惜。我和北大的关系以及和中国大陆社会学界的关系，也基本上是这样建立起来的，是客串性的缘分。可是经过了这十五年，让我深深地感动的是这样一种客串性的身份，却种下让我难以割舍的纠结，而且让我深深地感觉到逐渐累积和酝酿了这样的一种关系：我指的是除了当年这个班我教过的学生和因而认识的朋友，像苏老师。

所以，虽然由于我的出身背景，使得很多的想法、感受是承担了整个台湾的历史命运，然而对中国大陆这片土地特别是社会学界这么多年的交往的同仁感情是很深的，甚至我们分享着学术的共同期待和使命，政治上的问题我们可以摆在一旁，然而文化和学术上我们有共同的敌人和朋友，至少针对西方帝国主义而言，我偏爱用这个词汇啊（笑声），只有用这个词汇才能激起共感和共应，这是某种的抗争状态，这才是可以作为行动的动力！这次看到政法大学能为苏老师和我办这样一个会，相对大陆而言我是一个外人，我个人深表感谢，而且甚为感动，这份情谊是我这一辈子最珍贵的福缘，我非常珍惜。而且我看到中国社会学的年轻一辈，就是你们的表现，不止令我感动，也令我肯定甚至是尊敬——我指的这是中国未来社会学界的希望，更扩大来讲是社会科学界的希望。我想作为学院里面的成员，不管是中国的传统或者是西方的传统，在这一点上我是相当保守、相当古典，不好听的话就是守旧。我还是认为作为一个社会学的教授，尤其是在中国的情境中，还必须担负知识分子的责任，严守知识分子最后的底线，我再说一遍：最后的底线，这个底线在哪里？尺寸拿捏存乎一线，我想这是今天作为大学里一个社会学教授的基本要求，为此与大家共勉！谢谢。（掌声）

苏国勋：

开了两天会了，我要向东道主表示感谢。刚才叶老师的讲话言辞肯切，为之动容。我和叶老师年纪相仿，差不多我们在同一年上学，而且刚解放时用的书、文具等东西基本一样，没有意识形态的内容。叶老师每年来，我们几乎都要见面，这么些年的交往，从他身上确实学到了不少东西，而且叶老师的人格等也都对我有影响。台湾社会学界和大陆联系最多的一个就是叶老师。叶老师在我们看来是一个人文知识分子，这方面我就不多说了。我这人是想的多，说的少，匆匆忙忙两句话并成一句话来讲，就在这里引诗明志吧：“种豆南山下，草盛豆苗稀。晨兴理荒秽，带月荷锄归。道狭草木长，夕露沾我衣。衣沾不足惜，但使愿无违。”我最喜欢的是这最后两句：衣服脏了没关系，可以洗，但是一个人做事不能违愿！（掌声）

应星：

首先非常感谢这两天来参加会议的所有老师和同学们。我到中国政法大学工作后，只主办过两次学术研讨会，而且这两次会议也有某些联系。第一个会是2005年的时候，由王康先生提议，是纪念中国社会学进入高校一百周年的一个小型座谈会。当时我们请了王康先生、南开大学的杨心恒先生等。那个会的基本想法和这个会差不多，希望能够为中国社会学找到一个可以接续的根基和传统。我们办的第二个会就是这次的会，其宗旨是想从理论的角度梳理中国社会学近三十年的传统。这也体现出我们的愿景，希望能够超越现在主流学界那种实证社会学或村庄社会学，找到真正有生命力、有味道的社会学的生长根基。这就是我们办会的基本背景。

另外，我想借此机会表达表达我个人对苏老师、叶老师的感谢，他们对我的影响都非常大。我所师从的两位先生对社会理论有着精深的研究。但说起来非常惭愧，我本人的社会理论修养不高。苏老师开创的韦伯研究传统，北大的李猛老师有精彩的发扬；叶老师的社会理论味道，台湾的黄厚铭老师有深刻的体会。我在理论上的修养是自愧不如啊。不过，两位先生对我的影响还是很大的，所谓身教盛于言传。很多时候，我都能从两位先生身上读到一种传统，活生生的传统。我去社科院读博士那年是

1996年，正碰到苏老师生了一场大病，当时大家都非常地担心。但苏老师后来很快地康复过来。我能够深切地感受到苏老师身上的一种精神，即想要做事、带好学生、追求学问的意志力。苏老师永远都是那种充满孩子般激情的人。要想了解苏老师这个人，说来也很简单，大家去看《理性化及其限制》那本书，认真读“以行动化解紧张”那一节，就可以看到作为一个真学者的苏老师。这是苏老师对我最大的影响。再说叶老师对我的影响。我曾经有幸在1999年6月到10月到台大社会系与叶老师朝夕相处，跟随他学习。且不说叶老师对我无微不至的关心和照顾，仅仅是叶老师本人的生活就让我感动莫名：他那样一个大牌的教授，每天早晨五六点出门，坐地铁来到研究室读书，中午吃一个快餐，而后继续看书。周末和节假日也通常如此。他过着一种极其简单的生活。在大陆，像叶老师这样的大牌教授，肯定是很忙很忙的，天天都在开会、演讲。而叶老师几十年来过的一直就是看书、教书和写书的书生本色生活。叶老师现在还在世新大学带着一个读书小组。我那时在台湾就经常想，此生无法尽报苏老师和叶老师的恩情，只是发愿自己以后一定要像这两位老师那样做一个真正的、本色的学者，远离“新父”。（笑声）尽管在不少人看来我现在的身份似乎也逼近“新父”了，但是我希望自己能够保持书生的底色和底线。

最后，我要感谢政法大学社会学院的吕志学老师为这次会议做了大量的工作。我也要感谢法大2009级社会学研究生为会议提供的服务。我曾经听到一个说法，有些学校的研究生说他们在读的那几年的一大收获就是学会了如何办会。我希望这次是我的学生们在学期间唯一的一次办会。按照我们学院每四五年办一次会的频率，你们恐怕是再没有这样的机会了。（掌声）

〔2010年6月19日〕

苏国勋教授著译年表 *

一 专著

1986 《苏联当代哲学》(合著)，北京：人民出版社

1988 《理性化及其限制——韦伯思想引论》，上海：上海人民出版社

1989 《理性化及其限制——韦伯思想引论》，台北：桂冠图书公司

1991 《社会学——中高级读本》(副主编)，北京：知识出版社

2005 《社会理论与当代现实》，北京：北京大学出版社

2006 《全球化——文化冲突与共生》(合著)，北京：社会科学文献出版社

二 编译校

1986 合译：《论辩证法的叙述方法：三个伟大的设想》，凯德洛夫等著，中国社会科学出版社

1987 审订：《新教伦理与资本主义精神》，马克斯·韦伯著，于晓等译，北京：生活·读书·新知三联书店

—— 副主编：《文化：世界与中国》丛刊与丛书，北京：生活·读书·新

* 本年表由熊春文、应星编订。

知三联书店

1988　补译：《中国意识的危机——“五四”时期激烈的反传统主义》，林毓生著，穆善培译，贵阳：贵州人民出版社增订再版

——　合译：《系统与社会》，阿法纳西耶夫著，贾泽林等译，北京：知识出版社

——　合译：《社会信息与社会管理》，阿法纳西耶夫著，北京：知识出版社

1988—2004　主编：《国外社会学》，北京：中国社科院社会学所

1990　合译：《谢林传》，阿尔森·古留加著，北京：商务印书馆

1996　主编：《当代西方著名哲学家评传》第十卷《社会哲学》，济南：山东人民出版社

2005—2009　主编：《社会理论》第1—5辑，北京：社会科学文献出版社

2005　主编：《二十世纪西方社会理论文选》（四卷本，与刘小枫合编），上海：上海三联书店

——　合译：《世纪末社会理论》，亚历山大著，张旅平等译，上海：上海人民出版社

2006　审校：《社会科学的新哲学》，詹姆斯·博曼著，李霞等译，上海：上海人民出版社

2008　审校：《社会学的理论逻辑》，亚历山大著，于晓等译，北京：商务印书馆

2010　合译：《新教伦理与资本主义精神》，北京：社会科学文献出版社

三　论文

1980　《苏联当代哲学研究情况》，《哲学动态》第1期

——　《苏联近三十年来社会学研究概况》，《世界哲学》第4期

1983　《海德格尔对死亡的论述及其它》，《中国哲学年鉴》

——　《塔尔科特·帕森斯》，杜任之主编《当代西方著名哲学家述评（续集）》，北京：生活·读书·新知三联书店

1984　《列宁关于辩证法叙述的四种设想以及把列宁的四种设想结合在一起的可能性》，《世界哲学》第4期

—— 《历史唯物主义关于社会学对象的讨论》,《中国哲学年鉴》
1985 《作为哲学家和社会思想家的卢卡奇》(译文),《世界哲学》第4期
1986 《麦克斯·韦伯社会学思想概观》,《哲学动态》第8—10期
—— 《苏联为什么要恢复社会学》,《社会学参考资料》,社会学所编
—— 《苏联的马克思主义社会学的理论结构》,社会学所编
1987 《苏联对西方社会学理论的研究》,《世界哲学年鉴》第1期
1988 《孔德及其实证主义》,《中国哲学年鉴》
—— 《齐美尔的形式社会学及其哲学基础》,袁澍涓编《现代西方著名哲学家评传》上卷,成都:四川人民出版社
1989 《韦伯及其社会学思想》,《新闻战线》第2—3期
—— 《中国社会学的健康发展之路——坚持应用研究与理论研究相结合》,《中国社会学年鉴(1979—1989)》,中国大百科出版社
—— 《从社会学史的角度看社会学研究对象及其功能》,陆学艺编《社会主义初级阶段中的社会学》,北京:知识出版社
1992 《新功能主义:当代社会学理论中的一种新的综合视角》,《国外社会科学》第1期
1993 《国外社会学研究状况》,《中国社会学年鉴》
—— 《从"科学研究纲领"看"人情与面子"理论模式》,杨国枢编《文化、心病及疗法》,台北:桂冠图书公司
1996 《导论》、《韦伯》,《当代西方著名哲学家评传》第十卷《社会哲学》,济南:山东人民出版社
2000 《社会理论译丛》序言,上海:上海人民出版社
—— 《共生理念的社会学解读》,吉田杰俊、卞崇道编《共生思想之探求》,东京:青木书店
2002 《社会学与社会建构论》,《国外社会科学》第1期
2003 《社会学与社会建构论》,《中国社会学》第2卷
—— 《全球化背景下的文化冲突与共生(上)》,《国外社会科学》第3期
—— 《全球化背景下的文化冲突与共生(下)》,《国外社会科学》第4期
2004 《抵制社会科学的"麦当劳化"》,《中华读书报》9月8日
—— 《从社会学视角看"文明冲突论"》,《社会学研究》第3期

——《关于“第三条道路”》,《社会学研究》第3期

——《从社会学视角看“文明冲突论”》,《社会观察》第8期

——《共生理念的社会学解读之一》,《社会学家茶座》第8辑

——《完整的马克斯·韦伯》,《经济观察报》9月13日

——《〈韦伯作品集〉序言》,广西师范大学出版社

——《韦伯著作选——简体版序》,河北教育出版社

2005《共生理念的社会学解读之二》,《社会学家茶座》第9辑

——《全球化背景下的文化冲突与共生》,《社会学家茶座》第11辑

——《全球化与民族国家》,《社会学家茶座》第12辑

——《和谐社会构建与西方社会学社会建设理论》,《社会》第6期

——《关于“文化帝国主义”的争论》,《理论参考》第7期

2006《中国学术的文化自主性》,《开放时代》第1期

——《社会学与文化自觉——学习费孝通“文化自觉”概念的一些体会》,《社会学研究》第2期

——《“软霸权”与社会科学的“麦当劳化”》,《社会学家茶座》第13辑

——《当代国际政治中的“文明冲突”》,《社会学家茶座》第14辑

——《中东问题的宗教社会学解读》,《社会学家茶座》第15辑

——《“公民宗教”与美国的民族主义》,《社会学家茶座》第16辑

——《文化冲突及其后果》,《社会学家茶座》第17辑

2007《由社会学名著想到的》,《读书》第4期

——《“全球化意识形态”批判》,《社会学家茶座》第18辑

——《意识形态终结论与文化帝国主义》,《社会学家茶座》第19辑

——《“知人者智,自知者明”——韦伯的社会经济学》,《社会学家茶座》第20辑

——《和而不同》,《社会学家茶座》第21辑

——《写在〈社会学名著译丛〉出版之际》,《社会学家茶座》第22辑

——《马克斯·韦伯:基于中国语境的再研究》,《社会》第5期

2009《读〈剑桥科学史〉第七卷“现代社会科学”》,《中国图书评论》第1期

2010《〈新教伦理与资本主义精神〉中文新译本译后感言》,《中华读书报》2010年8月18日

叶启政教授著译年表*

一 专著

1984《理想与现实之间》，台北：时报文化出版公司

——《社会、文化与知识分子》，台北：东大出版公司

1991《台湾社会的人文迷思》，台北：东大出版公司

——《制度化的社会逻辑》，台北：东大出版公司

1994《社会科学概论》（与顾忠华、黄瑞祺、苏峰山和邹川雄合著），台北：空中大学

2000《进出“结构—行动”的困境——与当代西方社会学理论论述对话》，台北：三民书局

2001《传统与现代斗争游戏》，台北：巨流出版公司

——《社会学和本土化》，台北：巨流出版公司

2002《对西方社会学理论论述的反思》（与林文凯合著），台北：时报文化出版公司

2004《进出“结构—行动”的困境——与当代西方社会学理论论述对话》（再版），台北：三民书局

2005《观念巴贝塔——当代社会学的迷思》，台北：群学出版公司

——《现代人的天命——科技、消费与文化的搓揉摩荡》，台北：群学出

* 本年表由叶启政教授本人提供。

版公司

—— 《期待黎明——传统与现代的搓揉》，上海：上海人民出版社

—— 《社会学理论的本土化》，北京：北京大学出版社

2008 《迈向修养社会学》，台北：三民书局

二　期刊论文

1972 "Changing Neighborhood and Clique Structure in Two Missouri Communities, 1955 - 1966," *Missouri Agricultural Experimental Station Bulletin* (Co-author with H. F. Lionberger)

1974 "A method of measuring structural patterns of dyadic interpersonal interaction,"《政治大学学报》，30：55—70

1975 "The Changing Influence of Clique, Neighborhood and Church," *Growth and Change*, 6 : 23 -30 (Co-author with H. F. Lionberger)

—— "Social Change in Communication Structures," *American Rural Sociological Society* Monograph, No. 3 (Co-author with H. F. Lionberger and G. D. Copus)

—— 《文艺复兴至启蒙时期有关人性与社会的看法与冲击》，《政治大学民族社会学报》，13：30—43

1977 《因径分析与其问题》，《政治大学民族社会学报》，15 ：83—119

1978 "Structure of Personal Attributes in Dyadic Interpersonal Interaction : A Cross-cultural Comparison," *Proceedings of the National Science Council, Republic of China*, 2 (2) : 87 -96

—— "Typological Analysis of the Structure of Dyadic Interpersonal Interaction,"《台湾大学社会科学论丛》，27：315—337

—— 《有关社会问题基本性质的初步探讨》，《思与言》，16 (3) ：203—224

1979 《现代工业社会中的知识分子》，《台湾大学社会学刊》，13 ：61—82

1981 《台湾地区家庭计划讯息的传散》，《台湾大学社会科学论丛》，2：1—40

1985 《文化优势扩散性与“中心—边陲”对偶关系》，《中国社会学刊》，9：1—24

1986 《当前台湾社会问题剖析》，《政治大学社会学报》，22：27—52

—— 《谁才是知识分子》，《中国论坛》，265：10—26

—— 《“功能”的概念——社会的事实抑或诠释的幽魂》，《中国社会学刊》，10：17—60

1987 《对社会学一些预设的反省——本土化的根本问题》，《中国社会学刊》，11：1—21

1988 《制度化的社会逻辑》，《中国社会学刊》，12：1—31

1989 《正视大学的人文精神》，《台大评论》，春季，115—125

1992 《大学教授的角色和使命》，《当代》，73：16—35

1993 《学术研究本土化的“本土化”》，《本土心理学研究》，1：184—192

1994 《谈的是“本土化的”、“方法论的”问题吗?》，《本土心理学研究》，2：170—177

—— 《对社会研究“本土化”主张的解读》，《香港社会科学学报》，2：52—78

—— 《封闭、单位与创收——访中国大陆社会学界的一些感想》，《当代》，96：124—139

1995 《结构之外：历史的社会学理路初探》，《二十一世纪双月刊》，32：39—49

1996 《传统与现代的斗争游戏》，《社会学研究》，61：32—38

—— 《再论传统与现代的斗争游戏——正规化的搓揉形塑》，《社会学研究》，66：81—90

—— 《社会学科的性质和意义》，《通识教育季刊》，3（1）：91—98

1997 《“本土契合性”的另类思考》，《本土心理学研究》，8：121—140

1998 《虚拟与真实的浑沌化——网络世界的实作理路》，《社会学研究》，75：48—58

—— 《“行动”和“结构”的拿捏》，《台湾大学社会学刊》，26：53—97

1999 《启蒙人文精神的历史命运——从生产到消费》，《社会理论学报》，第二卷，第2期，313—346

2000 《文化与当代社会发展》,《社教双月刊（师范大学社会教育系）》第97期，31—41
2001 《均值人与离散人的观念巴贝塔：统计社会学的两个概念基石》,《台湾社会学》,1：1—63
—— 《全球化与本土化的搓揉游戏：论学术研究的“本土化”》,《社会理论学报》,4：41—69
—— 《精神健康：脑的问题，还是社会的问题》,《中华心理卫生学刊》,14：99—109
2002 《柳暗花明又一村》,《社会理论学报》,5：49—77
—— 《启蒙人文精神的历史命运——从生产到消费》,《中国社会学》（转载）,1：79—104
—— 《生产的政治经济学到消费的文化经济学：从阶级作为施为机制的角度来考察》,《台湾社会学刊》,28：153—200
—— 《回应：“人性预设”，当然有；“历史—社会理路”的认识可能性，才是重点》,《台湾社会学刊》,28：211—230
2003 《西方社会学理论思考中的一些“迷思”》,《社会理论学报》,第六卷，第1期，1—56
—— 《台湾社会学的知识——权力游戏》,《政治大学社会学报》,35：1—34
—— 《传播媒体科技庇荫下人的天命》,《中华传播学刊》,4：3—67
2004 《“个体化”社会的理论意涵》,《社会理论学报》,第七卷，第1期，89—140
—— 《缺乏社会现实感的指标性评鉴迷思》,《台湾社会研究季刊》,56：207—221
2007 《西方社会学思维中惊奇作为准宗教经验的曲折意涵》,《教育与社会研究》第12期，1—40
—— 《对个人心理之文化生成的双差异折射论的一些折射》,《应用心理研究》第35期，1—6
2009 《全球化趋势下学术研究“本土化”的戏目》,《社会理论论丛》第4辑，158—185
2010 《液化的共同体解救得了“大众”云团的氤氲雾霭吗?》,《社会分

析》第 1 期，51—96

三　专书论文

1978 《因径分析与其问题》，《社会与行为研究法》，杨国枢编，台北：东华书局，第二册，第二十七章，859—905

1979 《有关社会问题基本性质的初步探讨》，《当前台湾社会问题》，杨国枢与叶启政编，台北：巨流出版公司，3—27

—— 《升学主义下的教育问题》，《当前台湾社会问题》，杨国枢与叶启政编，台北：巨流出版公司，73—94

1980 《近代中国文化的困境》，《挑战的时代》，中国论坛社编，台北：联经出版公司，17—43。

—— 《三十年来台湾地区中国文化发展的检讨》，《我国社会的变迁和发展》，朱岑楼编，台北：三民书局，103—178

1982 《从中国社会学既有性格论社会学研究“中国化”的方向与问题》，《社会与行为科学研究中国化》，杨国枢与文崇一编，中央研究院民族研究所专刊乙种之十，115—152

—— 《结构、权力与意识：对“社会结构”概念的检讨》，《社会学理论和方法》，瞿海源与萧新煌编，中央研究院民族研究所专刊乙种之十一，1—69

—— 《传统概念的社会学分析》，《传统文化与现代生活研讨会论文集》，中华文化复兴运动推行委员会编，65—92

—— 《中国式的人际关系》，《把握自己的方向》，李亦园编，台北：正中书局，49—84

1983 《从社会学看健康人生与健全人格》，《健康人生与健全人格》，明德基金会编，台北：生活素质研究中心，69—116

—— 《边陲社会科技发展的外衍因素分析》，《社会、文化与科技发展论文集》，行政院国家科学发展委员会编，91—109

1984 《边陲性与学术发展——再论社会学中国化》，《现代化与中国化论集》，李亦园等编，台北：桂冠图书公司，221—262

1987 《通识教育的内涵及其可能面临的一些问题》，《大学通识教育：研讨会论文集》，清华大学人文社会科学院编，46—69

1988 《对四十年来台湾地区社会学发展的一些反省》，《海峡两岸学术研究的发展》，中国论坛社编，台北：联经出版公司，193—236

1989 《台湾“中产阶级”的文化迷思》，《变迁中台湾社会的中产阶级》，萧新煌编，台北：巨流出版公司，103—125

—— 《谁才是知识分子》，《知识分子与台湾发展》，中国论坛编委会编，台北：联经出版公司，9—59

1990 《创造性转化的社会学分析》，《自由民主的思想与文化》，韦政通编，台北：自立报系出版社，391—411

—— 《高等教育与文化的关系：我国模式的探讨》，《二十一世纪我国高等教育的发展趋势：体制、功能与学校组织》，淡江大学教育研究中心编，台北：师大书苑，389—416

—— 《开创人文理想的新环境》，《文化与伦理》，国家政策研究资料中心编，台北：国家政策研究资料中心，11—36

1991 《当前台湾社会问题的剖析》，《台湾的社会问题》（1991 年版），杨国枢与叶启政编，台北：巨流出版公司，21—83

1993 《理念被架空的高等教育》，《台湾高等教育白皮书》，大学教育改革促进会编，台北：时报文化出版公司，11—23

1994 《当前台湾社会重利爱财之价值取向的解析》，《中国人的价值观——社会科学观点》，杨国枢编，台北：桂冠图书公司，1—33

—— 《期待黎明——对近代中国文化出路之主张的社会学初析》，《文化中国》，陈其南、周英雄编，台北：允晨出版公司，73—108

1996 《台湾地区社会学理论的发展及其潜在问题》，《两岸三地社会学的发展与交流》，萧新煌、章英华编，台北：台湾社会学社，17—38

2000 《现代性庇荫下少数民族的命运》，《中华民族文化精神的呼唤》，中国社会科学院学术交流委员会编，北京：经济管理出版社，394—418

2002 《理论和实践的搓揉：关于“知识分子”的社会理论雏形》，《近代

中国的变迁与发展》，时报文教基金会编，台北：时报文化出版公司，232—289

—— 《后记：被切断的一出戏——迈进二十一世纪之台湾知识分子的处境》，《近代中国的变迁与发展》，时报文教基金会编，台北：时报文化出版公司，290—308

—— 《科技与其人文性的安顿》，《科技发展与人文重建》，法鼓人文社会学院编，台北：法鼓人文社会学院，135—162

—— 《培养自在而自得的生命态度是“心理健康”重要课题》，《靠岸：寻找台湾人精神健康坐标》，财团法人精神健康基金会编，台北：财团法人精神健康基金会，127—144

—— 《游走在学者与知识分子之间：所认识的杨国枢老师》，《从现代到本土》，叶启政编，台北：远流出版公司，305—342

2003 《一块被撕裂的土地——台湾人失落的国族认同》，《重建想象共同体——国家、族群、叙述》，廖炳惠等编，台北：行政院文化建设委员会，315—343

2005 《缺乏社会现实感的指标性评鉴迷思》，《全球化与知识生产——反思台湾学术评鉴》，反思会议小组编，台北：台湾社会研究季刊社，111—125

2008 《全球化与本土化的搓揉游戏：论学术研究的“本土化”》，《本土心理研究取径论丛》，杨中芳编，台北：远流出版公司，53—76

—— 《“本土契合性”的另类思考》，《华人本土心理学与华人本土契合性》，杨国枢编，台北：五南图书出版公司，263—283

2009 《全球化趋势下学术研究“本土化”的戏目》，《社会科学本土化之反思与前瞻》，邹川雄、苏峰山编，嘉义：南华大学教育社会学所，1—25

四 编著

1979 《当前台湾社会问题》（与杨国枢合编），台北：巨流出版公司

1984 《台湾的社会问题》（与杨国枢合编），台北：巨流出版公司

1991 《台湾的社会问题》（1991年版，与杨国枢合编），台北：巨流出版公司

1992 《当代社会思想巨擘》，台北：正中书局

——《当代西方思想先河》，台北：正中书局

2002 《从现代到本土：庆贺杨国枢教授七秩华诞论文集》，台北：远流出版公司